【第四版】

大学生体育与健康

主　编 ◎ 林德强

编写者 ◎ 黄明礼　黄亦琳　黄　晗
彭素珍　黄冠峰　陈振达
刘　玲　臧加元　姚晓媛
方　镇　肖泽芳　郑政晓

厦门大学出版社
XIAMEN UNIVERSITY PRESS
国家一级出版社
全国百佳图书出版单位

图书在版编目（CIP）数据

大学生体育与健康 / 林德强主编. -- 4 版. -- 厦门：厦门大学出版社，2022.8
ISBN 978-7-5615-8712-6

Ⅰ. ①大… Ⅱ. ①林… Ⅲ. ①体育－高等职业教育－教材②健康教育－高等职业教育－教材 Ⅳ. ①G807.4 ②G717.9

中国版本图书馆CIP数据核字(2022)第154307号

出 版 人 郑文礼
策划编辑 张佐群
责任编辑 郑 丹
封面设计 李嘉彬
技术编辑 许克华

出版发行 厦门大学出版社
社　　址 厦门市软件园二期望海路 39 号
邮政编码 361008
总　　机 0592-2181111 0592-2181406(传真)
营销中心 0592-2184458 0592-2181365
网　　址 http://www.xmupress.com
邮　　箱 xmup@xmupress.com
印　　刷 厦门集大印刷有限公司

开本 787 mm×1 092 mm 1/16
印张 17.25
字数 420 千字
版次 2022 年 8 月第 4 版
印次 2022 年 8 月第 1 次印刷
定价 45.00 元

厦门大学出版社
微信二维码

厦门大学出版社
微博二维码

前　言

湄洲湾职业技术学院是一所面向全国招生的公办专科层次全日制工科类高职院校，地处妈祖故乡——莆田，始建于1985年，2004年经福建省人民政府批准升格为高职院校。

学院莆田涵江新校区规划建设1350亩，一期投资25亿多元、建设900多亩，已实现整体搬迁。设有智能制造工程系、自动化工程系、化学工程系、信息工程系、工商管理系、工艺美术系、建筑工程系、医学健康系、学前教育系等9个二级系，招生专业40个，面向全国20多个省（区）招生，全日制学历（学制）教育在校生数14900余人，教职工近千人。

学院坚持内涵质量发展，不断深化“三教改革”，获第七届黄炎培职业教育奖杰出校长奖，省教学成果特等奖1项、一等奖1项、二等奖2项；入选全国职业院校信息化建设与应用成果典型案例1项；学院持续深化产教融合、校企合作，建立专业随产业动态调整机制，通过集团化办学、现代学徒制、产教融合基地、产业学院、订单培养等形式，实现专业建设全方位服务对接莆田重点产业发展。

学院坚持立德树人根本任务，构建“思政课程＋课程思政”体系，完善德智体美劳全面发展育人机制，大力培养“身心健康、品行优秀、行为规范、技术精湛”的新时代高素质技术技能人才。师生每年参与保护母亲河、扶贫助困、乡村振兴等全市公共活动100多场，历年累计志愿服务总时长超过100万小时。

基于学院的内涵发展与开放办学，编写一本立足学院体育教学实际情况，突出高职院校体育教学特点的校本教材已显得非常必要。

编写本书旨在培养学院学生正确的健康概念、审美观念和终身体育意识，教会学生熟练掌握1～2种科学健身的方法，提高学生身心健康，提高学生职业素养，提高学生社会适应能力。本书编写坚持体现高等职业院校体育教学的实用性、职业性和科学性，同时为体现校本教材的特点，在田径、篮球、武术等章节中添加了一些莆田地方体育特色内容，对获得第三批全国高职院校体育工作“一校一品”示范基地——“湄园体育”也作了简要介绍。

在本书编写过程中，我们参阅了相关的研究成果和资料，借鉴诸多著作精华，在此一并表示感谢；在视频制作、二维码展示等部分得到厦门大学出版社的大力支持，在此表示特别感谢。

新时期高职教育对校本教材编写提出了更高的要求，鉴于编者理论修养、实践经验、信息化教学能力所限，真诚欢迎专家和读者对书中不妥之处提出批评和建议。

编者

2022年8月8日

前 言

目　录

基础理论篇

运动实践篇

基础理论篇

课程思政

教育部在《高等学校课程思政建设指导纲要》中指出,“体育类课程要树立健康第一的教育理念,注重爱国主义教育和传统文化教育,培养学生顽强拼搏、奋斗有我的信念,激发学生提升全民族身体素质的责任感。”为实现“课程思政”背景下大学体育教学改革,为高校推动学生综合素质培养提出了方向。

在课程思政背景下,体育课程的理论课要教育学生坚定信念,肩负实现体育大国到体育强国转变的历史使命;要阐述体育文化传承,融合体育德育内容,加强文化自信;要更新体育理论知识、体育科技理念,让学生认识体育健康的重要性,进行科学的体育锻炼,了解体育理论的来源与具体应用;要养成良好的体育意识,教育学生遵守比赛规则,保证公平公正,强化精诚团结,通过技战术获得胜利,实现自我价值,取得最后胜利。

第一章

高职体育与健康概述

第一节　高等职业院校与体育

一、高等职业院校体育工作的目的

高等职业院校体育工作是学校教育的重要组成部分,其目的应和学校教育的总目的相一致;此外,高等职业院校体育工作又是体育的一个重要方面,其目的还应充分体现体育的属性。因此,综合来讲,高等职业院校体育工作的目的就是以“育人”为宗旨,以运动和身体练习为基本手段,对高职学生肌体进行科学的培育,在提高其生物潜能和心理潜能的过程中,进德、益智、促美,使学生达到身心健康,全面发展。

高等职业院校体育的目的决定着高等职业院校体育实践的方向、内容和方法,制约着高等职业院校体育实践的全过程,具有导向、动员和激励的作用。

二、高等职业院校体育工作的任务

《学校体育工作条例》第三条指出:学校体育工作的基本任务是增进学生身心健康,增强学生体质;使学生掌握体育基本知识,培养学生体育运动能力和习惯;提高学生运动技术水平,为国家培养体育后备人才;对学生进行品德教育,增强组织纪律性,培养学生勇敢、顽强、进取的精神。高等职业院校体育工作是学校体育工作的组成部分,其任务也应和学校体育任务相一致。同时,高等职业院校体育工作又有其自身的特点,为此,高等职业院校体育工作的任务主要表现在以下几个方面。

(一)培养正确的体育意识

意识是人所特有的、有目的的自觉反应,是人脑的机能,体育意识是人类意识的一个方面的内容,是指人们对体育的本质及其重要性的认识,及由此产生的思想观念、心理活动的总和。体育意识是人们主动参与体育、实现终身体育锻炼的基础。

高等职业院校体育工作的首要任务是培养高职学生正确的体育意识。因为意识决定行动,高职学生认识到体育的本质及其重要性后,才会更积极、主动地参与到体育运动实践中去,增强体质、增进健康,形成良好的体育锻炼的习惯。另外,高等职业院校体育是学校体育和社会体育的交叉点,是社会体育的基础,终身锻炼思想的形成和锻炼习惯的养成有赖于高等职业院校体育工作对高职学生体育意识的培养。为此,培养高职学生正确的体育意识是社会赋予高等职业院校体育工作的重要使命。

(二)增强学生体质,增进学生健康

增强体质、增进健康的具体含义包括:促进学生身体的正常发育;塑造健美的体格、体型,形成正确的身体姿势;提高身体素质,提高生理机能;增强适应环境与抵抗疾病的能力。

高职学生正处于身心发展的关键时期,增强其体质,促进其健康有赖于有目的、有组织的系统运动和练习,高职院校体育肩负着这一神圣的使命。

(三)促进学生努力掌握体育运动、卫生保健、健康生活的基本知识、技能和方法,提高高职学生的体育文化素养

高职学生对事物认识水平的提高,特别是高职学生智力发展达到了较高的水平,为传授体育知识的学习提供了有利的条件。高等职业院校体育通过引导,传授促进学生掌握体育运动、卫生保健、健康生活的基本知识、技能和方法,使其在理论的指导下进行身体锻炼,能更有效地达到增强体质、增进健康的实际效果,同时提高高职学生的体育文化素养,促进学生身心两方面的健康发展。

高等职业院校体育应充分把理论知识和实践科学相结合,从增强体质出发,把发展身体与掌握知识、技术相结合,不可偏废,并结合实际情况有所侧重。

(四)培养学生对体育运动的兴趣、习惯,发展学生各种活动和独立锻炼身体的能力,为终身体育奠定基础

高等职业院校体育是学校体育和社会体育的连接点,肩负着培养高职学生终身锻炼的重要任务。在一定意义上,高等职业院校体育让学生终身受益和培养锻炼能力要比提高运动技术及身体素质水平更重要。在高等职业院校体育教学过程中应充分注意培养学生对体育运动的兴趣、习惯,发展独立锻炼身体的能力,为终身体育奠定坚实的基础。

(五)促进学生个性的全面发展和个体社会化,培养学生的道德意志品质

高等职业院校体育工作具有将丰富的思想品德教育与体育结合的特点,寓思想品德教育于体育活动之中,通过运动及身体练习来对学生进行知、情、意、行的教育,促进学生个性的全面发展。另外,体育运动过程本身包含提高学生社会责任感,树立群体意识、热爱集体、团结合作、勇敢顽强、创造开拓等品德和作风的个体社会化教育因素,更具有培养学生的道德意志品质的作用。

三、高等职业院校体育教学的基本模式

(一)传统体育教学模式

高职体育的传统教学模式，也就是技术型教学模式。这种教学模式主要是进行基本知识、基本技术、基本技能的教学，是在教师的操纵和控制下进行的。这种模式的优点是能充分发挥教师的主导作用，使学生对基本知识和技术的学习更系统，有利于技能的形成和掌握。其不足在于教学效果的优劣受教师水平的制约，要求技术面前“人人平等”，容易使技术差的学生产生自卑感，从而失去对体育的兴趣，限制学生个性的发展。同时，传统教学模式采用班级授课的形式进行教学，并不是从学生的兴趣出发组织教学，因此，学生往往被动地参与体育活动。体育教师的评价一般是终结性评价，只是在学期结束时，给一个总的成绩，对提高学生的运动行为能力帮助不大，若是学生厌烦的项目，还会造成逆反心理。

当然，技术是体育运动的灵魂，任何一个参加体育运动的年轻人都希望掌握运动技术，体会运动乐趣，以实现强身健体和自身价值的完善。所以，这种模式仍然是部分学校的主要教学模式。这样也就要求教师的教学手段要更加先进，方法更加灵活，只有这样，这种模式才有继续存在和发展的空间。

(二)“三自主”体育教学模式

“三自主”体育教学模式是2002年教育部关于印发《全国普通高等学校体育课程指导纲要》(以下简称《纲要》)的通知中提出的高校体育教学的新模式。《纲要》中明确指出：“要充分发挥学生的主体作用和教师的主导作用，努力倡导开放式、探究式教学，努力拓展体育课程的时间和空间，在教师的指导下，学生应自主选择课程内容、自主选择任课教师、自主选择上课时间的自由度，营造生动、活泼、主动的学习氛围。”

“三自主”体育教学模式充分满足了学生的需要，激发了学生学习的动机和兴趣，对培养学生良好的体育习惯，形成正确的体育观念，提高学生的生活质量，有着积极作用；“三自主”体育教学模式引入了市场经济的竞争机制，促进了管理和分配制度的改革，充分调动了教师教学工作的积极性，激励教师不断完善自己，提高自己的业务水平、教学能力和教学质量。

“三自主”体育教学模式也符合体育教育发展的国际潮流。美国、日本、澳大利亚等教育发达国家的大学体育教育宗旨是提供适宜的、高质量的、以学生为指向的体育教育、消遣娱乐和竞技运动计划，并强调“参与、竞争、自信、领导”，以培养大学的人文环境，体现了大学体育目的的多样性。“三自主”体育教学模式不仅调动了教师工作的积极性，激发了学生学习的积极性，推动了学校业余体育生活的发展，同时也构建了“教师、学生、课余体育活动”之间良性互动的体育教学体系，体现了以学生为主体、以人为本的教育理念。

(三)体育俱乐部教学模式

高职体育俱乐部教学模式是学校与学生共同参与、组织的新型教学模式，将课外体育锻炼与体育课教学有机地结合起来，采用“分层分流”教学，“必修课与选修课”相结合，学生可以根据自己的兴趣、爱好、特长自愿选择和参与一种或多种体育教学和健身锻炼俱乐部。参与者可以主动积极地参加学习，并在活动竞赛中担任组织、服务、裁判等不同角色，增加自我学习和自我锻炼的机会。

1. 高职体育俱乐部教学模式的构成要素

高职体育俱乐部教学模式是一个可控制的开放系统，在这个系统中包含了教学指导思想、教学目标、教学方法、教学组织形式、教学程序、评定指标、运动场所和设备等要素。

(1)教学指导思想：注重培养学生的体育兴趣，提高学生的运动能力，引导学生树立运动健身的终身体育意识。

(2)教学目标：体现学生的主体地位，让学生自己确立目标，自己进行评价。学生拥有"三自主"，即自主选择教师、课程内容和时间。

(3)教学方法：由于教学中是以学生为主体，所以，教师在教学方法上相对灵活，可根据不同学生的不同情况采取相应的方法，教师在教学中起组织和辅导作用，体现"健康第一"的思想。

(4)教学程序：学校面对学生开设多种类型的体育课程，采取新生入学即按个人兴趣、志向选择俱乐部和指导教师，学生上课时间不同定，可以自主安排，这就满足了不同层次、不同水平、不同兴趣学生的需要，最终达到学好体育知识、技能并增进健康的目的。

(5)教学组织形式：一年级开设专项选修课，培养不同学生的兴趣和爱好，有利于调动学生的自觉性和积极性。二年级开始以教学俱乐部形式进行教学。

(6)课程内容：以实用化、多样化、竞技化为主，如健康保健知识、竞赛规则与裁判法则、休闲体育与民族体育项目、形式多样的竞赛项目等。

(7)评定指标：对学生的评定应尽量避免由于男女性别、身材高矮、体质强弱的差异可能带来的较大差距问题，做到"硬"指标与"软"指标相结合，其各项指标所占比例可根据各校实际情况而定。"硬"指标包括技术、比赛、身体素质等，"软"指标包括学生的思想品质、学习态度、心理素质、团队合作、进步幅度与努力程度等。

(8)运动场所和设施：为满足学生在体育俱乐部教学模式下对体育场地、设施和俱乐部活动的需求，要求开设的项目较全面，且同一项目的场地数量较多，设施较齐备、规范，所以对运动场所和设施要求较高，投资也较大。

以上各要素是相辅相成、相互关联的，要放在特定情况下对它们进行优化组合，使其具有科学性、整体性和有效性等功能。

2. 高职体育俱乐部教学模式的优点与不足

(1)优点：注重培养学生的体育兴趣，提高学生的体育能力，以"健康第一"、"终身体育"为中心，发挥了教师的特长；体现了学生的主体地位，调动了学生的主观能动性，使学生拥有"三自主"，同时让学生自己确立目标，由被动学习变为主动参与。学校面对学生开设多种类型的体育课程，采取学生一入学即按个人兴趣、志向选择专项，打破了原有的性别、专业、班级建制，满足学生不同的需要，达到学好体育知识和技能、增进健康的目的。有目的、有计划地定期举办各种类型的体育俱乐部赛事，推动校园文化活动，促进竞技体育水平的提高。

(2)不足：俱乐部赛事活动增加了学生的经济负担，对教师专业素质和场地设施要求较高；一些学生较为感兴趣的项目，如攀岩、保龄球、拳击、国标舞等难以开设或很少开设，不能满足学生多项选择的要求，没有达到真正意义上的"三自主"；部分俱乐部由于学生人数多，而课时安排有限，难以完全满足分层次教学的需求，导致成绩好的学生"吃不饱"，成绩差的学生"吃不了"；体育俱乐部教学模式中的管理方式、评价体系等有待进一步规范和完善等。

3. 高职体育俱乐部教学模式的适用范围

体育俱乐部教学模式不能完全按体育俱乐部的经营方式，即照搬体育俱乐部的自主经营、自负盈亏、自我造血的模式。主要经费还是应由校方承担，不应将经济压力转嫁于学生。只是借鉴体育俱乐部的教学组织形式，体现“三自主”。目前，高等职业院校的体育教学模式面临复杂的体育教学体系，要体现教学多目标、多功能的特征，应结合学校的教学环境、教学条件、师资条件、学生的整体素质等综合情况来衡量。

第二节 健康

一、正确的健康观

(一)健康的定义

著名教育学家陶行知先生说：“我们深信健康是生活的出发点，也是教育的出发点。”前人曾把健康比作数字“1”，事业、家庭、地位、钱财是“1”后面的“0”，有了“1”，后面的“0”越多则越富有；反之，没有“1”，则一切皆无。“1”是不能倒的，是基础。健康似乎很容易做到，但整个人生中都拥有健康者则微乎其微。健康是人生最宝贵的财富。

“健康”无论对国家、民族还是个人都有着非常重要的意义。一个民族、一个国家的兴衰与国民的体质息息相关，只有健康的体魄才能实现民族的振兴和国家的富强。无论是人类的自身发展、自我价值的实现，还是社会发展成果的享有，都必须以自身健康为前提，没有健康的身心，一切无从谈起。在充满竞争和挑战的新世纪，拥有高素质国民和专门人才，是一个国家可持续发展和在激烈的国际竞争中取得优势的先决条件。

健康是最宝贵的财富。健康不是一切，但没有健康就没有一切。

1948 年，世界卫生组织提出了健康的新概念，即 Health is state of complete physical, mental and social well-being and not merely the absence of disease or infirmity，这就是说，健康不仅是没有疾病和虚弱，而且能保持身体上、精神上和社会适应方面的完美状态。数十年来，这一概念已经得到多数人的认同。1978 年《阿拉木图宣言》对健康的描述：“健康不仅仅是没有疾病或虚弱，而是良好的身体、精神状况和社会适应能力的总称。健康是基本人权，达到尽可能高的健康水平，是世界范围的一项最主要的社会性目标。”

1989 年世界卫生组织又进一步深化了健康概念，提出健康应该包括身体健康、心理健康、社会适应良好和道德健康。也就是说从现在健康观来看一个完全健康的人，应包含身体健康、心理健康、社会适应良好以及道德健康四个方面。

1. 身体健康

一般指人体生理健康，是指身体的形态、结构和功能正常，具有生活自理能力。

2. 心理健康

指能正确认识自己及周围的环境和事物，表现为人格完整、自我感觉良好、情绪稳定、积极向上、有较好的自控能力、保持心理上的平衡。

3. 社会适应良好

指一个人的心理活动和行为，能适应复杂的环境变化，并为他人理解和接受。

4. 道德健康

指能明辨是非，能按照社会规范的准则约束自己的言行，能为大众的幸福做出贡献。

(二)健康的价值

在世界卫生组织的推动下，健康的新概念在全球得到了传播，并日益为人们所接受。与此同时，世界还公认健康是社会进步的一个重要标志和潜在动力，促进健康不仅是卫生部门的责任，也是教育部门的责任，并且还是全社会的责任。个体不但要对自己的健康负责和向社会求得医疗服务，而且要在促进他人和全社会的健康方面承担义务。这就要求人们重视健康的价值，具有增进健康的强烈意识，树立“人人为健康，健康为人人”的正确观念。

1. 健康既是学校教育的前提，又是学校教育的首要目标

我国的教育方针是使受教育者在德育、智育、体育三方面得到全面的发展。三者各有特定的含义和任务，是互相联系、相辅相成的统一体。其中“体育”就包含着提高学生健康的教育作用。可以想象，经常因病缺课、因情绪障碍而滋生事端或因营养不良而长期精神倦怠的学生，即使采用最好的教学方法，他们也无法高效率地学习。只有健康的学生才能在学校获得理想的学习效果。而学校教育在人生教育中起主导作用，学校可以有计划有目的地安排好各项教育活动。

2. 健康是人们奉献社会和享受生活的基础和前提条件

生命的意义在于奉献。拥有健康，才能优化自己在社会生活中的地位和作用，才能使自我价值最大限度地体现出来，从而奉献社会。一个身体健康、精神饱满、具有良好社会适应能力的人，必定享有高质量的生活。反之，如果没有健康的身体和健康的心理就无法享受生活，享有幸福。

3. 健康是社会发展的基本标志和潜在动力

健康不仅仅是个人的事，它受多种社会因素的制约，如社会制度、经济状况、文化教育等。在一个社会安定团结、人民安居乐业、经济快速发展以及文化教育先进的社会环境中，人民的健康水平无疑会极大地提高。在充满竞争与挑战的现代社会中，拥有大批的高素质人才是一个国家可持续发展的优势。所谓高素质的人才，就是德、智、体全面发展的合格人才。健康的体质是思想道德素质和科学文化素质的物质基础，是高素质人才成才的物质基础。拥有健康的高素质的国民和专门人才是社会发展的潜在动力。

4. 健康是社会发展目标中的基本目标

我们要树立正确的健康观念，就是要把健康看成是人类的一项基本需求和权利，看成全社会、全民族的事业。从这一角度来讲，健康就成为社会发展目标中的基本目标。

(三)健康的标准

1.世界卫生组织提出衡量健康的10条细则：

(1)有充沛的精力，能从容不迫地担负日常生活和繁重的工作而不感到过分紧张和疲劳。

(2)处世乐观，态度积极，乐于承担责任，事无大小，不挑剔。

(3)善于休息，睡眠良好。

(4)应变能力强，适应外界环境中的各种变化。

(5)能够抵抗一般感冒和传染病。

(6)体重适当，身材匀称，站立时头、肩臂位置协调。

(7)眼睛明亮,反应敏捷,眼睑不发炎。

(8)牙齿清洁,无龋齿,无痛感,颜色正常,无出血现象。

(9)头发有光泽,无头屑。

(10)肌肉丰满,皮肤有弹性。

以上10条细则是对健康的概念作出具体的阐述,包含了心理方面上面对生活压力和繁重的工作而不感到过分紧张和疲劳;道德方面上敢于承担责任,态度积极;社会适应方面上应变能力强,处世乐观,能够适应外界环境的变化;身体方面上体重、身材、眼睛、牙齿、头发、肌肉等状态均良好。

2.身心健康的八大标准

围绕健康的概念,世界卫生组织通过调查研究,提出了身心健康八大标准,身体健康的"五快"和精神健康的"三良好"。

"五快"是指:食得快,拉得快、走得快、讲得快、睡得快。

(1)食得快,说明消化功能好,有良好的食欲,不挑食,不厌食,不偏食,不暴饮暴食。

(2)拉得快,说明吸收功能好,一旦有便意,能很快排泄,感觉轻松。

(3)走得快,说明运动功能及神经协调机能良好,步伐轻快,行走自如。

(4)讲得快,说明思维敏捷,反应迅速,口齿伶俐。

(5)睡得快,说明神经系统兴奋一抑制过程协调得好,上床很快入睡,睡得沉,醒后精神饱满,头脑清醒。

"三良好"是指:

(1)良好的个性人格,情绪稳定,性格温和,意志坚强,情感丰富,胸怀坦荡,豁达乐观。

(2)良好的处世能力,观察问题客观务实,具有较好的自控能力,能适应复杂的社会环境。

(3)良好的人际关系,助人为乐,与人为善,对人际关系充满热情。

(四)影响健康的因素

判断一个人是否健康是一个非常复杂的问题,也是一个十分重要的问题。影响健康的因素有以下几个:

1."灰色"健康

现代生活造就了一个"灰色"健康群体,或称亚健康群体。其症状是:食欲不振、疲乏无力、失眠多梦、烦躁、易发怒、健忘、胸闷、头疼、感觉迟钝、注意力不集中、记忆力下降、消极悲观、情绪低沉、犹豫不决、偏执等。现代生活综合征、双休日综合征、空调综合征等形形色色的与现代生活方式有关的症状都属于此列。这个亚健康的人群在总人口中的比例日趋升高。

2. 营养过剩

随着生活水平的提高,人们对肉、蛋、奶类的消费量大幅度增加,引起高脂肪、高能量食品的摄取过度,造成营养过剩。

3. 运动不足

人类社会发展过程经历了手工工具、复合工具、动力机械、自动控制系统等阶段,劳动方式也就经过了体力型、半体力型与智力型的过程,这便导致了现代人的运动不足。

4. 功能退化

现代生活的另一大"杀手"是人类的功能退化。随着信息化时代的到来,长时间伏案工作已经成为部分社会成员的基本活动方式。不良的坐姿所造成的“运动不足”、“肌肉饥饿”影响人体健康，已经成为普遍的社会问题。

5. 高度紧张

健康生活“杀手”就是以高度紧张的状态适应生存的需要。

在解决由现代社会生活给人们带来的各种身心问题的办法中，最好的途径就是动员人们积极参加体育运动。体育运动作为恢复人的体质与体现人的价值的生活活动，意味着一种人性的解放。愉快、自由地享受体育生活，可以发展人类的智力和认识能力，可以使人们轻松愉快地与人、社会和大自然产生沟通和交流，使人们拥有健全的体魄和人格，体验人生的幸福完美。在某种程度上说，体育运动已经成为当今人类获得健康的可靠保障。

二、高职学生心理健康

(一)高职学生的心理特征

高职学生在校学习期间正是身体迅速生长发育时期，必然带来心理特征的明显变化，这一变化称为“心理断乳期”。这一时期是一个从依赖性到独立性、从幼稚到成熟、从被动到主动的心理活动复杂而多变的时期，是心理过程日趋成熟，个性心理得到进一步发展，心理机制、心理结构逐步完善提高，心理承受能力不断增强的时期。具体表现为以下几个方面：

1. 敏锐的认识能力

高职学生在认识客观事物的敏感性、广泛性、深刻性和正确性上，表现在观察力周密、集中、持久而概括；记忆中的理解记忆、效果记忆发挥了重要作用，意义记忆上升到主要地位；想象力丰富，富有幻想，憧憬未来，而且往往能与个人的兴趣、爱好、职业追求结合起来；抽象逻辑思维形成，这标志着青年高职学生智力发展的成熟。他们的思维批判性与思维独立性明显加强，他们在思考问题或与别人争论问题时，不满足于固有的思维轨迹和现成的结论；敢于提出问题，发表独立见解，大胆怀疑，标新立异。但由于他们缺乏深刻的生活体验，有时过分自信，固执己见，不肯轻易改变自己的观点，不太容易接受别人的意见。因而，往往出于一时的激情，易走极端，容易肯定一切或否定一切，表现出一定的片面性、表面性和盲目性。

2. 丰富而热烈的情绪

高职学生的情绪体验来得快而热烈，具有强烈的冲动性和爆发性。这种激情既能使他们热情奔放，豪情满怀，勇往直前；也能使他们感情冲动，不理智，甚至盲目狂想。高职学生的这种动荡多变、不够稳定的情绪，往往使振作与消沉、热情与冷漠、开放与闭锁的双重心理现象同时反映在个体的身上，表现出曲折、多变的心理特征。随着他们个体理性认识的提高和社会实践经验的丰富，正义感、理智感、道德感、友谊感、审美感等社会性情感得到进一步升华，这就为青年高职学生形成正确的道德观、人生观、世界观打下良好的基础。

3. 自觉性和坚持性较强的意志力

高职学生意志行为的目的性是比较明确而自觉的。高职学生在采取意志行为时具有强烈的主动性，力争达到动机与效果的统一。他们在执行意志行为的决定时，态度是比较稳定的，呈现出坚持到底、克服困难的勇气和毅力。但是，他们的意志行为动机的选择是相当复杂的，并且是不易显露的。他们相对缺乏判断、辨别能力，在选择意志行为动机时，有时由于境界不高而使其失去进步的社会意义，甚至会产生与社会稳定和社会忏悔相背离的行为。同时，高职学生坚强的意志培养有一个磨炼的过程，由于缺乏坚韧性和自制力，遇难改向、知难而退、半途而废的现象也时有发生。

4. 自我意识进一步发展

高职学生的自我意识达到较高的水平，独立性明显增强，强烈关心自己的个性成长，有较强的自尊心等。但是高职学生在自我意识的发展中矛盾较多，如独立性与依赖性的矛盾。一方面，他们的成人感和独立性明显增强，他们除了在经济上大多未能独立外，其余方面已经取得了相当独立的地位，大多数学生已摆脱了家庭的监护，希望以一个“成人”的角色进入社会，表现出强烈的独立欲望，渴望得到社会的尊重和信任。而另一方面，由于现行的教育机制的不足之处，比如父母、教师过分保护的养育态度、封闭式的教育环境、单纯的生活经历，又使他们的心理非常脆弱，对挫折的耐受力和排解力很差。他们独立生活的能力较差，依赖性较强，这种渴望独立与依赖性的矛盾会造成他们内心的冲突，从而使之表现出不良的情绪体验。他们自我意识发展中的矛盾，使得青春期的情绪不稳定现象加剧。

高职学生在校期间，个体的自我意识发展进入新的阶段。随着磨炼和思维发展，随着社会交往的扩大、人际关系的深化、文化知识的丰富，高职学生的独立意向明显增长，自我实现、自我提高、自我完善的愿望日益强烈。自我意识的增强，集中表现在对自我认识兴趣的增长上。他们热衷于发现自我，了解自我，充分认识自我的社会价值。同时，他们不断地完善自我，以独立的人格取得社会的认可。他们时时处处希望显示自己是生活的强者，表现出一种强烈的自尊心、自信心和进取心。但是，他们的心理承受能力往往较弱，心理平衡的控制能力较差，在前进道路上，一旦遇到风险和挫折，这种自尊心又极易变成自卑感，甚至自暴自弃，丧失自信心和生活的勇气。这也充分反映出他们的心理还不是很成熟，尚需不断地提高心理素质、心理承受能力和应变能力。

(二)高职学生存在的心理问题

虽然高职学生具有敏锐的观察力，富有激情，有较强的自觉性，意志品质较为坚定，但是受诸多因素的影响，心理承受能力还比较薄弱。调查表明，目前我国高职学生存在的心理问题是比较多的。在认识问题的能力上还存在一定的误区与偏差，以为只有表现出明显的精神症状才算出了心理问题或心理疾病，因而忽略了他们一些心理异常的早期表现。从现代心理学角度分析，目前高职学生的心理状况令人担忧。心理健康调查表明，高职学生已成为心理弱势群体，他们的精神行为阳性检出率约为16%，心理处于不健康或亚健康状态的学生约占50%。很多因素导致高职学生心理问题频频出现，并且人数越来越呈上升趋势。

1. 交际困难造成心理压力

现代高职学生的交际困难主要表现为不会独立生活，不善于与人沟通，不懂交往的技巧与原则。有的同学有自闭倾向，不愿与人交往；高职学生中的独生子女心理上存在的问题更多，如任性自私、为所欲为，缺乏集体主义荣誉感与合作精神，缺乏最起码的独立生活能力及为人处世的能力。由于交际困难，一方面导致高职学生产生自闭、偏执等心理问题，另一方面因无倾诉对象，有问题的学生更会加重心理压力，还易导致心理疾病。目前，交际困难已成为诱发高职学生心理问题的首要因素。

2. 学习与生活的压力

高职学生的学习压力一部分源于自我学习能力差，所学专业自己并不喜欢，这使他们长期处于矛盾与痛苦之中。一方面，背负着家长的期望；另一方面，精神难以集中，学习方法存在问题，精神长期过度紧张。另外，还有参加各类证书考试等所带来的压力等。

生活的压力主要在于一些学生不善于为人处世，还有贫困所造成的心理压力。有些学生不能正确对待贫困，虚荣心过强，承受不起贫困带来的精神压力，不敢面对贫困，与同学相处敏感而自卑，不积极参与集体活动，相反采取逃避、自闭的做法，有的同学甚至发展成自闭症、抑郁症而不得不退学。

3. 角色转换与适应环境

新生都有一个角色转换与适应的过程，刚刚踏入大学校门往往会出现各种各样的心理问题，心理学上将这一时期称为"大学新生心理失衡期"。面对新的环境、新的人际关系、新的教学模式的不适应，产生困惑而造成心理失调。这种状况如果得不到及时调整，就会产生失落、自卑、焦虑、抑郁等心理问题。

4. 对网络的依赖性

高职学生因交际困难而在网络的虚拟世界里寻找心理满足，已成为大学校园里的普遍现象，花大量时间泡在网吧里，自我封闭，与现实生活产生隔阂，不愿与他人正面交往，久而久之，还可能导致精神分裂症的发生。

5. 情感危机

爱情是青年时期的主旋律之一，恋爱是美好的，但青年人往往因处理不当而出现各种偏差行为。高职学生因恋爱所造成的情感危机，是诱发高职学生心理问题的重要因素之一，恋爱失败往往导致高职学生心理变异，有的因此而走向极端，甚至酿成悲剧。

6. 就业压力

近两年，大学生毕业人数连续超过 700 万，就业压力竞争加剧，高职学生即便技艺在手，要想找到比较理想的工作也不容易，焦虑、自卑而失去对人生的信心等许多心理问题随之产生。

7. 家庭及外界环境的不利影响

家庭及外界环境的不利影响，也会成为诱发高职学生心理问题的因素，如不当的家教方式、单亲家庭环境及学校某些环境的负面影响、追求高消费、盲目攀比等。

(三)高职学生心理的健康教育

面对纷繁复杂的人生，高职学生要能够对自己的心理状态加以正确的调控，以积极乐观的态度面对人生，才能融入社会，发挥自己所学的专长来体现自身价值。

1. 树立正确的人生态度

正确的人生态度来源于正确的世界观。抱有正确人生态度的同学，对客观事物有较为清醒的认识和判断，既有远大的理想，又有实事求是的精神，头脑清楚，眼界开阔，立场坚定，既不保守、也不冒进。总之，乐观的人生态度能使同学们分析问题、处理问题时比较客观、稳妥，与时代同步。

2. 轻松满意的心境

心理健康的人一般对周围事物都感到比较满意，没有心理障碍。高职学生如果能客观地看待事物，既能接受自己，又能悦纳他人；有自知之明，对自己的外貌、德才、学识有正确的分析；既不会被暂时取得的成绩冲昏头脑，又不会因一时的落后而烦恼，做到对自己心中有数，能从别人的议论中吸取有益的东西；既不骄傲自满，也不自轻自贱，不会在别人的议论中无所适从；心理健康的同学对别人也有一种客观全面的评价，不会忽冷忽热，不会苛刻地要求别人。对工作、生活、学习也有正确的标准，既不好高骛远，也不急功近利，因而心境总是满意、愉快的。

3. 和谐的人际关系

乐于交往的高职学生往往能在相互交往中得到尊重、信任和友爱。与人为善的同学能够与大家互相理解，彼此感情融洽，协调一致，相互配合默契。人际关系和谐，心情当然就比较舒畅，心理会处于健康状态中。

4. 良好的个性，统一的人格

良好的个性是健康心理的重要标志，无论在什么情况下都应保持统一的人格，做到自信而不狂妄，热情而不轻浮，坚强而不固执，礼貌而不虚伪，灵活而不油滑，勇敢而不鲁莽，始终能微笑面对人生，形成诚实、正直、谦虚、开朗的性格。

5. 适度的情绪，充分的理智

人与动物的区别之一在于理智。健康心理必须有自我控制能力，有适度的情绪，不过悲、过喜、过忧、过怒。要用积极的情绪战胜消极的情绪，不使消极情绪、过激情绪维持较长的时间，更不能反复无常。

随着社会的进步与发展，现代观念更新加快，心理健康教育已成为学校教育的一个重要课题。高职学生要学会正确处理学习、生活、择业和人际关系各方面的问题，培养健全人格，提高自我教育能力，树立正确的人生态度，培养轻松的心境，形成良好的个性和统一的人格，始终保持热情饱满、乐观向上的情绪，克服心理问题。

三、高职学生健康的生活方式

健康行为，是指一切有利于提高身体健康水平，降低损害健康的危险因素的活动和习惯。

(一)持之以恒地进行体育锻炼

生命在于运动，保持脑力和体力协调的活动，是预防和消除疲劳、保证健康的重要因素。好静不好动，是导致肥胖和脑血管疾病的危险因素，适度的体育锻炼可以有效地防止这些疾病的发生，但体育锻炼必须做到贵在坚持、重在适度。

(二)保持良好生活习惯

摄取营养平衡的膳食、保持充足适宜的睡眠、能对精神紧张和压力予以放松和处理、安全的出行习惯、不吸烟、节制饮酒、不吸毒、无不正当的性行为、合理睡眠、不熬夜，等等。

(三)讲究心理卫生

培养一些有益于健康的爱好，如绘画、书法、集邮等，对保持心理健康大有好处。另外，还应与社会保持密切联系，坚持参加社会活动，参加公益劳动，做好人好事，广交朋友，从中得到奋发向上的敬业精神，陶冶情操，这样会使身心都得到健康的发展。

第二章

体育锻炼

第一节　体育锻炼与身心健康

一、体育锻炼对生理健康的影响

(一)改善和提高中枢神经系统的功能

体育锻炼能够改善神经系统的平衡性和灵活性，提高大脑的分析、综合能力，使人们平时在生活、学习和运动时，动作灵活、反应快，使身体的适应能力和工作能力得到增强。

(二)促进血液循环，提高心脏功能

平常人血流全身4～5周/分钟，而运动时血流全身可以提高到7～9周/分钟。从冠状动脉对心脏本身的供血情况看，运动后冠状动脉的血流量比安静时提高10倍。

研究表明，经常进行体育锻炼的人，心脏功能得到增强，每搏输出量可增加到80～100毫升，是平时的1倍；而心脏的频率却减慢，如一般人心跳70次/分钟左右，参加体育锻炼的人心跳50～60次/分钟，这就大大减轻了心脏的负担，延长了心脏的寿命。

(三)改善呼吸系统的功能

经常参加体育锻炼的人，呼吸肌发达，强壮有力，在吸气时能把胸腔扩张得更大，有更多的肺泡参与工作，使肺活量增大，呼吸功能增强。

(四)促进骨骼、肌肉结实有力

经常锻炼身体，能使骨骼变粗，骨密质增厚，这样可以提高其抗弯、抗压、抗折的能力。体育锻炼使肌肉纤维变粗、发达有力，促进生长发育，从而改善和提高人体的形态状况，增强人体的生理功能，提高身体素质。

(五)使人心情舒畅，精神愉快

从事自己感兴趣的体育项目，不仅有助于身体的发展，而且能调整人的心理，减缓心理压力，使人心情舒畅，从而增强人的自信心和自豪感。

(六)培养健康的个性

经常参加体育锻炼可改变性格孤僻的特点，培养勇敢、顽强、自信、果断的性格。

二、体育锻炼对心理健康的影响

(一)调节情绪，保持乐观

情绪有积极乐观情绪和消极悲观情绪，由消极悲观情绪引起的疾病极大地危害着人的身体健康。体育锻炼能转移不良情绪，同时为保持积极乐观的精神面貌奠定生理基础。

(二)消除疲劳，恢复体力

疲劳现在已成为一种社会文明病。一个人若长期处于疲劳状态会损坏自己的健康，得不到控制的疲劳会逐渐影响和破坏肌体各组织器官及神经的正常状态。消除疲劳最有效的方法就是适当休息。休息有两种：一种是安静的休息，一种是活动性的休息。适当的运动可以促进全身血液循环，给疲劳的大脑输送更多氧气和养料，有利于驱除脑力疲劳和提高思维效率。

（三）提高应激能力，促进身心健康

应激是由外界情况的变化所引起的一种情绪状态。高职学生大都处于应激状态。过度的应激常引起身体不适，还会导致免疫功能下降，诱发各种疾病。坚持进行体育锻炼可以提高活动人员的心理应激水平，使他们在遇到外界的强烈刺激时，能以健康的心态从容应对。

（四）提高自信，完善自我

自信心是个体获得成功的保证。进行体育锻炼和竞赛时，能不断增强自信心。一次次的经验，潜移默化地影响着参与者的思维方法和行为模式，使他们不断地得到自我完善。

第二节 体育锻炼的内容

体育锻炼的内容有多种，可遵循体育锻炼的原则来选择合适的体育内容。

体育锻炼按照其锻炼结果最终达到的目的可以分为以下几类。

（一）健身运动

健身运动是指为保证身体正常发育、身体各部分协调发展，增进健康、增强体质而进行的体育锻炼。通过锻炼发展人体各器官系统的机能，发展人体身体素质以及提高身体的基本活动能力，从而达到丰富业余生活，提高工作学习效率和延年益寿的目的。

健身运动一般多以有氧代谢为主，对运动量的控制要求较高。健身运动包括远足、自行车、慢走、登山等。

（二）健美运动

健美运动是人们为了追求人体的健美而进行的体育锻炼。健美运动不仅可以增进健康，使内脏器官系统的机能得以发展提高，还可以改善人体形态和气质，培养人的审美能力和人体的表现力。健美运动包括健美操、瑜伽、艺术体操以及一些器械练习等。

（三）休闲体育

休闲体育是为了调节精神、丰富生活、增进健康、度过余暇时间而开展的具有鲜明娱乐性质的体育活动，可以使人体得到锻炼，陶冶情操。休闲体育包括台球、保龄球、网球、门球、踢毽子、爬山等。

（四）竞技体育

竞技体育的目标是全面发展身体，提高运动技术水平，主要包括速度力量型如速滑、短跑、投掷、举重；耐力型如竞走、游泳、滑冰、长跑；表现型如体操、花样游泳、冰上芭蕾；技能准确型如射击、射箭；隔网对抗型如乒乓球、排球、网球；同场对抗型如篮球、足球、橄榄球、冰球、曲棍球。

第三节　体育锻炼的方法与原则

一、体育锻炼的方法

体育锻炼的效果在很大程度上取决于锻炼方法的正确运用。应根据锻炼的特点，结合锻炼的目的而制定具体的实施方法。体育锻炼从不同的角度出发，可有不同的分类方法。一般来说，比较常用的锻炼方法有以下几种。

（一）重复锻炼法

重复锻炼法是指按一定的负荷标准、重复进行某项练习，以获得健身效果的途径。重复的次数和时间是决定健身的关键。过量会导致疲劳积累，不足则无益于健康。确定和调节重复的次数和时间应考虑项目特点，如健身跑、太极拳、广播操不同于足球、篮球。重复锻炼要注意克服厌倦情绪，防止机械呆板。每次重复都应达到运动负荷的有效价值范围，身体反应超过上限时，可减少重复或暂停，不足时可适当增加或变换。

（二）持续锻炼法

持续锻炼法是指在相对较长的时间里，用较稳定的强度，无间歇地持续进行锻炼的方法。它主要用于运动技术比较简单、锻炼者运动技能比较熟练的项目，如长跑、游泳、骑自行车、划船等。其主要特点在于锻炼的时间相对较长，一次锻炼的量比较大，但锻炼的强度相对比较小而且稳定。因此用这种方法进行锻炼，对有机体刺激所产生的影响比较缓和，有利于心血管和呼吸系统机能的稳步提高和调节大脑皮层兴奋和抑制过程的均衡性。持续锻炼法所获得的效应出现较慢，但比较稳定，消退也较慢。

（三）间歇锻炼法

间歇锻炼法是指重复锻炼之间的合理休整，它是一种提高锻炼效果的常用锻炼法。间歇锻炼法间歇时间的长短，主要以负荷的有效价值范围为准。一般来说，负荷超过上限时，间歇时间应长些，以防止负荷继续上升，造成体力消耗过量，引发潜在运动损伤；在下限时，可连续进行，间歇时间应短，密度应大，后次锻炼应在前次锻炼的效果未减退时进行，倘若间歇过长，在效果消失后再进行，则失去锻炼的意义。

（四）变换锻炼法

变换锻炼法是指锻炼过程中，有目的地变换练习条件的情况下进行锻炼的方法。练习条件包括练习的环境、练习的运动负荷（速度、负重量、距离、时间）、练习的动作组合等。

变换锻炼法可以广泛地运用于各运动项目的身体、技术和战术锻炼。通过变换练习可以提高锻炼者对各种负荷刺激的适应能力，能培养多种运动感觉，如时间感、空间感、速度感、节奏感等，还能有效地调节生理负荷，提高兴奋性，强化锻炼意向，避免锻炼的单调乏味，提高练习的兴趣和积极性，克服疲劳和厌倦情绪，以达到提高锻炼效果的目的。练习中为了纠正错误动作，可适当减轻练习的重量，降低对动作的速度、速率的要求，错误一旦得到纠正，就应及时变换到正常条件下练习。

（五）循环锻炼法

循环锻炼法是一种把各种类型的动作，具有不同练习效果的手段，组成锻炼项目，按一定的顺序、循环往复进行锻炼的方法。循环锻炼法所布置的各个练习点，内容要慎重搭配，动作应是已经学会的，简单易行的，如杠铃挺举、双人推小车、背人走跑、蹲跳、俯卧撑、蛙跳、仰卧起坐、跳绳等。循环锻炼法应规定好练习的次数、规格和要求。由于各练习点的动作，器械不同，花样翻新，交替进行，可激发兴趣、减轻疲劳、提高密度，有显著的健身价值。现行各种形式的趣味体育、群众体育的组织，很多情况下都是根据循环锻炼法进行的。

（六）综合锻炼法

综合锻炼法是指多种练习方法的结合运用，它能更有效地调节运动负荷，更好地符合练习内容的要求，从而有效地提高身体素质，取得良好的锻炼效果。在采用综合锻炼法时，应注意练习手段、运动负荷、练习间歇及练习程序的安排，从实际情况出发，合理安排。

二、体育锻炼的原则

体育锻炼能促进身体的生长发育，增强体质，提高适应能力，使人延年益寿。但是要取得理想效果，必须正确地理解和遵循体育锻炼的原则。

（一）自觉性原则

自觉性的原则也称意识性原则，是指体育锻炼者应有明确的锻炼目的，自觉积极地进行体育锻炼。

体育锻炼是人们认识自我、完善自我的一种有目的、有意识的健身活动。人体的发展、身体素质的提高都是一个长期积累的过程。体育锻炼是一个自我锻炼，自我完善，也是自我养成良好习惯的过程。要提高参加体育锻炼的自觉性和积极性，这就要求锻炼者必须有明确的目的，确信锻炼的价值和作用，并以此作为自己行为的动力，长期不懈地坚持下去，最终获得良好的锻炼效果。自觉积极的原则是进行体育锻炼的指导性原则，也是能否长期坚持体育锻炼的前提，必须始终坚持这一原则，使参加体育锻炼有一个正确的指导思想。

贯彻自觉性原则的要求如下：

1. 要提高体育锻炼对人生事业重要性的认识，明确体育锻炼的目的，树立起体育锻炼有利于学习、生活、工作和劳动的观念。

2. 不断认识体育锻炼价值，选择适合自身体质状况的体育锻炼方法进行体育锻炼，力争取得最佳锻炼效果。

3. 学习掌握自我锻炼的有关知识和技能，逐渐形成对体育锻炼的兴趣，并通过信息反馈了解锻炼的效果，提高锻炼的自觉性。

（二）适量性原则

适量性原则是指在体育锻炼中，恰当地安排运动负荷，使之既能满足锻炼者增强体质等需要，又符合身体的实际承受能力。锻炼效果很大程度上取决于运动刺激的强度，太弱的刺激不能引起肌体功能的变化，过强的刺激会损害身体。运动负荷是否适宜，因人因时而异。即使同一个人，在不同的机能状态下，对负荷量的承受能力也不尽相同。当身体不佳、情绪不好时，人体的各种机能下降，体育锻炼的负荷量就要调整。因此，适宜负荷是身体锻炼中必须遵循的基本原则之一。

贯彻适量性原则的要求如下：

1. 掌握锻炼强度。强度是练习对身体刺激程度的计量。掌握锻炼强度应因人而异，

采用心率测定来掌握。国内外比较流行的卡沃南氏测定法计算每分钟心率的公式为

最佳运动负荷(次/min)=(最高心率－安静时心率)$\times x\%$+安静时心率

其中,最高心率通常为220次/min,$x\%$为欲达强度。当欲达强度小于20%,锻炼效果较低;欲达强度为50%~70%属于有效强度,70%的强度可获得最大摄氧量和心输出量;80%以上是大强度,在此强度下锻炼实际已具有训练性质。

2. 合理安排锻炼时间。锻炼时间一般因强度大小有所不同,5 min以上都属有效范围。高职学生锻炼可采用较大强度的短时练习。

3. 负荷由小到大,逐渐提高。开始从事体育锻炼时或中断锻炼后恢复锻炼时,运动负荷应该小一些,经过一段时间的锻炼,身体机能有所提高,可适当增加运动负荷。

(三)经常性原则

经常性原则是指进行体育锻炼是一个长期的、经常的行为。必须持之以恒,把它作为生活中不可缺少的一项重要内容。人体的结构和功能的变化是逐渐积累、逐渐提高和逐渐完善的过程。只有坚持经常性的体育锻炼,才能使这些变化巩固和扩大。坚持经常性的体育锻炼,能使人的新陈代谢功能增强,促进体内异化作用,继而使同化作用加强,加快体内物质合成,使人体功能得到提高,并可使骨骼坚硬、韧带牢固、肌肉粗壮、肺活量增大等。若长期停止锻炼,各器官、系统和动作技能形成的条件反射就会慢慢减退。

贯彻经常性原则的要求如下:

1. 体育锻炼效应的不断积累,身体将会产生肌肉酸痛等正常的生理反应。随着锻炼效应量的增加,将会产生质的变化。在这个变化之间,要用顽强的意志,努力完成每次锻炼的内容,做好短期安排,并严格执行。

2. 体育锻炼的效果不是一劳永逸的,要想获得好的锻炼效果,必须根据自己的实际情况,采取自己身体所能适应的运动负荷,制定可行性的目标和计划,严格执行。

3. 影响健康状况的因素很多,经常参加体育锻炼要从身体实际出发,不可勉强进行。

(四)循序渐进原则

体育锻炼的内容、方法、要求和运动负荷等要根据每个人的实际情况而有所区别。例如,根据年龄、性别、目前健康状况,可以由简至繁、由易至难、单次运动量由小到大,逐渐提高。人体各器官的机能提高要有一个适应过程,如果违反这一规律,既不利于增强体质,也会损害健康。循序渐进,持之以恒,人体的基本活动能力才能保持和不断提高,体质才能增强。

贯彻循序渐进原则的要求如下:

1. 选择体育锻炼内容时要根据自己的体质合理选择。体质好,可以选择无氧代谢较大的、活动较为激烈的项目进行锻炼;体质差,则可选择有氧代谢为主的、活动较为缓和的项目进行锻炼,当体质渐渐增强时再转换活动项目。

2. 处理好运动量与强度的关系。通常在提高运动量的基础上,再逐步增加运动强度。

3. 人体在进行体育锻炼时都要经历上升阶段、稳定阶段和下降阶段3个部分。无论做何种体育运动,首先要进行预热,即通常所说的准备活动,使身体进入“备战”状态,然后才能正常工作。锻炼结束后,要进行适当的放松活动,如同广播体操做完最后一节都要有个“整理运动”一样,可以消除疲劳,加快锻炼后的身体恢复。

(五)全面发展原则

全面发展原则是指锻炼中必须安排身体不同部位的活动，特别是各种不同性质的活动，以追求人体的均衡发展。人体是一个有机整体，各器官系统的机能、各种身体基本活动能力之间是相互联系、相互制约的。如果锻炼不注意对身体各部位、各系统的全面发展和促进，肌体不仅不能获得良好的整体效应，而且还会导致身体发展的不均衡和不协调。

贯彻全面发展原则的要求如下：

1. 在体育锻炼中，要注意全面锻炼身体，要把身体形态锻炼和内脏器官的锻炼紧密结合起来，形成肌体全面协调的发展。

2. 在体育锻炼中要从改善身体形态入手，提高机能的实际效果，培养心理素质，即把陶冶情操、愉悦心理有机地结合起来，不断地增强适应自然环境和抵抗疾病的能力。

3. 在提高身体素质的锻炼中，要根据自己年龄和其他特点，选择锻炼内容并处理好所选择的各个锻炼项目之间的关系。

4. 注意肢体对称运动，不要长期只从事身体一侧肢体的活动，使肌体得到匀称发展。另外要注意活动全身，不要限于局部。

(六)区别对待原则

区别对待原则是指在体育锻炼中，根据锻炼者个人的年龄、性别、爱好、身体条件、职业特点以及季节、地域等客观条件，合理地确定锻炼内容，选择方法手段和安排运动负荷，使之符合实际需要，做到区别对待，使体育锻炼更具有针对性。

贯彻区别对待原则的要求如下：

1. 根据年龄特点选择体育锻炼项目。相对中老年人可进行一些活动量相对平稳的慢跑、太极拳、走路、打门球等项目的体育锻炼，以减少运动损伤。高职学生可进行对抗性强、运动较剧烈的球类运动、爬山比赛等一些项目，以增加体育锻炼的兴趣。

2. 根据性别、兴趣、爱好和习惯有选择地进行体育锻炼。男生可进行一些体现阳刚之气的举重、拳击等体育锻炼，女生则可练习健美操、健美舞等柔韧性运动项目。

3. 根据自己的健康状况进行锻炼。有隐性疾病、高血压隐患的学生，尤其要掌握好运动量，在锻炼时动作应做到有节奏、放松和缓慢、避免紧张用力和憋气，不要过度低头，以免引起头部充血。

4. 根据职业特点选择体育锻炼项目。例如，脑力劳动者，工作时经常保持弯腰伏案的姿势，颈部前倾，脑供血不足，肺部活动受迫，呼吸机能降低，肌肉活动少，体力下降。针对这些特点，就应以动作舒展的户外锻炼为主。

5. 根据季节和地域情况选择体育锻炼项目。不同地区地理情况、气象条件、体育的地方特色不同，锻炼中应因地制宜，从实际出发，要有针对性地安排。例如在北方冬季进行滑雪锻炼，在南方夏季进行游泳锻炼等。

第四节　评定体育锻炼效果的方法与指标

一、体育健身效果测评的方法

体育健身效果的测定有多种多样的方法，可根据不同的需要加以选用。

(一)自我测评与他人测评

自我测定与评价多采用主观感觉、观察进行定性检查和评价,也可采用较为简易的定量测定与评价方法。这是体育锻炼最常用的方法,其特点是方法简便、及时,便于操作,但主观成分较大。他人测定与评价是根据特定要求进行的,它需要一定的设备和仪器,要有一定的组织工作,但客观性较好,比较规范。

(二)主观测评和客观测评

主观测定与评价即评价人根据观察、感觉和个人经验等来评价健身锻炼效果,既可由锻炼者个人进行,也可由他人进行。该法不需要仪器设备,简便易行,缺点是客观性较差。客观测定与评价是借助于测试仪器设备,用规范的方法获得精确的数据,用一定的标准去评价锻炼效果。在实践中,应创造条件更多地采用定量化评价的方法。

(三)单一指标测评与多指标综合测评

单一指标测定与评价,是只选择一个指标对身体锻炼的某一方面效果进行测定与评价。如长跑锻炼中采用时间测定与评价法,减肥锻炼中采用体重测定与评价法。这种测定与评价方式较为简便,针对性强,能较灵敏地反映身体锻炼后某一方面机能和能力的改善情况。要使单一指标测定与评价更为有效,重要的是选择合理有效的测定与评价指标和进行科学的测定。

多指标综合测定与评价是根据锻炼者体质和身体锻炼的特定需要出发,精选若干个测定指标,组成一个测定体系,对锻炼对象进行测定,再利用一定的权重关系对锻炼者身体锻炼情况作出综合评判,如我国的“国家学生体质健康标准”、“国家体育锻炼标准”等。多指标综合测定与评价的具体方法很多,可以有定性评价,但以定量评价为主。在定量测定与评价的若干因素中,可以采用单项评分累加法、平均法、标化加权法、相关法、指数法等。选用各类指标时要尽可能全面反映身体锻炼不同方面的效果,避免同类指标的重复。

(四)对个体的测评与对群体的测评

对个体的测定与评价是以某个人作为测定评价对象,运用有关手段、方法进行测定评价的方法。对群体的测定与评价是在对个体进行测定与评价的基础上,对某一特定群体的身体状况和体育健身效果进行测定与评价,如对某个学校学生进行的整体评价。有了对不同群体的身体状况和体育锻炼的测定与评价结果,就可以进行不同群体之间的比较分析,而个体也可以用群体指标作为参照系,评价自身的身体状况,并对体育健身过程加以综合分析。

(五)对健身结果的测评与对健身过程的测评

对体育健身结果的测定与评价侧重于对健身锻炼结果(即某一锻炼单元结束后成果)的测定与评价,是由果推因的评价。这种评价结果往往对提高锻炼者的积极性有直接的推动作用,但运用的周期较长。

对体育健身过程的测定与评价则是对健身锻炼过程状态的检查,是一种由因推果的方法。如根据运动处方的要求组织的测定与评价,可使锻炼者达到所规定的运动强度、运动时间和频度。由于它侧重于行为本身的评价,方法简单,标准明确,能直接推动人们参加身体锻炼。

(六)静态测评与动态测评

静态测定与评价是在锻炼者处于静息或相对安静时所进行的测定与评价,如测定与评价锻炼者的基础脉搏、血压、锻炼前的脉搏等。动态测定与评价则是对锻炼过程进行的测定评价与控制,如根据遥测心率计测定和控制锻炼者的心率变化。静态测定与评价主要是了解锻炼者的长期适应情况,以评价身体锻炼的效果,而动态测定与评价则有助于了解身体在运动时的反应以及身体运动指标等。

(七)瞬时测评与延时测评

瞬时测定与评价主要在身体锻炼过程中运用,常用于对身体锻炼负荷量度的控制,如测定运动中的各种生理生化指标,身体练习的刺激大小和身体对负荷的适应情况。延时测定与评价主要测定与评价身体锻炼的积累效果,通过分析人体处于常态时的身体状况,以评价其效果。

二、评定体育锻炼效果的指标

(一)形态学测评指标

体育健身效果的形态学测定属于人体基本测定,主要包括身高、体重、胸围、坐高、胸围和呼吸差、皮褶厚度等指标,与此同时,由上述单一指标派生出的复合指标,对评价身体锻炼效果更为有利。

1. 体重

使用标准体重计或台秤。将体重计放在平坦地上,调整零点(旋转右侧螺旋调节)。受测者自然站立在秤台中央并静止不动。移动游码至刻度尺平衡后并记录。记录以 kg 为单位,精确到小数点后 1 位。

2. 身高

使用标准身高计,受测者赤脚,以立正姿势(躯干挺直,上肢自然下垂,足跟并拢,足尖分开成 60°)站在身高计的底板上,头部正直,两眼平视,足跟、骶骨及两肩胛间与立柱接触。检测员站在受测者右侧,调整受测者头部,使其耳屏上缘与眼眶下缘最低点保持在同一水平线上,然后下移水平板,轻压在受测者头顶。记录时以厘米为单位,精确到小数点后 1 位。

3. 坐高

使用身高坐高计,检查坐板是否水平,高度(成人 40 cm,儿童 25 cm)、前后宽度是否合适。受测者坐在身高坐高计的坐板上,骶骨、两胛间及头部位置、姿势与测身高同。将水平压板轻轻下压。记录以厘米为单位,精确到 0.5 cm。

4. 胸围和呼吸差

使用带尺,使用前用钢尺校正。受测者裸露上体,自然站立,两臂自然下垂,平静呼吸,将带尺环绕胸部一周,背部带尺上缘置于肩胛骨下缘,胸前带尺的下缘置于乳头上缘。平静时胸围要在平静呼吸的呼气末来测量,深吸气末和深呼气末各测胸围一次,计算呼吸差。

胸围受后天因素影响比较明显。经常从事健身锻炼,特别是有氧锻炼,能有效地加大胸围和呼吸差。一般人的呼吸差只有 6～8 cm,健身锻炼者可达到 8～10 cm,甚至超过 12 cm。

5. 皮皱厚度

它是指皮下脂肪的厚度。皮皱厚度的测量结果可以用以评定身体成分,推算出全身脂肪重和瘦体重。

某些身体形态学指标还可派生出一些复合指标,更能有效地评价身体生长发育情况,如采用:

6. 身高体重指数，可表示每厘米身高的体重值。其计算方法为：

体重(kg)/身高(cm)×100%

但该指标受身高的影响较大，身体越高，评价的准确性相对较低。

7. 身高胸围指数，表示胸围占身高的百分比。计算公式为：

胸围(cm)/身高(cm)×100%

8. 身高、体重、胸围指数。计算公式为

[体重(kg)+胸围(cm)]/身高(cm)×100%

该指数包含了身体的长、围、宽和密度，能较好地反映出体格情况。

9. 身高坐高指数

坐高(cm)/身高(cm)×100%

指数越大，说明躯干越长。

《国家学生体质健康标准》评价指标中，采用"身高标准体重"指标。该指标是在标定身高这一指标的前提下，通过测定体重的变异情况，分析人体体型的优劣，并在调查数据的基础上制定了5级评分表。

(二)运动学测评指标

体能是身体素质和运动能力的通称。体能的测定与评价属于人体运动学测定，它是通过完成某些规范化的运动项目，借助测定工具获得专门数据，依据某些标准来评价身体能力的发展状况和水平。对锻炼者通过体能测定，可准确地了解锻炼者自身体能的发展情况和锻炼效果，相应地采取有效措施，克服薄弱环节，保持身体能力的协调发展。

1. 力量测评

常用的力量测定手段有测握力、背力、俯卧撑和仰卧起坐等。

(1)握力

握力测定可用以评价上肢和手指屈肌力量。测定时使用弹簧式或电子式握力计。受测者两脚自然分开约一脚距离，身体直立，手心向内持握力计，握力计指针朝外。先将指针调整至零位，然后转动握距调节钮，使食指第二关节屈指成直角，用最大力紧握上下两个把柄。用力手测两次，取最大值。

(2)背力

背力测定可用以评价背肌力量。使用背力计时，受试者站在背力计底盘上，两脚尖分开约15厘米，膝关节伸直不动，上体前倾约30°，两手正握背力计的把柄，伸直背，上体抬起，由缓慢用力至全力拉。测两次，取最好成绩。

(3)俯卧撑

用以锻炼和评价上肢肌与肩带肌力量。使用普通平坦场地，要求受试者手掌与脚尖在同一平面上。受试者双手按地，手指向前，两手距离与肩同宽，两腿向后伸直，身体挺直，然后屈臂使身体平直下降，至肩与肘成平面，此时两肘和头的投影线成正三角形，躯干、臀部和下肢要挺直。

《国家学生体质健康标准》评价指标中，采用"握力""引体向上"指标。在调查数据的基础上制定了5级评分表。

2. 柔韧性测评指标

(1)站立体前屈

设一平面方凳。在凳子侧面安装一把刻度尺，台面处刻度为"0"，往上25 cm，往下40

cm。受试者双脚靠拢站立于方凳上，两腿伸直，上体前屈，两手臂尽量下伸，两手指尖（要齐）伸向标尺，努力使指尖触到最下端的刻度。如指尖达不到“0”点，则其成绩前加负号。记录其最好成绩，精确到小数点后1位。注意动作不要过猛，头要置于两臂中间，两手要并直。

（2）坐位体前屈

使用坐位体前屈测量计。受测者坐在平坦垫物上，两腿伸直，脚跟并拢，脚尖分开约10～15 cm，踩在测量计平板上，然后两手并拢，两臂和手伸直，渐渐使上体前屈，用两手指尖轻轻推动标尺上的游标前滑，直到不能继续前伸。测两次，取最好成绩，记录厘米为单位，精确到小数点后1位。

《国家学生体质健康标准》评价指标中，采用“男子引体向上”“女子仰卧起坐”指标。在调查数据的基础上制定了5级评分表。

3. 速度测评指标

（1）反应时

用以评价中枢神经系统的反应能力和神经肌肉的协调能力。使用反应尺，受测者坐在桌旁，受测臂放松平放在桌子上，手指伸出桌边约10 cm，拇指与食指上缘呈同一水平，做好准备。检测人员抓住反应尺的上端，置反应尺的下端于受测者拇指与食指之间（不要碰到手指），反应尺的零点线与拇指上缘呈同一水平。受测者两眼凝视反应尺的下端，听到“预备”口令后，反应尺下落时急速将反应尺捏住，记录拇指上缘处反应尺的刻度。测5次，去掉最高值和最低值各1次，计算中间3次的平均数。记录以秒为单位，精确到小数点后2位。

（2）短距离跑

用以锻炼和评价身体位移速度。常采用50米跑。受试者听到“预备”的口令后取站立式起跑姿势，听到“跑”口令或鸣枪声后，迅速沿跑道线跑出，记录下通过终点线的时间。记录以秒为单位，精确到小数点后1位。

《国家学生体质健康标准》评价指标中，采用“50米跑”指标。在调查数据的基础上制定了5级评分表。

4. 耐力测评指标

常用的耐力测定手段有定距离跑、定时间跑等。

（1）定距离跑

最典型的定距离跑是库珀的2400米跑。测验可在室内或室外的跑道上进行。受试者做好准备活动后，要尽最大力量快跑，力争在尽可能短的时间内跑完预定的距离。根据时间评价受试者的耐力水平。

（2）定时间跑

通常采用库珀的12分钟跑。12分钟跑可在室内或室外的跑道上进行。受试者需先做好准备活动，特别要使下肢关节活动充分。测试开始后，受试者要在规定的12分钟时间内，尽最大力量跑（或走跑交替）到终点。记录所能达到的最大距离（米）。注意跑时尽全力，最好用匀速跑完全程。如跑中感到呼吸困难，可稍放慢速度，使呼吸恢复正常。再根据相应的评分表评价身体耐力状况。

《国家学生体质健康标准》评价指标中，采用“男子1000米跑”“女子800米跑”指标。在调查数据的基础上制定了5级评分表。

(三)医学生理学测评指标

1. 脉搏的测评

心搏频率的测定常采用脉搏测定法。与健身锻炼有关的脉搏测定可测安静时脉搏、基础脉搏和运动前后脉搏。其测定方法是:以食指、中指、无名指轻压在受测者的桡动脉上,以10秒钟为单位连续记数其脉搏频率。如连续三个10秒钟的脉搏数是一样的,说明此时脉搏趋于稳定,即以这个数字乘以6,得出受测者每分钟的脉搏频率。如果受测者相邻两个10秒的频率只差一次,连续测时每两个10秒的情况都是这样,则可用邻近两个10秒的频率相加乘以3,即得每分钟的脉搏频率。如相邻两个10秒的频率为10次和11次,则可以(10+11)×3,得出63次/分。脉搏频率也可以听诊心音测定心跳频率得出。

2. 血压的测评

正常人安静时的动脉血压较为稳定,收缩压一般为90～120 mm水银柱,舒张压一般为60～90 mm水银柱。随着年龄增高,动脉血压也逐渐增高,但收缩压的增高比舒张压升高更为明显。

正常情况下清晨血压应比较稳定。如果锻炼负荷适宜,血压变化范围在10毫米水银柱以内。如果发现清晨血压较平时增加20%,而且血压有明显的上升趋势,在排除疾病因素以后,则可能是运动量过大和疲劳积累的征兆。有条件的家庭和锻炼者,可自备血压计,定时进行测定和评价。

3. 肺活量的测评

肺活量作为呼吸机能健康程度的指标之一,是呼吸肌收缩运动的结果。因而是对体质和健康水平进行评价的重要指标。肺活量越大,说明呼吸系统的功能越强。肺活量受后天影响较大,健身锻炼能增强呼吸肌的收缩能力,扩大胸廓活动范围,从而导致肺活量的增加。

在《国家学生体质健康标准》中,采用“肺活量体重指数”指标,并制定了4级评分表。

4. 屏息试验(闭气试验)

它是一种测定和评价机体耐受低氧能力的简易方法,屏息时间越长,说明呼吸系统耐受能力越强。可分三种情况:

(1)平静屏息

受试者静坐休息后自然呼吸,听到屏息口令后立即开始屏息,直至不能坚持为止。记录屏息时间。

(2)深吸气后屏息

受试者听到屏息口令后,先做1次深吸气,然后屏息。记录屏息时间。

5. 最大吸氧量的测定

最大吸氧量是反映人体心肺功能的重要指标,也是有氧工作能力的重要指标。要分析锻炼者的心肺功能水平,也有必要测定这一指标。最大吸氧量的测定有两种方法:直接测定法和间接测定法。

第三章

运动损伤的处置与急救

第一节　运动损伤概述

一、运动损伤概念

体育运动过程中受到机械性和物理性方面因素所造成的伤害，即由体育运动或训练引起的肌肉、骨骼、内脏等部位的损伤。

二、运动损伤的分类

(一)按损伤程度，可把运动损伤分为轻伤、中度损伤和严重损伤

1. 轻伤：伤后影响肌体活动在24～48小时，作一般治疗即可痊愈。

2. 中度损伤：伤后影响肌体活动在1～2周，需作常规治疗及短期康复训练即可恢复正常活动。

3. 严重损伤：软组织损伤影响活动在2周以上，骨折、脑震荡、半月板撕裂、内脏损伤均属重度损伤，需作特殊治疗及较长时间的康复训练才能恢复正常的体育活动。

(二)因损伤部位力量作用方向导致肌体解剖学结构改变的运动损伤可分为拉伤、挫伤、扭伤、骨折和骨裂等

1. 拉伤：损伤力量使肌肉、韧带、关节向外延伸，致使局部解剖学结构改变的损伤。

2. 挫伤：损伤力量钝力方向使肌肉、韧带、关节向内延伸(下压)引起肌体局部解剖学结构改变的损伤。

3. 扭伤：损伤力量方向与肌肉、韧带、关节呈角扭转外延引起局部解剖学结构改变的损伤。

4. 骨折、骨裂：肌体骨组织受外力作用(或病理)，造成骨连贯性中断的损伤。骨裂是不完全折断。

(三)按损伤部位有无创口与外界相通，可分为开放性损伤和闭合性损伤

1. 开放性损伤：有创口与外界相通。皮肤的擦伤、裂伤、刺伤、切割伤、贯通伤等均为开放性损伤。

2. 闭合性损伤：无创口与外界相通。一般的肌肉、韧带、关节损伤均是闭合性损伤。

(四)按运动损伤发生的过程，可分为急性损伤和劳损(细微损伤)

1. 急性损伤：在体育活动过程中一次性产生的肌体损伤。

2. 劳损：在长期、多次的体育训练中，由于局部组织重复单一的超负荷活动又没有及时地改善局部负担而造成肌体局部组织学的细微改变所致的损伤。如髌骨软骨软化症、肩轴劳损、髌骨张肌末端病等。

三、运动损伤的原因

产生运动损伤的因素是多方面的，往往由多个因素造成机体损伤的结果。在一次运动损伤结果中，总有一个因素是主要的，其他几个因素则是次要的、诱发性的。因此，对运动损伤发生原因的分析应该是综合性的。

(一)主观因素

参加体育运动的人是体育活动的主体。每一个体育活动的参与者，如果在参加体育活动时思想上不认真，不遵守活动规则，不讲运动道德，不认真做好准备活动，活动中不按科学方法练习，技术动作不正确，超负荷(动作难度、活动强度、运动量超过身体水平)活动，心理压力大，身体状态欠佳(过度疲劳、病后、睡眠休息差)等，均有可能导致运动伤害事故的发生。在某些活动中，运动者没有掌握好自我保护的方法，往往成为重大伤害的主要原因，如体操练习、跳水中发生的颈部、腰部损伤。

(二)客观因素

运动时的客观条件情况不够良好，也会导致运动伤害事故的发生。

1. 运动环境：恶劣的天气情况(雨、风、沙、冷、热、光)、疯狂的观众、场边秩序混乱等。

2. 场地设备：运动场地不平、质地太硬、场边有杂物障碍、器械不合格(次品、失修、不标准)、服装不合适、护具不合格(击剑、拳击、散打等运动尤为重要)等。

3. 组织安排不合理：运动量不适宜(过大)，活动次序不科学(前后安排不合理)，活动时间和饮食时间、休息时间不科学(饥饿时间练长跑、考试时间搞比赛)等。

4. 运动对手：对抗性运动中对手过强，对手故意犯规，对手技术动作不正确等。

5. 执行规则：对抗性活动中，特别是在摔跤、拳击、散打、篮球、足球等项目中，若裁判执行规则不严不公，极易造成运动员身体上的伤害，以致严重的后果。

(三)心理素质

从事冲撞性较强的运动时，如果注意力不集中或集中持续时间不长，发生损伤的危险性就会增加。情绪不稳定、易急躁、急于求成，或在运动中因畏难、恐慌或害羞而犹豫不决的人，容易造成运动损伤。

四、运动损伤预防

(一)运动损伤的特点

1. 运动损伤与运动项目有很大关系。在田径运动中，下肢损伤较为多见。“网球肘”、“摔跤耳”是网球、古典式摔跤的专项损伤。在进行篮球活动时，常见的有手指关节挫伤等。

2. 运动损伤中闭合性软组织损伤多见，开放性损伤不多。

3. 运动损伤中轻伤常见，中度伤不多，严重伤极少。

4. 运动损伤多发生在青少年人群中。

(二)运动损伤预防的重点

1. 根据运动损伤与运动项目有关的特点，做好专项损伤的预防。

2. 根据学校体育特点，做好轻伤，特别是手、足关节损伤的预防。

3. 做好急性损伤的治疗，防止慢性损伤的发生。

4. 科学训练，预防劳损的发生。

5. 消除场地设备隐患，防止重大伤害事故发生。

(三)运动损伤的预防原则和一般方法

1. 预防原则

(1)重视预防运动损伤的。

(2)加强身体全面训练。

(3)科学地组织教学、训练、比赛。

(4)切实做好体育活动过程中的保护工作。

(5)开展和加强体育运动中的医务参与和监督工作。

2. 预防运动损伤的一般方法

(1)学习、掌握预防运动损伤的理论和方法。

(2)合适的服装和必要的护具，活动时不能佩戴装饰品。

(3)建立自我保护意识，要有良好的心态，掌握自我保护的方法。

(4)活动前，要认真做好准备活动，活动中要集中思想，活动后要做好放松活动。

(5)按规定标准做好场地设备的建造、维修、检查和保养工作。

(6)对抗性练习或比赛中要有规则，并做到严格执行，不枉不偏。

(7)建立医务监督制度、运动伤病登记制度，做好伤病调研，探索规律，总结经验，逐步完善运动伤病预防措施。

第二节　运动损伤的急救

一、急救的基本知识

体育运动中，当发生骨折、关节脱位、脑震荡、休克等较重的损伤时要实施急救，掌握一些基本的急救方法是非常必要的，当发生重大损伤后，要判断情况，按顺序做如下处理。

1. 先呼叫伤者，判断伤者有无意识。

2. 判断是否有呼吸，如果是有呼吸的昏迷，应首先保障伤者的呼吸通畅，然后将其置于舒适的体态，实施保温；如果有外伤，要实施包扎等手段。

3. 如果没有呼吸，应立即施行人工呼吸。

4. 如果没有脉搏，就地实施胸外心脏按压。

在实施以上急救措施的同时，应第一时间拨打120，并将其送至医院救治，同时及时告知学生所在单位，共同组织处理。

二、骨折与关节脱位的急救

骨折和脱位是较严重的外伤，虽然在体育运动中的发生率较低，但是一旦发生，有的因为疼痛剧烈和合并其他的并发症而易导致休克，而不正确的处理常会引起损伤的加重。在运动中的相互冲撞、蹬踏、跌倒时受到地面的反作用力等都可引起骨折和脱位的发生，一般上、下肢的骨折和脱位发生较多。

骨折和脱位发生的当时会出现受伤部位的疼痛、肿胀、畸形和关节功能丧失等症状。对于骨折、脱位判断明确或疑似骨折、脱位时均应在现场按骨折进行处理。

（一）止血

对有伤口出血的受伤者，首先应采取适当的方法止血，如用干净的布类或用无菌材料覆盖在伤口上，并稍加压包扎；对于上、下肢的骨折，如果有较大动脉的出血（出血急、量大、血色鲜红），可用胶皮管、毛巾或宽布条捆扎在伤口的近心端，但不可直接缠绕在患处，其间应垫以布片或棉花等软物，并放一卷垫物在动脉位置上，以加强效果，每隔 15～20 min 要放松 15 s，放松时应在伤口上用敷料压迫止血。

注意不要冲洗出血的伤口；露在伤口外的骨端未经处理不可放回到伤口内，以免引起感染；应盖上干净的布类或无菌材料。

（二）就地固定受伤部位

及时的固定可以避免伤骨或脱位端的移动，防止损伤加重并减轻疼痛，且有利于转运。因此不要勉强解脱受伤者的衣服，尽量避免不必要的搬动，制止受伤者做各种活动，如下肢骨折时不要搀扶其行走，如果受伤肢体肿胀严重，可剪开其衣服。

未经固定的伤员，在没有把握或条件不充分的情况下，对骨折、脱位造成的肢体弯曲、扭转或畸形不可勉强复位。可就地选用木棒、木板、毛巾、宽布条等物品，也可用受伤者的健侧肢体或躯干进行临时固定。固定的范围，一般应包括受伤肢体的上下两个关节，在固定物的两端、骨突处和空隙处要用软布或毛巾垫上，防止产生压迫性损伤。

如果肢体明显畸形而妨碍固定时，可以将伤肢沿纵轴稍加牵引后固定。固定用的毛巾、宽布条应缚扎在受伤部位的上下段。上面固定后，可用布条或衣物等悬挂于胸前，下肢固定后应与健侧捆缚在一起后再转运。

固定要牢靠，松紧度要适宜。过松则失去固定的作用，过紧则会压迫血管神经。因此在固定时，应露出指（趾）端，以观察血液循环的情况。如果指（趾）端出现苍白、青紫、发麻、发凉、疼痛时，应立即调整松紧度或重新固定。

（三）正确地转运

包扎固定后，不要慌张地背起受伤者就往医院跑，或采用一人抱头、一人抱腿的抬法，也不要让受伤者屈身侧卧，防止受伤处错动摩擦引起疼痛和损伤周围的血管、神经及器官。

对已判断有脊椎骨折或疑似脊椎骨折的受伤者，不能随意搬动和进行不必要的检查；不论受伤者是仰卧还是俯卧，尽可能不要变动原来的位置；禁止用被单或软物抬运，以免加重错位，使脊椎进一步损伤。理想的方法是 3 人搬运法，即 3 个人并排蹲着或跪在伤者一侧，用手分别托住其头、肩、背、臀部和下肢，使受伤者保持平卧姿势，然后 3 人同时抬起，步调一致地向前行进，将受伤者移送或轻轻放至硬板担架上。在送往医院途中，将受伤者四肢和躯干用布条固定在担架上，防止途中颠簸移动，增加受伤者的痛苦。疑似腰椎骨折时，如果受伤者处于仰卧位，可在腰上垫上沙袋或卷起的衣物；疑似颈椎骨折时，务必使头部固定于伤后位置，头颈两侧垫上沙袋或卷起的衣物，防止颈部屈伸或左右旋转，如图 3-1 所示。

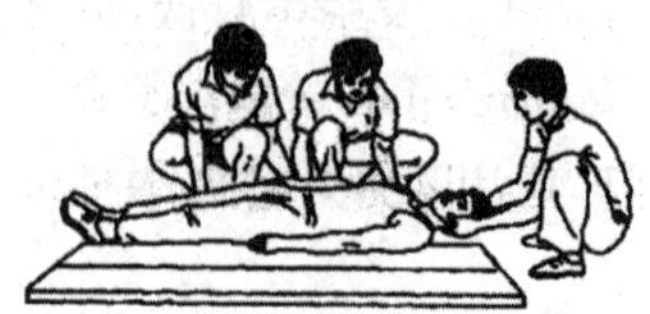
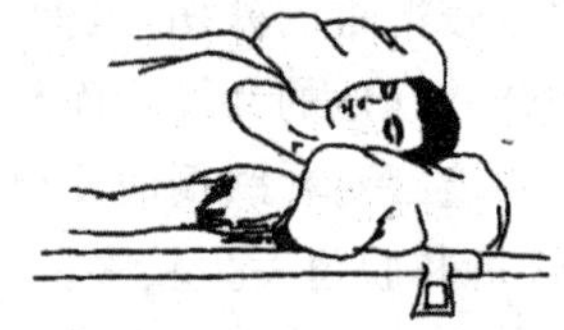

图 3-1　脊椎骨折或疑似脊椎骨折的搬动转运

三、溺水的急救方法

在游泳时，有时因肌肉痉挛或技术上的原因导致溺水。溺水时，水经过口鼻进入肺内，造成呼吸道阻塞，或者因吸水的刺激，引起喉部肌肉痉挛，使气体不能进出，导致窒息和昏迷。如果时间稍长，则因缺氧而危及生命。

窒息后，脸色苍白而肿胀，眼睛充血，口鼻充满泡沫，四肢冰冷，神志昏迷，胃腹吸满水而鼓起，甚至呼吸、心跳停止。

溺水的急救步骤如下。

1. 立即将溺水者救上岸后，清除口腔中的分泌物和其他异物，并迅速进行倒水，如图3-2所示，但不要过分强调倒水而延误了宝贵的抢救时间。

图 3-2　给溺水者倒水

2. 立即进行人工呼吸。如果心跳停止，应同时施行心脏胸外挤压法。人工呼吸和心脏胸外挤压以1∶4的频率进行，急救者之间应密切配合，进行积极而耐心的抢救，直至溺水者自主恢复呼吸为止。

3. 待溺水者苏醒后，立即将其送至医院，作进一步检查和治疗。在运送途中，必要时继续进行人工呼吸。

注意事项：

1. 施行倒水以前，首先应迅速清除口鼻内的分泌物及异物，若有活动假牙也应卸下取出，并将舌头拉出，以保持呼吸通畅。

2. 吹气的压力和气量开始时宜稍大些，10～20次后应逐渐减少，以维持在上胸部轻度上升为度。

3. 口对口人工呼吸与心脏胸外挤压最好由两人配合进行，两者频率之比为1∶(4～5)。若为单人操作，两者频率之比为2∶15。

4. 心脏胸外挤压时，救护者压迫的部位必须在患者的胸骨下段，接触胸骨应只限于掌根部，不可将手平放，手指应向上稍翘起与肋骨离开一定距离，压迫时应带有一定的冲击力量，而不是缓慢的下压，但用力不可过猛，以免引起肋骨骨折，压迫方向应垂直对准脊柱。

5. 挤压后能看到颈动脉或股动脉搏动，上肢收缩压在8.0 kPa以上，口唇、牙床的颜色较挤压前红润，或者呼吸逐渐恢复，扩大的瞳孔也随之缩小，说明挤压有效，应坚持做到出现自主心跳为止。若挤压后没有上述表现，说明挤压无效，应改进操作方法和寻找其他原因，但不可轻易放弃现场抢救。

四、休克

(一)休克的诊断

伤后在烦躁不安、呻吟、叫唤、表情紧张、面色苍白、脉搏稍快、呼吸表浅而急促的几分钟或者几秒后,精神萎靡、表情淡漠、口渴、头晕、出冷汗、四肢发凉、脉快无力,进而昏迷。

(二)急救办法

1. 体位

把伤者平卧或将头和躯干抬高10°,下肢抬高20°,以增加回心血流量,改善脑部血液回供。

2. 注意保暖、遮阳

寒冬时节应给伤员盖上毛毯或棉被,以免受凉。但不要加温,以免皮肤血管扩张,影响生命器官的血液灌注量和增加氧的消耗。盛夏时节应把伤员及时移至阴凉处进行救治。

3. 维持呼吸机能

若呼吸道有分泌物,口、鼻、咽部有血块等,应及时清除。昏迷的伤员头应侧偏,并将舌牵出口外。

4. 控制出血

若伤口有大量的外出血,应及时采用相应的方法进行止血;若有内出血,应迅速运送医院抢救。

5. 止痛

务必使病人安静,避免过多的搬动,对疑似骨折、脱位者,应初步进行包扎固定,除严重颅脑损伤外,剧烈疼痛时,可给予止痛剂。

(三)注意事项

1. 要首先了解引发休克的原因,在进行急救处理的同时,应尽早去除病因。
2. 应尽早补充循环血容量。
3. 进行简单的急救处理后,应立刻送医院进行彻底治疗。
4. 转送途中应尽量防止颠簸。

五、肌肉痉挛

它是一种机体由于运动而引起肌肉出现的不自主的强直收缩现象。其症状为局部肌肉僵硬、隆起、疼痛难忍,痉挛肌肉所涉及的关节,伸屈功能有一定的障碍,且一时不易缓解。

(一)处理办法

不太严重的肌肉痉挛,用均匀、缓慢的力量向相反方向牵引痉挛肌肉,一般都可使其缓解。牵引时切忌用暴力,以免造成肌肉拉伤。如腓肠肌痉挛,可伸直膝关节,同时用均匀、缓慢的力量将踝关节充分拉伸。此外还可以配合局部按摩——采用重力按压、揉捏手法和针刺委中、承山、涌泉等穴位。严重的肌肉痉挛有时需采用麻醉才能缓解。

(二)预防措施

运动前做好充分的准备活动,特别要注意对容易痉挛的肌肉进行适当的牵引。冬季运动要注意保暖，夏季运动应注意及时补充水和盐分，有足够的放松，游泳下水前，应用冷水淋湿全身，以便机体适应冷的刺激。

第三节 常见运动损伤的处置方法与预防措施

在体育教学与训练中出现的各种损伤主要是由于受训学生对预防运动损伤的重要意义认识不足，缺乏必要的运动损伤知识，忽视教学与训练中的安全卫生；缺乏训练前的准备活动或准备活动不充分，导致肌肉僵硬，神经系统协调性差，内脏器官机能未能充分调动起来；身体素质差及技能水平达不到训练目标的要求；练习安排不当，运动量过大，超过了身体的承受能力；组织实施方法不当；训练场地、器材、环境、气候条件不良；受训学生的生理、心理状态不佳等。

一、擦伤

皮肤受到外力摩擦，发生损伤，有组织液和血液渗出，称为擦伤。

（一）原因

奔跑中摔倒，皮肤与地面摩擦，身体转动与器械摩擦，均可发生擦伤。

（二）处理

小面积的皮肤擦伤用2%红汞或1%龙胆紫溶液涂抹伤口，用消炎油膏涂抹，盖上无菌纱布，粘膏固定，必要时缠上绷带。

大面积的皮肤擦伤，伤处嵌入煤渣、泥屑时，应送到医院处理。

二、挫伤

人体某部遭受钝性暴力作用而引起该处及其深部组织的闭合性损伤，称为挫伤。

（一）原因

在体育教学与训练中相互间的身体碰撞，如在篮球教学与训练中有些人用膝盖顶撞对手的大腿；身体与器械相撞，如鞍马练习中，下肢撞“马头”（或跳马中胸部撞击“马头”）。练习跳水时，胸部“挨拍”导致肺部挫伤；物体以很快的速度打击身体的某一部位，如网球、足球、手球打击头、脸部等，均可发生挫伤。

（二）处理

用冰袋敷患处，抬高肢体，加压包扎。受伤学生有休克表现者要保暖，送医院处理。一般来说，48小时后出血即可停止，用热敷、按摩等方法治疗。按摩方法从轻，先按摩周围再转向中心，以不引起疼痛为原则。

上臂肌、肱四头肌挫伤如处理不当，过早过多地活动，可并发骨肌炎（肌组织内长出骨组织），要用X光线检查诊断，按医嘱处理。

（三）预防

在体育教学与训练时，应加强必要的保护，提高自我保护意识和能力，穿戴好必要的保护装置，纠正错误动作，禁止粗野动作。

三、急性肌肉拉伤

因肌肉突然猛烈收缩或被动牵张而引起。

(一)原因

肌肉训练不足,柔韧性差,力量弱时,易发生拉伤。身体肌群(原动肌与对抗肌)的力量是成比例地发展的,如正常大腿后群肌为股四头肌力量的50%~60%。在教学与训练中如只训练股四头肌而忽略大腿后群肌,则必然破坏这一正常关系,成为肌肉拉伤的原因。肌肉拉伤常发生于大腿后群肌、腓肠肌、股四头肌、大腿内收肌以及背部的肌肉。

(二)处理

首先是局部冷敷,加压包扎,抬高患肢或使肌肉处于放松状态。再者是在伤后24小时开始按摩或理疗。若是肌肉完全断裂应尽快送医院缝合。一般伤后一周,症状可基本上消除,可开始做徒手的伸展练习,第二、三周后可逐渐恢复正常的训练,但要注意训练前做充分的准备活动。

(三)预防

加强屈肌和易伤部位肌肉的力量和柔韧性练习,使屈肌和伸肌的力量达到相对平衡,这是防止肌肉拉伤的有效措施。同时应充分做好准备活动,合理安排运动量,纠正和改进动作和技术上的缺点,以达到预防的目的。

四、关节韧带扭伤

在外力作用下,关节的活动超过正常范围,造成关节内、外侧副韧带损伤。在体育教学与训练工作中,外踝及膝内侧韧带扭伤最为常见。

(一)原因

踝关节内翻(屈翻、旋后、足尖内收)扭伤最常见。它与人体踝关节的解剖结构有关,如外踝长、内踝短;外踝韧带较薄弱等。也与人体的非条件防御反射有关,如足底受刺激,出现跖屈反射。所以,当脚面不稳定,如赛跑中脚陷入坑洼内;做体操动作落地后,脚插在两个垫子之间;起跳落地踏在别人的脚背上等因素,都容易使足跖屈内收,外踝韧带损伤。

膝关节内侧韧带扭伤也很常见。小腿外展、屈膝、大腿内旋,是内侧副韧带损伤的诱因。受力过大,还可使同侧半月板、前十字韧带同时受伤。

在疲劳、准备活动不充分、肌肉力量不足不能保护关节时,容易使韧带受伤。

(二)处理

在发生关节韧带扭伤的当时,应实施冰敷、压迫包扎、抬高患肢;在48小时后可开始按摩、理疗,应检查韧带的损伤程度,如有断裂,需送医院手术缝合,同时应做X线检查,看是否并发骨折;在出血停止、肿胀消除后,可在无痛范围内活动关节。

(三)预防

平时应重视踝、膝部位的肌肉力量和关节协调性训练,如负重提踵、跳绳、足尖走路、负重半蹲起、站桩等练习。做好锻炼场地的卫生检查,准备活动要充分,提高落地动作的技术水平。同时在体育教学与训练中要防止撞人犯规等粗野动作。

五、疲劳性骨膜炎

疲劳性骨膜炎易发生于初参加训练或运动量突然猛增的高职学生中间，多发生在胫、腓骨和尺、桡骨。

(一)原因

在田径和越障教学与训练中，由于方法不当，跑跳练习过于集中，如在一段时间内过多地采用跨步跑、后蹬跑、高抬腿跑或“蛙跳”等练习，加上跑跳的动作不正确，落地时不会缓冲，使屈肌群过度疲劳；或场地过硬，使小腿受到较大的反作用力，就会使胫骨、腓骨或跖骨发生疲劳性骨膜炎。

骨膜炎是对运动量过大的一种不适应反应，因此，炎症早期应调整运动量，减少局部负荷，适当治疗使炎症消散、组织修复，由不适应转为新的适应，随之提高负荷能力。如果处理不及时，症状会进一步恶化，造成疲劳性骨折。

(二)处理

早期或症状轻者，局部可用弹性绷带包扎，适当减少局部负荷，继续进行练习，随着负荷能力的提高，经 2～3 周后症状可自行消失。症状严重的患者，除减少局部负荷(跳跃、支撑等)外，还要外敷用药或用温水浸浴，配合按摩治疗。也可用紫外线照射患处，以加速异位性骨化。疼痛剧烈者在休息时要抬高患肢。待症状缓解后，逐步增加局部负荷，但仍应避免做单一的长时间的跳跃或支撑动作。如经一般处理后，局部症状无改善甚至加剧者，应做 X 射线检查确诊是否是疲劳性骨折。

(三)预防

在体育教学与训练中应遵守循序渐进的原则，防止突然连续加大运动量，避免长时间过分集中做跑、跳、后蹬、支撑等练习。及时纠正错误动作，练习前充分做好准备活动，练习后可采用自我按摩的方法或做放松练习，避免在过硬的场地上做过多的跑、跳、后蹬等练习。

六、腱鞘炎

腱鞘又称滑液鞘，它是由双层滑膜构成的长管形纤维组织，两层之间有滑液，内层覆盖于肌腱表面，外层借助纤维组织附着在肌腱周围的韧带及骨面上，肌腱鞘的作用是减少肌腱活动时的摩擦。人的肌腱鞘主要分布在跨越手指、手腕、踝关节等部位的肌腱上。此外，肱二头肌长头腱也有腱鞘存在。

(一)原因

由于肌肉反复收缩牵拉肌腱，腱鞘受到过度摩擦或挤压而发生损伤引起腱鞘炎。其发生多与练习项目特点及局部组织劳损有密切关系。例如，在体操中单杠、双杠的转肩动作，举重运动中的抓举，以及排球、乒乓球、羽毛球的高位扣球等，都有肩关节长期超范围的转肩活动或臂上举后又突然向后伸，肱二头肌长头肌腱在结节间沟内不断抽动或横向滑动，加上练习安排不当，局部负担过重，致使该肌腱的腱鞘受到反复摩擦而产生肱二头肌长头肌腱腱鞘炎。

(二)处理

急性期局部应休息或制动，积极治疗，以免发展为慢性，对一般患者则应减少局部的活动，适当改变教学与训练的内容和方法，有利于提高疗效。

同时可采用局部热敷或中药熏洗，并配合按摩和关节的屈伸活动，每日 1～2 次，效果较好。选取阿是穴作针刺或艾灸，也有一定疗效。慢性期痛点局限，用强的松龙鞘内注射封闭效果显著。对病程长腱鞘增厚，交锁严重或软骨变性者，可酌情采用手术疗法。

第四章

体育竞赛的组织与欣赏

第一节　体育竞赛的分类

体育竞赛的分类方法较多，通常按竞赛的任务可分为以下几种：

一、运动会

运动会包括若干个运动项目的比赛，也叫综合性运动会。其任务是全面检查各项运动普及与提高的情况，广泛地总结和交流经验，推动体育运动的发展。其特点是项目多，规模大，组织工作较复杂，如奥林匹克运动会、亚洲运动会、全国运动会等。

二、单项锦标赛

单项锦标赛的任务在于检查、总结某一运动项目的开展情况和教学训练经验，促使该项运动不断发展和提高。在单项锦标赛中产生个人和团体冠军，有时也叫冠军赛。××杯赛与单项锦标赛任务相同，但它是以某种奖杯命名的比赛，如戴维斯杯网球赛。

三、邀请赛和友谊赛

邀请赛是由一个或几个国家、地区或单位，邀请其他国家、地区、单位进行的竞赛，如欧亚乒乓球友好邀请赛。邀请赛的任务是为了增进友谊和团结，互相学习，共同提高某项运动水平。友谊赛的任务与邀请赛相同。

四、对抗赛

对抗赛是由两个以上的国家、地区或单位之间联合举行的比赛，可以有双边、多边的，定期、不定期的。其特点是参加单位少、规模小、实力相当。

五、等级赛

等级赛是按运动员不同运动水平分别举办的比赛，如在田径、体操等项目中按运动等级（健将级，一、二、三级，少年级）所组织的比赛。等级联赛也是一种等级赛，它按运动水平限定一定数目的甲级队、乙级队参加。通过比赛，甲级队后几名降到乙级队，乙级队前几名升到甲级队。等级赛的任务是鼓励和促进运动员提高运动水平并取得较多的比赛经验。

六、测验赛

测验赛是为了达到一定的标准或了解运动员提高成绩的情况而组织的比赛，如体育锻炼标准、身体素质、运动基本技术的测验比赛等。这种比赛一般不计名次，但必须按比赛规则和测验的要求进行，并记录测验成绩。

七、选拔赛

选拔赛的主要任务是发现和挑选运动员，组织或补充代表队，准备参加高一级的比赛。

八、及格赛

及格赛是大型比赛的一种措施。一般在参加人数过多时，先举行及格赛，如田径、举重、游泳等的及格赛，达到预定成绩标准者，才能参加正式比赛。

九、表演赛

表演赛是为了宣传体育运动，扩大影响而举行的比赛。对准备开展的项目作示范性介绍，参加重大比赛后的汇报表演等，都属此类。表演赛着重技术、战术的充分发挥，一般不计名次。也有的表演赛主要是为了活跃群众生活。

十、通讯赛

通讯赛是在不同的地区之间用通讯的方式进行比赛，适用于以时间、距离、重量、环数等客观标准计算成绩的项目。参加单位按竞赛规程在本地测定运动员的成绩，填报主办机构，以评定名次。通讯赛的优点是组织工作简便，参加面广，节约经费和时间。缺点是不同地区的运动员没有临场互相学习的机会，比赛条件也不完全相同。

此外，还有按以下几种办法进行分类的比赛：按体育竞赛的组织系统分为地区性的竞赛和系统性的竞赛；按参加对象分为男子、女子和儿童、少年、青年、中老年的竞赛；按计分性质分为个人赛、团体赛、个人和团体赛；还有按不同训练水平、不同体重分级的竞赛等。

第二节　体育竞赛的组织与编排

图 4-1　学院第十七届运动会开幕式

一、体育竞赛的组织

举办任何体育比赛都要做一些筹备组织管理工作。为了实现学校体育的工作目标，成功地开展学校体育比赛，需要进行有计划、有组织的筹备工作。

（一）组织方案、机构、规程、计划

1. 组织方案

组织方案是体育比赛的依据，一般包括确定比赛目标、目的任务；确定比赛的规模、比赛的项目、参加的人数；确定比赛名称和承办单位；确定比赛经费；成立比赛筹备委员会等。

2. 组织机构

组织机构是比赛组织与管理工作的重要环节，机构的设置要合理，职能划分要明确。一般情况下，比赛组织机构的建立要与比赛的规模相一致。根据比赛规模，一般设有：组委会、竞赛组、场地组、宣传组、后勤组等。

3. 编制比赛规程

比赛规程是比赛的指导性文件，包括参赛办法及报名资格，运动员和教练人数，比赛项目，比赛办法，使用规则，报名日期，名次评定和奖励办法，抽签日期和地点球类，注意事项等。

4. 比赛时间安排

比赛时间的安排尽量是在课外活动。如果是简单的单项体育比赛，跳绳、踢毽等最好一次性地安排在一个时段里完成。如果是参赛队较多，赛制比较复杂的单项体育比赛，如篮球、排球、足球等，应控制好贯穿的时间，最好在两周内完成。在确定好比赛时间后，要考虑到比赛的场地设施，根据学校各院系的所在位置和体育设施的情况而定，尽量选择学生比较容易集中的地方进行，便于大多数同学的参与和观摩，增加比赛的趣味性和宣传性。

5. 工作计划

根据比赛组织方案、规程安排比赛的工作日程，拟定各小组的具体工作计划。计划应包括：编排秩序册，裁判分工，检查比赛场地器材设备等。

（1）召开裁判会议

学校体育比赛的裁判人员基本是以体育教师为主体，但由于体育教师人数有限，规模稍大的体育比赛将会安排部分教师和学生担任裁判，这样就可能导致裁判队伍整体水平的下降。因此，要在赛前对裁判员进行分组培训，规范判罚尺度，提高临场应变能力，确保比赛公平公正。

（2）组织实施比赛

比赛组委会要督促参赛队、裁判员和工作人员按时到达比赛场地，每个场地有专人负责，器材准备就绪，检查各组的工作。同时要配备医务人员在特定地点候场。

（3）处理比赛突发问题

学校体育比赛也有对抗性和竞争性，在比赛中，有的同学比较冲动，经常会发生一些小摩擦，所以，在出现此类问题时，要通过正确的方式和程序，妥善、冷静地处理，稳定学生情绪，维护好比赛秩序。

（4）闭幕式和颁发

根据最后汇总的比赛成绩，确定冠亚军队和其他优胜队。对比赛中各方面突出的参

赛队，给予适当的精神奖励，如设精神文明奖、体育道德风尚奖等。在闭幕式时颁发相应的奖状、奖杯、牌匾或锦旗。

(5)总结比赛

就比赛情况、主要经验、存在问题、今后的建议等，组委会进行经验总结，听取各参赛队的意见，并向学校体育部和相关领导汇报。通过赛后总结工作，对比赛的成功与不足之处做出正确的分析和评价，有助于组委会不断提高组织体育比赛的能力。

二、体育竞赛的编排

学校体育比赛的编排方法是指在比赛中让参赛队(人)按照一定的组织形式和顺序，进行相互间竞争并表现运动成绩的方法。由于比赛项目的特点、参加人数、时间、条件的不同，比赛中运用的编排方法也不相同。学校体育比赛常用的编排方法主要有循环法、淘汰法和顺序法。编排方法的选用应根据比赛的任务、条件(场地、时间、器材等)以及运动项目的特点来确定。

(一)循环法

循环法是指所有的参赛队(人)按一定的组合，轮流比赛的方式。按照规程规定每队(人)胜、负或平局可得一定的分数，最后按全部比赛的积分决定名次。其优点是：比赛结果的偶然性小，机遇性小，能客观地反映出参赛队(人)之间真正的水平，并且能更多地提供交流、学习机会，有利于竞技水平的提高。缺点是场次多，赛期长，对参赛队(人)数、时间、场地有较大的限制。循环法又分单循环、双循环和分组循环三种。

1. 单循环

单循环是指所有参赛队(人)都互相比赛一次，最后按照全部比赛中胜负场数和得分多少进行排名。单循环比赛的轮数，如果参赛队(或人)是单数时，轮数等于队(人)数；如果是双数时，轮数等于队(人)数减一；比赛的场次等于队数×(队数－1)÷2。如有6队参赛，则轮数为6－1＝5次，比赛的场数＝6×(6－1)÷2＝15场。

单循环一般用于参赛队(人)数不多，又有足够的比赛时间，具有代表性的是球类比赛，如篮球、排球、足球、网球等。编排时要注意每一轮强、弱队的搭配，尽量使水平接近的选手在最后一轮相遇，使比赛逐渐形成高潮。通常采用固定左上角逆时针循环编排法，即将参赛队(人)数平均分为左、右各一半，左一半号数由1依次往下排，右一半号数依次由下往上排，然后将相对应的号数用横线连起来，就是第一轮的比赛，以后各轮次的循环方法是固定住1号，其余号按逆时针方向移动一个位置，再用横线把相对应的号数连起来。如6个队参加的篮球比赛单循环，如图4-2。

1—6	1—5	1—4	1—3	1—2
2—5	6—4	5—3	4—2	3—6
3—4	2—3	6—2	5—6	4—5

图4-2　单循环偶数编排方法

如果参赛队(人)数是单数时，用“0”代替，与“0”相遇的参赛队(人)为轮空。如5个队参加比赛的循环法，如图4-3。

1—0	1—5	1—4	1—3	1—2
2—5	0—4	5—3	4—2	3—0
3—4	2—3	0—2	5—0	4—5

图 4-3　单循环奇数编排方法

2. 双循环

双循环是指参赛队(人)之间轮流比赛两次。比赛编排与单循环相同,一般在参赛选手不多,时间充裕时采用。但要注意记录成绩时,成绩栏上部记第一次循环成绩,下部记第二次循环成绩。

3. 分组循环

把比赛分为预赛和决赛两个阶段,预赛时将参赛队(人)分成若干小组,用单循环法赛出各组名次,决赛时根据预赛的组数和需要决出多少名次再采用同名次分组,再用单循环进行决赛。以 16 个队参加乒乓球比赛为例:平均分成两个或四个小组进行单循环比赛,决定每队在各小组的名次,决赛时有以下三种比赛方法。

第一,将第一阶段各小组同名次者划分为一组进行决赛。如将预赛各小组第 1 名划为一组,决定 1~4 名,将各组的第 2、3、4 名划为一组,决定 5~8 名、9~12 名和 13~16 名。

第二,将预赛各小组第 1、2 名划为一组,决定 1~8 名,将各小组第 3、4 名划为一组,决定 9~16 名。

第三,只将预赛各小组的第 1、2 名划为决赛一组,决定 1~8 名,其他队如在决赛中相遇,可以不再比赛,根据预赛成绩计算。

在编排时要保持合理的比赛强度。对于在一段时间中,可能要进行两场或多次比赛的球类项目,参赛队(人)在相邻两场比赛之间,应保证得到不少于规定的时间休息。同时为了体现决赛的竞技水平,使更多观众有机会参与欣赏,应把最后的决赛的时间安排在课外活动期间、双休日期间或节假日期间。

(二)淘汰法

淘汰制有单淘汰和双淘汰两种。

1. 单淘汰

在比赛中失败一次即被淘汰。例如,有 8 个队参加校足球参赛的单淘汰编排方法如图 4-4。

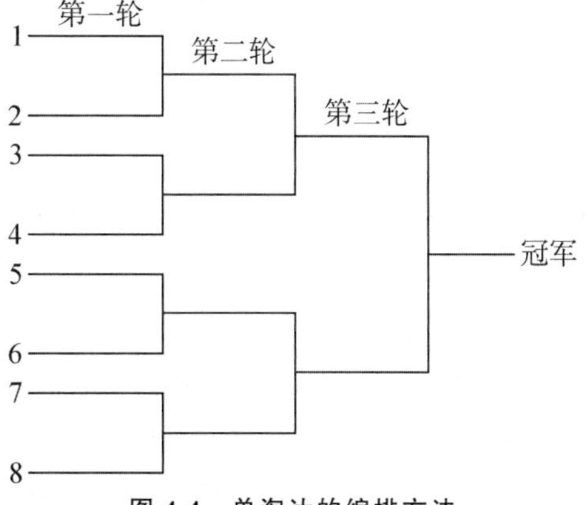

图 4-4　单淘汰的编排方法

单淘汰赛在决赛时(最后一轮)产生第1、2名,在需要确定其余参赛队(人)的名次时,要进行附加赛,即复赛中失败的两个队(人)补赛一场决定第3、4名。复赛前失败的四个队(人)补赛四场决定第5~8名。

2. 双淘汰

在比赛中失败两次才被淘汰。因此,各队(人)失败一次仍有获得前列名次的可能,较少用。

无论是单淘汰或是双淘汰赛,比赛都应逐轮进行,以保持比赛进度一致。在球类个人比赛中由于项目和场地多,而且交叉进行,容易在编排时出现重场、漏场和连场等问题,要注意全面检查,反复核对。对于校园的场馆资源有限,在安排若干个比赛场地的小球个人比赛时,要注意科学、合理地使用比赛场地。

(三)顺序法

按照特定的参赛顺序依次进行比赛的方法。该方法一般分为分组顺序法和不分组顺序法。

1. 分组顺序法

把较多参赛队(人)划分为若干个小组,分批进行预赛和决赛,最后根据评定的成绩来确定名次,如健美操比赛经常采用这种编排方法。需要注意的是:在预赛时,所有参赛队(人)的组次、比赛日期、时间、场次等由抽签决定;预赛后,参加决赛前再进行依次抽签,以决定决赛出场顺序,最后通过决赛评定成绩确定名次。同时,安排裁判员的人数应不少于5人的评分小组(奇数),最好有专项体育教师参加评分。

2. 不分组顺序法

不分批也不分组,只是规定参赛队(人)按一定顺序依次进行比赛,如广播操比赛可用这种方法。在比赛时,参赛队(人)的出场顺序是由抽签或比赛的主管部门安排两种方法确定。在安排比赛时间上,应考虑到各队的比赛之间的休息时间、尽量把各队相同的时间确定为比赛时间,不与课堂教学或场地使用上冲突。

第三节　体育欣赏

一、体育欣赏的内涵与意义

(一)体育欣赏的内涵

体育欣赏是通过对各种体育运动项目的介绍和精彩片段的欣赏和了解,使欣赏者在看、听、议的过程中更好地了解体育的内涵、享受体育运动的美好并对欣赏者产生影响的活动。体育欣赏有直接莅临现场和观看体育比赛录像两种形式。体育欣赏的内容十分丰富,包括对运动员动作美的欣赏;对运动员在体育比赛或表演中表现出来的精神风貌和意志品质的欣赏;对运动员的技、战术运用的欣赏;对解说员、评论员解说和评论的欣赏;对体育运动场馆的建筑艺术风格的欣赏,等等。

(二)体育欣赏的意义

经常进行体育欣赏或观赏,能使人心情舒畅,悦目欢乐,保持着“情绪乐观”的状态,对紧张和疲劳的大脑神经有着很好的调节放松功能。健康是人类生存的最基本条件,也是创造社会物质和精神文明的基础。随着现代社会的发展和文化水平的提高,体育比赛通常被用来充实高质量的文化生活,人们通过主动接受体育运动中道德情操、意志品质、审美情趣和视觉美感，体态美、造型美、速度感和动作美等的熏陶，可以直接感受体育运动的表现力、意志力、想象力、创造力和艺术感染力。

1. 满足精神快乐与享受生活乐趣

经常观赏体育竞赛、表演，除了可以享受各种运动美感外，还可以使自己的心理状态与运动场上发生的一切同步律动，得到精神需求的满足。同时也会被那绚丽缤纷的文化氛围和环境所感染，无论你看到运动中的腾飞、旋转、减速、冲撞、造型或感受到的音乐旋律、色彩，还是凭自己的经验、情感去预测比赛胜负和不可预测的结果，都将使你的情绪处于兴奋之中，甚至会永远留在你的脑海里，“回味无穷”乃至“永不忘记”。

2. 陶冶道德情操与领悟人生真谛

通过观赏体育竞赛、表演，不但可以满足精神快乐，同时可以培养和陶冶道德情操，从中领悟人生真谛。良好的道德情操的形成，受内部和外部两个方面因素的影响，体育所创造的文化环境有着独特的价值观念和功能效应，道德意识、意志信念、高尚情操在体育竞赛的表演中有着实质的反映。例如在激烈的竞赛中所表现出坚定不移的信念，顽强拼搏，胜不骄、败不馁的精神，运动员在比赛中遵守诺言、尊重对方、尊重裁判、尊重观众的友好表现，公平竞争，为国争光等优秀品质激励着每一位观看者和参与者，从而使他们成为生活的强者，社会上优秀的一员。激烈竞争的知识经济社会如同体育场上的竞争，不论身体处于顺境或逆境，只有知己知彼，勇往直前，不骄不躁，敢于面对困难，勇于战胜困难，战胜自我，超越对手，公平竞争，才能实现自身价值和领悟人生真谛。

3. 品味体育文化与振奋民族精神

不同的民族、国家对体育文化有着不同的看法和要求，所提倡的体育文化观念和文化理念以及运动员的价值都不尽相同，例如东方与西方的体育文化在表现形态上都有不同的历史背景和文化内涵。

顾拜旦，法国著名教育家，近代奥林匹克运动创始人提出了体育运动与文化艺术结合，以达到身心均衡发展的重要思想，一直影响着体育文化的发展。我们经常受到重大体育竞赛的宣传、推广的影响，包括开幕式、闭幕式的大型的文艺演出、纪念章、纪念币、邮票、画展、火炬接力、电视转播、新闻报道等文化形式，这些文化形式渗透在人们的生活里，相互交融，完美结合，丰富了人们的物质和精神生活。与此同时，所有重大体育竞赛，无论是以个人名义或是国家名义参加比赛，为表达对优胜者的崇敬，都会进行升国旗、奏国歌，颁发奖杯、奖牌等隆重仪式。这使得体育竞赛的胜负起到了一种振奋民族精神和为国争光的作用。尽管世界各国的政治观点和生活方式不尽相同，但体育竞赛的结果直接关系到国家的尊严与荣誉，因此会在民族情感方面产生巨大的影响。

4. 缓解压力，享受生活

随着现代社会知识更新周期的日益缩短和生活节奏的加快，人们越来越面临着工作、生活、学习上的巨大压力。体育欣赏成为缓解这种压力的有效途径之一。在体育欣赏活动中，人们可以暂且忘记生活的烦恼，尽情享受体育带来的快乐。人们可通过鼓掌、呐喊、唱歌等形式来尽情释放自己在工作、生活、学习中产生的压力，从而在繁忙的工作之余享受高质量的生活。

5. 分清美丑，接受美育

雨果说：“丑就在美的旁边，畸形靠近着优美，粗俗藏在崇高的背后，恶与善并存，黑暗与光明相共。”对于体育事件来讲，处处都存在着美，但也夹杂着不少丑的现象，如假球、黑哨、球迷骚乱、服用兴奋剂等都是体育事件中不和谐的因素。在现代体育比赛中，有许多外在因素的介入,干扰比赛的正常秩序。有些人或某些国家利用手中的权力或金钱,公然违背体育道德,亵渎体育的神圣,影响体育健康发展,极大地伤害了欣赏者的感情。在体育欣赏过程中要树立正确规则,恪守运动道德,服从裁判,公平竞争,从而接受美的教育,陶冶情操。

6. 丰富情感,感受竞争

现代社会在演进过程中,一定程度上压抑了人类情感的正常发展,高科技的运用,忽略了人们情感的平衡,单调的工业生产也使人的情绪不佳,而现代生活方式使家庭逐渐缩小,亲属情感疏远,给社会带来许多情感问题。欣赏体育运动可以有效解决这类问题,例如欣赏竞技体育,可以从运动员的拼搏中增强自豪感;欣赏群众体育,可以从团结协作中提高对集体的信赖感;欣赏家庭体育,可以从和睦欢乐的气氛中增强家庭的归属感,等等。欣赏体育运动,丰富了现代人的情感生活。

此外,现代社会是一个竞争激烈的社会,没有竞争力很难在社会上找到自己的立足之地。而体育运动最能体现公平竞争的法则。欣赏激烈的体育比赛,感受竞争的存在,可以提高欣赏者的竞争意识。

二、体育欣赏的分类

(一)奥林匹克运动与竞技体育

竞技体育的特点就是竞争性、规范性、公平性、公开性、集群性、功利性等。

1. 竞争性

竞技体育的竞争性使得体育比赛更加精彩、激烈,增加了比赛胜负的不确定性。最能吸引观众的注意力。

2. 规范性

竞技体育的规范性要求运动员必须具有高度完美的运动技艺,要求各项竞赛规则、规程的完备和相关竞技管理的系统化。这种完美的技艺、完备的规则、系统的管理一方面让观众感觉到体育是一种稳定、完善的艺术形式,另一方面让观众感觉到在欣赏这一艺术形式时确实有章可循。

3. 公平性

竞技体育的公平性是每一个运动项目顺利开展的前提条件,也是观众能够观赏到正常运动比赛的必要条件。

4. 公开性

竞技体育的公开性是竞技体育战术和竞技体育文化不断创新和持续发展的根本条件。

5. 集群性

竞技体育的集群性是指运动员、教练员、裁判员、运动迷、观众、管理人员等诸多群体参与的特殊社会关系系统。这一系统内部的诸多关系和交流活动是竞技体育充满无穷魅力的重要源泉,很大一部分观众乐于出入运动场馆就是因为竞技体育的高度集群性。

6. 功利性

比如运动博彩,其中的功利性和风险性吸引了大批“彩民”,他们专心致志,乐此不疲。

人们赋予了竞技体育这么多的特点,通过这些特点可以享受到竞技体育带给人们的从运动参与的胜利中获得的喜悦,通过观赏自己热衷的运动,还可以从日常紧张的工作和生活中解脱出来,获得一种特有的轻松感和美的享受。在当今社会,经济的巨大发展、人们物质生活的日益富足及闲暇时间的日渐增多,为人们进一步提高生活质量提供了可能。

运动观赏则成为人们善度时间、提高自我生活质量的最好方式之一。

奥运会是一个世界性的规模巨大的活动。它的活动是持续性的、全球性的，是推动现代体育发展的动力，它也成为人类社会生活的需要，是促进人类和平与现代社会不断进步的积极因素，是人类文明的一个标志。早在古代奥运会中，它的可观赏性就已经得到充分的体现。例如，丰富多彩、激动人心的奥林匹克运动项目，与之相伴的是气势磅礴的奥林匹克建筑、形象生动的奥林匹克绘画与雕塑、启迪灵感的奥林匹克文学等，这些无不洋溢着浓郁的美感和艺术气息。

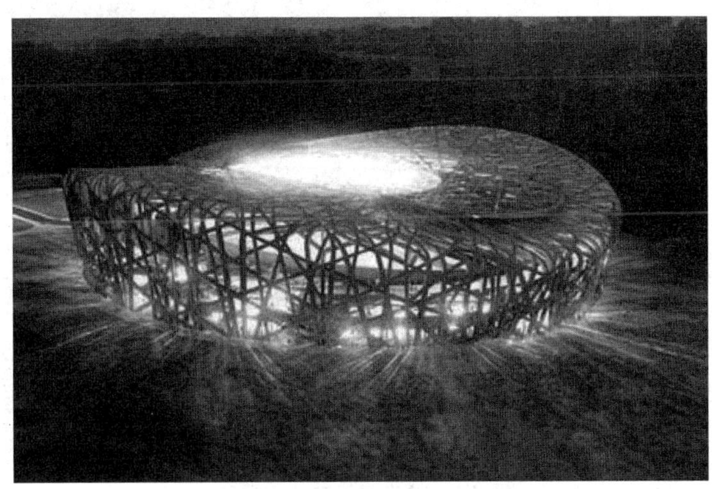

图 4-5　2008 年北京第 29 届夏季奥林匹克运动会奥运会开幕式场馆

在现代奥运会中体育运动与文化艺术结合，如会标、吉祥物、宣传画等的设计，主题曲的创作，开、闭幕式的文体表演中的音乐、舞蹈创作，奥运会场馆建筑设计，比赛设施和运动服装的设计等，无不渗透着人们追求美好事物的愿望，这些与竞技比赛一样受人瞩目。奥林匹克运动意在创造和展示一个美的世界，它不仅展示着世界一流的人体形态的美、力量的美、韵律的美、运动的美，而且也集中了其他多种文化艺术形式的美。观众在观赏这些运动的同时，内心可以达到极高的审美意境，自身的美感修养也得到不同程度的提高，比赛的可观赏性在这里得到淋漓尽致的发挥。

图 4-6　2008 年北京第 29 届夏季奥林匹克运动会奥运会开幕式文艺演出

(二)休闲体育

当今社会的进步与发展,使得人们的生活水平与生活质量不断地得到改善和提高。科学技术的迅猛发展和生产力水平的提高,使人们的物质生活更加丰富多彩;信息时代的来临和竞争激烈的快节奏工作,使人们的价值观念与生活方式发生了很大的变化;伴随着

图 4-7　搏击海浪的冲浪运动

生产效率的提高,人们拥有了更多的闲暇时间。因而人们越来越多地关注自身的发展、关注生活内容的丰富和生活质量的提高。体育作为一种社会文化现象,其价值、功能和作用正在为越来越多的人所认识。以强身健体、愉悦身心为主要目标的多种形式的体育活动,进入了人们的闲暇生活中,休闲体育便应运而生。当今,将体育作为休闲娱乐的手段,已成为现代文明生活方式的一种时尚和标志,并将在人类社会文化生活中发挥越来越大的作用。

(三)极限运动

极限运动是指人类在与自然的融合过程中,借助于现代高科技手段,最大限度地发挥自我身心潜能,向自身挑战的娱乐体育项目。除了追求竞技体育超越生理极限的"更高、

图 4-8　攀岩

更快、更强”外，它更强调参与和勇敢精神，在跨越心理障碍时所获得的愉悦感、成就感。同时它还体现了人类返璞归真、回归自然的心愿，强调了对绿色环保、生态平衡的美好愿望，因此被誉为“未来体育运动”。

极限运动与传统体育项目相比，它更富有超越身心极限的自我挑战性、观赏刺激性、高科技渗透性、商业运作性。在人们的视线之外，非主流的运动项目中潜藏着回归自然、融于自然、挑战自我、达到天人合一思想境界的极限运动。现如今，参加极限运动已经成为都市青年最流行、最持久的时尚，参加极限运动会已成为广大都市青年梦寐以求的愿望。极限运动的兴起，使人们逐步离开传统的体育场馆，走向野外，愈来愈倾向纵情于山水之间，向大自然寻求人类生存的本质意义。

(四)民族体育

中华民族传统体育是中国体育事业的重要组成部分，是中华民族宝贵的文化遗产。许多优秀的民族传统体育项目不仅具有很强的健身价值，而且还有很高的艺术价值和丰富的娱乐、教育功能。中国是一个统一的多民族国家，共有 56 个民族，在这 56 个民族中普遍流传着各个民族所固有的传统体育项目。例如，流传在蒙古族、藏族、彝族、维吾尔族、哈萨克族、水族、苗族等少数民族中的赛马运动；流传在蒙古族、彝族、藏族、维吾尔族、壮族、瑶族中的摔跤运动；流传在藏族、蒙古族、维吾尔族、鄂伦春族、苗族、傣族、景颇族、拉祜族、独龙族、傈僳族、佤族等民族中的射箭、射弩、射击运动；壮族、苗族、白族中流传的舞龙运动；每逢泼水节在傣族、苗族、白族、水族中盛行的划龙舟运动；每年春天在苗族、壮族、高山族、土家族、羌族、哈尼族、维吾尔族、拉祜族、朝鲜族中举行的荡秋千比赛；在侗族、苗族中流行的爬山运动；傣族、彝族、白族的多种多样的跳高运动；侗族的抢花炮；拉祜族的打马桩；高山族的竿球；藏族的坠绳、飞绳；蒙古族的打“布鲁”；拉祜族的拔腰劲；苗族的手打毽子等运动；汉族的舞龙、赛龙舟、舞狮、抽陀螺、放风筝等。

图 4-9 龙舟运动

三、体育欣赏中的美学原理

在体育美学中，包含着大量与美有关的问题。当人类根据自身的目的和需要，通过体育活动去塑造自己的身心和形象时，就会按照“美的规律”来创造自己，并表现出对美的渴望和追求。因而，体育作为人类创造自身的实际活动，其本质和深层含义也就是一种追求美的活动。

（一）体育美起源于人类社会的体育实践

在原始社会，原始人的生产工具非常简陋，只有一些天然的石头和木棍等，他们的生产劳动也主要是依靠自己身体的活动。随着生产实践的逐步深化与发展，人类使用的生产工具也逐步增多，随之而来的操作工具的方式和身体姿势也一天天的多了起来。当人们掌握了如何使用和操作、制作生产工具的方法时，人们就已经看到了自己的聪明智慧和创造力量，此时此刻，人类的美也就诞生了。

（二）体育美是具体可感的形象

在现实生活中，美的事物可以被人们用感官去感受，它具有一定的形象，体育世界是一个充满美的世界。当今体育健儿在形形色色的体育运动项目中竞相争美，美的事物层出不穷，美的现象也是变化万千。所有这些都是通过他们的运动形象来表现的，这些表现使人们领略到体育美的奥妙，感悟到体育美的真谛。而让每一个观赏者能真正品味到体育比赛、表演、娱乐所带来的美的感受的是运动员的技术、战术、喜怒哀乐。

（三）体育美是能使人愉悦身心的形象

体育美是具体可感的形象，但并不意味着一切有形象的体育事物都是美的。在体育活动中，人们会发现一些不愉快的事物，如动作粗野、观众起哄、围攻裁判、球迷闹事、弄虚作假、营私舞弊、“君子协定”、服用兴奋剂等。这些体育现象非但没有给人们带来审美的愉悦，反而使人们产生厌恶的情绪。为此，体育美应给人们带来的是在体育表演和激烈体育竞赛时那种使人精神振奋、情绪高涨、令人陶醉、心旷神怡的喜悦心情。这才是体育运动的艺术魅力所在。

（四）体育美是反映人的自由创造的形象

体育美之所以会引起人们的身心愉悦，一方面是由于它具有宜人的形式，如体态均匀和谐、动作干净利索、节奏明快流畅等；另一方面，体育美的内容能充分反映人类在体育实践中的“自由创造”的特性，即征服、超越、开发、表现的能力。

在体育运动中，美的表现具有不同的形式、相貌和特性，它们给人的审美感受也是不尽相同的。正是由于体育能给予人们如此多的情感体验，从而促使更多的人去关心它、了解它、欣赏它、体验它、参与它。

四、体育欣赏的内容与方法

（一）体育欣赏的内容

在现代社会中，由于物质、文化水平的提高和人们生活观念的变化，人们在欣赏体育竞赛时，在把人体、力量和运动作为外在审美对象的同时，还会自觉不自觉地把审美的意蕴引向内部，使自己的道德情操、意志品质、审美情趣受到美的熏陶。要提倡这种外观与内涵结合的现代审美观，在直感体育美的基础上，还必须注意深入观察运动员的内在表现力、意志力、想象力、创造力和艺术感染力，坚决摒弃那些有碍健康、伦理、道德及缺乏价值的审美观点，即需要通过欣赏形体美、健康美、运动美和行为美等内容，来全面提高对体育美的认知水平。

1. 形体美

法国雕塑大师罗丹曾经说过:“自然界中没有任何东西比人体更美。”美学家也始终认为,人的美感最先产生于对“轮廓”的良好印象,而这里说的“轮廓”即指人体的外观形象,亦可简称为形体,它包括人的体型、姿态、神情和风度等内容。但体育竞赛作为人体生理性对抗的一种运动方式,由于其以空间活动来表现人体运动姿态、艺术造型和表演风格,所以对运动形体美的欣赏,应更多地通过超凡的力量、动作技巧和造型艺术,去欣赏运动员匀称的肌肉、矫健的身姿、优美的体型;通过极富神韵的表演风格,去领略运动员的雍容仪态和内在情感,进而使观赏者从中体验一种朝气和青春活力。

2. 健康美

健康作为人体生存的基础,对追求和创造美的生活具有重要意义。观赏体育竞赛之所以能够体验健康美,是因为当观众见到运动员体态匀称、肌肉强健、动作敏捷、技艺超群、肌肤圆润等外观形象,就能产生“由表及里”的视觉效果,并把这些体育健康美的感觉印刻在心。比如,著名诗人马雅可夫斯基就曾说过:“世界上没有任何一件衣衫能比健康的皮肤和发达的肌肉更美丽。”但如果按更高的标准去要求,那么还可在欣赏运动员的青春活力的同时,对照自己的健康状况,以便通过启迪自我,从中接受活泼、欢快、纯洁、开朗和创造热情等健康因素的感染,进一步认识体育锻炼对塑造人体健康所起的作用,并由此建立对健康的信念,进而从中获得改善自我健康的勇气和力量。

3. 运动美

根据体育竞赛的竞技性特点,由动作、技术和战术综合表现的“运动美”,是观赏体育竞赛的核心内容。通常认为,“动作”对人体运动的影响至关重要,运动员也唯有完成各种动作,才能使人体运动具有实质性的内涵,而观众对动作美感的体验,则主要从身体姿势、动作方向、幅度、力量、速度、节奏、频率变化的起伏跌宕中获得。但与其他动作相比,由体育竞赛表现的动作又都含有很高的技术因素,尤其在激烈的运动对抗中,比赛能否获胜、表演是否精彩,很大程度上都取决于运动员对技术的熟练掌握与发挥。因此,为了提高运动水平,就必须寻求合理有效完成动作的方法,而运动员为追求理想的动作模式,在高、难、险、新技术方面所做的努力,又让观众欣赏到的“技术”更增添了美的魅力。至于由“战术”表现的美感,可通过比赛双方对战术的选择、应用和变化得到反映。此时,观众若能注意观察运动员根据各自情况,在合理分配体力、调整力量方面采取的措施,欣赏他们巧施计谋,在比赛中“以柔克刚”、“出奇制胜”的风采,就自然能站在更高层次去体验运动美的意蕴。

4. 行为美

按伦理学观点,体育道德规范是判断体育行为美与丑的标准,其内涵包括对集体、国家的责任心和使命感;同心协力、顽强拼搏的精神;胜不骄、败不馁的道德风尚;遵守纪律、尊重裁判和观众的体育道德原则等。如果就此而言,欣赏体育竞赛中的行为美,主要是对运动员的行为道德、思想作风进行客观评价。比如,运动员敢于在与强手的对抗中永不言败、面对困难勇于向极限挑战、力求通过奋勇拼搏不断挑战自我,以及运动员之间为维护集体荣誉而表现的团结协作等精神品质,都是美的,应当为我们日常生活、学习与工作所效仿。

尽管体育竞赛是以取胜为目的的一种运动方式,但如果运动员心怀集体、魂系祖国,并能够竭尽全力表现出为国争光和赶超世界水平的坚定信念,那么比赛即便失败,观众也会对他们的执著、勇敢、顽强的精神持肯定态度。我们常说的“虽败犹荣”，其实就是对这种高尚体育道德行为的赞美之词。相反，若为取胜不择手段、投机取巧，或畏强欺弱，甚至采取蛮横粗野等手段，也会遭到人们的谴责。实践证明，观众对“行为美”的正确判断和评价，不仅有助于良好社会风尚的形成，也是对自身文化、教育和审美修养的考验。

(二)体育欣赏的方法

1. 体育欣赏者应具备的条件

(1)提高体育文化意识水平

现代体育所涉及的领域越来越广，它的功能已明显超出自身的范围。因此，作为欣赏者，首先要认识到体育是一种文化现象，而不仅仅是一种竞技比赛。体育运动具有文化的特征，包括价值观念、运动知识、运动规范和体育设施。只有充分地认识到体育的固有特征，才能够理解体育对社会的进步、政治的稳定、民族的团结、世界的和平起着十分重要的作用。只有这样，欣赏者对体育比赛才有更深入的认识，对体育的欣赏才会更加投入。

(2)熟知项目的特点和比赛规则

任何一项体育运动都有自己完整的技术和战术体系、特定的场地和比赛规则，而且其技术、战术和比赛规则也在不断地演变和发展。如果对相关的知识了解甚少，那么对体育的欣赏将起到负面效应。熟悉运动项目比赛规则，欣赏者的心情会跟着比赛的节奏起伏不定而投入到比赛之中，取得体育欣赏的最佳效果。

(3)加强个人修养，进行文明欣赏

现代体育比赛，场面激烈而紧张，战术机智而灵活，让欣赏者时而情绪亢奋，时而消沉。此时欣赏者的情绪完全被比赛的节奏所控制，如果此时不能控制自己的情绪，也许会发生连自己都意想不到的事情。在足球比赛中，如果欣赏者所拥护的球队失利或被裁判误判，往往会发生球迷冲向球场殴打对方球员和裁判的情况。如果提高了欣赏者的自身修养，那么这种情况就很少会发生。

2. 欣赏的方法

(1)在进行观赏之前做点准备

首先，应该了解一下该项体育活动的历史和特点。例如，观赏世界杯篮球比赛，就要了解一些篮球运动的起源和发展情况，要了解该项比赛的情况。

其次，应尽量掌握一些该项比赛的规则和裁判知识。例如，在篮球比赛中什么是犯规，什么是违例，三秒、五秒怎么回事，裁判员的常用手势都表示什么，等等。

再次，对一些具体比赛场次要了解其背景。例如，是预赛还是决赛，该场比赛的胜负对双方都有什么影响等。

最后，要掌握参赛队或队员的一些情况。例如，观赏世界杯篮球赛冠军争夺战时，要掌握两个队的风格、基本战术、主力阵容、突出人物，以及两个队教练的用兵布阵、临场指挥都有什么特点等。

(2)掌握好几个观赏角度

从不同的角度欣赏体育比赛会有不同的收获，我们既可以侧重欣赏，也可以全面欣赏。

①从技术角度观赏

技术是以运动员的身体条件为基础，是使运动员体能能够得以最大限度发挥的动作方法。

例如：体操中又高又飘的跟头；足球中的凌空抽射、鱼跃冲顶；篮球中的扣篮、变幻莫测的运球；短跑中充分的后蹬和前摆；跳高中身体过杆的一刹那；投掷中的最后用力等，这些都是精彩引人之处，观赏后会使人感到一种美的享受。

②从战术角度观赏

战术是运动员把一些技术有目的的组合起来运用的方法。战术可分为个人战术、基础战术和全队战术等。

观赏运动员们默契的战术配合，会启发我们想到当今社会的许多工作都需要人们像比赛场上的运动员那样，明确分工密切合作才能完成，因此我们还应该通过观赏体育比赛来认识合作的意义和学习合作。

③从运动员的角度观赏

对于运动员在比赛中所表现出来的勇于克服困难、顽强拼搏、锐意进取的精神，尊重裁判、尊重对方、宁失一球、不伤一人、团结友谊的道德风貌等，人们观后更会受益匪浅。

④从文化和社会发展的角度欣赏

体育是人类在几千年发展过程中所创造出来的宝贵的文化财富，随着人类社会的高度发展，现代体育已经成为一种影响极大的全球性文化活动。体育比赛的内涵更加明确，外延更加丰富、深刻，充满了时代精神和人生哲理。因此，作为文化层次较高的高职院校学生，把观赏体育比赛仅仅当做娱乐活动是不够的，还应该在观赏中深入地思考，使我们的观念、思维、情趣等都得到启迪和升华。

⑤从励志角度欣赏

在欣赏高手表演的同时，还要培养对弱者的鼓励和支持的情感表达。

(3)在观赏之后作一点回顾

在观赏之后，注意一下报刊、电视、广播中的有关报道评论等。也可以和其他人互相交换一下看法，这样能加深印象，弄懂一些不明白的地方，提高观赏水平，使我们的观赏能取得更大的收益。如果兴犹未尽，还可以动动笔，写点感想评论。

运动实践篇

第五章

田径运动

课程思政

田径运动的跑和跳是人类最基础最简单的运动元素，同时更是生存及成长的基本技能；田径项目在公开公平公正环境下开展，使得参与者认识到体育竞赛的公平公正，并以体育规则来约束自己；参赛者敢于挑战，不怕失败的精神气质以及勇于拼搏、协作配合等人文精神对参赛者的情感和意志产生重大的作用；学生能通过田径锻炼形成坚毅的意志品质和良好的心理素质，能适应各类职业岗位要求，形成健康的生活方式和积极进取的人生态度。

课程目标

1. 技能学习与习惯养成：学生能熟练掌握田径基本知识，使之成为自身的运动爱好和运动特长，能运用到自身的锻炼实践中，培养终身体育的意识和习惯。

2. 身体发展与职业准备：学生能够利用自身所学的体育知识，在自身的锻炼实践中预防职业疾病。能根据掌握基本的健身知识和方法，选择适合自身，侧重发展与身体健康有关的素质项目。

3. 体育知识与实际运用：学生能了解田径比赛的规则，裁判方法，提高比赛的参与度以及对重大田径比赛的鉴赏能力。

4. 心理健康与社会适应：学生能通过锻炼形成坚毅的意志品质和良好的心理素质，能适应各类职业岗位要求，形成健康的生活方式和积极进取的人生态度。

第一节　田径运动概述

田径运动是历史上最古老的体育运动项目之一。人们在长期的生产和生活实践中，为了生存和获得生活资料，在同大自然的斗争中，逐步学会和发展了快速奔跑、敏捷跳跃和准确投掷的技能。为了掌握和提高这些技能，并将其传授给下一代，人们在生活中经常重复这些动作，就逐渐形成了走、跑、跳跃、投掷的练习。随着工农业生产和教育、科学、文化以及社会生活发展的需要，田径运动的雏形逐步形成，开始由自发性的比赛逐渐发展到有组织的田径比赛。公元前776年在希腊奥林匹克村举行的古代奥运会上，第一次有了田径运动的正式比赛。1896 年在希腊雅典举行的第一届奥林匹克运动会上，田径运动的走、跑、跳跃、投掷的一些项目，被列为大会的主要比赛项目。

田径运动分为竞走、跑、跳跃、投掷和全能五个部分共 40 多个单项。其中把以时间计算成绩的竞走和跑的项目叫径赛，以高度和远度计算成绩的跳跃和投掷项目叫田赛，全能是由跑、跳跃、投掷的部分项目组成的。

第二节　跑的基本技术和练习方法

一、短跑的基本技术和练习方法

(一)基本技术

短跑可分为起跑、起跑后加速跑、途中跑和终点跑四个阶段。

1. 起跑

起跑必须采用蹲踞式起跑，并使用起跑器。蹲踞式起跑包括“各就位”、“预备”和“鸣枪”3 个阶段。

(1)各就位

听到“各就位”口令后，走到起跑线前，屈体下蹲，两脚依次踏在起跑器抵脚板上，有力腿在前，后膝跪地；两手四指并拢，与拇指成八字形张开，虎口向前，支撑于起跑线后沿处；两手间距离比肩稍宽，两臂伸直，颈部放松，目视前下方 40～50 cm 处，如图 5-1(a)所示。

(2)预备

听到“预备”口令后，臀部平稳抬起，与肩同高或略高于肩，肩部略超出起跑线，重心置于两臂和前腿上，两脚紧贴起跑器抵脚板，集中注意力，如图 5-1(b)所示。

(3)鸣枪

听到枪声后，两手迅速推离地面，两臂屈肘有力做前后摆动，两脚用力蹬离起跑器，后腿迅速屈膝向前上方摆出，前腿快速有力地蹬伸髋、膝、踝三个关节，以较大的前倾姿势把身体向前推进，如图 5-1(c)所示。

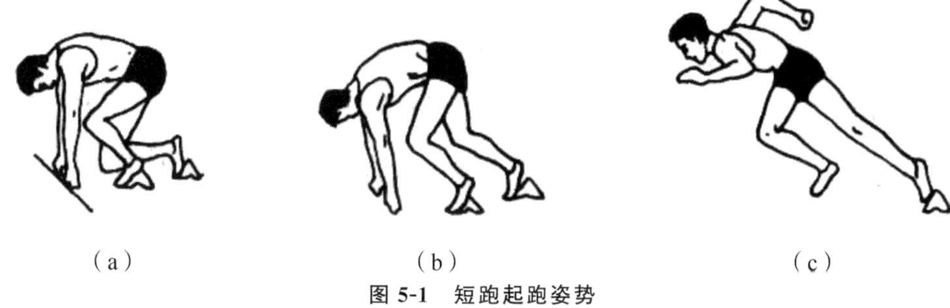

图 5-1　短跑起跑姿势

2. 起跑后加速跑

起跑后加速跑是从后腿蹬离起跑器到途中跑之间的一段，距离一般约为 25～30 m。

(1)两臂用力加速摆动，摆幅加大；摆动腿用力上抬向前摆动，支撑腿用力向后下方蹬伸，上体保持较大幅度前倾。

(2)步长逐渐加大,步频加快,上体逐渐抬起过渡到途中跑姿势。

3. 途中跑

途中跑是短跑全程中距离最长、速度最快一段。

(1)头和上体保持正直或稍前倾,两臂屈肘,以肩为轴前后协调摆动。

(2)摆动腿大腿高抬,积极前摆,带动同侧髋向前转动。

(3)当身体重心前移超过垂直位置后,支撑腿快速有力蹬伸髋、膝、踝关节,推动身体向前,当支撑腿蹬离地面,身体进入腾空状态。

(4)支撑腿小腿随蹬地后惯性向大腿靠拢,大小腿成折叠姿势,原支撑腿转为摆动腿,用力前摆。

(5)同时,摆动腿大腿积极下压,小腿自然前伸,以前脚掌向后扒地,此时摆动腿转为支撑腿。

4. 终点跑

终点跑是全程跑的最后一段,短跑的终点跑距离一般为终点线前 15～20 m。

上体前倾,两臂用力加速摆动,大腿抬高向前迈步,频率加快;距终点线约一步时,上体急速前倾,用胸部或肩部触压终点线,跑过终点。

(二)练习方法

1. 起跑和起跑后加速跑技术

(1)起跑器安装

先学习普通式起跑器安装方法,学会后再根据个人特点和习惯,调整起跑时脚的前后长度与左右间隔距离。

(2)蹲踞式起跑

先练习原地站立慢慢前移身体重心,体会重心平衡点的位置以及平衡被打破时的感觉,当平衡被打破时,要求顺势小步跑出,体会加速跑过程;然后学习“各就位”技术,要求四肢着地,身体自然、轻松、稳定;再学习“预备”技术,注意重心的逐渐抬起和前移,做好臀超肩、肩超线的姿势。

(3)起跑后加速跑

注意启动后的迅速加速,做到逐渐抬起身体重心、渐增步幅、两脚脚印渐成直线,如反复的 10～30 m 的起跑加速跑练习等。

(4)完整技术成组训练

如练习“各就位”和“预备”口令动作;听“预备”口令后,间隔不同时间的信号起跑练习;30～60 m蹲踞式起跑练习;起跑后最大速度跑,快慢速度变化跑,快速跑接惯性跑练习等。

2. 途中跑技术

(1)跑的专门练习训练

摆臂:沉肩屈肘,以肩为轴前后摆,前摆高度不超过嘴角,后摆手腕过腰,左右不超过身体中线,摆臂时力求自然放松、大幅快频。

小步跑:步幅小、频率快,上体正直或稍前倾,大腿下压,小腿随大腿下压动作惯性前伸,并以前脚掌快速积极着地,着地后膝关节伸直,骨盆前送,两臂屈肘前后摆动,动作放松自然。

高抬腿跑:上体正直或前倾,保持高重心,摆动腿前摆大腿抬平,膝关节放松,小腿自然下垂，随后大腿积极下压，小腿自然下落并用前脚掌着地。支撑腿髋、膝、踝三关节伸直，骨盆前送，两臂屈肘前后摆动。

后蹬跑：上体稍前倾，支撑腿以较小后蹬角快速有力蹬伸，摆动腿以膝领先，大腿带动髋部向前摆，然后大腿积极下压用前脚掌着地，两臂配合前后摆动。注意方向要正，重心移动平稳，动作轻快有弹性。

(2)专门练习的综合练习

结合摆臂练习的后蹬跑＋后踢折叠跑；后踢折叠跑＋高抬腿跑；高抬腿跑＋小步跑；后蹬跑＋后踢折叠跑＋高抬腿跑；后蹬跑＋后踢折叠跑＋高抬腿跑＋小步跑等，主要体会跑的专门练习技术之间动作如何合理正确的衔接。

(3)专门练习过渡到跑的练习

根据专门练习在短距离跑技术中的作用，进行专门技术的强化体验训练。一般是专门练习＋过渡＋完整跑练习，在过渡中体验专门练习动作技术在跑动中的运用，如先练习10 m小步跑(或高抬腿跑，或后蹬跑等)，再进行10 m过渡跑，最后是10 m完整跑练习等。

(4)强化某一跑的动作训练

有负重摆臂，负重抬腿，扶肋木后蹬，推人前跑，牵引跑，跨跑低栏练习等。

(5)行进间技术训练

有反复的30～80 m的慢跑、中距离跑、加速跑、快跑；30～60 m变换速度的波浪跑、惯性跑、往返跑、放松大步跑；30～50 m的行进跑等练习。

训练中要注意整体协调放松有弹性，大步快频节奏好；屈蹬快摆有力量，“扒地”、后蹬、高抬要到位；初练不宜比赛和计时，重点放在技术的正确与自然放松上。

3. 弯道起跑和弯道跑技术的训练

(1)弯道起跑

要求按弯道起跑器安装方法安装起跑器，然后听口令练习弯道起跑。

(2)弯道跑

在半径10～15 m小圆上用慢速跑、中速跑、快速跑进行练习，体会弯道跑技术；在弯道上用中速、加速、快速跑60～80 m，体会和掌握弯道跑技术；练习由直道跑入弯道或由弯道跑入直道，体会和掌握进、出弯道的技术衔接等。

训练中要注意弯道跑是在直道短距离跑技术基础上进行的，应侧重掌握弯道途中跑技术；在不同速度练习中，体会速度快慢与身体内倾程度的协调；在弯道跑时要强调整个身体的内倾，防止只有上体向内倾斜的缺点，并尽量保持直道途中跑技术和速度。

4. 终点跑技术

(1)终点冲刺

反复训练30～50 m的快速跑练习；60～100 m的计时或比赛训练；100 m、200 m、400 m等距离的全力跑等。

(2)终点撞线

根据个人特点选择用胸或肩撞线，再分别训练原地、上步、走几步、跑几步的撞线技术，也可用终点带练习。

(3)终点跑组合技术训练

用不同距离结合冲刺和撞线技术反复练习。

训练中要注意掌握终点撞线时机，防止过早或太迟撞线，不要跳起撞线；强调终点撞线后不能突停，以免跌倒受伤。基本掌握撞线技术后，应结合全程跑技术训练，注意全程跑后程技术不变形，力争减小速度下降的幅度并及时撞线。

（三）巩固提高全程跑技术

训练方法有：途中跑的专门练习、中速跑、加速跑，快速跑、行进间跑等；起跑和起跑后加速跑、弯道跑、终点跑的各种练习；全程跑并进行技评和比赛等。训练中要注意加强对基础技术的训练，如正确跑姿，正确着地动作和摆臂技术等；应注意培养放松协调的能力；要充分运用各种专门练习手段，诱导和提高运动员正确跑的技术；应根据运动员的特点发挥其个体特长；要严格执行安全第一的原则。

（四）赛前与比赛的技术训练

赛前训练应把技术的正确稳定、动作的协调放松贯穿始终。训练内容以专项为主，目的是熟练技术与节奏，保持和提高专项能力，巩固稳定技术。上道前可回忆技术要领和体力分配以保证成绩发挥；起跑前想好第一步动作，注意积极的蹬摆和第一脚落点；跑动中要做到快摆快蹬加放松，技术动作不变形，比赛时要有不发挥成绩不罢休的拼搏精神。

二、中长跑的基本技术和练习方法

（一）基本技术

中长跑的技术动作与短跑基本相同，下面仅介绍中长跑需注意的技术要点。

1. 起跑

中长跑采用站立式起跑，分为“各就位”和“鸣枪”两个阶段。

（1）“各就位”

两腿前后开立，有力脚在前，全脚掌着地，脚尖紧靠起跑线后沿，后脚脚尖着地；上体前倾，两膝弯曲；有力脚异侧臂置于体前，同侧臂放于体侧；身体重心落于前脚，目视前下方3～5 m 处，保持稳定姿势，如图 5-2(a)所示。

（2）“鸣枪”

听到枪声后，两腿用力蹬离地面，后腿蹬地后迅速前摆，前腿蹬直，两臂用力加速摆动，使身体快速向前冲出，如图 5-2(b)所示。

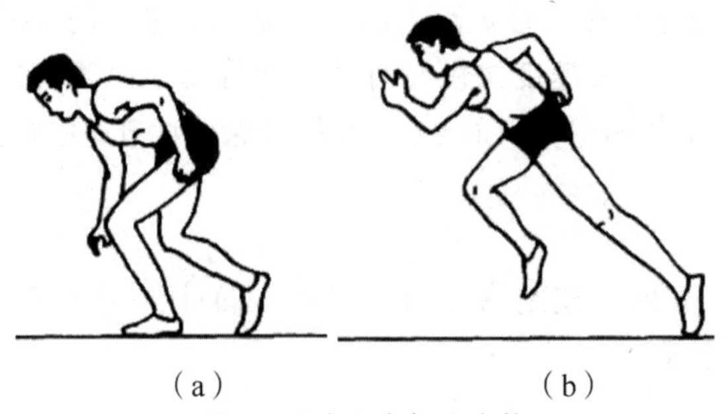

（a）　　（b）

图 5-2　站立式起跑姿势

2. 起跑后加速跑

中长跑的起跑后加速跑与短跑技术基本相同，不同的是上体前倾幅度和蹬摆力度稍小。加速跑的距离需根据项目、参加人数、个人训练水平和战术要求等情况而定。

3. 途中跑

中长跑的途中跑与短跑技术相比，动作幅度略小，脚着地柔软而有弹性，一般由脚跟着地过渡到脚尖着地，跑步过程中保持匀速而有节奏。

4. 终点跑

终点跑的距离需根据自己的体力情况、战术要求和临场情况而定，一般为到达终点前的 100～200 m。

5. 中长跑的呼吸

中长跑体力消耗大，对氧气的需求量较大，因此呼吸时要有一定的频率和深度，并与跑步的节奏相配合，一般为 2～3 步一呼，2～3 步一吸。

随着疲劳的出现，呼吸的频率会有所增快，此时应注意深呼气，以充分呼出二氧化碳，吸进大量新鲜氧气。

(二)练习方法

1. 练习特点

中长距离跑训练的运动员要想在跑的途中尽量节省体力、适宜地发挥身体素质的作用，合理地掌握技术是关键。

在技术训练中要重视掌握基本技术。要充分发挥个人特点，按适合自己的技术模式进行训练。步幅与步频，腾空与支撑，呼吸与跑的节奏，上、下肢配合等，都是中长距离跑技术练习不应忽视的方面。

2. 练习方法

技术训练要贯穿在训练工作的始终。为了更好地掌握技术或改进技术细节，技术训练应在大量跑的练习中进行。还可根据运动员的技术情况，利用小步跑、高抬腿跑、后蹬跑等跑的专门性练习改进技术，发展腿部力量和协调性。此外，加速跑、支撑高抬腿跑、二人并列同步跑、跨步跳、多级跳、原地摆臂等练习，也是改进技术的有效方法。

三、接力跑的基本技术和练习方法

(一)基本技术

接力跑是由短跑和传接棒组成的集体项目。

1. 起跑

(1)持棒起跑

第一棒运动员起跑时，需一手持棒，采用蹲踞式起跑。常用的持棒方法是用右手的中指、无名指和小指握住棒的末端，拇指和食指分开撑地。

(2)接棒人起跑

接棒人采用站立式起跑。接棒人站在预跑区内或接力区后端，头转向侧后方，注视传棒人和标志线，当传棒人到达标志线时，迅速起跑。

2. 传接棒的方法

传接棒的方法一般有上挑式和下压式两种。(图 5-3)

上挑式　　下压式

图 5-3

(1)上挑式

接棒人手臂自然向后伸出,掌心向后,四指并拢,虎口张开朝下。传棒人将棒由下向上挑,送入接棒人手中。

(2)下压式

接棒人的手臂后伸,掌心向上,拇指向内,其余四指并拢向外,虎口张开朝后。传棒人将棒的前端由上向前下压,放入接棒人手中。

3. 传接棒的位置

接棒人起跑后,与传棒人先后跑进接力区,传棒人距接棒人约 1.5 m 时,发出接棒信号,将接力棒迅速传给接棒队员。

(二)接力跑的练习方法

接力跑训练的内容主要有速度训练,传、接棒技术训练,传、接棒配合训练。

1. 运动员的各种速度训练和弯道跑速度训练(同短距离跑方法)。

2. 运动员持棒跑速度训练。

3. 传、接棒配合训练。2～4 人为 1 组做快速传、接棒练习。

4. 不同距离的传、接棒比赛。

第三节　跳的基本技术和练习方法

一、跳高的基本技术和练习方法

(一)基本技术

跳高技术种类较多,目前较为常用的是背越式跳高技术。背越式跳高可分为助跑、起跳、过杆和落地四个阶段。

1. 助跑

背越式跳高的助跑分直线跑和弧线跑两个阶段,助跑路线如图 5-4 所示。

(1)直线助跑一般为 4～5 步加速跑,两腿后蹬和前摆的幅度较大,身体重心较高,动

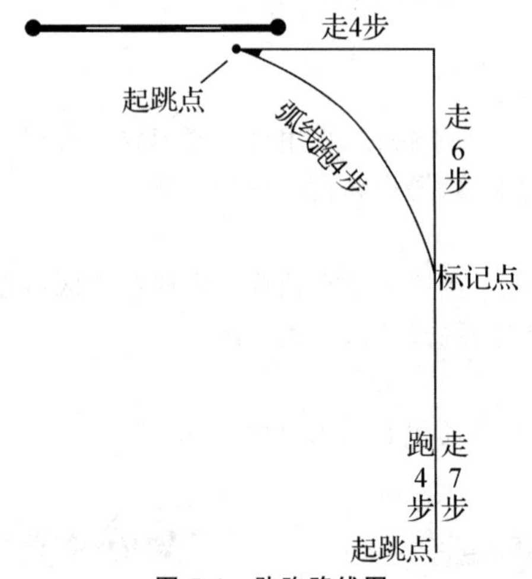

图 5-4　助跑路线图

作轻松、自然、有弹性。

(2)弧线助跑一般为4～5步，助跑时身体略向圆心倾斜，脚落地时由脚跟过渡到前脚掌，摆臂与弯道途中跑相似。倒数第二步，步幅稍大，用全脚掌着地；最后一步稍小，速度较快，准备起跳。

2. 起跳

(1)背越式跳高以远离横杆的腿为起跳腿，向身体对侧迈出，踏上起跳点，以脚跟外侧着地，迅速过渡到全脚掌，屈膝缓冲，身体向起跳腿一侧倾斜。

(2)摆动腿大腿积极向前上方摆至水平位置，小腿自然下垂，身体转为正直。

(3)摆动腿屈膝内扣，向异侧肩上方摆动，并带动髋部向内转动，起跳腿迅速蹬伸髋、膝、踝关节，完成起跳动作。

3. 过杆和落地(图5-5)

(1)保持起跳腿蹬伸，躯干充分伸展；上体转动成背对横杆，起跳腿自然下垂。

(2)当头和肩越过横杆后，迅速沉肩，两臂置于体侧，髋关节向上挺起，形成"背弓"，两膝自然弯曲，小腿自然下垂。

(3)当髋关节过杆后，大腿向上摆动，小腿上踢，使整个身体过杆如图5-5所示。

(4)两肩继续下潜，含胸收腹，自然下落，以肩部领先着垫。

图5-5　背越式跳高技术

(二)练习方法

1. 助跑技术的训练

(1)4～6 步弧线节奏跑练习,培养运动员助跑节奏和控制身体的能力。

(2)直线 20 m+弧线 20 m 节奏跑练习,提高运动员助跑速度、节奏感和控制身体的能力。

(3)全程助跑练习,提高运动员助跑速度、节奏感和控制身体的能力。

(4)30 m 弯道跑练习,提高专项速度素质。

(5)30 m 直道+30 m 弯道跑练习,提高运动员助跑速度和控制身体的能力。

2. 起跳技术的训练

(1)弧线上步起跳练习,掌握身体内倾放脚技术及摆腿、摆臂配合动作。

(2)弧线 2 步助跑起跳练习,掌握身体内倾放脚技术及摆腿、摆臂配合动作。

(3)弧线 4 步助跑起跳练习,掌握在保持良好身体姿势、助跑速度及助跑节奏基础上的快速起跳技术。

(4)半程助跑起跳练习,提高快速助跑与快速起跳能力。

(5)全程助跑起跳及摸高练习,提高快速助跑与快速全力起跳能力。

(6)全程助跑起跳跳上高台练习,提高快速助跑与快速全力起跳能力。

3. 过杆与落地技术的训练

(1)仰卧矮高台杆上肌肉感觉练习,体会身体各部位在杆上时的肌肉感觉。

(2)利用助跳板做原地起跳躺上高垫练习,体会身体各部位伸展过杆动作。

(3)弧线 4 步助跑起跳躺上高垫练习。

(4)利用助跳板做短程助跑起跳过杆练习。

(5)半程助跑过杆练习。

(6)全程助跑起跳过杆练习。

二、跳远的基本技术和练习方法

(一)基本技术

跳远可分为助跑、起跳、腾空和落地四个阶段。

1. 助跑

助跑距离一般为男子 35～45 m,女子 30～35 m。

(1)原地站立或行进中启动开始助跑,上体前倾、大腿积极摆动,后蹬充分,摆臂有力。

(2)助跑途中上体逐渐抬起,腿和手臂加速用力摆动,加快助跑速度,重心较高,身体平稳,节奏性强。

(3)助跑几步步频加快,保持较高的身体重心和较快的助跑速度,准备起跳。

2. 起跳

起跳动作是从助跑最后一步摆动腿后蹬开始,至起跳腿蹬离地面结束。

(1)助跑最后一步,摆动腿用力蹬地,使身体尽快向起跳板方向运动。起跳腿快速前摆,大腿积极下压,踏上起跳板,由脚跟过渡到全脚掌着地。

(2)起跳腿着地瞬间,髋、膝、踝关节被迫弯曲缓冲;同时,身体重心前移,起跳腿快速用力蹬伸,摆动腿大腿积极向前上方摆至水平位置,小腿自然下垂。

(3)起跳腿同侧臂屈肘向身体前上方摆动,异侧臂屈肘向体侧摆动,提肩、拔腰,向上顶头。

3. 腾空

(1)起跳腿蹬离地面后,上体正直,摆动腿保持起跳时水平姿势,小腿自然下垂,起跳腿自然弯曲留在体后,形成空中的跨步飞行。

(2)腾空的姿势分为蹲踞式和挺身式。见图 5-6、图 5-7.

①蹲踞式:接近腾空最高点时,起跳腿屈膝上提,与摆动腿并拢;双腿屈膝,大腿靠近胸部,上体稍前倾;两臂由前向下、向后摆动;落地前,两小腿向前伸出,准备落地。

图 5-6　蹲踞式跳远

图 5-7　挺身式跳远

②挺身式:腾空后,摆动腿自然放下,小腿向后下方做弧形摆动;两臂向下、经体侧向后上方摆动;摆动腿与起跳腿并拢,髋部向前,胸、腰前挺,头、肩后展,成挺身展体姿势;落地前,两臂由后上方经体前向后摆动;同时两大腿上抬,收腹举腿,上体前倾,小腿前伸,准备落地。

4. 落地

(1)小腿尽力前伸,脚跟首先触地,前脚掌下压,两腿迅速屈膝缓冲。

(2)两臂屈肘前摆,身体向前或向侧方倒。

(二)练习方法

1. 专项准备性练习

对跳远的专项准备来讲,除了弹跳力以外,还必须根据技术主要阶段的需要发展专项能力。

(1)用一条腿也能从较快的速度中起跳的能力。

(2)在长时间的腾空阶段保持平衡和定向的能力。

(3)从某一个标志起跳的能力(发展距离感)。

专项准备练习在任何情况下都必须是单脚起跳的跳跃，练习的基本形式是：

(1)直线助跑跳高：从快跑中单腿起跳，摆动腿充分折叠，上体正直，用摆动腿的脚落地。

(2)跑跳步：摆动腿和双臂的动作要大。

(3)连续的一步起跳：腾空步在空中下落过程中主动下放摆动腿，紧接着完成下一次腾空步动作。

2. 技术训练的基本练习

经过充分的准备之后，再进行跳远技术基本训练时就容易多了。各种跳远方式的助跑和起跳都没有区别。从一种方式改为另一种方式时很容易，已经掌握的助跑和起跳技术不会受到影响。初学者宜从简单的跨步式跳远技术学起。跳远技术强调合理起跳的所有基本动作，如快速起跳的腾空步、摆动腿的快速"跟摆"等。学习者也不会由于复杂的腾空动作而将他们的注意力脱离本质的练习。

通过基础训练，可以有效发展挺身式或走步式跳远。通过一定训练的跳远运动员应学会二种空中技术动作，以便能够根据本人情况选择特别适合的一种技术。

在安排练习顺序时应掌握先结合助跑训练起跳技术，以后再结合逐渐延长的助跑训练腾空和落地动作的原则。

3. 发展挺身式跳远的基本练习

(1)原地模仿空中挺身动作

原地模仿起跳腾空步后，接着完成摆动腿下放、两臂绕摆与挺身的动作，以学习和强化挺身式跳远空中动作的用力顺序和动作路线。

(2)助跑腾空下放摆动腿练习

助跑3～4步起跳以学习和强化挺身式跳远的空中技术，空中完成放腿挺髋展体动作。助跑起跳成腾空步后，迅速下放摆动腿。挺胸展体，双脚落地。

(3)起跳触吊球练习

4～6步助跑起跳，保持腾空步，用手触吊球后开始放腿，使身体在空中伸展，以强化空中展体动作的运动条件反射，发展快速起跳能力，改进起跳技术。

(4)过障碍后挺身跳远

短程助跑起跳腾空步越过障碍后，完成挺身式跳远的空中动作和落地技术，以提高起跳效果，强化起跳与腾空步技术。

4. 发展走步式跳远的基本练习

(1)原地两臂"绕摆"与摆动腿向后和向前的摆动练习

原地做走步式跳远、空中摆臂与摆动腿的向后和向前的摆动配合练习，以掌握和强化空中走步时臂腿协调配合的技术。

(2)空中一步半剪铰练习

在腾空步后两腿前后交换位置，学习掌握两腿剪铰技术，强化上体正确姿势。

(3)从高处起跳的走步式跳远

中、短程助跑在跳箱盖上起跳，空中完成走步动作，以强化和掌握走步式跳远的空中技术动作。

(4)空中换步练习

在腾空步后完成两腿前后摆动"走步"动作，以学习掌握空中两腿剪铰技术，强化上、下肢协调配合的动作,提高两腿摆动的幅度。

第四节　投掷的基本技术和练习方法

介绍推铅球的基本技术和练习方法,见图 5-8。

图 5-8　背向滑步推铅球

一、基本技术

推铅球的技术有侧向滑步、背向滑步和旋转式 3 种,最普遍的推铅球的技术是背向滑步。背向滑步推铅球可分为握球和持球、预备姿势、滑步、最后用力和维持身体平衡 4 个阶段。

1. 握球和持球(以右手为例,下同)

(1)五指自然分开,手腕背屈,将铅球放在食指、中指和无名指的指根处,拇指与小指自然扶于球的两侧。

(2)球握好后,屈肘,手持球放在肩上锁骨窝处,贴于颈部,右肘外展略低于肩,掌心向前,右臂自然上举。

2. 预备姿势

(1)持球后,背对投掷方向,两脚前后开立,相距 20～30 cm。

(2)右脚尖贴近投掷圈后沿,脚跟正对投掷方向;左脚以前脚掌着地,自然弯曲;上体正直、放松。

(3)左臂自然上举,身体重心落于右腿上。

3. 滑步

(1)滑步前需先做 1～2 次预摆。预摆时,左腿向投掷方向摆出,右腿协调配合向下蹬伸,上体前俯,左臂前伸;左腿收回靠近右腿,右腿屈曲,重心下降,预摆结束。

(2)左腿用力向投掷方向摆出,右腿用力蹬伸。

(3)当右脚蹬离地面后,身体向投掷方向快速平稳移动,此时迅速收拉右小腿,右脚尖向内转扣,以右前脚掌落于投掷圈中心附近;左脚迅速在抵趾板偏右侧位置以前脚掌内侧蹬踩着地,准备最后用力。

4. 最后用力和维持身体平衡

(1)右脚用力向投掷方向蹬转,同时带动右髋向投掷方向转动,左臂向左侧摆动,上体逐渐抬起。

(2)随髋部扭转,身体重心逐渐移至左腿,上体向投掷方向转动,挺胸抬头。

(3)当左臂摆至体侧时制动,两脚积极蹬伸,右臂迅速用力将铅球向前推送。当铅球快离手时,手腕推送、手指拨球,将球推出。

(4)铅球离手后,两腿迅速换位,降低身体中心,以维持身体平衡。

二、练习方法

1. 熟悉铅球性能的训练手段

(1)进行铅球的抓握、抛接等熟悉铅球性能的练习。

(2)持铅球做下蹲、跳跃、转体、侧倒、体前屈、滑步、旋转等各种控球能力的练习。

2. 原地推铅球技术的训练手段

(1)原地推铅球基本姿势的训练方法

①按动作要领完成原地推铅球基本姿势。

②听教师口令后,徒手/持球完成原地推铅球技术的基本姿势。

(2)原地推铅球最后用力的训练方法

①起体动作技术的训练

撑蹬练习;臂推/拉髋练习;徒手和持球的原地起体动作练习;徒手和持球的行进间连续起体动作练习。

②满弓动作技术的训练

在教练的帮助下完成正确的满弓动作;利用肋木、橡皮条等辅助手段完成满弓动作;徒手和持球的原地满弓动作练习;徒手和持球的行进间连续满弓动作练习。

(3)用力与出手技术的训练

①成满弓状态的徒手用力练习;②成满弓状态的持不同质量铅球的用力练习;③推吊球技术练习;④对地拨球练习;⑤顺势拨球练习;⑥对空拨球练习。

(4)原地推铅球的完整技术训练

①徒手的原地推铅球技术练习;②持轻器械的原地推铅球技术练习;③持标准或超重器械的原地推铅球技术练习;④原地下蹲的对空推铅球练习;⑤控制推铅球距离的技术练习;⑥被动推伸投掷臂的原地推铅球技术练习。

3. 推铅球助跑技术的训练

(1)单足跳下蹲团身/旋转站位预摆技术练习。

(2)徒手滑步/旋转技术练习。

(3)利用轻器械或辅助器材进行滑步/旋转技术练习。

(4)徒手或持轻器械进行连续的滑步/旋转技术练习。

(5)徒手或利用辅助器材进行提拉内扣收腿练习。

(6)利用上下坡、台阶等辅助条件进行滑步/旋转技术练习。

(7)徒手进行超长滑步/旋转距离的练习。

4. 助跑与最后用力衔接技术的训练

(1)徒手或持不同质量的铅球进行两腿的插蹬配合练习。

(2)按口令节奏完成助跑与最后用力的衔接技术练习。

(3)在平地或一定高度的台阶上进行助跑、落地后保持原地推铅球姿势快速跳起练习。

(4)助跑后调控两脚落地距离的练习(两线练习法)。

5. 推铅球完整技术训练

(1)徒手或持轻器械(轻铅球)的完整推铅球技术练习。

(2)持壶铃等超重器械(重铅球)的完整推铅球技术练习。

(3)先轻后重器械的完整推铅球技术练习。

(4)推过限定高度和距离的完整推铅球技术练习。

(5)利用各种恶劣气候(雨天、大风环境)进行完整推铅球技术的练习。

第五节　田径竞赛规则简介

一、跑类项目竞赛规则

(一)径赛场地

1. 场地:国际标准的径赛场地为 400 m 半圆式田径场,其跑道由两段相等并平行的直段和两段半圆弯道组成,半圆的外沿直径为 36.5 m。

2. 跑道:每条跑道宽 1.22 m(包含右侧分道线),分道线宽 5 cm。

3. 分道编号:从左手最内侧分道开始,从内向外依次为第 1~8 号跑道。

4. 跑进方向:左手靠内场,按逆时针方向进行。

5. 接力跑中,各跑段分界线的前后各 10 m 为接力区,未到达接力区前有 10 m 的预跑区。

6. 径赛各项目起点如图 5-9 所示。

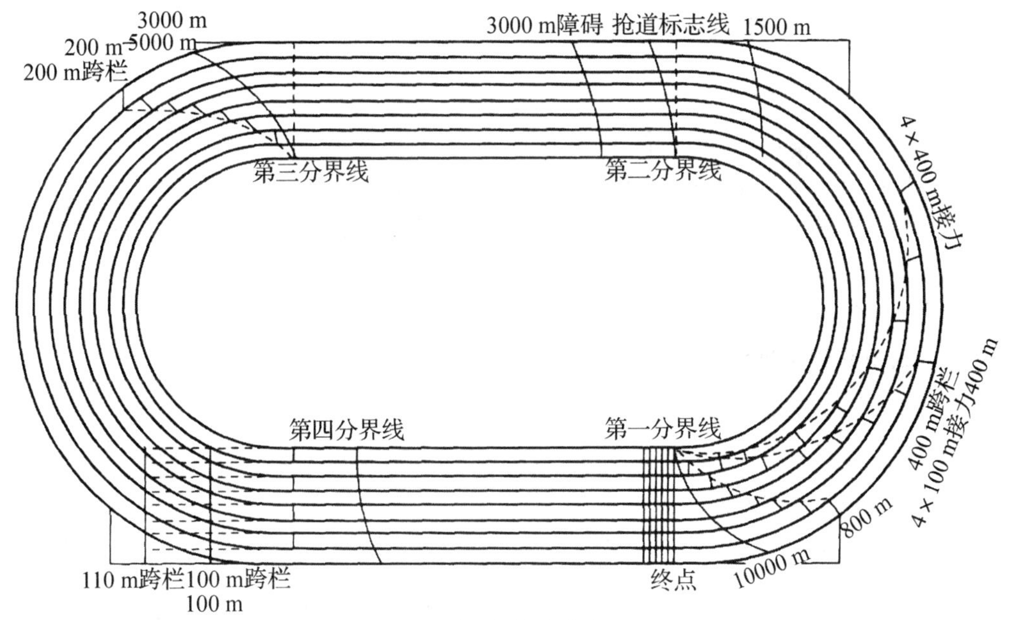

图 5-9　径赛场地图

(二)起跑器

起跑器主要包括两块倾斜的抵脚板,供运动员起跑时蹬踏。两抵脚板中轴之间距离为10~15 cm;前后抵脚板与地面的夹角分别为 40°~45°和 70°~80°;前后抵脚板的距离可以调整,通常为一脚半长。

(三)比赛规则

1. 名次判定:参赛运动员的名次取决于其身体躯干(不包括头、颈、臂、腿、手或足)抵达终点线后沿垂直面为止时的顺序，以先到达者名次列前。

2. 起跑：400 m 及 400 m 以下(包括 4×100 m、4×400 m 接力的第一棒)各径赛项目，必须采用蹲踞式起跑及起跑器。400 m 以上径赛项目采用站立式起跑。

3. 起跑犯规：

(1)在枪声响起前有任何起跑动作，均属起跑犯规。除此之外，在“各就位”口令发出后，以声音或动作扰乱他人，也应判为起跑犯规。

(2)起跑中犯规的运动员将被取消该项目的比赛资格(除全能项目之外)。

4. 分道跑：

(1)在分道跑和部分分道跑径赛项目中，参赛者越出跑道，获得实际利益或冲撞、阻碍其他参赛者，将被取消比赛资格。

(2)在 800 m 和 4×400 m 接力赛中，运动员通过抢道标志线(如图 5-9 所示)以后才能离开自己的跑道，切入里道。

5. 接力跑：

(1)运动员必须手持接力棒跑完全程，如发生掉棒，必须由掉棒运动员捡起。

(2)接力棒的传递必须在接力区内进行。

(3)运动员在接棒之前和传棒之后，应留在各自分道或接力区内，直到跑道畅通，如果运动员跑离所在位置或跑出分道、故意阻碍其他接力队员，则取消该接力队的比赛资格。

二、跳跃类项目竞赛规则

(一)跳高场地及器材

1. 助跑道：呈扇形，长度不限，最少为 15 m。

2. 落地区：跳高落地区的长至少为 5 m，宽为 3 m。

3. 跳高架：有足够的高度，须配有稳定放置横杆的横杆托，两立柱之间距离可为 4.00～4.04 m。

4. 横杆：跳高横杆全长为 4 m(±2 cm)，最大重量为 2 kg。

(二)跳远场地及器材

1. 助跑道：助跑道的长至少为 40 m，宽为 1.22 m。

2. 起跳板：起跳的标志，长 1.22 m，宽 20 cm，一般用木料制成，漆成白色。

3. 起跳线：指起跳板靠近落地区一侧的边沿。

4. 落地区：宽 2.75～3 m，跳远起跳线至落地区远端的距离至少为 10 m，落地区内应填充湿沙，沙面与起跳板齐平。

5. 橡皮泥显示板：位于起跳板前，用来帮助裁判员判断运动员是否犯规。

(三)跳高比赛规则

跳高比赛中，有下列情况之一，即被判为犯规：

1. 使用双脚起跳。

2. 由于运动员的试跳动作致使横杆未能停留在横杆托上。

3. 在越过横杆之前，身体触及立柱前沿垂直面以外的地面或落地区。但如果裁判员认为运动员并没有受益，则不应由此而判该次试跳失败。

4. 试跳时，运动员有意用手或手指把即将从横杆托上掉下的横杆放回。

(四)跳远比赛规则

跳远比赛中,有下列情况之一,即被判为犯规:

1. 运动员以身体任何部位触及起跳线之前的地面。

2. 从起跳板两端之外起跳,无论是否超过起跳线的延长线。

3. 触及起跳线和落地区之间的地面。

4. 在落地过程中触及落地区以外的地面,而落地区外的触地点较落地区内的最近触地点更靠近起跳线。

5. 在助跑或跳跃中采用任何空翻姿势。

6. 运动员在试跳通知发出前进行试跳,不论成功与否,都被判为试跳失败。

三、投掷类项目竞赛规则

(一)铅球场地及器材

铅球场地如图 5-10 所示。

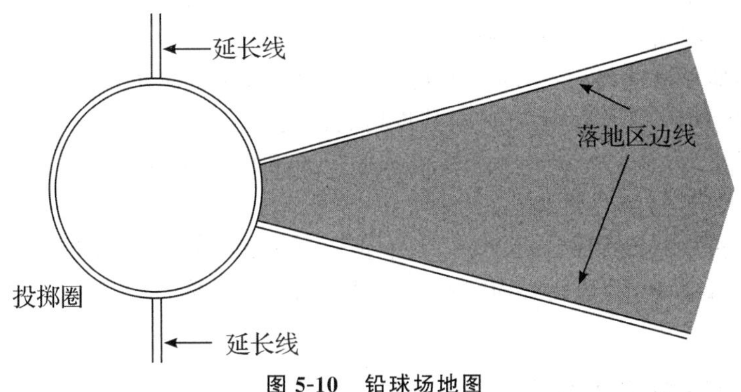

图 5-10　铅球场地图

1. 投掷圈:铅球投掷圈直径为 2.135 m,投掷圈外围金属镶边,厚度为 6 mm,顶端涂白。

2. 落地区:铅球落地区为 34.92°的扇形区域。

3. 抵趾板:投掷圈正前方木质挡板,长 1.21～1.23 m,用来防止运动员滑出圈外。

4. 铅球:用实心的铁、铜或者其他任何硬度不低于铜的金属制成,表面必须光滑。男子铅球重量为 7.26 kg,女子铅球重量为 4 kg。

(二)标枪场地及器材

标枪场地如图 5-11 所示。

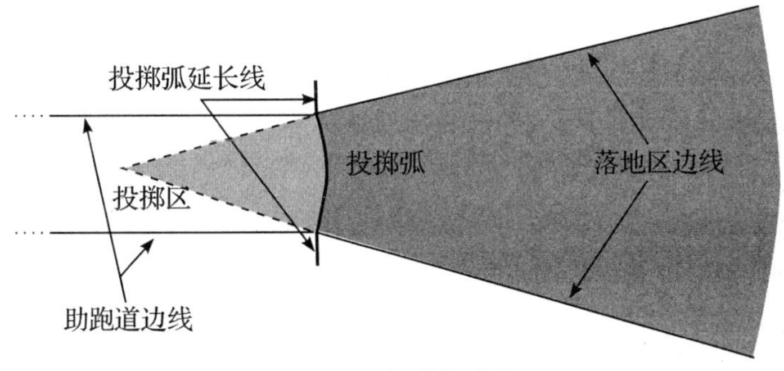

图 5-11　标枪场地图

1. 投掷区:标枪投掷区是一条宽 4 m,长约 30～36.5 m 的助跑道。

2. 边线:助跑道两边两条宽 5 cm 的边界线。

3. 投掷弧:助跑道前端半径为 8 m 的弧线。投掷弧可以画出,也可用木料或金属制成,弧宽 7 cm,涂成白色,与地面齐平。

4. 落地区:标枪的落地区为 29°的扇形区域。

5. 标枪:标枪分枪身、枪头和缠绳把手。枪身是光滑的金属杆,两端逐渐变细;枪头是固定在枪身前端的锋利金属尖;缠绳把手包绕枪的重心。男子标枪重量为 0.8 kg,女子标枪重量为 0.6 kg。

(三)竞赛规则

在比赛过程中,运动员违反下列规则,则被判为犯规,成绩无效。

1. 投掷铅球和标枪技术不符合规则规定(规则要求铅球和标枪必须由单手从肩上掷出)。

2. 在投掷铅球的过程中,身体和器械的任何一部分不得触及投掷圈上沿、圈外地面及抵趾板的上面,否则即为投掷失败。

3. 在投掷标枪过程中,身体和器械的任何一部分不得触及投掷弧、延长线及线以外地面任何一部分,否则即为投掷失败。

4. 只有当器械落地以后,运动员才允许离开投掷圈或助跑道。标枪运动员在投出的枪落地前,不能在投掷后转身完全背对其投出的标枪。

5. 完成投掷后,铅球运动员必须从投掷圈后半圈的延长线后面退出;标枪运动员必须从投掷弧以及延长线以后退出。

6. 在没有犯规的情况下,参赛者可以中止已开始的试掷动作,将器材放下以后暂时离开投掷区,并重新开始,但是必须在规定的时限内完成投掷。

常用术语中英文对照

1. 田径:track and field
2. 短跑: sprint
3. 中距离跑:middle distance running
4. 长距离跑:long distance running
5. 竞走:race walking
6. 跨栏跑:hurdles race
7. 接力跑:relay race
8. 障碍跑:obstacle race
9. 马拉松:marathon
10. 竞走:heel-and-toe walking race
11. 跳高:the high jump
12. 撑竿跳高:pole vault
13. 跳远:the long jump
14. 三级跳远:three-step jump
15. 推铅球:put the shot
16. 铁饼:the discus
17. 标枪:javelin

莆田田径具备优良的历史传统，群星璀璨，根深叶茂。1964 年莆田县被誉为全国"田径之乡"，之后莆仙两县连续五届获此桂冠。

1925 年，在第七届远东运动会上，莆田县田径选手吴德懋(南京大学学生)荣获 5 项全能冠军，在国际体坛上首次为中国争得了荣誉，并成为中国第一位体育博士。

1930 年，在杭州举行的全国运动会上，上海南京代表中的莆田籍排球运动选手吴德懋、程天泗、翁祖烈等临时组成莆田队，一举战胜上海队。

1940 年、1942 年、1946 年福建省举行第四行政三届运动会，莆田队均以绝对优势雄踞田径冠军宝座。

1947 年秋，莆田县体育界翁祖烈、马亮、陈肇球等自发会集田径精英 39 人，组成"莆田田径访问团"，远征福州、上海、南京等地比赛，以一县之力对抗三市之雄，三战三捷，轰动全国体坛。

1974 年，全国少年田径分区赛在莆田举行，当时莆田县单独组队以一县一师抗衡上海、江苏、浙江、江西、安徽、广东、广西、湖北、湖南、福建等 10 个省市、自治区，揭开莆田县田径史新篇章，一大批田径新手脱颖而出。

从 1977 年起，男子跳远选手刘玉煌，征战 10 年，足迹遍及 27 个国家和地区，参加国内外重大比赛 96 次，夺得金牌 56 枚，3 次夺得亚洲冠军，2 次破亚洲纪录，9 次刷新全国纪录，3 次获全国田径十佳运动员，被誉为亚洲第一飞人。翁康强是中国大陆选手"冲出亚洲，走向世界"的十项全能选手第一人，先后夺得第四、五两届全国运动会金牌和第九届亚运会金牌，6 次打破全国纪录，并创亚洲纪录，参加洛杉矶第 23 届夏季奥运会，后被评为全国"田径十佳运动员"。男子十项全能后起之秀陈泽斌，1984 年获南京国际田径邀请赛冠军，1986 年夺得第一届亚运会金牌。男子跳远新秀郑志佳于 1980 年获第二届全国中学生运动会男子跳远第一名，并打破世界中学生运动会纪录。

值得一提的是，2011 年 7 月 7 日在法国举行的世界少年田径锦标赛上，年仅 16 岁的莆田籍选手林清，代表中国参赛，在男子跳远比赛中以 7.83 米的成绩勇夺金牌，为中国代表队夺得了本届世少赛的第二枚金牌，是莆田市运动员近 30 年来在世界田径大赛上获得的第一枚金牌。

2016 年 7 月 23 日在波兰举行的田径世青赛三级跳远决赛中，陈婷以 13.85 m 成绩夺冠，再次为田径之乡争光。

1985 年 11 月，时任中共中央政治局委员方毅视察莆田时，欣然题写"田径之乡"四字相策勉爰，原莆田县政府勒石为纪，并塑造了"奔跑"雕像，现置于莆田市体育运动学校门口。30 多年来，其见证了“田径之乡”莆田的发展历史，成为城市的精神象征，已深深镌刻在莆田人民脑海里。

置于莆田市体育运动学校门口的“奔跑”雕像

第六章

足　球

课程思政

学生通过足球课程理论和实践内容的学习，帮助和支持学生提高身心健康标准，运用适宜的方法调节自身的情绪，克服心理障碍，改善心理状态，正确处理竞争与合作的关系，表现出良好的团队合作精神和体育道德风尚。

课程目标

1. 学生能掌握足球运动的基本知识与基本理论，了解足球文化内涵与文化功能，对足球课程中理论层面的问题有解决与创新能力。

2. 学生能掌握足球运动的基本技术、战术方法，并能熟练地运用，对足球课程中实践层面的问题有解决与创新能力。

3. 学生通过足球课程学习，可以制定个人足球运动练习计划并能进行自我监控，把足球运动当作长期锻炼身体的方法，养成自主锻炼的习惯，具备组织和参与足球竞赛的能力，掌握足球竞赛的欣赏方法，能够欣赏和评论足球比赛。

第一节　足球运动概述

足球运动是一个对抗紧张激烈而富有魅力的球类运动项目，被称为世界第一运动。

古代足球起源于中国。据史料考察：我们祖先早在殷代就创造了足球游戏——“蹴鞠”（又称“蹋鞠”，即踢球的意思）。到战国时代就有了可靠的文字记载；唐代发明了用皮革缝制，内中塞满毛发一类的有弹性的球；随后，又出现了专门论述古代足球游戏的专著《蹴鞠新书》和最早谈裁断的文章《鞠城铭》，还创造了球门。汉代时期古代足球是作为一种游戏用来训练军队和娱乐，是我国古代比较盛行的一种体育项目。

现代足球起源于英国，1863 年 10 月 26 日被定为现代足球诞生日。1904 年 5 月 21 日在巴黎成立了国际足球联合会（FIFA）。目前，已有近 200 多个国家和地区加入这一组织。1896 在第一届奥运会上足球就被列为正式比赛项目；1930 年创办的世界杯足球赛，规模大、水平高，每四年一届。

第二节　足球基本技术

一、无球技术

一场足球比赛，扣除各种情况下的死球时间外，仍有六十分钟左右的纯比赛时间。一个控球能力很强的运动员能控制球的时间只有三分钟左右，其他时间都是在无球的情况下进行活动的。这些活动,除了用调整位置、走步和慢跑,还需要使用无球技术来完成。

(一)快速跑

快速跑的技术特点是:步幅小、步频快、重心低,身体前倾角度要小,这样比较容易控制自己的平衡,及时地做出需要做的各种动作,并能随时调整动作方向和跑动路线,有较大的灵活性,以适应比赛的技、战术需要。

(二)曲线跑

曲线跑是为了进攻时绕过对方队员,调整合适位置接应队友的传球、包抄、抢点;防守时抢断对方球,盯住对手时采取的跑动方法。

曲线跑时,眼睛注视周围情况和球的发展,身体略向内倾斜,内肩低于外肩,内侧膝稍外展,外侧膝稍内扣,以内侧脚的脚掌外侧和外侧脚的脚掌内侧用力蹬地。

(三)折线跑

折线跑一般多是进攻队员为了要摆脱对手或穿越密集防守采用的一种跑动方法。

折线跑时,眼睛要注视自己前方对手防守的弱点,由一个方向突然折向另一个方向时,上体和头部要突然向预想方向扭转、倾斜,身体重心也迅速移至这一侧,同时异侧脚用力蹬地。

(四)后退跑

后退跑一般是在以少防多时,为了延缓对方的推进速度,伺机进行抢、截球或者是当对方队员在威胁着本方球门的情况下,为了盯住对手,限制其活动,常用后退跑。

后退跑时,重心稍下降,身体后倾,步幅要小,步频要快,眼睛注视球的发展、对方队员的位置和活动情况,以便确定采取合适的技术进行防守。

(五)侧身跑

侧身跑多是为了便于观察场上情况,随时准备参与攻或守的具体配合时采用的调整位置的跑动方法。

侧身跑时,上体稍转向有球的一侧,脚尖对着跑动方向,眼睛随时注视球的发展和周围攻、守双方队员的位置活动情况,以便及时参加具体的配合或个人战术。

二、有球技术

在快速的激烈对抗的条件下,准确完成技术动作的关键部分就是有球技术。它是足球技术的重要内容。

(一)踢球

踢球是运动员有目的地用脚的某一部位把球踢向预定的目标,踢球是足球运动最基本的技术。无论是传球还是射门都需要踢球。踢球的方法有:脚内侧、脚背内侧、脚背正面、脚背外侧、脚尖、脚后跟等。

踢球技术动作很多,方法、要领各不相同,但是每一种踢球方法都是由助跑、支撑脚站立、踢球腿的摆动、脚触球和踢球后的随前动作这五个环节组成的。

1. 助跑

助跑有两种:直线助跑和斜线助跑,它的作用是调整运动员踢球的步幅,选择好支撑脚的落点。为了增加踢球的力量和速度，踢球时使支撑腿能够处于所需要的正确位置，因此，最后一步的助跑需要略大一些。

2. 支撑脚的位置

选择支撑脚的位置是以腿的摆动能够达到最大的摆幅，发挥最大的速度，而有利于踢球脚准确地接触球的合适部位为原则。不同的脚法有不同的支撑位置。有的踏在球的侧方10～15 cm左右，也有的踏在球侧后方20～30 cm左右。踢球时支撑脚要积极地踏地，身体重心要稍低，并必须稳定地落在支撑腿上，才能使踢球脚有条件充分发挥踢球的力量和速度。

3. 踢球腿的摆动

腿摆幅的大小，摆速的快慢决定踢球的力量和速度。在支撑脚着地的同时，以髋关节为轴，大腿带动小腿由后向前摆动，当膝关节摆至球顶上方刹那，小腿做爆发式前摆，从而达到踢球脚以最快的速度击球，使球飞行距离更长、力量更大。

4. 脚触球

脚触球是决定出球准确性的重要环节，也是影响出球力量的重要环节。踢直线球时，作用力通过球心，球就会获得全部力量，出球平直而有力。击球的作用力不通过球心，球就会发生旋转，沿着一定的弧线运行。在某种情况下，这种球比踢出的直线球更具有一定的隐蔽性，但却比踢出的直线球力量要小。

5. 踢球后的随前摆动

踢球腿随前摆动送髋使整个身体重心继续前移，这样既易于控制出球方向和加大踢球力量，又能缓和踢球腿的急速前摆而产生的前冲惯性，有利于维持身体平衡。

(二)踢球方法

1. 脚弓踢球

它的特点是脚与球的接触面积大，出球比较平稳准确，常用短距离传球和近距离射门。

踢定位球时，直线助跑，支撑脚踏在球侧方15 cm左右处，支撑脚的脚尖指向出球方向，踢球腿以髋关节为轴由后向前摆动，同时膝关节外转90°，小腿垂直于地面，踢球脚的内侧正对出球方向，当膝关节摆至球顶上方时小腿做爆发式前摆踢球，脚尖稍翘起，脚掌与地面平行，用脚内侧击球的后中部。如图6-1所示。

脚弓踢球

图6-1

2. 脚背正面踢球(正脚背踢球)

它的特点是踢球腿的摆幅大、摆速快，踢出球的力量大，出球的方向变化少。

踢定位球时，直线助跑，最后一步稍大些，支撑脚踏在球的侧后方15 cm左右处，脚尖正对出球方向，膝关节微屈，踢球腿以髋关节为轴，大腿带动小腿由后向前摆动。当膝盖摆到接近球的正上方刹那，小腿做爆发式前摆，脚背绷直、脚趾扣紧，以脚背的正面击球的后中部，踢球腿随球继续提膝前摆。如图 6-2 所示。

脚背正面踢球

图 6-2

3. 脚背内侧踢球(内脚背踢球)

它的特点是踢球腿的摆幅大、摆速快，踢球准确、有力，由于助跑方向，支撑脚的选位灵活性较大，出球的方向变化幅度较大。因此，可踢出平直球、远距离弧线球等。经常用此法踢定位球、过顶球、远距离长传球或转身踢球。

踢定位球时，斜线助跑，助跑方向与出球方向成 45°角，支撑脚以脚掌外侧积极着地，踏在球的侧后方 25 cm 处，屈膝支撑脚脚尖指向出球方向。以髋关节为轴大腿带动小腿由后向前摆。当膝盖摆到接近球的内侧正上方的刹那，小腿做爆发式前摆，脚尖稍外转，脚面绷直，脚趾扣紧，脚尖指向斜下方，以脚背内侧踢球的后中部，踢球腿随球继续前摆。如图 6-3 所示。

脚背内侧踢球

图 6-3

4. 脚背外侧运球(外脚背踢球)

脚背外侧踢球动作的特点是预摆动作小，出脚快，能利用膝、踝关节的灵活变化改变出球的方向和性质，是实用性较强的技术手段。

脚背外侧踢球的动作方法类似脚背正面踢球，只是摆踢时，脚面绷直，脚趾向内扣紧斜下指，用脚背外侧击球的后中部，击球后，踢球腿顺势前摆着地。如图 6-4 所示。

脚背外侧运球

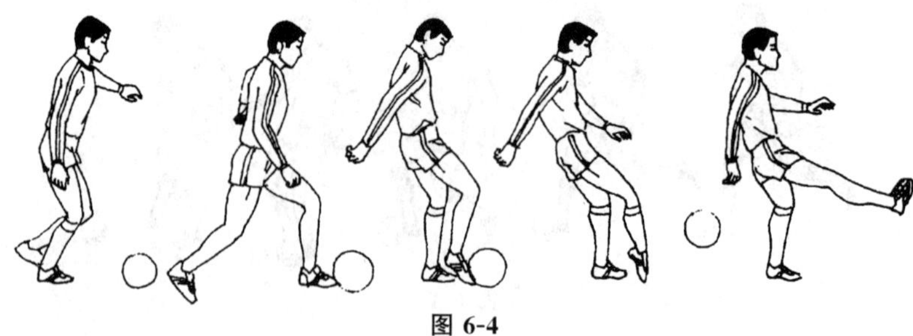

图 6-4

5. 踢球的一般要求

(1)支撑脚站位准确，摆腿爆发充分。

(2)脚触球部位准确。

(3)踢球前后，踝关节尽量放松，但在脚触球的一刹那要紧张用力。

(4)要求左右脚发展均衡。

6. 踢球技术在传球和射门的运用

(1)传球的运用:在比赛中最多的运用是传球。它和跑位等基本战术结合,构成了全队的集体进攻战术。因此,传球是组织进攻、变换战术和创造射门机会的有效手段。

①传近、中距离的地滚球和低球时多采用脚内侧踢球。

②远距离传球主要采用脚背内侧和脚背正面踢球。

③脚跟踢球适用于在对手没有准备时向后短距离传球。

(2)在射门中运用:比赛中一切技术动作和战术配合的目的,就是创造机会把球射进对方球门。而守方又防守密集,拼抢激烈,阻挠攻方将球射进球门。在这种情况下能创造一次有效的射门机会是非常难得的。只有全面、熟练地掌握踢球技术,才能在比赛中收到良好效果。射门时要有信心,有强烈的射门意识,在射门前观察好守门员的站位,及时果断、突然合理地运用射门技术。但技术上要符合快、准、狠、变的要求。

(三)停球

停球是指有目的地用身体的合理部位,采取停、挡等方法,把运动中的球控制在所需要的范围之内。停球是为了更好地处理球,是为传球、运球、过人和射门服务的。

1. 停球的方法和运用

停球是为了削弱与球接触时所产生的反作用力。要做后撤缓冲动作,或改变球的运行方向,把球的落点控制在自己可以控制的范围之内。因此,缓冲的好坏关系到停球的质量。停球的方法很多,常用的是:脚内侧停球、脚底停球、胸部停球、脚背正面停球、大腿停球等,几乎身体的各部位都能停球。

(1)脚内侧的停球:它的优点是脚与球的接触面积大,容易停球,又便于改变方向和结合下一个动作。比赛中多用于停地滚球、反弹球。

停地滚球时,支撑脚正对来球,膝关节微屈,停球腿屈膝外转,脚尖稍翘起。当脚与球接触的刹那开始后撤,在后撤过程中用脚内侧触球,把球控制在衔接下一个动作需要的位置上。如图 6-5 所示。

图 6-5

脚内侧接地滚球

停反弹球时,支撑脚踏在球的落点侧前方,膝关节弯曲,上体前倾并向停球方向微转,同时停球脚提起,踝关节放松,用脚内侧对准球的反弹路线。当球落地反弹刚离地面时,用脚内侧推压球的中上部。

脚内侧接反弹球

(2)脚底停球:接触面积大,容易将球停稳。多用于停正面来的地滚球和反弹球。

停地滚球时,支撑脚站在球的侧后方,膝关节微屈,脚尖正对来球,停球脚提起,膝关节自然弯曲,上体稍向前倾,脚尖翘起高过脚跟,踝关节放松,用脚底触球的中上部,前脚掌稍压球。

停反弹球时,支撑脚踏在球落点的侧后方,当球着地一刹那用脚掌对准球的反弹路线，触球的后上部，当脚掌触球的刹那，立即做压球动作。

(3)胸部停球：胸部面积大、有弹性、位置高，能停高球和空中平直球。胸部停球有挺胸和收胸两种停球方法。

挺胸停球动作：一般高于胸部的下落球，可采用此方法，停球时身体正对来球，两眼看球，两脚前后或左右站立，膝关节稍屈，上体略后仰，当胸部与球接触时，脚跟提起，憋气，向上挺胸，使球在胸前轻轻弹起。如图 6-6 所示。

挺胸接球

图 6-6

2. 停球的一般要求

(1)在练习停球时，要求身体或脚接触球时要放松，做好迎撤动作，缓冲来球力量。

(2)要养成积极移动、迎着球停球的习惯。

(3)停球前要观察场上的情况，以便停球后衔接下一个动作。

(4)停球动作要与传球、运球、过人和射门紧密衔接，达到快速进攻的要求。

(5)停球和摆脱结合起来，把球停在便于做下一个动作的位置上。

(四)头顶球

比赛中，运动员为了争取时间和空中优势，在空中用头顶球直接处理球。

头顶球不但是阻截、解围、救险、由守转攻的防守手段，又是传递、配合、组织进攻、射门得分的锐利武器。掌握了头顶球技术，就能够赢得时间，占据空间，使全队的战术灵活多变，争取主动。因此，头顶球是进攻和防守中不可少的重要基本技术。

1. 头顶球的部位与方法

头顶球分为前额正面顶球和前额侧面顶球。这两个部位都可以做原地顶球、跑动中顶球、跳起顶球和直跃顶球。

前额正面原地顶球

(1)前额正面原地顶球动作要领：身体正对来球，两脚前后站立膝关节微屈，上体稍后迎，重心放在后脚上，两臂自然张开，两眼注视来球。当球运行到头部前上方的一刹那，后脚用力蹬地、收腹、迅速向前屈体，身体重心由后脚移向前脚。当球接近头部前上方时，颈部保持紧张，快速甩头，用前额正面顶球的后中部，然后上体随球继续前摆。如图 6-7 所示。

双脚跳起顶球

图 6-7

(2)前额侧面原地顶球动作要领：两脚前后站立，出球方向的同侧脚在前，两膝微屈，上体和头部稍出球的相反方向回旋侧屈，身体重心放在后脚上，后膝微屈，两臂自然张开，眼睛注视来球。当球运动到出球方向同侧肩上方前的刹那后用力蹬地，上体迅速向出球方向扭摆，同时颈部紧张地甩头，以前额侧面击球的后中部。

(3)前额侧面跳起顶球动作要领：跳起前额侧面球分为原地跳起顶球和助跑跳起顶球。起跳动作与前额正面顶球的起跳动作相同。但无论原地还是助跑顶球，都要在跳起上升过程中，上体向出球的相反方向回旋侧屈、侧对来球。在跳起接近到达最高点时，上体急速向出球方向扭摆、甩头，用前额侧面将球顶出。顶出后，两膝微屈以缓和落地力量。

2. 头顶球的一般要求

(1)顶球时要勇敢顽强、积极主动，消除恐惧心理，不要缩颈、闭眼，要目迎、目送球。

(2)顶球时要充分利用脚蹬地和腰、腹力量，要在身体摆到直立状态时顶球。

(3)在正确掌握原地顶球的基础上再进行跳起顶球练习，要注意培养准确掌握起跳时机和能在预定的顶球时间顶到球的能力。

(4)头触球的部位直接关系到出球的高度，需要顶出高球时，要触球的后下部；顶出平球时，要触球的中部；顶出低球时，要触球的后上部。

(五)运球

运球是用脚带球跑动的技术动作。在比赛中常用于闪过或突破对方的抢截，为传球、射门创造有利条件。因此，运球是运动员在场上控制球的一种很重要的个人技术。

1. 运球的方法有脚背正面运球、脚背内侧运球、脚背外侧和脚内侧运球等。

(1)脚背正面运球：多在越过对手之后，前方纵伸距离较长，仍需快速运球前进的情况下使用。

动作要领：跑动时，身体放松，上体稍前倾，步幅不要过大，运球时脚跟提起，脚尖下指，在迈步前伸脚着地，用脚背正面推拨球前进。

脚背外侧运球

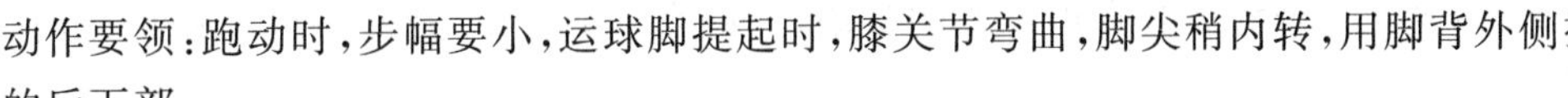

(2)脚背外侧运球：是最常用的一种运球方式，多在快速奔跑和向外改变方向时用。

动作要领：跑动时，步幅要小，运球脚提起时，膝关节弯曲，脚尖稍内转，用脚背外侧推拨球的后下部。

(3)脚背内侧运球：在接近防守队员时，需要侧身运球和保护球时使用。

脚背内侧运球

动作要领：跑动时，身体要放松，步子不要太大，运球脚提起时，脚腕稍外转，以脚背内侧推球前进。

(4)脚内侧运球：是运球技术中速度最慢的一种运球方法。但是，当运球接近对手需要用身体掩护时，多采用脚内侧运球。

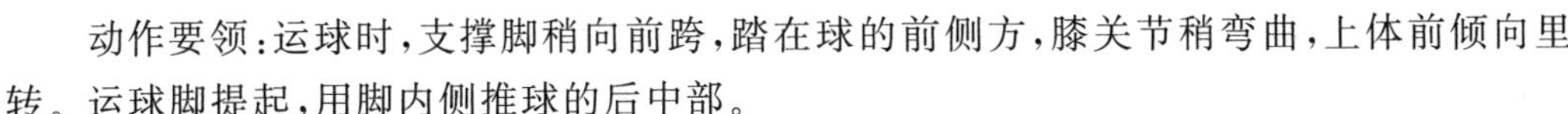

动作要领：运球时，支撑脚稍向前跨，踏在球的前侧方，膝关节稍弯曲，上体前倾向里转。运球脚提起，用脚内侧推球的后中部。

2. 运球的一般要求。

(1)运球时，要随时注意场上情况及时地传球、射门或改变运球速度和方向，以及假动作过人等。

(2)在运球接近对手时，应注意步幅要小，身体动作要协调，使球处于自己控制范围内。

(3)加强运球、传球、射门的结合动作练习。

(4)要注意培养用左右脚交替运球和两脚都能做过人动作的能力。

(5)运球过人时应注意:①要掌握好过人的时机。②要控制好在过人动作之前与对手保持距离。③要有速度和方向变化。

(六)抢截球

抢截球的目的是把对手控制的球夺过来转守为攻。它是防守中的主动行动,是防守的重要手段。现代的足球技术不但要积极进攻,还要加强扩大防守的范围。紧逼盯人,积极抢截,才能更好地完成战术任务。

抢截球包括抢球和截球两个内容。抢球是用规则所允许的条件和动作,把对方控制的球夺过来,踢出去或破坏掉。截球是把对方队员间传出的球堵住或破坏掉。

1. 抢球的方法

抢球的方法包括正面抢球、侧面抢球和侧后抢球三种方法。

(1)正面跨步抢球

要领:两脚前后站立,面向对手,在对手运球脚触球后即将着地或刚着地时,支撑脚立即用力后蹬,抢球脚从脚内侧对着球跨出,膝关节弯曲,上体前倾,身体重心移到抢球脚上。如双方的脚同时触球时,则要顺势向上提拉,使球从对方脚背滚过,同时重心要迅速跟上,把球控制好。

(2)侧面合理冲撞抢球:是与运球者平行跑动或从后面追时采用的方法。

要领:当与对手并肩跑动时,身体重心稍下降,手臂紧贴身体。当对手靠近自己一侧的脚离地时,用肘关节以上部位,冲撞对手相应部位,使其失去平衡,把球抢过来。

2. 截球的方法

截球是比赛中经常使用的动作,有踢球、顶球、铲球和停球等技术动作,但它必须根据临场需要选择使用某种动作。凡是需要直接进行传、射的截球,就需要用踢球、顶球或铲球动作来完成,凡是需要使球处于控制之下的截球,则必须用停球动作来实现。

3. 截球的一般要求

(1)抢球时,判断要准确,要积极主动、果断迅速、敢抢敢拼,注意动作合理。

(2)要加强抢截球时身体重心的移动,选好自己的位置,在对方已控制好球时,不要轻易扑抢。

(3)抢球动作要符合规则要求,严禁踢人、踩人、推人等犯规动作。

(七)颠球

颠球是指运动员用身体的各个有效部位连续地触击球,并加以控制尽量使球不落地的技术动作。

1. 技术动作要领

(1)双脚脚背颠球:脚向前上方摆动,用脚背击球,击球时踝关节固定,击球的下部。两脚可交替击球,也可一只脚支撑,另一只脚连续击球。击球时用力均匀,使球始终控制在身体周围。

(2)双脚内侧、外侧颠球:抬脚屈膝,用脚的内侧或外侧向上摆动,击球的下部,两脚内侧或外侧交替击球。

(3)大腿颠球:抬腿屈膝,用大腿的中前部位向上击球的下部,两腿可交替击球,也可一只脚做支撑,用另一侧的大腿连续击球。

(4)头部颠球:两脚开立,膝盖微屈,用前额部位连续顶球的下部。顶球时,两眼注视球,两臂自然张开,以维持身体平衡。

2. 易犯错误与纠正方法

(1)双脚脚背颠球易犯错误与纠正方法

①脚击球时踝关节松弛，造成用力不稳定，纠正方法是适当保持踝关节紧张，击球的下中部，以膝关节为轴屈伸小腿。

②踢球时脚尖向下或向上勾，造成球受力后向前或向后触碰身体，使球难以控制，纠正时要求脚背与地面平行，脚尖微翘，初学者可采用颠一次让球落地反弹后再颠。体会触球时与球磨擦使球带有回旋。逐步过渡到连续颠球练习。

(2)双脚内侧、外侧颠球易犯错误与纠正方法

①脚在球时脚内翻或小腿向上摆动不够，不能造成球直向上。纠正时加强柔韧性练习，两人一组、一人坐在地上两腿屈膝，脚掌相对，成盘腿状，尽量靠近大腿，另一人在身后两手扶膝关节用力下压持续几秒钟后，交换进行练习，可提高脚内翻和小腿向上摆的幅度。

②因支撑腿膝关节弯屈不够，造成脚外侧颠球时球不能靠近身体失去控制，纠正方法是支撑腿膝关节有意识弯屈，上体向支撑脚一侧稍倾斜，膝关节屈，脚外翻使脚外侧成水平状态的姿势，持续几秒钟后交换支持脚的练习。

(3)头部颠球时易犯错误和纠正方法

击球时间和部位不准，难以控制球的方向和高度。纠正时要求颈部稍紧张用力控制好顶球点。加强收腹和屈膝伸腿蹬地协调用力的练习。

(八)控球

1. 拖球

拖球是以前脚掌触球的上部，将球由前向后或由左(右)向右(左)进行拖拉的动作。当拖球到位后，一般均以脚内侧做一下挡球动作，然后进入下一动作。

2. 拨球

拨球是指持球者用脚腕类似抖拨的动作，以脚背内侧或脚背外侧触球，使球向侧方或侧后、前方滚动。用脚背内侧拨球称为“内拨”，以脚背外侧拨球称为“外拨”。一般是在与对手相持时，在对手伸腿抢球的一刹那，以拨球技术从对手的一侧越过。

3. 扣球

扣球是指持球者突然转身变向，以踝关节的急转压扣动作，用脚背内侧或脚背外侧触球，使球向侧或侧前(后)方改变方向。用脚背内侧扣球，称为“内扣”。用脚背外侧扣球，称为“外扣”。当扣球动作完成后，身体重心应立即跟上，迅速进入下一个动作。

三、假动作

在比赛中，运动员为了摆脱对手的阻挠，突破对方的防守，经常采用一些虚假的动作，为了隐蔽自己的意图，运用各种动作的假象迷惑和调动对手，使其产生错误的判断或失去身体的平衡，从而取得时间、位置、距离等有利条件，更好地实现自己的真正意图。

(一)假动作的方法和运用

假动作的形式很多，比赛中有球时在下列情况下经常使用假动作：传球或射门前、停球前、运球过人等。

1. 传球前的踢球假动作：准备停球时，如对手迎面跑来抢球，可先做假踢球动作，诱使对手堵截传球路线，然后改变方向传球。

2. 停球前的踢球假动作：准备停球时，如对手迎面跑来抢球，可先做假踢球动作，诱使对手堵截传球路线，然后改变方向传球。

3. 运球过人假动作：方法很多，仅举下列几例。

(1)对手在侧面紧逼并准备抢球时，可先快速运球前进，诱使对手快速追赶。运球者突然降低速度或假作停球动作诱使对手也放慢速度，然后再突然加速甩开对手。

(2)对手迎面抢球时，可采用左右虚晃动作，使对手捉摸不定，从而越过对手，开始可先用右脚佯作向扣拨球，当对手向左侧移动堵截，突然改用右脚脚背外侧拨球，并在越过对手后运球快速前进。

(二)假动作的一般要求

1. 做假动作时，要保持身体的平衡，衔接动作要快，动作要协调。

2. 假动作，要逼真。

3. 做假动作时，控制好自己的重心。

四、掷界外球

掷界外球技术动作在比赛中经常被作为一次发动进攻的良好时机，如能将球掷得既远又准确，就会加快进攻速度，特别是在对方罚球区附近掷界外球，由于接球人不受越位规则的限制，因而可为进攻创造更有利条件。

(一)掷界外球的方法和运用

掷界外球有：原地和助跑两种掷球方法。

1. 原地掷球的动作要领：两手手指自然张开，虎口相对，持球的侧后方，面向场内，两脚平行或前后站立，两膝弯曲，两臂伸直将球举过头顶后身体尽量后仰成反弓形。掷球时，两脚蹬地，收腹，上体前屈，同时两臂伸直急速前摆，加上向前扣腕力量将球掷出，但两脚不得离地。如图 6-8 所示。

掷界外球

图 6-8

2. 助跑掷球的动作要领：双手持球于胸前，同时任何一只脚不能全部离地。

3. 改变掷球方向的掷球必须转体，不得用两臂改变掷球方向。

(二)掷界外球的一段要求

1. 两人一组，做原地或助跑掷球练习，逐渐加长距离。

2. 两人一组进行掷远比赛。

五、守门员技术

守门员是全队的最后一道防线，他的任务是不让球射入本方球门。同时，守门员要善于观察全局，起到协调指挥全队防守和进攻的作用。守门员要沉着冷静，勇敢顽强并有快速敏捷的反应能力、良好的身体素质、全面熟练的守门技术和较高的战术意识。

守门员技术包括准备姿势、移动、接球、扑球、拳击球、发球等。

1. 准备姿势：两脚左右开立，约与肩同宽，两膝自然弯曲并稍内扣，脚跟稍提起，上体前倾，两臂于体前自然屈时，手指自然张开，掌心向下，眼睛注视来球。

2. 脚步移动：包括侧滑步和交叉步两种。

侧滑步：当对方向球门侧面射低平球时，可采用侧滑步移动，使身体正对来球。向左侧滑步时，先用右脚用力蹬地，左脚稍离地面并向左滑步，右脚快速跟上，眼睛注视来球。

交叉步：交叉步用于距离较远的凌空球，如向右侧叉步移动，左脚先向右前方跨一步，右脚再跟着右移一步。

3. 接球：接球包括接地滚球、平直球、高空球等。它是守门员最主要的技术。

(1)接地滚球：有直腿式和单腿跪撑式两种。

直腿式接球：两腿自然并立，上体前屈，两臂并肘前迎，手掌对球。在手触球的刹那，随球后引并屈肘，屈腕两臂靠近将球抱于胸前。

单腿跪撑式接球：身体正对来球，一腿弯曲支撑身体重心，另一腿内转跑撑，膝盖接近地面并靠近前脚脚踵，上体前屈，平臂下垂，在手触球的刹那，两手随球后引并屈肘、屈腕，两臂靠近，将球抱于胸前，然后起立。

(2)接平直球：首先移动脚步使身体正对来球，接球时身体前倾，两臂自然伸开迎球，当球与手接触时，两臂回缩缓和来球力量，并顺势抱球于胸前。

(3)拳击球：当守门员不能将球接住或在对方猛烈冲门的情况下，可采用击球来解脱危机。击球分双拳和单拳两种击球方法。

双拳击球时，多用于击正面来的平、高球，击球时，要跳起，两臂弯曲，两拳拳心相对，当球飞到头部前上方时，迅速伸臂将球击出。

单拳击球动作比较灵活，击球点高，力量大，多用于击两侧传中或高吊球，击球时，单手握拳，利用快速伸臂的动作将球击出。

(4)抛踢球：它是守门员把获得的球直接传给远离自己的同队队员的技术动作，抛踢球有踢空中球和反弹球两种方法。踢空中球和反弹球的动作与脚背正面踢球基本相同但由于要求踢得远，守门员都是向前上方踢。

(5)掷球：为了争取时间组织快速反击，守门员把获得的球用手掷给同队队员。有单手肩上掷球和单手低手掷球方法。

4. 对守门员的一般要求

(1)开始练习时，要以接地滚球、平直球和高球为重点，在练习中以接球手形和身体姿势为重点。同时要注意在移动中选好正确位置，以封住射门角度。

(2)在守门技术练习中，要强调判断的准确性、动作的实效性，动作要敏捷，出击要果断。

(3)守门员在接球、扑球、击球时，要注意不得使手臂越出罚球区线的垂直面，抛球、掷踢球时，必须在越出罚球区线的垂直面之前使球离手。

第三节　足球基本战术

足球战术是指在足球比赛中，一方为了战胜对方，根据主客观情况所采取的个人行动和集体配合的方法。足球战术可分为比赛阵型、进攻战术和防守战术三大部分。攻、守战术中又各自包括个人战术、局部战术和整体战术。

一、比赛阵型

足球比赛阵型是指为了适应攻守战术的需要，队员在场上的位置排列和职责分工的基本形式。各阵型的名称按队员排列的形状而定。阵型的序列由后向前依次为守门员、后卫、前卫和前锋。由于守门员的职责是固定的，一般不列入比赛阵型中。较为常见的比赛阵型有 4—2—4、4—3—3、3—5—2 和 4—4—2 等。例如，4—2—4 阵型为 4 名后卫、2 名前卫和 4 名前锋。

二、进攻战术

（一）个人进攻战术

个人进攻战术包括采取有效措施，摆脱对方防守队员；跑动到有利位置，接应队友传球；运球突破对方防线，寻求射门机会等，其目的是进球得分。

（二）局部进攻战术

局部进攻中常用“二过一”战术配合。“二过一”战术配合是指在局部地区两名进攻队员通过连续传球和跑位，突破一名防守队员的配合。

1. 斜传直插二过一：当对方防守队员逼近正在运球的进攻队员时，进攻队员将球传给队友，然后直插到对方防守队员身后的空当，接应队友传球的一种战术配合，如图 6-9 所示（实线为传球方向，虚线为跑动方向，曲线为运球方向）。

2. 直传斜插二过一：进攻队员将球直传给队友，当对方防守队员逼近控球队友时，队友将球传至对方防守队员身后的空当，进攻队员立即斜插入空当，接应队友的传球的一种战术配合，如图 6-10 所示。

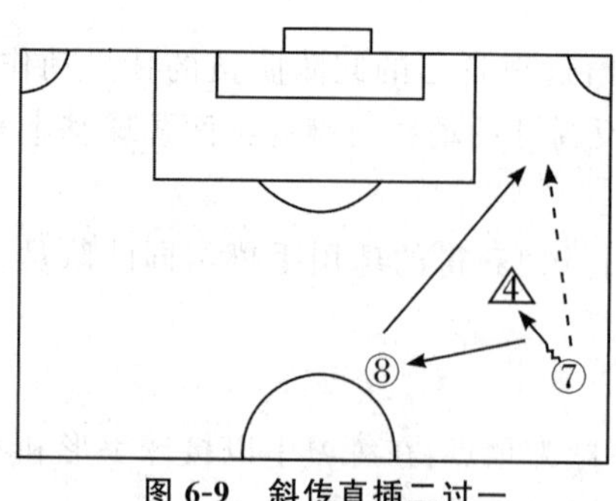

图 6-9　斜传直插二过一

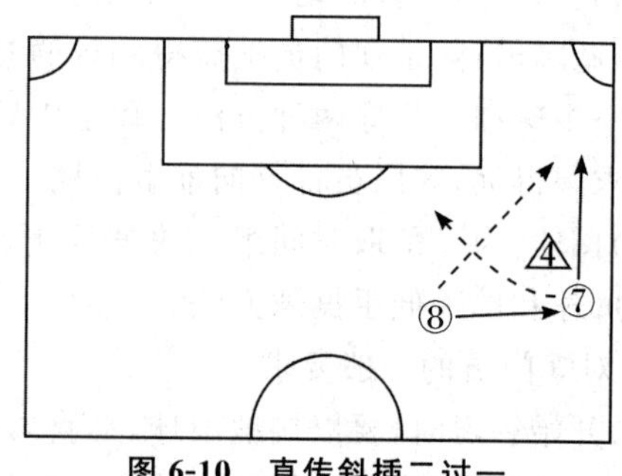

图 6-10　直传斜插二过一

3. 跳墙式二过一：当防守队员逼近正在运球进攻的队员时，进攻队员将球传给队友，队友接球后直接将球传至对方防守队员身后的空当，进攻队员快速切入空当，接应队友的传球的一种战术配合，如图 6-11 所示。

图 6-11　跳墙式二过一

(三)整体进攻战术

整体进攻战术主要包括边路进攻和中路进攻战术。

1. 边路进攻:指在对方半场两侧地区发起的进攻。边路进攻可充分利用场地的宽度,拉开对方的防线,使对方边路场区的防守队员分散、防守相对薄弱,以便进攻队员利用对方边路的空当突破防线,再通过传中等方式,创造射门机会。

2. 中路进攻:指在对方半场中部发起的进攻。中路进攻的特点是进攻人数多、配合点多、破门机会多,但由于对方中路防守严密,突破难度也较大。

三、防守战术

(一)个人防守战术

常用的个人防守战术有选位和盯人等。

1. 选位:防守队员根据位置职责和临场情况,选择适当的防守位置的一种防守战术。防守队员选位的点,一般应在本队球门中心与被防守队员所构成的直线上。

2. 盯人:防守队员对进入本方防守区域内的对方队员实施监控,并及时封堵对方队员接球或传球的一种防守战术。

(二)局部防守战术

常用的局部防守战术有保护、补位和围抢等。

1. 保护:一名防守队员在防守对方球员持球进攻时,另一名防守队员在其身后选择适当位置进行协助防守的战术配合。

2. 补位:一名防守队员的防守出现漏洞时,另一名防守队员及时上前弥补漏洞的战术配合。通过队友间的相互补位,可以有效地遏制和破坏对方的进攻。

3. 围抢:在局部区域内,多名防守队员同时围堵对方控球队员,以达到抢截或破坏对方进攻目的的战术配合。

(三)整体防守战术

整体防守战术主要包括人盯人防守、区域防守和混合防守等。

1. 盯人防守:每个防守队员都有各自明确的防守对象,对手移动到哪里就要紧跟盯防到哪里的战术配合。

2. 区域防守:每个队员负责自己的防守区域,并在该区域内盯人防守的战术配合。

3. 混合防守:是盯人防守与区域防守相结合的一种防守方法。一般情况下,对于对方中场组织队员和持球进攻队员采用盯人防守,对于其他队员采用区域防守的战术配合。

四、足球战术的运用

1. 创造人数优势

创造人数优势是在比赛中夺取主动权的重要因素之一。要有效地取得人数上的优势，就要求队员具有良好的战术意识、充沛的体力、多位置的职能能力和整体配合的意识。

2. 控制比赛节奏

控制比赛节奏极其复杂，且又具有艺术性，其渗透于攻守战术之中。根据比赛的局势，一般可以采取相应的比赛节奏以保持、扩大已取得的优势，或扭转落后的局面。

3. 保持攻守平衡

足球运动的核心是指在进攻中创造有利的机会射门进球，在防守中阻止对方射门得分，从而达到取胜或不输球的目的。攻守平衡不仅是在阵型上、队员分布排列数量上的平衡，更重要的是力求在比赛过程中攻守力量运用时实际的平衡。

第四节　足球竞赛规则简介

一、比赛场地、球员人数

1. 比赛场地

足球场地由四线（边线、端线、中线、球门线）、三区（球门区、罚球区、角球区）、二点（罚球点、中点）、一圈（中圈）、一弧（罚球弧）、一门（球门）构成。国际足联规定世界杯决赛场地长 145 m、宽 68 m。基层比赛的场地可因地制宜，球场边线长度不得大于 120 m 或小于 90 m，球门线的长度不得大于 90 m 或小于 45 m。但在任何情况下，边线的长度必须大于宽度。场地各线宽度不超过 12 cm，且均包括在各场地区内。球门宽 7.32 m、高 2.44 m（图 6-12）。

2. 比赛用球

比赛用球应为圆形。其周长为 70 cm，重量在 410～450 g 之间。世界杯赛一般采用 0.9 个大气压。

每队上场 11 人，任何时候均不得少于 7 人，其中 1 人必须是守门员。正式比赛中，每场比赛每队最多可以使用 7 名替补队员（含守门员）。替补应在死球时，经裁判员同意后，在第一巡边员一侧中线处的边线外进行，先下后上，中场换人次数不记入总换人次数中，但一场正式比赛替换人数总数最多为 7 人。

二、比赛时间、比赛开始、比赛进行和死球、计胜方法

1. 比赛时间

正式比赛全场的比赛时间为 90 min，分上、下两半场（各 45 min），中场休息不超过 15 min。

2. 比赛开始

比赛开始前，裁判员应召集双方队长，用投币方式挑选场地权或开球权。开球时，球

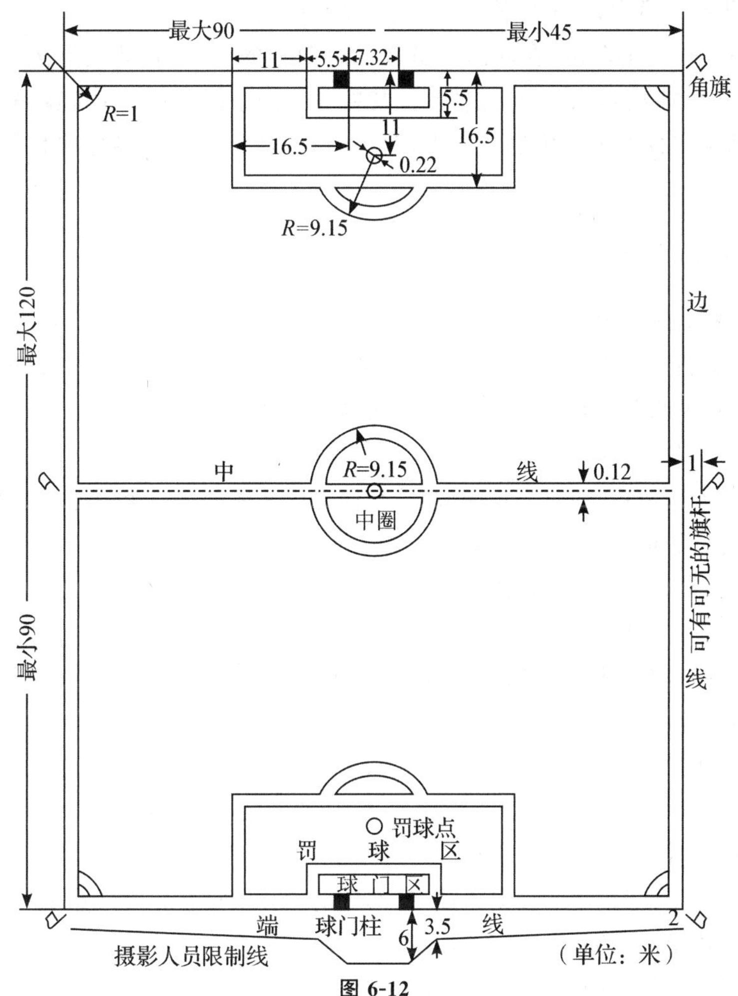

图 6-12

应放在中点上。在裁判员发出信号后，由开球队的一名队员将球踢出并明显移动，比赛才为开始。中圈开球可以直接射门得分但开球队员在踢球后若无场上任何一名球员触球，不得二次触球，否则视为犯规判罚间接任意球。

3. 比赛进行和死球

当球的整体在地面或空中越过边线或球门线的外沿，才算出界成死球或进一球。球触场内裁判员、巡边员或门横梁、角旗杆又弹回场内，均为比赛进行中，但若比赛进行中，一方队员球权不慎球触及裁判后球权发生改变，则当值裁判吹停比赛，以坠球方式将球坠给触及前球权方，若弹进球门，只要没有违反规则应判进一球。

4. 计胜方法

球的整体从门柱间和横梁下越过球门线，而此前未违反规则，即为进球得分。胜一场得 3 分，平一场得 1 分，负一场得 0 分。通过点球获胜的胜一场得 2 分，负一场得 1 分。

三、越位

1. 比赛中，当进攻队员在对方半场，较球更近于对方球门线且在该队员与对方球门线之间，对方队员不足两人，即为该队员处于越位位置。

2. 处于越位位置的队员，在同队队员踢或触及球的一瞬间，裁判员认为该队队员有下列情况时，应判罚越位：(1)干扰比赛或干扰对方；(2)企图从越位位置获得利益。

3. 进攻队员仅仅处于越位位置或直接得到球门球、角球、掷界外球和裁判员的坠球时，不判越位。

四、犯规与不正当行为

1. 判罚直接任意球和点球

凡队员故意违犯下列九项规定中的一项时，都应判罚由对方队员在犯规地点踢直接任意球。如果犯规地点在本方罚球区内，都应判罚点球。

(1)踢或企图踢对方队员。

(2)绊摔对方队员：即在对方身前或身后，伸腿或屈体绊摔或企图绊摔对方。

(3)跳向对方队员。

(4)猛烈地、带有危险性地冲撞对方队员。

(5)除对方正在阻挡外，从背后冲撞对方队员。

(6)打或企图打对方队员，或向他吐唾沫。

(7)拉扯对方队员。

(8)推对方队员。

(9)手触球。

2. 间接任意球

凡队员犯有下列犯规中的任何一项者，都应由对方队员在犯规地点踢间接任意球。

(1)守门员用手触及同队队员故意踢给他的回传球。

(2)守门员用手触及同队队员直接掷入界外球。

(3)守门员将球置于地上或传出后，未经场上队员触及球，自己再次用手触球，即为“两次球”。

(4)守门员手持球超过 6 s。

(5)裁判员认为其动作具有危险性。

(6)阻拦对方队员。

(7)冲撞守门员。

(8)阻拦守门员从其手中发球。

3. 警告与罚令出场

裁判员对下列情况应出示黄牌警告。

(1)有不正当行为。

(2)未经裁判员许可故意离开比赛场地，或进入比赛场地。

(3)持续违反规则。

(4)以语言或行动对裁判员的判罚表示不满。

裁判员针对下列情况时，应出示红牌、罚令其出场。

(1)有严重犯规或暴力行为。

(2)使用粗言秽语或进行辱骂。

(3)向对方或其他任何人吐唾沫。

(4)用手故意破坏对方进球或明显的进球得分机会。

(5)经警告后,仍坚持其不正当行为。

五、任意球、罚球点球

1. 任意球

任意球分两种。一种是直接任意球,即罚球队员可以直接将球射入对方门得分;另一种是间接任意球,即罚出的球须经场上任一队员触及后可入门得分。任意球放好后即可罚出,不必等待裁判员鸣哨,但攻方队员有越位限制。

2. 罚球点球

守方队员在罚球区内故意犯规,被判罚直接任意球时,应判罚球点球。当两队踢出平局,需要以点球决出胜负时,裁判员应选定一个球门作为踢点球的球门。双方队长以投币方式决定某队先踢,猜中一方应先踢。每队先由 5 名队员依次踢 5 个点球,若进球相同,则由第 6 名队员踢点球,从第 6 名队员起,只要一方踢进,另一方未踢进,即判进球的一方获胜,则比赛结束。

六、界外球、球门球、角球

1. 界外球

掷界外球时,掷球队员必须面向球场,两脚均应有一部分站立在边线上或边线外,不能全部离地,用双手将球从头后,经头顶用一个完整连贯的动作掷入场内。掷球队员在球未经其他队员踢或触及前,不能再次触球。掷界外球不得直接掷入球门得分。

2. 球门球

队员将球踢出对方端线,应由对方踢球门球恢复比赛。踢球门球时,可将球放在球门区半区的任何地点,对方应退出罚球区。当球踢出罚球区,比赛方为恢复。在球踢出罚球区前,任何队员在罚球区内触及球,均应重踢。踢球门球可以直接射门得分。

3. 角球

队员将球踢或触出本方端线时,由对方队员踢角球。踢角球时,球的整体应放在角球区内,并不得移动角旗杆。球踢出前,守方队员须距球 9.15 m 以外,踢角球队员不得连踢。

踢角球可以直接射门得分。

常用术语中英文对照

1. 足球:football
2. 中锋:center
3. 二前锋:the two striker
4. 边锋:winger

5. 前腰:waist

6. 前卫:avant-garde

7. 边前卫:winghalf half

8. 后腰:denfendce midfield

9. 边后卫:defender

10. 中后卫:center back

11. 清道夫:scavenger

12. 门将:goalkeeper

第七章

篮　球

课程思政

篮球运动要求参学生反应快速、判断正确、随机应变、有勇有谋、机智善断，促进学生个性、自信心、情绪控制、意志力、进取心、自我约束力快速发展；学生之间团结合作、相互协同、默契配合、一切为集团、一切为大局，提高技战术练习，共同体验胜利的喜悦与失败的痛苦，拉近了学生关系，建立了良好群体关系；学生运用所掌握篮球理论技能，加强体质健康的自我评价和监督，培养奋斗拼搏、无私奉献、积极进取、永不言弃的优秀品质，提高体育文化素养，树立终身体育锻炼的思想。

课程目标

1. 学生能综合完成篮球的各种运球、传接球、投篮、运球上篮、运球急停及急停后的传球或投篮、抢（抢篮板球）、打、断球等任务。

2. 学生能运用篮球项目进行篮球实战；能完成篮球比赛的组织、编排、裁判工作。

3. 学生能进行简单的运动创伤现场处理与急救。

第一节　篮球运动概述

一、篮球运动起源

篮球运动是由在美国马萨诸塞州斯普林菲尔德基督教青年会干部训练学校任职，在加拿大出生的体育教师詹姆士·奈·史密斯（James Nai smith）于1891年发明的。取名“筐球”。当时他看到儿童在做摘桃投入桃筐的游戏——在一块场地的两端设置两个竹制桃筐，展开投桃入筐比赛，受此启发，发明了投篮游戏。这便是篮球的雏形。由于此项目的趣味性和健身性较强，后来在游戏的基础上不断地改革，从而形成了现代篮球运动。

篮球主要赛事有奥运会篮球比赛、世界篮球锦标赛、全美篮球职业联赛（NBA）、中国篮球职业联赛（CBA）。

第二节　篮球基本技术

一、移动技术

移动基本技术以降低身体重心利用蹬地和跑动等徒手动作来完成的。移动技术很多，目的都是摆脱对方的防守，跑到有利的位置去接球。防守时脚步要提前抢位进行断球，不断给对方造成威胁。

1. 基本站立姿势

动作要点:两脚左右开立与肩同宽,两膝微屈上体稍前倾,身体重心位于两脚之间,两手臂自然弯曲于身体侧面,两眼平视前方。

2. 起动和快跑

起动是由静止状态转向运动状态的一种脚步动作。

动作方法:按基本站立姿势,上体前倾或侧转,向跑的方向移动重心,后脚用力蹬地。向前跑出(如两脚平行站立,可用任一脚蹬地)。头两步要小而快,并用前脚掌蹬地,迅速摆臂以提高跑速。

动作要点:移重心、蹬地快、频率快。难点:重心移动要及时。

3. 变向跑

变向跑是队员在跑动中突然改变方向以摆脱防守或堵截对方进攻的一种方法。

动作方法:变向跑时(以向右变向跑为例),左脚在脚踏出时(最后一步)要屈膝,脚下尖朝右,身体重心落在左脚上,接着左脚前脚掌的内侧蹬地,上体向右转,同时右脚向右前方跨出一小步,左脚随即向右脚的斜前方跨出一大步,从右侧超越对手。

动作要点:蹬地有力,上下肢协调配合,跨步迅速。难点:掌握重心,要有突然性。

4. 侧身跑

侧身跑是队员跑动中为了抢位,摆脱防守,接侧向或侧后方传来的球而采用的一种移动方法。

动作方法:跑动时,头部和上体放松地向球的方向扭转,上体侧肩,脚尖朝着跑动的方向。

动作要点:上体侧转,两脚自然向前跑动。

难点:身体平衡要稳定。

5. 急停

队员快速跑动中突然停住叫急停,急停可以分为跨步急停和跳步急停两种。

跨步急停:由两步构成也叫两步急停,第一步稍大,上体微后仰,脚跟先着地迅速过渡到全脚抵住地面,同时屈膝降低重心,减缓前进冲力;第二步着地时,脚尖稍向内,两膝深屈,前脚掌内侧用力支撑,重心落在两脚之间。

动作要点:重心移动要低,上下肢协调配合。

6. 转身

转身是队员以一脚为轴(为中枢脚)进行旋转,另一脚蹬地向前后跨步,身体随之转动,改变站立位置和方向。转身可分为前转身和后转身。

前转身:移动的脚从自己身前跨步使身体改变方向叫前转身。如向右做前转身时,以右脚的前脚掌为轴(脚跟提起),左脚前脚掌内侧蹬地,身体向右转动。

动作要点:转体蹬跨有力,保持身体平衡。

7. 滑步

滑步是防守技术的主要移动方法,滑步可分为侧滑步、前滑步、后滑步。

侧滑步:滑步前,两脚左右开立,两膝微屈,上体稍前倾,两臂向两侧张开,两眼平视对方。向左滑步时,左脚先向左迈出,右脚掌内侧迅速用力蹬地滑动,两脚保持一定距离,重心落于两脚中间,脚下不要擦地也不要离地过高,两脚不要交叉。向右滑步的动作与左滑步动作要领相同,只是方向相反。

动作要点：滑步的步幅要大，步速要快，以达到领先强占位置（滑步要抢在对方跨出的前脚的稍前方），控制并破坏对方突破路线的目的。

难点：滑步的步幅和步速，滑步的方向和后续滑步的步频，以及身体重心的控制。

练习方法：

（1）横滑步技术设 5 米距离计时往返练习比赛。

（2）3.50 米的等边三角形做滑步。

（3）结合持球做一攻一防练习。

在移动基本技术的教学中要注意：

（1）合理安排练习的项目，每节课安排 1～2 个练习项目为宜。

（2）练习的时间不宜长。

（3）练习次数不宜过多。

二、传接球

传接球的最佳效果是传接球之间力量上恰到好处，接球者不需要校正动作就可以直接做其他进攻动作；而传接球的最佳线路是尽可能减少失误。

1. 双手胸前传球

动作要领：两手五指自然分开，持在球的两侧后上方，拇指相对呈“八”字形，掌心空出，两肘自然下垂位于体侧，两脚前后（或左右）站立即可，然后按伸臂、翻肘、拨指的用力顺序将球出手（如图 7-1）。

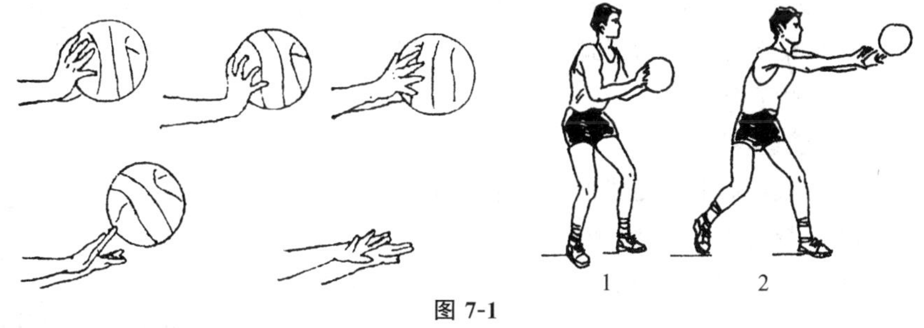

图 7-1

双手胸前传球

2. 单手肩上传球

动作要领：以右手传球为例，传球时两脚前后开立，左脚在前，左肩侧对传球方向，右手持球于肩上后引。然后右脚蹬地，转身，前臂迅速向前挥摆，用手腕通过手指的力量将球传出（如图 7-2）。

图 7-2

单手肩上传球

3. 双手接球

动作要领：在接来球时，两臂自然伸出迎球，手指自然分开，两拇指相对成“八”字形，其他手指向前上方成一个半圆形，朝来球方向。手指触球时，两臂迅速后引收回缓冲把球接住。

练习方法：

(1)二人对面原地徒手及传接球练习。

(2)原地跨步、跳起接不同方向的球。

(3)三人跑动换位传接球。

(4)二人全场行进间传接球。

易犯错误：

(1)手心贴球，两拇指距离过大或过小，持球不正确。

(2)两肘外展过大。

(3)没有摆臂、拨指、抖腕的动作。

(4)迎球时，臂、指、腕紧张，引球动作不及时。

纠正方法：

(1)多做正确模仿练习。

(2)多做抛、接练习，养成张手、伸臂、引球、及时曲臂的习惯。

三、运球

运球时手腕要放松，用向下挤压动作拍球。要训练两只手都能熟练地运球。开始先学习原地运球，熟练后可以一边运球一边走动。走动中的运球技术掌握好以后，再开始逐渐增加移动速度，直至全速。

1. 移动中直线运球

高运球

(1)动作方法：运球时应使球的落点在运球手同侧脚的外侧前方，异侧手、臂、腿和上体前倾护球，目视前方，保持直线移动，按拍球的后上方，使手脚协调配合(如图 7-3)。

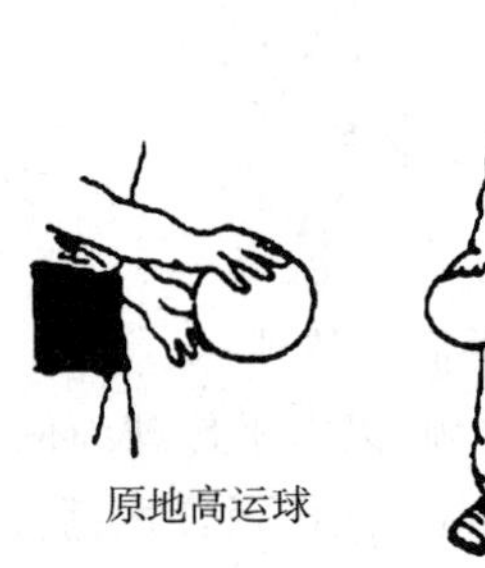
原地高运球

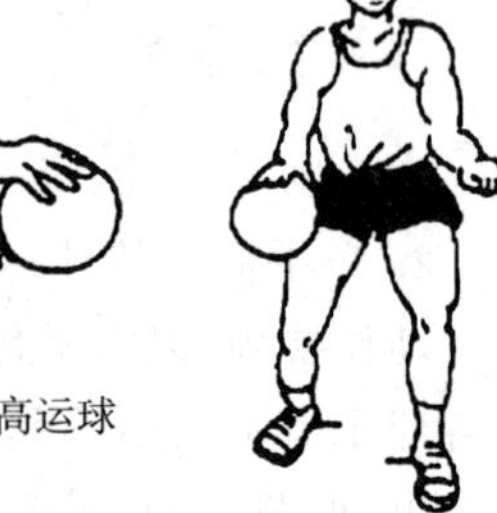
图 7-3

(2)练习要求：

①移动速度与球和地面的入射角成反比。

②移动速度与按拍球的力量成正比。

2. 移动中变向运球

(1)动作要领：运用右手运球向一侧移动，然后突然变向将球拍至身体另一侧，同时换左手运球。

(2)练习要求：

①自右向左变向时，右脚向左侧方跨出，上体要左转肩。

②变向运球时，右手先推拍球的侧上方，换左手运球时应推拍球的后上方。

(3)练习方法：

①原地在体前用左、右手做变向运球练习。

②移动中用右手直线运球，变向后换左手做直线运球练习。

③5 米“Z”变向运球。

易犯错误：

(1)运球时低头，不能观察。

(2)运球时掌心触球或手指拨球。

(3)手、脚、身体不协调。

纠正方法：

(1)反复模仿正确技术。

(2)进行熟悉球性练习。

(3)设置障碍进行变向运球练习。

四、持球突破

持球突破是持球队员运用脚步动作和运球技术相结合，快速超越对手的一项攻击性很强的技术，分为原地交叉步突破和原地同侧步突破。

顺步持球突破

1. 顺步持球突破

动作方法：原地持球，以左脚为中枢脚，身体向左侧做假动作，然后右脚向右侧前方跨步，同时向右侧转体，待球离手后，左脚蹬离地面，快速运球向前。

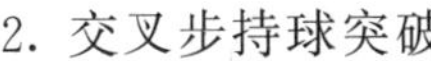

2. 交叉步持球突破

交叉步持球突破

动作方法：原地持球，以左脚为中枢脚，身体向右侧做假动作，然后右脚蹬地向左侧方迈一大步，同时转身推放球，待球离手，左脚蹬离地面，迅速运球向前。

易犯错误：

(1)侧、探肩不够，重心高，后蹬无力，加速不快。

(2)运球突破时球的落点靠后。

(3)中枢脚离地过早。

纠正方法：

(1)反复模仿正确技术，明确中枢脚。

(2)提醒侧探肩和降低重心，强调快速蹬地。

(3)设置障碍进行运球练习。

五、投篮

投篮是篮球比赛中唯一的得分手段，是一切技术、战术运用的最终目的和全部攻守矛盾的焦点，是篮球技术体系的核心。

1. 原地单手肩上投篮

(1)动作方法：以右手投篮为例，右手五指自然分开，手心空出，用指根以上部位持球，大拇指和小拇指控制球体，左手扶球的左侧，右手屈肘，肘关节自然弯曲，置球于右肩上方。

两脚左、右或前后开立，两膝微屈，重心落在两脚上。投篮时，下肢蹬地发力，右臂向前上方伸直，手腕前屈，食、中指用力拨球，通过指端将球投出。球出手的同时，身体随投篮动作向前伸展(如图 7-4)。

(2)动作要点：上、下肢要协调用力，伸臂充分。

难点：中、食指控制方向，将球柔和地拨出。

2. 原地跳起单手肩上投篮

(1)动作方法：以右手投篮为例，双手拿球于胸前，起跳时屏住呼吸，两腿屈膝蹬地向

原地单手肩上投篮

图 7-4

上垂直起跳，双手举球于肩上，右手托球，左手扶球，保持身体平衡。当身体接近最佳点时，迅速向前上方伸直右臂，手腕前屈，用食、中指发球(如图 7-5)。

原地跳起单手肩上投篮

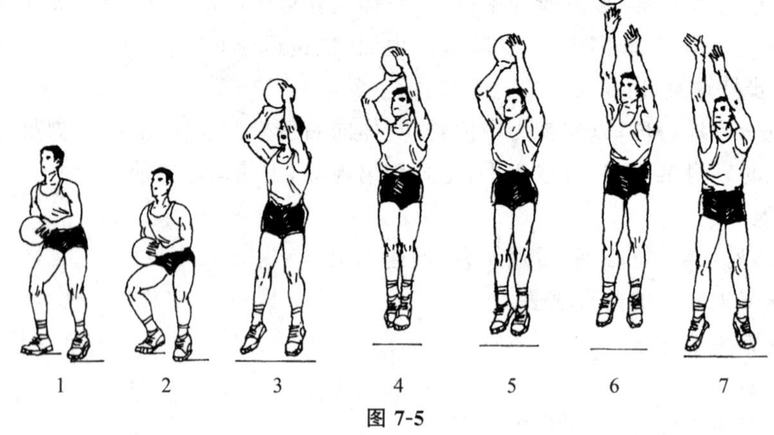

图 7-5

(2)动作要点：蹬地，举球要同时。

难点：上、下肢动作协调一致。

(3)练习方法：

①徒手做原地投篮动作的模仿练习，体会动作方法。

②不对球篮的投篮练习。

③正面定点投篮练习。

④不同角度的投篮练习。

易犯错误：

(1)持球手法不正确，用手心托球。

(2)肘关节外展过大，上肢各关节用力方向不一。

(3)投篮时抬肘伸臂不够，导致手臂前推，抛物线偏低。

(4)双手投篮时，用力不均，伸臂不充分。

纠正方法：

(1)反复模仿正确技术，示范动作要点。

(2)近距离模仿练习，纠正肘关节外展过大。

3. 行进间单手高手投篮

(1)动作方法：以右手为例，右脚向前跨一大步的同时接球，接着左脚迅速跟上蹬地起跳，右膝提起，右手向上托举球。当身体接近最高点时，手腕上挑，用食指、无名指向上拨球，通过指端将球柔和投出(如图 7-6)。

行进间单手高手投篮

图 7-6

(2)动作要点：跨步同时接球，举球伸臂、屈腕、拨指的动作连贯。

难点：上、下肢协调一致。

4. 行进间单手低手投篮

(1)动作方法：以右手为例，右脚前跨一大步的同时接球，接着左脚迅速跨出第二步并用力蹬地起跳，双手向前上方举球，身体向球篮方向伸展，右手要充分向球篮的前沿举球，用屈腕、挑指的动作，使球由食指和中指指端向前柔和投击(如图 7-7)。

行进间单手低手投篮

图 7-7

(2)动作要点:跨步及时、腾空高、伸展充分、出手柔和、方向准确。

难点:护好球,正确判断离球篮的距离。

(3)进行间投篮练习方法:

①徒手慢跑做行进间投篮的模仿练习。体会跨步、接球、起跳、举球、出手、落地等动作。

②走步式做行进间投篮练习。迈右(左)脚接球,上左(右)脚起跳投篮。

③运球接行进间投篮练习。

④传切上篮练习。

六、抢篮板球

抢篮板球是关系到攻守转化的一项技术。夺得进攻篮板球,就获得了再次进攻的机会,可以连续进攻或在篮下直接得分;夺得防守篮板球,不但中断了对方的进攻,而且为本队获得了控球权,为发动快攻反击提供了有利条件。

1. 抢进攻篮板球

进攻队员抢篮板球时,应根据场上所处位置,及时地判断球可能反弹的方向,利用快速起动,直接冲向篮下或借助于闪晃的假动作迅速绕过对手,积极主动地去争抢篮板球或补篮。

动作要点:判断,冲抢。

易犯错误:

(1)冲抢时,重心高,起跳无力,没有挤靠防守队员。

(2)得球后,未保护好球。

2. 抢防守篮板球

防守队员在争夺篮板球时,首先挡住对手,同时判断球的反弹方向,牢记"先挡后抢"的原则,阻挡对手的同时冲向篮下争夺篮板球。

动作要点:抢篮板球的关键是抢占位置,要设法抢占在对手与球篮之间的位置上。进攻要强调"冲抢";防守要强调"挡抢"。

难点:判断篮板球反弹的一般规律,掌握移动、抢位、挡人、起跳的技术动作。

易犯错误:

(1)投篮出手后,看球不看人,或相反。

(2)挡人不及时。

(3)得球后,未保护好球。

七、防守技术

1. 防守对方球员

防守对手是队员合理地运用防守动作,积极抢占有利位置,破坏和阻挠对手的进攻意图和行动,并以争夺控制球权为目的。防守对手的基本姿势:

(1)防无球队员:要根据球和对手所处位置,确定和变换自己的防守站位,即防守队员与球和对手按三角形保持相等距离,及时识破对手移动路线,采取封、堵、卡、滑、贴、挤、夹等防守技术,阻截对手空切、溜底线接球。

(2)防有球队员:要根据对手所处位置,站于对手与球篮之间,在前后左右移动中,及时识破对手进攻意图,采取抢球、打球、断球等防守技术,阻截对手突破、投篮和传球。

练习方法:

原地防守基本姿势练习,各种脚步,练习如滑步。

移动选位练习。

一攻一防脚步移动练习。

易犯错误:

(1)防守视野太小,不能人球兼顾。

(2)防守中重心太高,重心起伏不稳定。

纠正方法:

(1)矫正防守姿势和角度,有利于扩大视野。

(2)强调低重心,屈膝、弯腰。

(3)强调防守注意力集中。组织二对二、三对三的防守练习。

2. 打球与抢断

(1)打球:当对手持球由胸以上部位向下移位时,采用由下而上的打球方法,掌心向上,用手指和掌根击球的下部。当进攻队员持球较低(腹部以下),就采用由上而下的方法打球,掌心向下,用手指和手掌外侧打球。

(2)抢球:抢球者首先靠近对手,看准对手持球的空隙部位,动作迅速、突然、果断。当两手手指触球和控制球时用力猛拉。可用手臂后拉、两手转动的方法把球抢过来,也可采用转体的方法把球抢过来。

(3)断球:是从接球队员的侧面或后面跃出截获球的动作。断球时,屈膝,降低重心,准备起动。当球刚从对方手中传出的一刹那突然起动,以短而快的助跑,单足或双足用力蹬地跃出,身体伸展,双臂前伸,用单手或双手截获球。

第三节　篮球基本战术

一、进攻战术

(一)传、切配合

动作要领:传、切配合是两、三名进攻队员利用传球、切入动作组成的简单配合,它是进攻战术的基础配合。

(二)掩护配合

掩护配合:习惯称之为“挡人”,是进攻队员选择适当的时机和位置,站在同伴的防守者的移动路线上,使同伴借以摆脱防守的一种配合方法。

根据防守位置和方向不同,掩护可分为前掩护、侧掩护、后掩护三种。

1. 前掩护:是掩护队员站在同伴的防守者前面,用身体挡住防守者的移动路线,使同伴借机接球或投篮的一种配合方法(如图 7-8)。④传球给⑤后,先做向篮下方向空切的假动作,然后突然跑到❺的身前,形成前掩护。⑤接④的传球投篮。

2. 侧掩护:是掩护队员站在同伴的防守者的侧面,挡住防守者的移动路线,使同伴得以摆脱防守的一种方法(如图 7-9)。⑤传球给④后跑到❹的侧后方做掩护,④接球后做突破和投篮的假动作吸引住❹,看⑤到掩护位置后,④从❹的左侧突破投篮。

3. 后掩护:是掩护队员站在同伴的防守者身后,挡住防守者的移动路线,使同伴得以摆脱防守的一种方法(如图 7-10),④持球作投篮动作吸引,❹的后方已经站好掩护位置时,④突然快速向❹的左侧突破投篮。

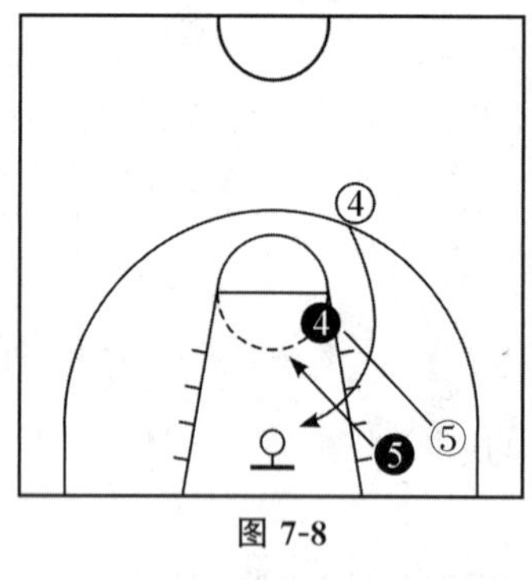

图 7-8

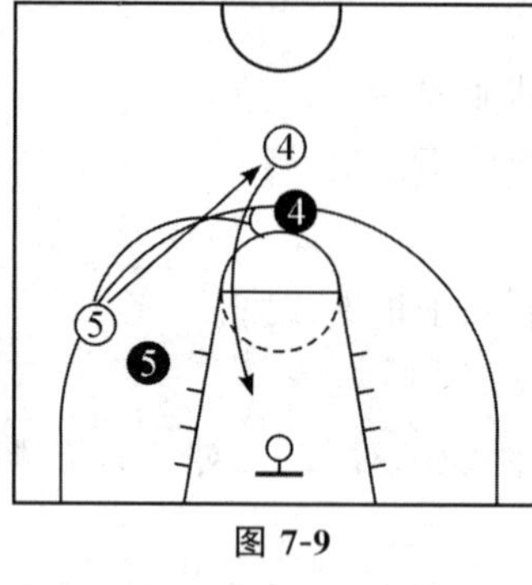

图 7-9

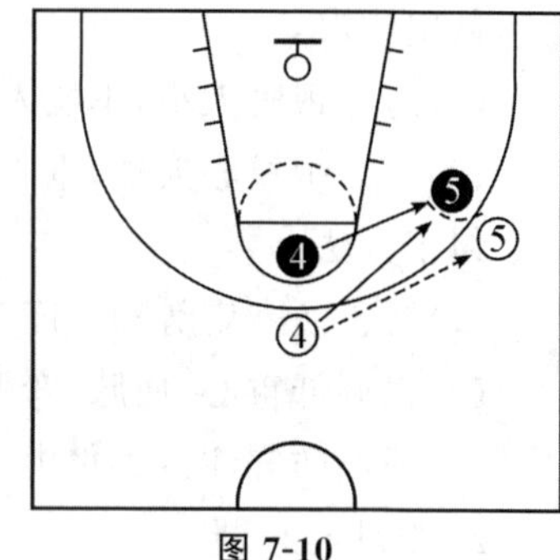

图 7-10

(三)快速战术的基本配合

快攻是一种由防守转入进攻时,乘对方来不及防守的时候,以最快的速度、在最短的时间内,争取在人数上造成以多打少的优势,并以此取得进攻成功的一种方法。

1. 长传快攻通常由快攻的发动和快攻的结束两部分组成。④到了篮板球以后,寻找长传快攻的机会。⑦和⑧立即起动快下,接④的长传后上篮(如图 7-11)。

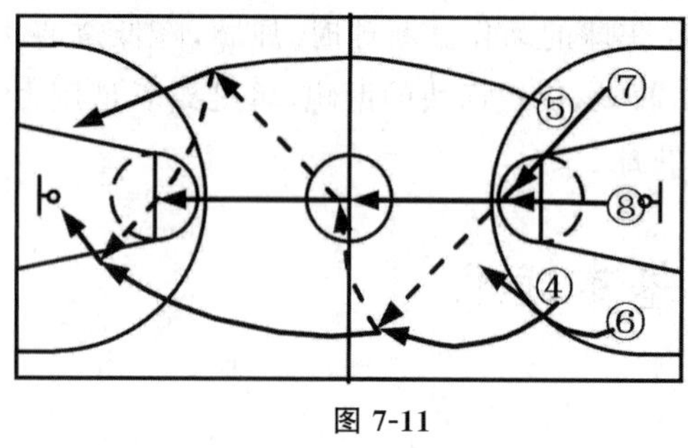

图 7-11

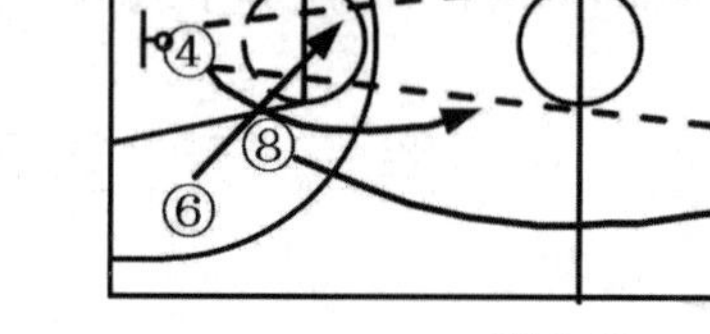

图 7-12

2. 短传推进快攻是防守转入进攻时,抢到防守篮板球的队员传出第一传,而另一队员接应推进形式以多打少的方法。⑧抢到了篮板球后,⑦往中间插接⑧的传球,⑦把球传给边线跑动的④,④再传回给⑦,⑦将球传给⑤,⑤再回传给⑦,⑦再传给④投篮(如图 7-12)。

3. 二攻一。完成抢到防守篮板球第一传和接应后,在迅速推进过程中,在人数上往往造成以多打少的优势,形成二打一的局面。⑧和⑨在快速传球推进中。❽突然前来防守⑧,⑧立即把球传给篮下的⑨投篮(如图 7-13)。

4. 三打二。在快攻结束阶段,不仅经常出现二打一的局面,也时常出现三打二的情况。⑥从两名防守之间中路突破,此时❹向前堵截,⑥立即把球传给⑧投篮。若❺向前堵截时,则将球传给⑨投篮(如图 7-14)。

(四)1—3—1 进攻区域联防配合

1—3—1 进攻站位,是进攻 2—1—2 联防站位的一种配合方法。

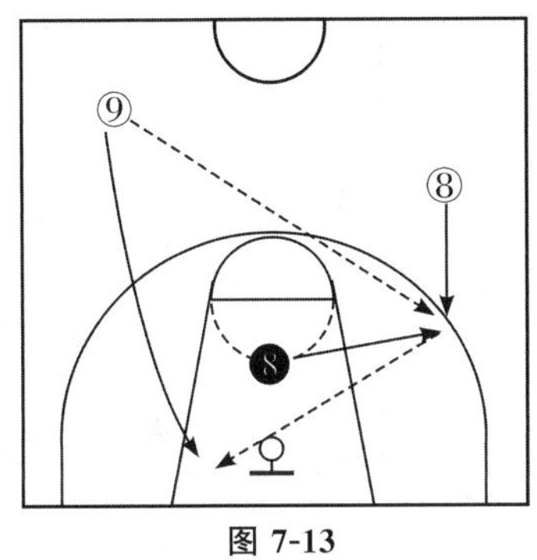

图 7-13

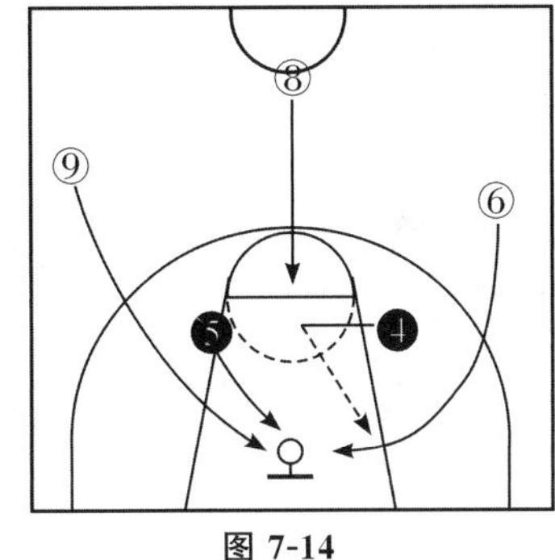

图 7-14

1. 站位

进攻者的站位是要避免与防守者形成一对一的局面，既要照顾到同伴便于联系，有利于组织进攻，又要考虑到进攻一旦失败便于退守，做到攻守平衡。如图 7-15 是采用 1—3—1 进攻 2—1—2 区域联防的队形站位。

2. 配合方法

(1)利用快速传球寻找投篮机会(如图 7-16)。④、⑤、⑥、⑧之间互相快速传球，迫使❹、❺、❻滑动，形成三防四，造成进攻者中有一人处于暂时无人防守局面，该人应立即抓住这一时机，进行中、远距离投篮。由④、⑤互相快速传球，把❺吸引上来防守，④或者⑤立即把球转移给⑥进行投篮(如图 7-17)。

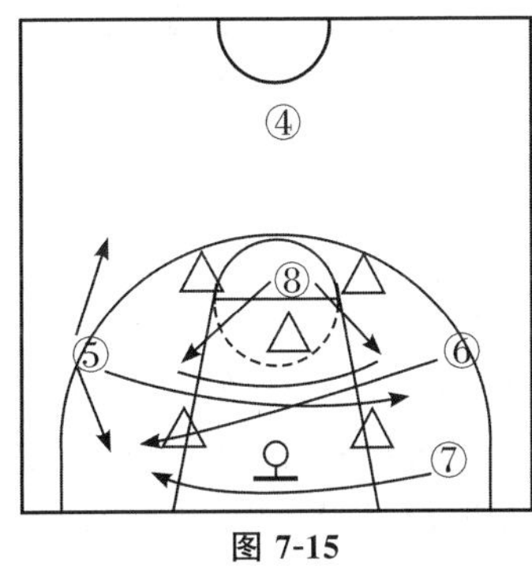

图 7-15

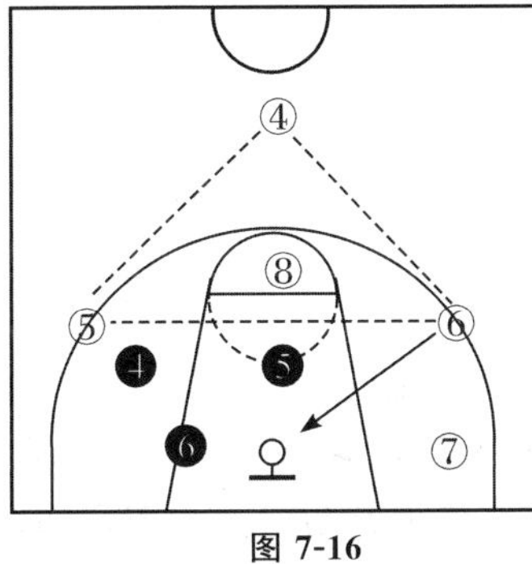

图 7-16

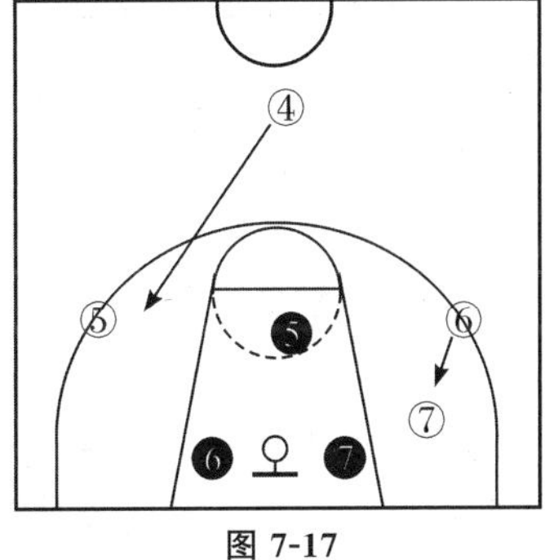

图 7-17

(2)利用穿插寻找篮下投篮机会(如图 7-18)。⑥传球给⑦后，向篮下空切。如果❼向前防⑦，则⑦传球给切入的⑥投篮；如果❽回撤堵截⑥，不让⑥接球，则⑧插上，接⑦的传球投篮。

(3)利用突破分球寻找投篮机会(如图 7-19)。⑦接球后，从底线突破。如果❼补防，⑧应横插中间，这时⑦可用反弹传球给⑧投篮，也可以将球传给⑤进行投篮。

(4)利用掩护寻找投篮机会(如图 7-20)。④传球给⑥、⑦上前做掩护，把❼挡住，接着⑥将球传给⑤，由⑤投篮。

(5)五人的进攻配合(如图 7-21)。⑥传给⑦后，突然向篮下空切，如果❼上来防守⑦，⑦可以把球传给空切的⑥，⑥上篮，这是第一次机会；如果⑦跑传给⑥不成时，⑥接着跑到右侧，⑦可把球传给④，④再传给⑤，这时⑧挡一下❺，⑤进行中投这是第二次机会。如图 7-22，如果⑤不能投篮时，⑤将球传给⑥，❻不上来防守，则⑥可投篮；❻若上来防守，⑥可以传球给⑧跳投或者将球传给横插的⑦投篮。如图 7-23，⑥从底线突破分球时，⑧纵切篮

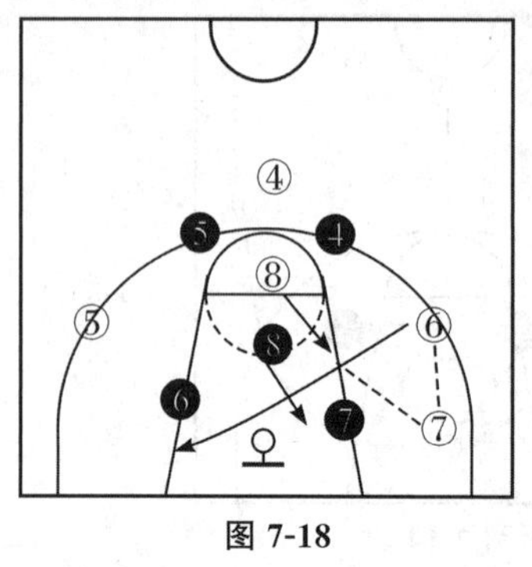
图 7-18

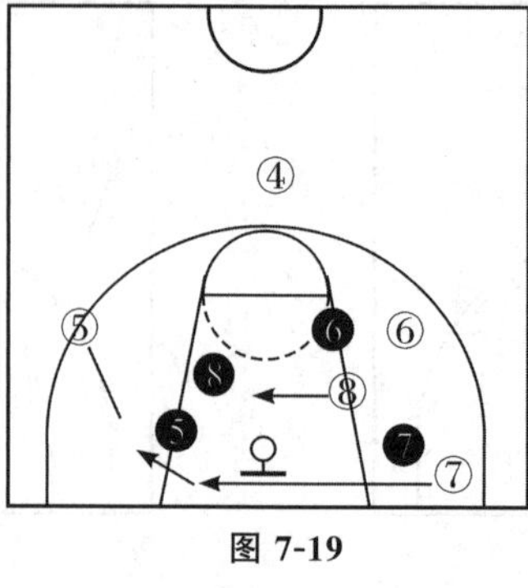
图 7-19

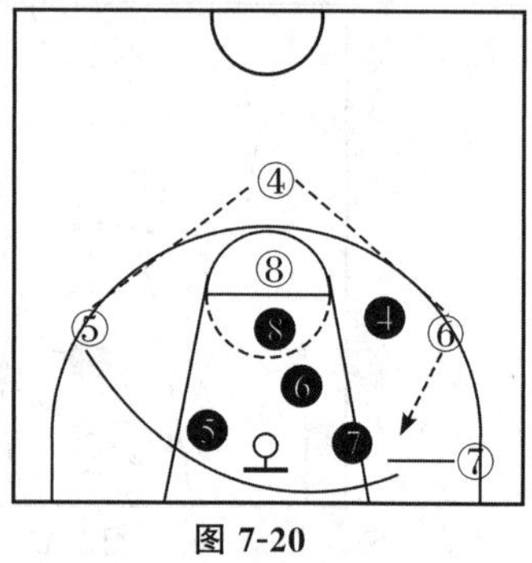
图 7-20

下，⑦横插中，④向左移动，⑥可根据场地的情况，将球传给⑧、⑦或④进行投篮。如果一次配合不成功，可反复进行。

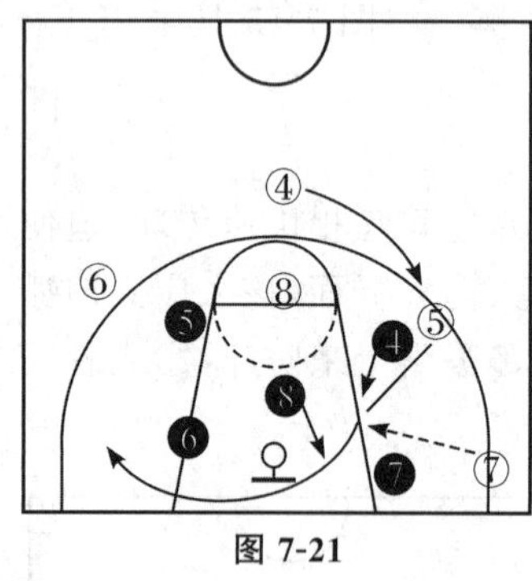
图 7-21

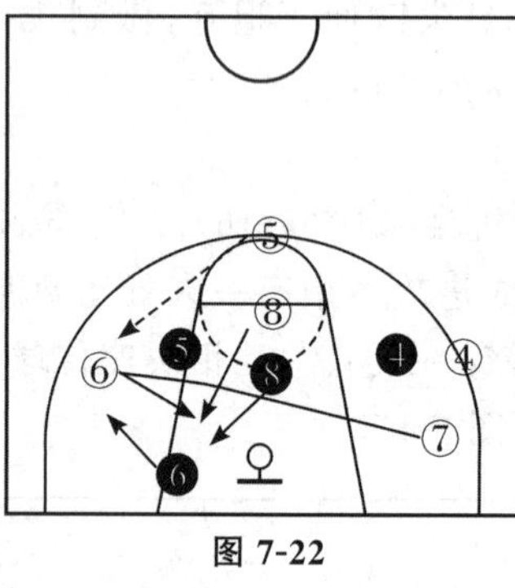
图 7-22

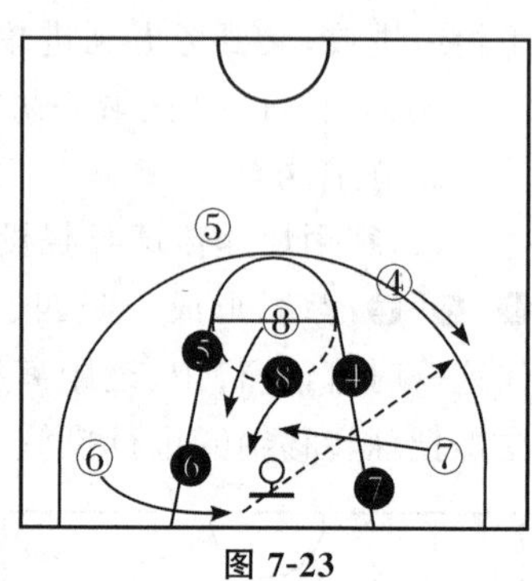
图 7-23

二、防守战术

（一）一防二

比赛中，以少防多的局面是经常见到的。一防二是比较被动的防守，尽管这样，也要争取变被动为主动，从而创造有利时机。出现一防二时，队员要保持沉着、冷静，根据进攻队形选择和占据有利防守位置，准确地判断对方意图，及时果断地运用假动作。设法让对方较差的队员掌握球，以使形成一对一的有利防守局面。

（二）二防三

当比赛中出现二防三时，两名防守队员应积极移动，密切配合，做到里外兼顾，左右呼应。两人中应有一人对付控制队员，另一队员应选择合理的防守位置，做到既能控制篮下，又能同时兼顾两名无球的进攻队员。随着对方球的转移，两名防守队员的位置也要相应的改变。

二防三的防守队形有三种：

1. 两人平行站位（如图 7-24），⑤运动时，❹和❺采用平行站位，❹重点防⑤，❺选择有利位置同时注视④和⑥的行动；当⑤把球传给④时，❺去堵截④，❹立即撤向篮下并监视⑤和⑥的行动。

2. 两人重叠站位（如图 7-25），当④运球时推行，⑤和⑥快下，❹封堵中路，⑤在后面兼顾⑤和⑥。当④把球传给⑥时，❺则去堵住⑥，❹后撤控制好篮下并兼顾和⑤的行动。

3. 两人斜线站位（如图 7-26），当④和⑤短传推进时，❹在前选择偏左的位置并注视

④和⑤的行动，❺则在后选择偏右位置，形成斜线站位。当④接球运球推进时，❹上前堵截，不让④突破，❺移向篮下，并注视⑤和⑥的行动。

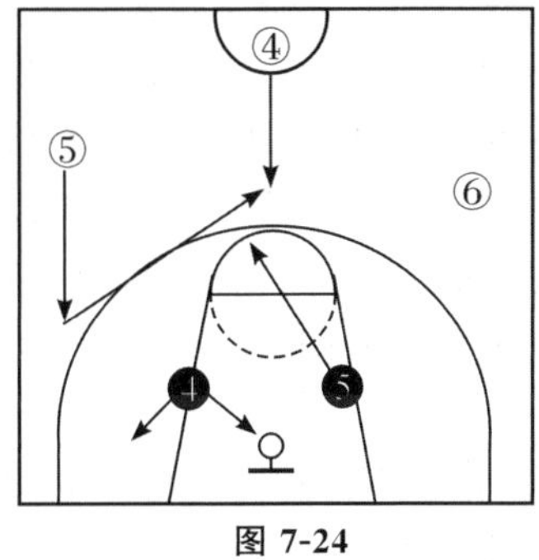

图 7-24

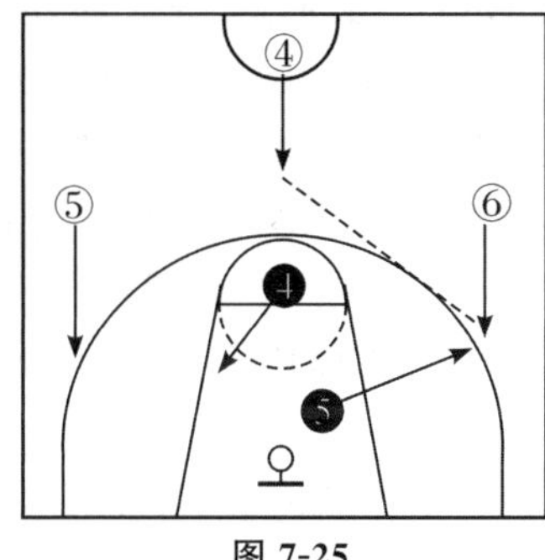

图 7-25

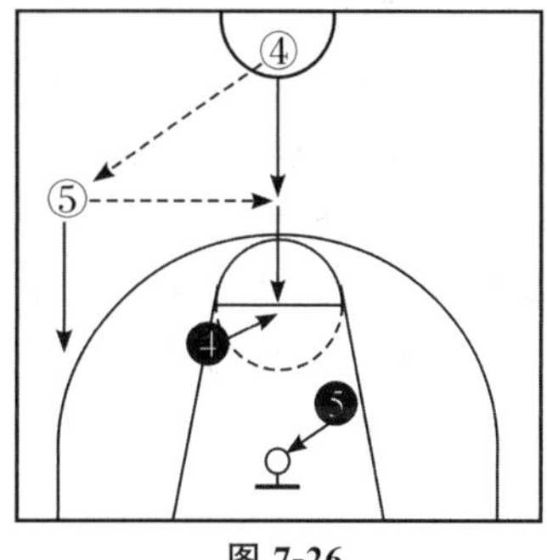

图 7-26

（三）2—1—2 区域联防

区域联防是一种半场防守的全队战术。2—1—2 站位是区域联防中的一种形式（如图 7-27）。五名队员站成 2—1—2 的形式，椭圆形表示每个队员的防守区域，各个防区衔接的地方为两个防守队员的共管区域。一般采用这种联防形式的比较多，其他联防形式，如 3—2 联防，2—3 联防，都是从 2—1—2 区域联防变化而来。因此，在这里重点介绍 2—1—2 区域联防方法。

1. 由攻转守，快速布阵：由攻转守时，要在对方未进入阵地之前，快速退回本队后场，每个人按照区域分工，站成 2—1—2 的队形，做好防守准备，及时观察对方活动。

2. 明确任务，分工合作：前锋❹和❺重点防守外围队员突破、投篮，中锋⑧抢罚球线一带篮板球；经常出现二防三的局面，要求❹、❺不停地移动和挥动手臂，一人上前，一人保护，互相配合。中锋❽要密切注视⑧在限制区一带活动，严防⑧和其他队员插入中区投篮，并积极争抢篮下一带篮板球。后卫❻与❼坚守篮下两侧，封锁在篮下两侧接球投篮，并负责争抢篮下一带的篮板球，防守时，要通观全局，主要是观察判断、挡人、卡位。

3. 随意转移，保持队形，有球盯人，无球协助（如图 7-28），当球在⑤手中时，⑥和⑦都在防守队右侧，❹提上防⑤投篮或突破。⑤向左侧移动协❽防⑧，防止⑤传球给⑧。❽上提注视⑧的行动，❻上提防❹，❼向中区靠近注视⑦的活动，随时准备卡位、挡人、护送，防⑦从底线球投篮。❻、❼、❽在篮下站成三角形，准备争抢篮板球。

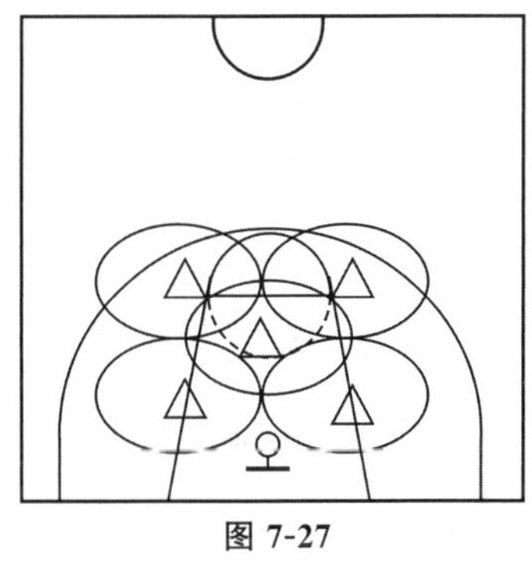
图 7-27

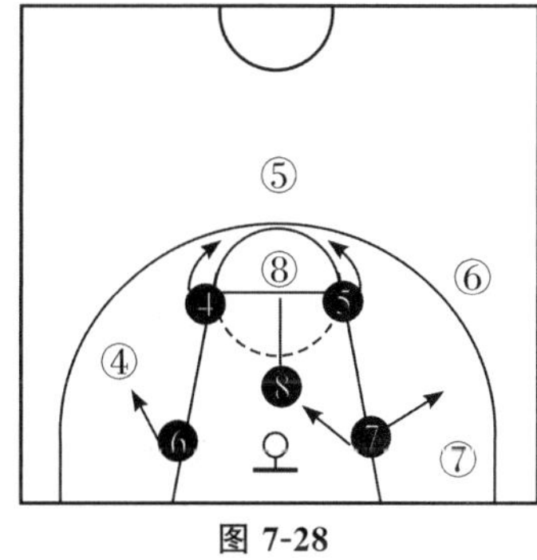

图 7-28

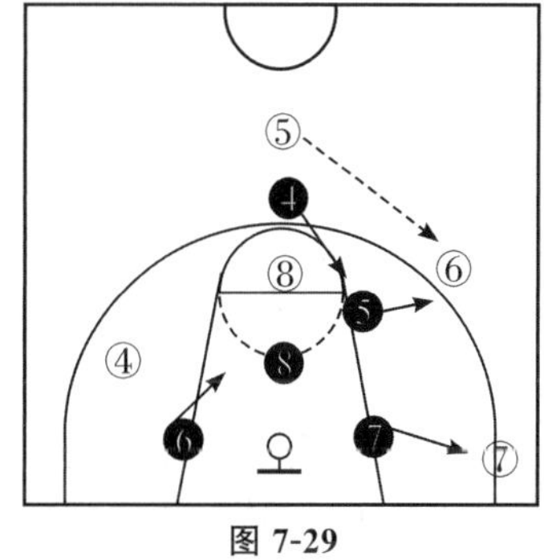

图 7-29

假设⑤将球传给⑥（如图 7-29），❺横滑步防⑥，不让⑥投篮或突破，❹横滑步协助❽防⑧，防止⑥投篮或突破，❺横滑步协助❽防⑧，防止⑥将球传给⑧，⑧向右移动注视⑧的行动，一旦⑥传给⑧时，则❽防⑧投篮攻突破，此时，❹、❺、❽三人围防，夹击⑧。❼右移防⑥将球传给⑦，同时，防⑥持球突破。⑥若突破时，❼和❺采用“关门”防守或补防；如果⑥投篮，❼挡住⑦，❼准备争抢篮板球。❻前提防止④向篮下移动，随时准备争抢篮板球。

假设⑥将球传给④（如图7-30），则❻跃出断球。若不成应向左移动，待④接球时上前防④，不让④投篮或从底线突破。❹要位前防④，❻等❹回防时，撤回防篮下。❽向左移动防守⑧。❼保护篮下，并防⑦溜底线接球投篮。❹得球后，⑦篮下接球威胁最大，所以❼不能⑦使随便通过篮下接球。若⑦强行通过时，❼要护送交给❻去防⑦，而后再回到原来防区去。如果❻还没有返回来，④又将球传给⑦了，则❼要坚持防⑦到底，防⑦投篮。❺后移动强篮下防守，并防⑥空切。

当球在底角时（如图7-31），假设④将球传给⑦，❻防⑦投篮和从底线突破。❹向下移动，协助❻防守，⑧向下移动，❽要跟随⑧向下移动，防止⑧接球，如⑦将球传给⑧，❽要防⑧投篮或突破。同时❻退回防守，形成❹、❻、❽围守夹击⑧；❺保护篮下，防止⑤移至中区接球并注意争抢篮板球。❼向下篮下移动，防⑥空切篮下，并随时注意争抢篮板球。

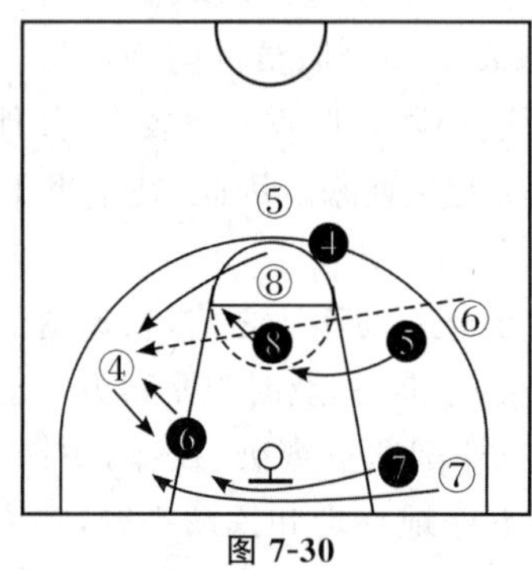

图7-30

图7-31

（四）人盯人防守

人盯人防守战术是每个防守队员盯住一个进攻队员，同时协助完成集体防守任务的全防防守战术。它是运用最普遍的一种战术。

人盯人防守的优点是以盯人为主，分工明确、针对性强，便于发挥队员的防守积极性和提高责任感；它机动灵活，能有效地控制对方进攻重点。它的缺点是易被进攻队在局部地区各个击破。运用时可以缩小人盯人和扩大人盯人，防守范围可分为半场人盯人和全场人盯人。

1. 半场人盯人防守

半场人盯人防守是在后场进行人盯人的防守战术。由攻转守时，全队迅速退回后场，每个防守队员在盯住自己对手的同时，进行集体防守。在防守时，要根据有球侧与无球侧的不同，进行不同的防守。有球侧和无球侧的划分是以假设球场中间以轴线为界，有球一侧为强侧，无球一侧为弱侧。

半场人盯人防守的基本要求：要根据对手、球和篮来选位，以盯人为主，近球紧、远球松，积极主动，抢占有利位置，破坏对方进攻配合，加强防守的集体性。

（1）防持球队员，一般要逼近对手，积极干扰对方的投篮、传球及运球，不让对方持球任意行动。

（2）防无球队员，应切断对方的接球路线和防止对方空切篮下，要注意球的位置，随时准备协防。

(3)防守的分工要根据双方队员的技术水平、身高和攻守位置综合考虑，尽量与对方力量相当。由攻转守时，迅速退回后场盯自己的对手。

2. 全场紧逼人盯人防守

全场紧逼人防守是指由攻转守时，防守队员在全场范围内各自分工负责紧逼自己对手的一种攻击性防守战术。它要求防守队员在全场始终紧逼自己的对手，积极阻挠对手移动、传接球、运球、投篮，并利用集体配合来破坏对方的进攻，为本队争得主动权。

(1)全场紧逼人盯人防守战术的基本要求有如下几点：

①由攻转守时，全队要统一思想，行动一致，每个队员要迅速找人，抢占有利的防守位置。

②防无球队员时，以防止对手接球为主，人球兼顾，要抢前防守。

③防持球队员时，首先要防止对方投篮或突破，要迫使对手向边线运球，并设法让他停球。

④全队在防守时，要有良好的配合意识。

(2)全场紧逼人盯人防守战术的配合方法：由于全场紧逼人盯人防守战术的特点是在全场范围内与对手展开激烈争夺，并且每个人的防守任务不同，所以把球场分为前场、中场和后场三个区。

①前场紧逼人盯人的防守方法

前场的防守是全场紧逼人盯人防守的重要阶段。当本队由攻转守时，防守队员要迅速找到自己应防守的对手，抢占有利位置，给对手以心理上的压力。由于进攻转入防守的情况不同，因此，最好的紧逼时机是在本队投中或罚中后，对方在端线掷界外球时。如图 7-32，❹应迅速上前紧逼，积极挥动双臂。注意观察④的传球意识，封堵传球角度，争取断球。同时场内的❺和❻要选择在⑤和⑥的侧前方位置进行防守，并根据⑤和⑥的移动不断调整位置，切断传球路线争取造成④的五秒违例。❼可采取松动防守，坚持一定的距离和角度，以便当④长传球时，及时断球或在❺和❻漏防时，要大胆放弃自己的对手及时进行补防。

②中场紧逼人盯人的方法

当进攻队员进入中场时，防守队员应积极组织防守，破坏对方进攻配合，控制对方进攻速度，迫使对方持球队员按防守意识向边线运球传球或在中线边角处停球，以便夹击和抢断，迫使其在慌乱中传球失误或违例。如图 7-33 所示，防守队员❺故意让进攻队员⑤站边线运球突破，但不要失去防守位置，并要控制对方的运球速度。当⑤刚运球过中线时❼突边线上前迎堵，在中线的场角与❺形成对⑤的夹击，同时，离球较员一侧的队员要顺时针方向调整位置互相补防，准备断⑤传出的球。

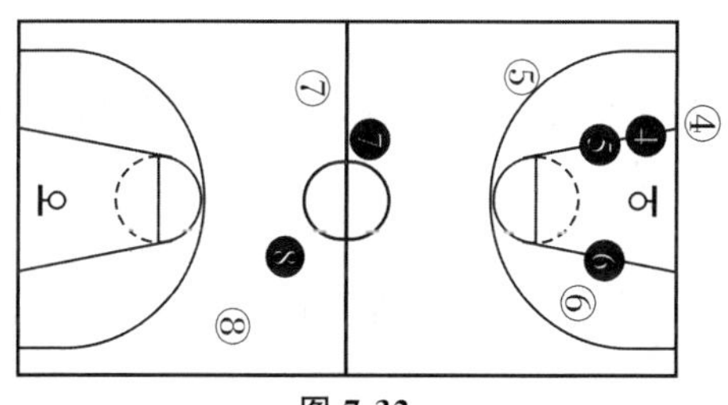

图 7-32

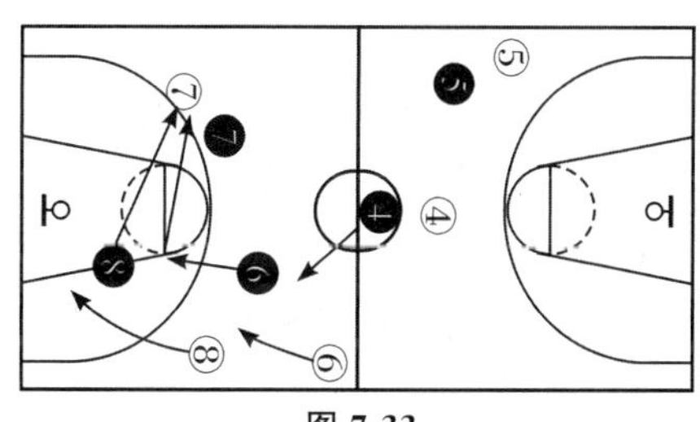

图 7-33

③后场紧逼人盯人防守方法

防守队在前场和中场防守未成功，进攻队已推进到防守队员的后场时，防守队就要根据场上的具体情况采用相应的防守措施，对持球队员认真进行封堵，不让对方将球传到篮下并要积极破坏对方的习惯打法和进攻节奏。要集中在近球区积极争夺，造成对方心理压力，促使其出错争取获得球权，后场的防守方法与半场人盯人防守方法相同。

第四节　篮球竞赛规则简介

一、场地设备与比赛通则

1. 场地设备

篮球场是长方形，无障碍物。球场长 28 m，宽 15 m，球场的丈量是从界线的内沿量起。篮圈的内径最小为 45 cm，最大为 45.7 cm，其距离地面的高度为 3.05 m(如图 7-34)。篮球的外壳由皮革、橡胶或合成物质制成。球的圆周不得小于 74.9 cm，不得大于 78 cm；重量不得少于 567 g，不得多于 650 g。充气后，使球从 1.8 m 的高度(从球的底部量起)落到球场的地面上，反弹起来的高度不得低于 1.2 m，不得高于 1.4 m(从球的顶部量起)。

2. 比赛通则

每场比赛由两个队参加，每场出场 5 名队员，如果某队在场上准备比赛的队员不满 5 名时，比赛不能开始。在预定的开始时间后 15 分钟，球队不到场或不能使 5 名队员入场准备比赛，则视该队伍弃权使比赛告负。判给对方获胜，且比分为 20∶0。

比赛由 4 节组成，每节 10 min。第 1 节和第 2 节、第 3 节和第 4 节之间的休息时间为 2 min；第 2 节和第 3 节之间的休息时间为 15 min。如果第 4 节结束时得分相等，要延长 5 min 作为决胜期继续比赛，必要时延长几个决胜期，直到分出胜负为止。

对于 4×10 min 的比赛，每个队上半时可以允许请求 2 次暂停，下半时可以允许请求 3 次暂停，但最后 2 分钟最多 2 次暂停。每一决胜期内准许 1 次暂停。

二、违例部分

违例是违犯规则，罚其失去球权，将球判给对方在最靠近发生违例的地点掷界外球。

1. 带球走规则

(1)确定中枢脚：队员静立时接球或双脚同时着地接到球，可用任何一脚作中枢脚；一脚抬起的一刹那另一脚就成为中枢脚；队员在移动过程中接到球，如果脚分先后着地，只能用先着地的脚做中枢脚。

(2)确定中枢脚后：在传球或投篮时，可抬起中枢脚，但必须球离手后，中枢脚才能落回地面。开始运球时，在球离手前，不能抬起中枢脚。

2. 运球规则

(1)运球开始：队员控制球后，将球掷、拍或滚在地面上，并在球触及另一队员前再触及球为运球开始。

(2)运球结束：运球过程中，队员用双手同时触球或使球在一手或两手间停留的瞬间运球即完毕。

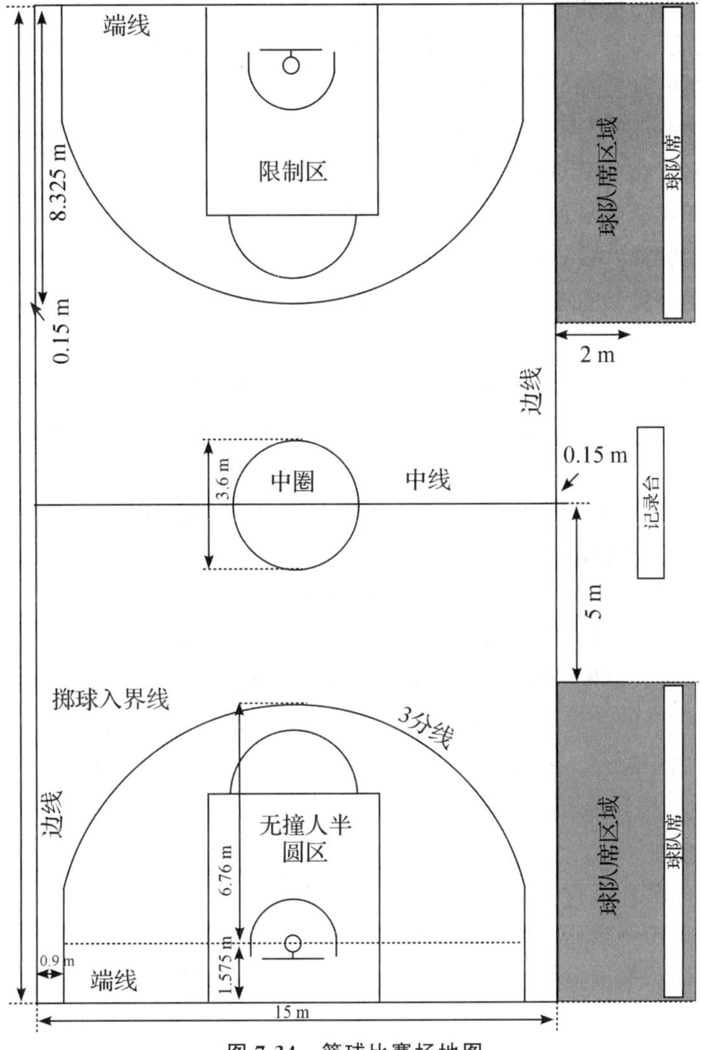

图 7-34　篮球比赛场地图

①投篮。

②球被对方队员触及。

③传球或漏接，然后球触及了另一队员或被另一队员触及。

3. 球回后场规则

(1)如何划分前、后场：对方球篮的端线与中线的场区（不包括中线）是某队的前场；本方球篮的端线与中线之间的场区（包括中线）是某队的后场。

(2)如何判断球回后场：

①前场控制活球队的队员使球进入后场。

②球进去后场后，最先触球的是控制球队队员，则构成球回后场违例。

4. 罚球规则

(1)罚球队员规则：

①可用任何方式投篮，但罚球队员在处理球时，必须在 5 秒钟内投球出手；投篮的球必须从篮圈上方进入球篮或触及篮圈。

②在球触及篮圈前不得触及罚球线或罚球线前的地面。

③当球已在飞翔球篮的途中不得触及球。

判罚：违犯规则，罚中不得分；如果是仅有的一次罚球或最后一次罚球，则将球判给对方队员在罚球线的延长部分掷界外球。

(2)非罚球队员规则：

①不得占据非罚球队员无权占据的位置区。

②在球离开罚球队员的手之前不得进入限制区、中区区域或离开位置区。

③不得干扰罚球队员。

④在球飞向球篮的途中不得触及球；当球与篮筐接触时不得触及篮球或篮板。

判罚：

①双方队同时违例，球中篮计得分；罚球不成功，判给对方队员掷界外球。

②罚球队员的对方队员违例，球中篮计得分；罚球不成功，判给罚球队员重罚一次。

5. 时间规则

(1)3 s 规则：某队在场上控制球并且比赛计时钟正在走动时，该队的队员不得在对方的限制区内停留超过持续的 3s。

(2)8 s 规则：当一名队员在后场得控制活球时，该队必须在 8 s 内使球进入前场。

(3)24 s 规则：当一名队员在场上获得一个控制活球时，球队在 24 s 内设法投篮，并且投篮的球只有在进入篮圈或触及篮圈时，24 s 装置才能恢复。

(4)被严密防守的队员：一名队员在场上正持着活球，这时对方队员采用积极的、合法的防守姿势，距离不超过 1 m，该队员是被严密防守。一名被严密防守的队员必须在 5 s 内传、投或运球。

6. 干扰球规则

(1)当投篮的球在飞行下落，并完全在篮圈水平面时，进攻或防守队员都不得触及球，在投篮中，当球碰击篮板后并完全在篮圈水平面时，也不可以触及球。

(2)当投篮的球接触篮圈时进攻或防守队员都不得触及球篮或篮板。

判罚：

①如果进攻队员违例，不能得分，将球判给对方队员在球线的延长线部位掷界外球。

②如果防守队员违例，判给投篮队员得两分；如在三分区投篮，则判得 3 分。

三、犯规部分

犯规是违反规则的行为，含有与对方队员的身体接触或有违反体育道德的举止。

1. 犯规的类型及其判罚

(1)侵人犯规及其判罚

①一般性侵人犯规，主要有阻挡、非法用手、拉人、推人、非法掩护和持球撞人等。在上述情况下都要登记犯规队员的每一次侵人犯规。如果对没有做投篮动作的队员犯规，球中篮并判给一次罚球；如果对已在做动作的队员犯规，投球进篮计分并判给一次罚球；如果两分投篮没有成功，则判给两次罚球，如果三分球没有投中，则给三次罚球。如果是控制球队的队员犯规，由非犯规队在犯规处的界外掷界外球。

②双方犯规，指两名对抗的队员大约同时发生接触犯规的情况。登记每个队员一次侵人犯规，不判给罚球；如果犯规时某队已经控制球或未控制球，但已拥有球权，则应判给该队做界外球；如果犯规时，两队都不控制球，则由裁判根据轮流进攻的原则判罚；如果犯

规时投篮有效并得分,则由得分队得分队员在端线掷界外球。

③违反体育道德的犯规,指队员蓄意、过分地对对方队员造成侵人犯规。登记犯规队员违反体育道德的犯规,判给非犯规队两次罚球再加一次中线界外球。

④取消比赛资格的犯规,指侵人犯规、违反体育道德的犯规及技术犯规中任何十分恶劣的道德的犯规。登记一次取消比赛资格的犯规,判给非犯规队两次罚球再加一次中线处掷界外球。

⑤特殊情况下的犯规,指在一起犯规或一起违例后的同一个停止比赛计时钟期间,又发生一起或多起犯规。登记每个犯规队员一次犯规。如果几乎同时宣判双方球队多起犯规,裁判员必须确定犯规发生的次序。双方球队的犯规涉及相同的裁罚,它们要互相抵消;双方球队的犯规不涉及相同的罚则,要按犯规发生的次序判罚和执行。

(2)技术犯规及其罚则。技术犯规是指所有不包括与对方队员发生接触的犯规,主要包括队员、教练员、替补员或随队员的技术犯规及比赛休息时间内的技术犯规。

①队员技术犯规。登记违反者一次技术犯规,判给对方一次罚球再加一次中线处掷界外球。

②教练员、替补队员或随队人员的技术犯规。登记教练员一次技术犯规,判给对方两次罚球再加一次中线处掷界外球。

③比赛休息时间内技术犯规。如果是队员犯规,则登记该队员一次技术犯规,判给对方两次罚球,该犯规要计入全队犯规之中;如果是教练员或随队人员技术犯规,则对教练员进行登记,判给对方两次罚球,该犯规不计入全队犯规之中。

2. 全队犯规的处罚规则

(1)在每节比赛中,当一个队的队员侵人犯规累计已达 4 次时,所有以后发生的队员侵人犯规要判给对方两次罚球。

(2)如果是控制球队的队员犯规,则判给对方掷界外球。

(3)在任何一决胜期内发生的所有全队犯规要看作第 4 节发生犯规的一部分。

常用术语中英文对照

1. 篮球:basketball
2. 移动:mobile、move
3. 运球:dribble
4. 投篮:shoot
5. 胸前传接球:chest pass the ball
6. (带球)撞人(犯规):charging foul
7. 两次运球(违例):double dribble
8. 上半场:first half
9. 比赛的第一(第二、第三、第四)节: first (second, third, fourth) period
10. 犯规:foul
11. 以手掌推挡对方进攻球员之犯规动作:hand-checking
12. 持球(双方均持球不放):held ball
13. 争球,跳球:jump ball

14. 加时赛,延长赛:overtime
15. 裁判: referee
16. 技术犯规:technical foul
17.(篮下)3 秒钟之违例:three-second violation
18. 走步:walking

莆田市自古以来就有“文献名邦”“海滨邹鲁”之美誉,尤其在篮球运动上有其悠久的历史。

1904 年,刚刚创办不久的兴化培元学堂(今哲理中学)就修筑了篮球场。1908 年,在莆田县全运会期间,哲理中学组织了篮球比赛。1919 年,就读于清华大学的宋国祥入选中国男子篮球国家队参加了在马尼拉举行的第四届远东运动会比赛,在此次比赛中,中国队获得了亚军。1942 年初,中国第一位体育博士吴德懋毕业于东南大学体育系,他所著《女子篮球训练法》一书于 1936 年出版。1952 年,刘天锡留学美国获体育博士学位后回国任教,著有《最近篮球技术》《体育理论》等。刘玉栋是 1996 年、2000 年奥运会中国队的旗手,CBA 历史上唯一单赛季独揽“联赛最有价值球员”“常规赛最有价值球员”和“得分王”三大奖项的运动员。此外,程天泗、翁祖烈、林振新等体育先驱者也为莆田篮球运动的普及发展做出了贡献。

2000 年 4 月,莆田市申报创建全国篮球城市,当年 11 月经篮管中心评估验收,认为莆田市篮球活动有品位,其特点是群众喜爱、领导重视、社会支持、学校开展广泛,篮球活动水平高、氛围浓。2000 年 12 月 27 日,国家体育总局体篮字〔2000〕434 号批准命名莆田市为首批“全国篮球城市”。莆田市于 2002 年 7 月申报创建全国青少年体育俱乐部(篮球项目),后获批成立了首批全国青少年篮球俱乐部单位。

2018 年,莆田市代表队首次获得福建省第十六届运动会青少年男子甲组篮球比赛冠军,莆田这座篮球城市实至名归。

第八章

排 球

课程思政

排球课程思政教育,离不开女排精神教育:无私奉献,团结协作,艰苦创业,自强不息。具体表现为:扎扎实实,勤学苦练,无所畏惧,顽强拼搏,同甘共苦,团结战斗,刻苦钻研,勇攀高峰。凭着这种精神,五次蝉联世界冠军,给予全国人民巨大的鼓舞。学生通过排球运动的锻炼必须调节好个人的心理状态,保持乐观向上的生活态度,形成良好的合作精神和竞争意识。

课程目标

1. 学生能熟练掌握排球基本技术,并能够依据个人情况制定练习计划。能借助排球项目培养学生积极参加体育锻炼的意识,养成自我锻炼的良好习惯。

2. 学生能了解排球运动的历史,学会掌握排球比赛组织、编排、裁判技术,提高欣赏排球运动的水平。

第一节 排球运动概述

排球运动是由美国马萨诸塞州基督教青年会干事威廉·摩根于1895年发明的。19世纪末,美国盛行橄榄球、篮球运动,由于这些运动比较激烈,对多数中老年人来说却就是可望而不可及的。为此,摩根经过一段时间的摸索,创造了一种较为和缓、活动量适当的运动来满足他们需要的新游戏,即在网球场上把球网架在1.98 m的高度上,然后让人们用篮球内胆隔着网来回拍打,这就是排球运动最早的雏形。1896年,在美国马萨诸塞州斯普林菲尔德基督教青年会体育指导大会上进行这种游戏的首次表演赛。1897年7月在美国体育杂志上首次公开介绍了排球比赛的打法及简单规则。

排球运动于1905年传入中国。中国国家女子排球队是近代中国各体育团队中成绩突出的体育团队之一。曾在1981年、1982年、1984年、1985年、1986年的世界杯、世锦赛或奥运会上夺得冠军。20世纪80年代初的中国,百废待兴,中国女排以顽强拼搏精神赢得三连冠和五连冠的成绩,成为了当时中国人的模范和骄傲,更是中国在80年代腾飞的象征。

气排球是我国土生土长的一项群众性排球活动。1984年,呼和浩特铁路局济宁分局为了开展老年人体育活动,在没有规则限制的情况下,组织离退休职工用气球在排球场上打着玩儿。由于气球过轻且易爆,他们将两个气球套在一起打,最后又改用儿童软塑球。随后又参照6人排球规则制了简单的比赛规则,并将这种活动项目取名为“气排球”。

气排球由软塑料制成。比赛用球重约100～150 g,比普通排球轻100～150 g;圆周79～85 cm,比普通排球圆周长15～18 cm;比赛场地12 m×6 m,比普通场地长宽各少6 m和3 m;比赛网高男子2～2.1 m,女子1.80～1.90 m;参赛队员4～5人。球的颜色为黄色。与竞技排球主要不同点：一是不能连续发球，二是计分一般为21分一局，先到的为胜；其余的打法和记分方法与竞技排球基本相同。

气排球运动是一项集运动、休闲、娱乐为一体的群众性体育项目，作为一项新的体育运动项目，如今已经受到越来越多的青年学生的青睐。气排球有以下特点：

1. 球质软，富有弹性，手感舒适，不易伤人；
2. 球体大，在空中飘游缓慢、容易控制；
3. 场地小，可以因地制宜，便于室内外开展活动；
4. 运动量适宜，要求有跑、跳、蹲、转身动作，但活动量不大，对参与者身体素质要求不高；
5. 集体性极强，必须协调配合，有利于表现团结奋进的精神和展现道德风范。

第二节　排球基本技术

一、准备姿势和移动

准备姿势和移动是排球运动中各项技术的基础技术。任何一项排球技术在比赛中运用的效果，在很大程度上取决于准备姿势和移动技术。

(一)准备姿势

准备姿势、稍蹲、半蹲、低蹲

两脚支撑的位置：两脚左右开立，略比肩宽。站左半场的队员，左脚在前(约一只脚的距离)，右脚在后；站右半场的队员，右脚在前，左脚在后；站在场中央的队员，两脚平行开立比肩稍宽。

身体基本姿势：双目注视来球，两膝弯曲并内扣，膝部的垂直面超出脚尖，脚跟提起，身体重心的着力点在前脚掌拇指根部，上体前倾，两肩的垂直面超出膝部。

手的位置：两臂自然弯曲，并置于胸腹之间，两手心相对，手指自然张开。

(二)移动

移动是接好球的重要条件。无论任何方向的来球，身体必须面对来球方向。因此，要尽快地移动取得好位置，做好接球前的准备姿势，移动速度的快慢取决于这样几种因素：(1)预判和判断的能力；(2)从看到信号到做出动作的反应速度以及起动的速度；(3)移动步法的熟练程度和速度，以及变向移动的能力；(4)移动后的制动技术；(5)完成动作的速度，以及完成动作后立即保持姿势的速度。

在排球运动中，来球的方向、速度、性能和落点不同，在做各项技术动作时对于人与球之间的距离要求也不同。因此，不但需要有快速奔跑的能力，而且还需要以不同的移动步幅和移动步法来调整球与人的位置关系。通常采用的几种移动步法是：滑步、交叉步、跨步、跨跳步、跑步、后退步等，各种步法应在实践中结合运用。

在快速移动以后，还必须注意制动的技术。移动时，由于惯性作用，身体会继续向前冲，不能保持稳定的姿势，这就需要很好的制动技术以及制动后马上向反方向起动的能力。制动技术掌握的熟练程度，直接影响到下一动作的质量。

(三)练习方法与手段

1. 学生集体做准备姿势，强调两脚的位置；
2. 原地跑或慢跑中，看教师发出的信号，迅速做准备姿势；

3. 学生在准备姿势的基础上，看教师手势做向前、后、左移动；

4. 两人一组，一人抛球一人按步法要求移动接球；

5. 各种形式的移动接力。

二、发球

发球是比赛的开始，同时也是进攻的开始。现代的发球技术已越来越具有强大的攻击能力。攻击力强的发球不但可以直接得分，更主要是可以破坏对方的接发球，削弱其进攻威力，减轻我方的防守压力，取得比赛的主动权。所有发球技术的动作结构都是相同的，但根据不同的发球技术又有不同的技术特点。发球技术的动作结构可以分为准备姿势、抛球、击球手形、挥臂击球四个技术环节。

发球的种类很多，不管采用哪一种发球，要想把球发好，必须注意以下几点：

(1)抛球稳：抛球是基础，要求掌心向上平稳地把球抛起。每次抛球的高度和身体的距离应基本固定。

(2)挥臂快：手臂的挥动速度与球飞行速度成正比，手臂挥动快，则球的速度快。

(3)击球准：用力方向必须和所要发出球的方向相一致。

(4)正确的手法：击球手法不同，发出球的性能也不同。不同的发球种类应使用不同的击球方法。

(一)正面下手发球

这种发球简单易学，失误率较小。但速度慢，力量小，攻击性差，适用于初学者。

发球前面对球网，两脚前后站立，左脚在前，右脚在后，两膝微屈，上体前倾，左手持球置于腹前，右臂自然下垂。发球时，左手将球在体前右侧抛起，离手 20～30 厘米。在抛球的同时右臂向后摆动。

击球时右脚蹬地，身体重心前移，右臂伸直，以肩为轴，向前摆动到腹前，用虎口或掌根击球的后下部。随着击球动作重心前移，迅速入场(图 8-1)。

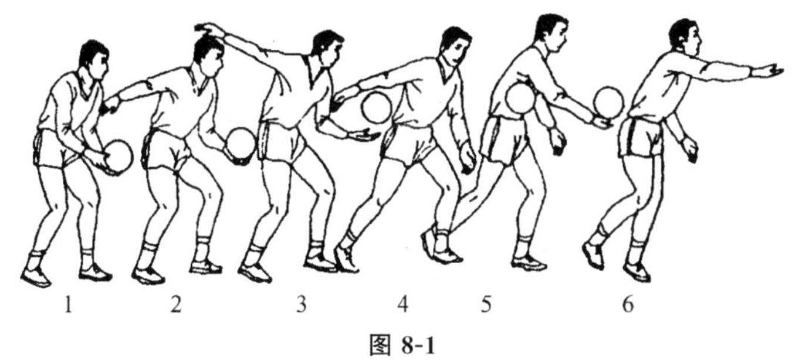

图 8-1

正面下手发球

(二)侧面下手发球

侧面下手发球

1. 准备姿势：左肩对网站立，两脚左右开立，与肩同宽，两膝微屈，上体稍前倾，重心落在两脚间或稍偏右脚，左手持球置于腹前。

2. 抛球：左手将球抛至胸前，约离身体一臂之远。

3. 击球：在抛球的同时，右臂摆至右侧后下方，手指微屈而紧张，利用右脚蹬地和向左转体的力量，带动右臂向前摆动，在腹前用全掌击球的后中下部，将球击出。击球时，手臂要伸直，眼睛要看球。

(三)正面上手发飘球

发球前在发球区选好位置,面对球网站立,左脚在前,右脚在后,重心落在后脚上。左手持球置于胸前,观察对方的站位布局,选定最佳落点。

发球时左手将球平稳地向右肩的前上方抛起,高度适中。在抛球的同时,右臂抬起,并屈肘后引,五指并拢,指尖朝上,手腕保持一定的紧张度。

击球时利用蹬地转体的动作带动手臂有力地向前上方挥动,重心随之移至左脚,以手掌根击球的后中下部,击球的力量要集中、迅猛,击球的作用力通过球的重心使球不旋转地向前飞行,击球结束时手臂要有突停动作。击球后,右脚随着击球动作自然前移,迅速进场(图 8-2)。

正面上手发飘球

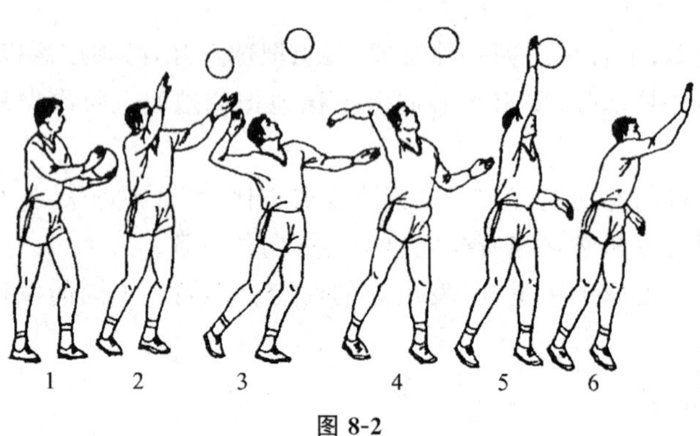

图 8-2

(四)侧面勾手发球

这种发球的特点是力量大,弧度平。由于球向前旋转,从而加快了球的下落速度,容易造成对方措手不及,有较强的攻击性,但这种发球需要很好的体力,技术要求高,掌握不好容易造成发球失误。

发球前左肩对网站立,两脚开立与肩同宽,两膝微屈,重心落在脚与脚之间。双手持球于腹前。发球时,双手将球平稳地抛至头的左前上方,高约 1 米。在抛球的同时,右腿稍屈,重心移至右脚上,上体向右倾斜并转动,同时右臂向右后倾摆动,抬头看球。随着右腿用力蹬地,利用挺胸及转体的动作带动手臂向上挥击。

击球时迅速收胸、收腹、转体,身体的重心移至左脚上。击球的手臂要伸直,并要协调、自然地向上作弧形摆动,击球的手掌应放松,用全掌击中球的后下部,并利用手腕的推压动作使球向前旋转。球发出后,顺势迅速进场(图 8-3)。

侧面勾手发球

图 8-3

(五)练习方法

1. 徒手练习。按照动作方法要领,让队员做徒手模仿练习,或做击固定球练习。

2. 抛球练习。右手持球练习向上抛起(掌心向上,平稳抛起,球不旋转)。根据发球的性能,抛球的高度和落点要合适。

3. 两人一组短距离不上网对发。

4. 抛击配合练习。近距离对墙发球,体会发球时抛球与击球的配合。

5. 上网发球。两人一组隔网对发,距离由近到远,直至发球区内。体会击球用力和动作连续性。

6. 分两组端线后发球比赛,看哪一组积分多。

三、垫球

垫球是排球的基本技术之一,是接对方进攻性击球的主要技术动作,是组织进攻和反攻战术的基础。因此,提高垫球技术的熟练程度和运用能力,是争取胜利的重要条件。

(一)正面双手垫球

适合接速度快、弧度平、力量大、落点低的各种来球,在接发球和后排防守时广泛采用,是各项垫球技术的基础。

1. 准备姿势:做好准备姿势,迅速判断,及时移动,正面对准来球方向。

2. 击球手形:两手掌根紧紧靠,两手手指重叠合掌互握,两拇指平行。两臂自然伸直,手腕下压,小臂外展靠拢,手腕关节以上的前臂形成一个垫击的平面(图 8-4)。

3. 击球动作:击球时,蹬腿提腰,含胸提肩,压腕抬臂等动作密切配合,手臂迅速插入球下,将球准确地垫在手腕以上 10 厘米的小臂上。击球时,两臂保持平衡固定,身体和两臂自然地随球伴送,以便控制球的落点和方向(图 8-5)。

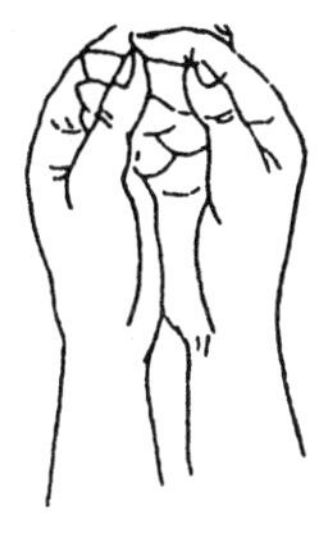

图 8-4

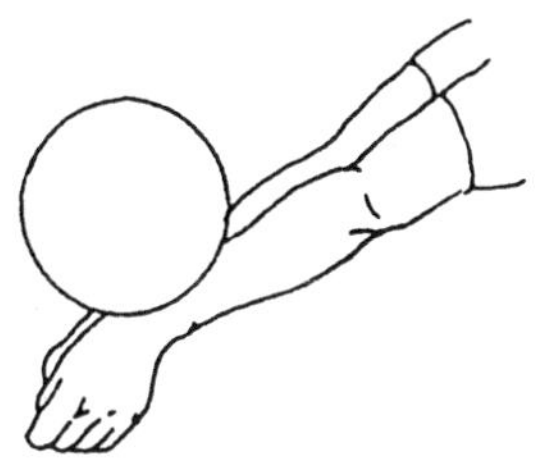

图 8-5

4. 手臂角度:手臂角度对控制球的方向、弧度和落点有很大影响,应根据垫球距离和入射角等于反射角的原理加以调整(图 8-6)。

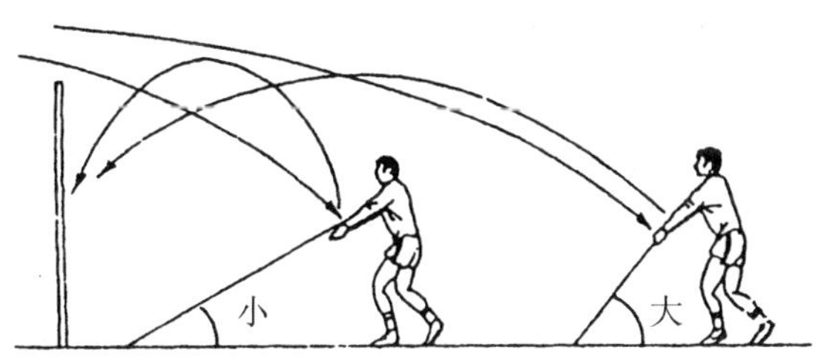

图 8-6

正面双手垫球应掌握插、夹、提三个动作要领。插:两臂伸直,插到球下。夹:两臂夹紧,含胸收肩,用两前臂的平面击球。提:提肩送臂,身体重心随出球方向前移。垫击过程中要做好移、蹬、跟三个环节。移:快速移动,对准来球。蹬:支撑平稳,两腿蹬起。跟:随用力方向,腰紧跟(图 8-7)。

自垫、自传

两人对垫、对传

图 8-7

(二)体侧垫球

来球飞向体侧而来不及移动对正来球时,要采用侧垫。侧垫时切忌随球伸臂,这样会造成球蹭手而向侧方飞出,应先用两臂到侧方截击来球。还应注意两臂不要弯曲,以保持击球平面,否则会因手臂不直或两臂间距离太大而垫不好球(图 8-8)。

(三)背垫

背垫就是背向出球方向击球。背垫时,要清楚出球的方向、距离。用力时,要抬头后仰,两臂伸直向后扬臂(图 8-9)。

图 8-8　　图 8-9

(四)练习方法

1. 徒手模仿。先做原地垫击模仿动作,然后做徒手移动后垫击模仿动作。强调身体重心移动,蹬地抬臂协调用力,注意步法与手法的配合。

2. 垫固定球。一人双手持球于胸前,另一人原地或移动后用垫球动作击球,体会手臂触球部位和全身协调用力。

3. 两人一组,一抛一垫。两人距离由近到远,先是一人抛,一人原地垫,然后是一人抛,一人移动垫。要求抛球落点准确,角度适当。垫球者移动对准球,采用正面垫击。抛球弧度逐步降低,速度逐渐加快,难度慢慢加大。

4. 对墙连续自垫。对墙垫时,要求手臂角度固定,用力适当,控制球的高度,用蹬腿动作发力,注意身体协调用力。

5. 转换方向垫。三人一组成三角形,一人抛球,一人变方向垫球,另一人接球或传球给抛球者,循环往复。

6. 二人相距 7～8 米,一发一垫。

7. 二人相距 5～6 米,第一次把球垂直垫起,第二次把球垫给对方,连续进行。

8. 三人一组相隔 10 米以上,一发一垫一调,做若干次轮转,让接球人体会垫球时出球方向的改变。

四、传球

传球是用手指和手腕的弹力进行上手击球的技术动作。是排球的最基本最原始的击球方法。在比赛中主要用于衔接防守和进攻。可广泛用于接发球、二传等。传球的方式很多,有正面传球,背传,侧传,跳传。其技术环节可分为:准备姿势、迎球、手形、击球用力几个部分。

(一)双手正面传球

准备姿势:正面对准来球,两脚开立,比肩宽,一脚在前,两脚尖适当内收,脚跟稍提起,两膝稍屈。两肩放松,眼睛注视来球,两手自然弯置于胸腹前。

手形:两手手指自然张开,掌心相对,手指微屈成半球状,手腕稍后仰,以拇指、食指、中指托住球的后下部,无名指和小指在两侧辅助控制传球的方向。拇指相对成一字形或八字形置于额前(图 8-10)。

图 8-10

击球时的用力:传球时,利用蹬地、伸膝、展体和伸臂的动作,以拇指、食指、中指发力,无名指和小指控制住球的方向。触球的瞬间,手指和手腕应保持一定的紧张程度,用手指和手腕的弹力以及身体和手臂的协调力量将球传出,用力一定要协调一致。传球距离较近时,手指、手腕的弹力较多;传球距离较远时,必须加强蹬地展体力量(图 8-11)。

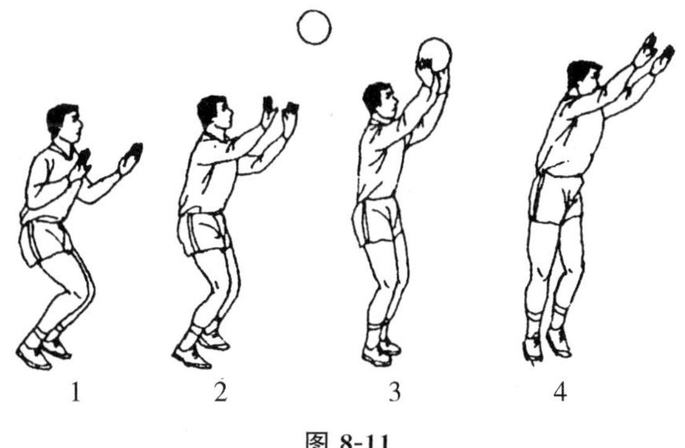

图 8-11

(二)背传

背传是传球基本方法之一。在比赛过程中,使用背传技术能达到出其不意、迷惑对方的目的,使战术多样化。

准备姿势:上体比正面传球时稍直立,身体重心稳定在两脚之间,双手自然抬起,放松置于脸前。

迎球:双手上举,挺胸,掌心稍向上,手腕稍后仰。

击球点：保持在额上方。

手形：与正面传球相同，拇指托球的后下部。

用力：利用蹬地、上体后仰、挺胸、展腹、抬臂及手腕和手指的弹力将球向身体后上方送出(图 8-12)。

背向传击球

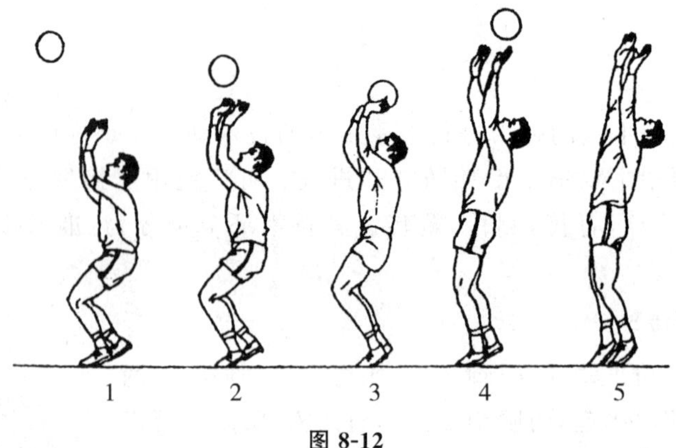

图 8-12

(三)侧传

身体不转动，主要靠双臂向侧方伸展的传球动作叫侧传。侧传有一定隐蔽性。

侧传的准备姿势、迎球动作与正面传球相同，击球点保持在脸前或稍偏于出球方向一侧。传球手势与正面传球相同，但倾向出球一侧的手臂要低一些，另一侧则要高一些。用力时，蹬地后上体要向出球方向倾斜，双臂向传出一侧用力伸展，异侧手臂动作幅度较大，伸展较快(图 8-13)。

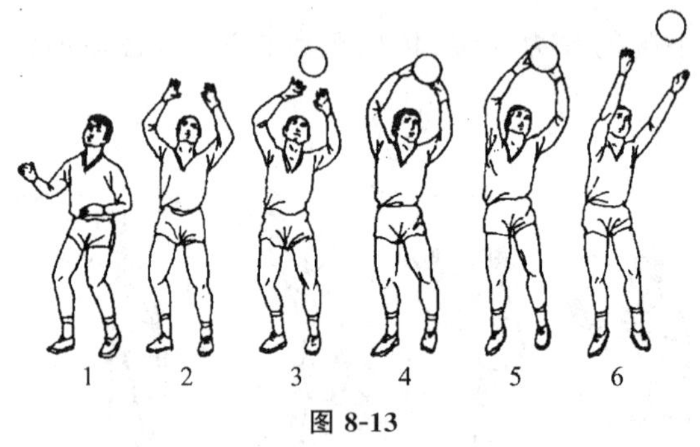

图 8-13

(四)跳传

跳起在空中做传球动作叫跳传。跳传有原地跳、助跑跳、双足跳、单足跳等动作。

起跳最好是向上垂直起跳，不宜向前或向侧冲跳。起跳的关键是掌握好起跳时机，起跳过早或过晚都会影响传球的质量。

起跳后双臂上摆至脸前，身体在空中保持平衡。当身体上升到最高点时，靠伸臂动作和手腕、手指的弹力将球传出(图 8-14)。

图 8-14

(五)练习方法

1. 徒手模仿传球动作。做好准备姿势，蹬地、伸臂，模仿传球推击动作，领悟动作过程。

2. 体会击球点与手形。每人一球按照传球的击球点与手形，摆在额前，然后另一人将球拿掉，看手形是否正确，击球点位置是否合适。

3. 传球的协调用力。两人一组，持球人拿球在合适的击球点做好传球的手形，另一人用单手压着球，持球者用传球动作向上推送球，体会全身协调用力。

4. 贴墙传球。每人一球，贴墙站立，用传球手形拿好球，肘关节贴墙，用传球动作向墙传球，体会传球手形、击球点和手指、手腕的传球用力。

5. 对墙传球。距离由近至远，体会传球用力。

6. 向上自传。个人进行，先原地传，后移动传；先传低球，后一高一低传。

7. 两人一组，一人抛球，另一人传球。先抛准球，让传球人原地传；后两侧抛球，让传球人移动传。

8. 两人对传。可以一固定，一移动，或自传一次，再传给对方等。

9. 跑动传球。三人或三人以上成纵队跑动传球。

10. 转换方向传球。三人一组成三角形，一人抛球，一人变方向传球，另一人接球或传球给抛球者，循环往复。

五、扣球

扣球是进攻的最有效方法，是得分的重要手段。扣球技术比较复杂，按其技术结构来讲，扣球技术包括准备姿势、判断、助跑、起跳、空中击球和落地几个相互衔接的部分，整个动作必须协调一致，且有节奏。

(一)准备姿势

两脚开立，两膝微屈，眼睛观察来球，注意力高度集中，随时可向各种方向起动助跑。

(二)判断

判断是扣好球的基础。首先是对一传的判断，然后根据二传传球的方向、弧度、速度、落点选择起跳的地点和决定起跳的时间。判断贯穿在整个助跑与起跳、击球全过程中。

(三)助跑

助跑的目的不仅是为了增加弹跳高度，而且是为了选择起跳点和时间，助跑的方向、速度和步数是根据来球的方向、弧度和速度决定的。助跑的步法一般有两步、三步和多步助跑。助跑的起动时间非常重要，它对于能否发挥最好的弹跳，选择准确的起跳点和扣球路线的变化都有重要的作用。由于每个人助跑的速度不同，制动踏跳的能力不同，弹跳高度不同，因此，起动时间也略有区别。

（四）起跳

起跳的目的在于跳起后达到一定的高度，保持在正确的击球点击球。起跳时，上体前倾，两脚迅速而有力地蹬地踏跳；两臂由体后下方继续向体前上方挥摆，同时快速展腹，带动全身腾空而起。

（五）空中击球

击球是扣球技术的关键环节。起跳后，上体稍向后侧扭转，胸腹自然展出，右臂屈肘举起，肘关节指向侧方，并高于肩部，手置于头的右侧方，手指自然分开。击球时利用迅速转体收腹动作来带动手臂猛烈地挥击。前臂挥动的速度要快，有如挥鞭子的抽击动作。击球时手臂要伸直，用全手掌击球的后中部，手腕快速推压，使球向前下方旋转飞行。

（六）落地

落地时，应由前脚掌过渡到全脚掌，同时顺势屈膝、收腹，以缓冲下落的力量，同时立即准备下一个动作（图 8-15）。

两步助跑起跳正面扣球

图 8-15

（七）练习方法

1. 学习助跑起跳。包括原地双足起跳练习，一步助跑起跳练习，两步助跑起跳练习和上网助跑起跳练习。

2. 学习挥臂击球。包括徒手模仿练习，扣固定球练习，一抛一扣练习和自抛自扣练习。

3. 学习完整扣球。包括助跑起跳上网扣教师低喂抛球练习，上网扣抛球练习，上网扣传球练习。

六、拦网

拦网是防守的第一道防线，也是得分的重要手段之一。有效的拦网可以遏止对方的进攻，减轻本方防守的压力，为防守反击创造有利条件。特别是每球得分制实施以来，攻击性的拦网越来越得到人们的重视。

拦网技术动作由准备姿势、移动、起跳、空中动作和落地几个部分组成。拦网时除应掌握上述技术外，还应有准确的判断能力，以便准确选择起跳地点、拦网时间和空间。

拦网分为单人拦网和集体拦网。其个人技术是相同的，只是集体拦网需要注意相互间的协作与配合。

(一)准备姿势

面对球网，密切注视着对方动向，两脚平行开立，约同肩宽，两膝稍屈，两手自然弯曲置于胸前。身材高大队员双手可上举过头，随时准备起跳或移动。

(二)移动

根据不同情况可灵活运用并步、跨步、滑步、交叉步、跑步等各种移动步法，将身体重心移动到拦网位置，准备起跳。

(三)起跳

移动后立即制动，使身体正对球网后起跳，或在起跳过程中在空中使身体转向球网。如果是原地起跳则从拦网准备姿势开始，两脚用力蹬地，两臂在体侧划小弧线用力上摆，带动身体向上垂直起跳(图 8-16)。

单人拦网

图 8-16

(四)空中动作

起跳后稍收腹，控制平衡。同时，两手从额前贴近网向上沿伸出，两臂伸直，两肩尽量上提。拦击时，两手尽量伸向对方上空，接近球、两手自然张开，屈指、屈腕成勺形。当手触球时，两手突然抖腕，用力捂盖球前上方。拦击时根据对方扣球线路变化，两手在空中向球变线方向伸出，外侧手掌心在拦击球时内转包球。

(五)落地

拦网后自然落回地面，落地时屈膝缓冲。落地后准备做下一个动作。

(六)练习方法

1. 徒手动作练习。包括网前原地起跳拦网，两人相对网前原地起跳空中拍击手掌，根据教师手势做各种步法移动后起跳拦网，两人相对网前移动，在 2、3、4 号位分别起跳对击拦网，一人主动、一人被动在网前移动起跳拦网。

2. 学习拦网手法。包括原地或对墙做徒手伸臂动作(要求手形正确，手指自然张开)，矮网一扣一拦(要求扣球准确，拦网不起跳)，教师站在高台上双手持球，学员轮流起跳拦网(掌握正确手形包住球的动作)，队员站在高 40～50 厘米的凳子上，做拦球动作，体会伸手和捂盖动作。

3. 教师在高台扣固定路线球,队员移动起跳拦网。

4. 对方扣一般球,单人轮流拦网。

5. 对方扣一般球,双人原地起跳配合拦网。

6. 对方扣一般球,双人移动后起跳配合拦网。

七、技术教学的综合练习方法和手段

1. 四人一组跑动中对垫对传(图 8-17)。

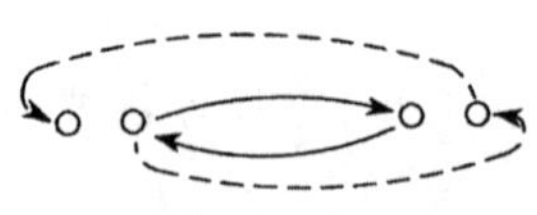

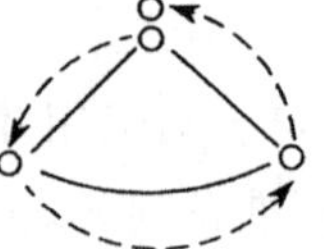

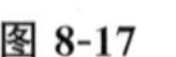

图 8-17

2. 三人三角任意传垫。

3. 两人一组打、防、调。

4. 两人或三人限制线前比赛。

5. 四至五人围成圆圈,自由传、垫、扣。

6. 教师抛球给站在 4 号位的学生,学生将球垫给网前做二传的学生,后撤上步扣二传传来的球,然后拦网(图 8-18)。

7. 组织进攻和防守:教师向一方抛球组织进攻,另一方进行防守,赢队再接教师抛球进攻,另一方防守。组织进攻者赢得一分,防守者赢得组织进攻权,不得分。谁先到 15 分算赢一局。

8. 接发球比赛:每队派一人发 10 个球,其他五人接发球,并计分。到位 2 分,垫起 1 分(图 8-19)。

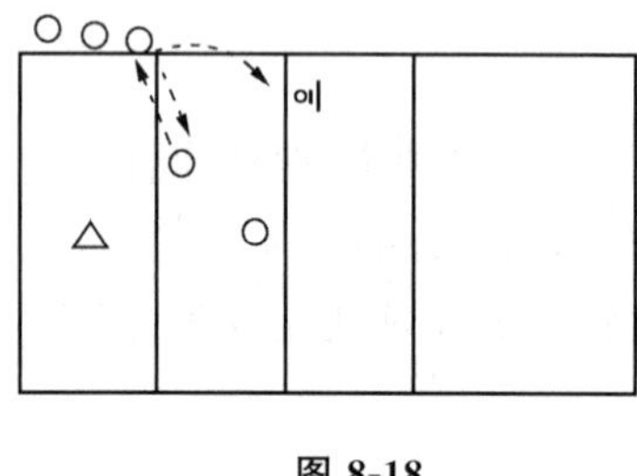

图 8-18

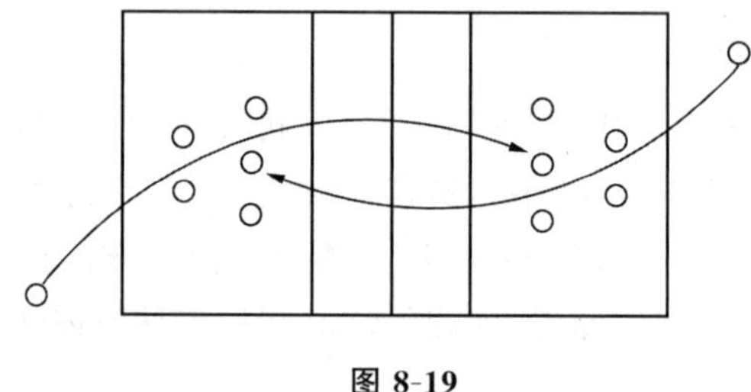

图 8-19

第三节 排球基本战术

排球战术是指运动员在比赛中根据情况所采用的有预见、有目的、有组织的配合行动。

(一)阵容配备的主要形式

1.“四二”配备

指场上队员有 4 个进攻队员和 2 个二传队员。4 个进攻队员又分为 2 个主攻,2 个副攻。其优点是无论怎样轮转,前后排都能保持 1 个二传和 2 个进攻队员,便于组织和发挥攻击力。这种较简单的战术配备通常被初学和一般水平的球队运用(图 8-20)。

2."五一"配备

指场上队员有 5 个进攻队员和 1 个二传队员。其目的是使拦网和进攻得到加强,全队只要适应 1 个二传队员的打法,容易建立默契,有利于二传队员贯彻战术意图(图 8-21)。

3."三三"配备

"三三"配备是指场上有 3 个进攻队员和 3 个二传队员。进攻队员与二传队员间隔站位。适合初学的队,但进攻能力显得不足(图 8-22)。

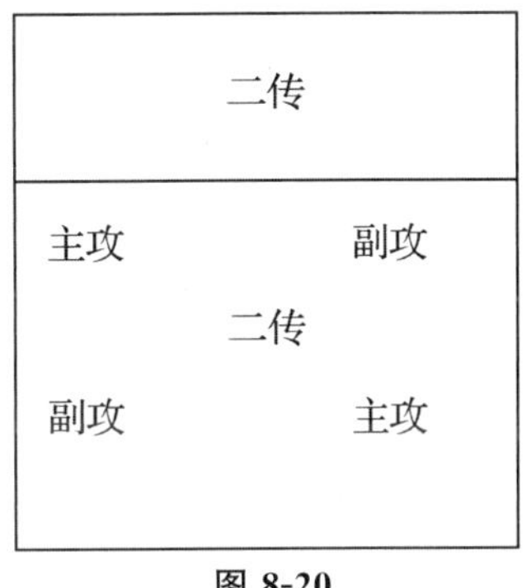

图 8-20

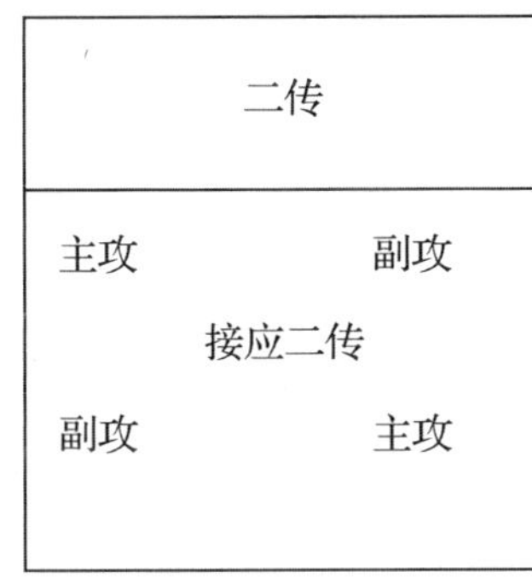

图 8-21

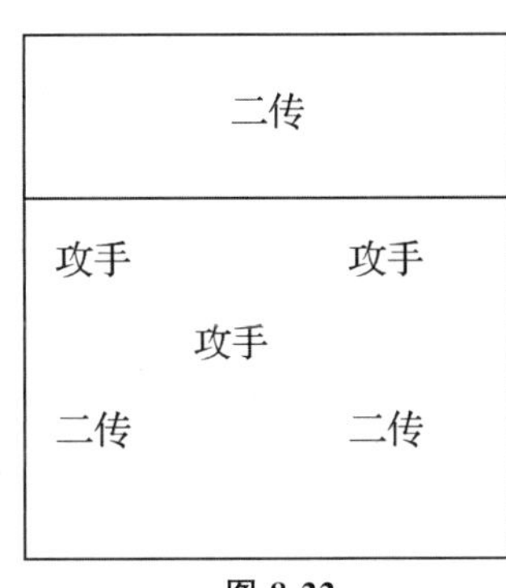

图 8-22

(二)进攻战术的基本形式

1."中一二"进攻战术

由一名前排或后排队员在前排做二传,其他队员参与进攻的阵形。"中二传"进攻阵形是最基本的进攻阵形,其特点是战术可繁可简,技术水平较低的队可组织前排 2、4 号位扣一般高球,技术水平较高的队可组织各种战术进攻战术乃至立体进攻(图 8-23)。

2."边一二"进攻战术

"边一二"进攻战术也是一种比较简单的进攻战术形式。它与"中一二"进攻战术相同,都是前排只有两名进攻队员,其不同点是二传队员不是站在 3 号位,而是站在 2 号和 3 号位之间,将球传给 3 号或 4 号位队员进攻。这种进攻战术称为"边一二"进攻战术(图 8-24)。

3."后排插上"进攻战术

"后排插上"进攻战术的基本配合方法是:由站在后排的二传队员在对方发球击球后,或由本队队员将对方进攻的球防起之后,或在对方的第三次击球,不可能进行强有力的进攻时,迅速插到网前担任二传,将球传给前排三个进攻队员中任何一个队员,扣球进攻,其他两名队员作佯攻掩护,这种进攻战术称为"后排插上"进攻战术。根据后排队员插上时起动的位置不同,可以分为 1 号位插上、6 号位插上和 5 号位插上;根据场上战术的时机不同,又分为接发球时的插上和接扣球的行进插上(图 8-25)。

(三)防守战术的基本形式

1. 单人拦网防守战术

在对方进攻威力不大、路线变化不多时,一般多采用单人拦网防守战术。另外,因受对方战术变化的迷惑,来不及组织集体拦网时,被迫采用单人拦网防守形式,在比赛中也

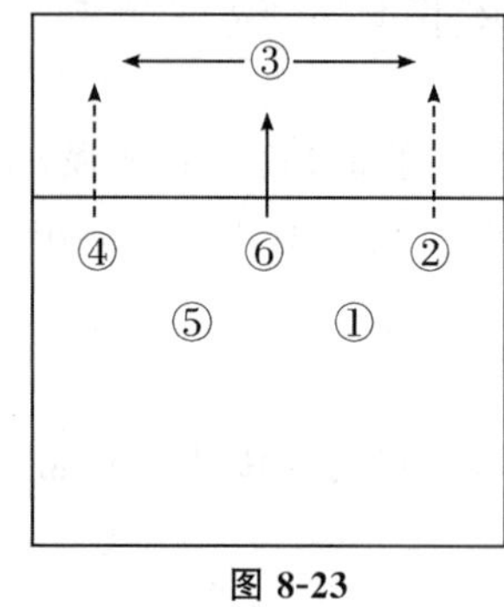

图 8-23

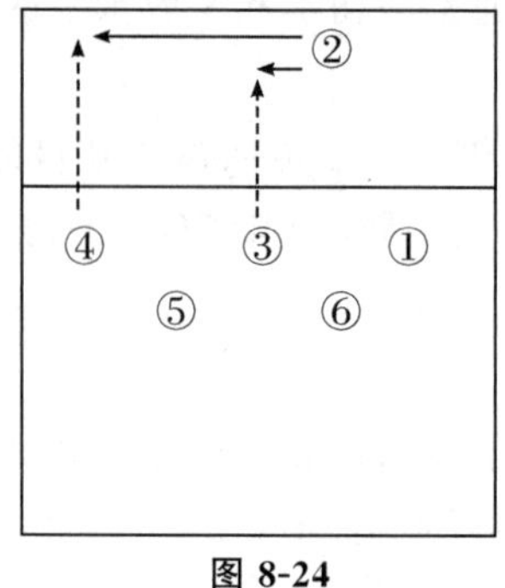

图 8-24

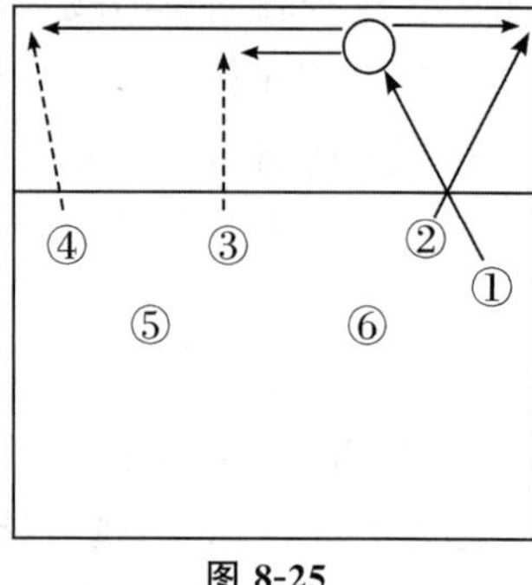

图 8-25

不少见(图 8-26)。

2. 双人拦网和防守战术

(1)双人拦网“心跟进”防守战术

该战术是由 6 号位队员跟进保护、防吊球的防守形式,又称为“心跟进”防守。跟进队员应根据对方进攻点的不同,选择跟进的最佳时机;不参加拦网的队员,要及时后撤到进攻线以后防守;后排 1 号和 5 号位队员应随着对方进攻点的不同,要适时、正确取位(图 8-27)。

(2)双人拦网“边跟进”防守战术

该战术是由 1 号或 5 号位队员跟进作保护的防守形式。前排不拦网的队员后撤参加防守,与后排 3 名队员要形成面对进攻点的弧形防守区,明确各自的防守区域和范围。其具体站位方法是:如对方从 4 号位进攻,则由本方 2 号和 3 号位队员组成双人拦网;4 号位队员撤至进攻线以后防,守斜线进攻;1 号位队员跟进到进攻线附近准备保护(图 8-28)。

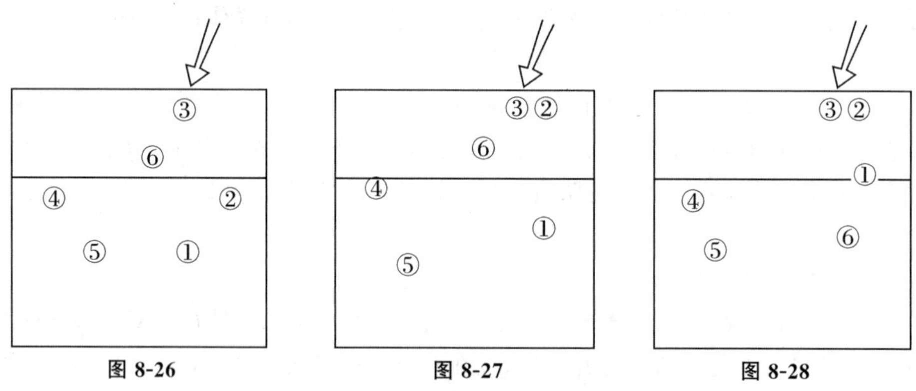

图 8-26　　图 8-27　　图 8-28

第四节　排球竞赛规则简介

一、场地、器材

排球比赛场地包括比赛场区和无障碍区,其形状为 18 m×9 m 对称的长方形(见图 8-29)。球网的高度男子为 2.43 m,女子为 2.24 m。比赛用球可是单一的浅色或国际排联批准的多色球,圆周为 65～67 cm,重量为 260～280 g。

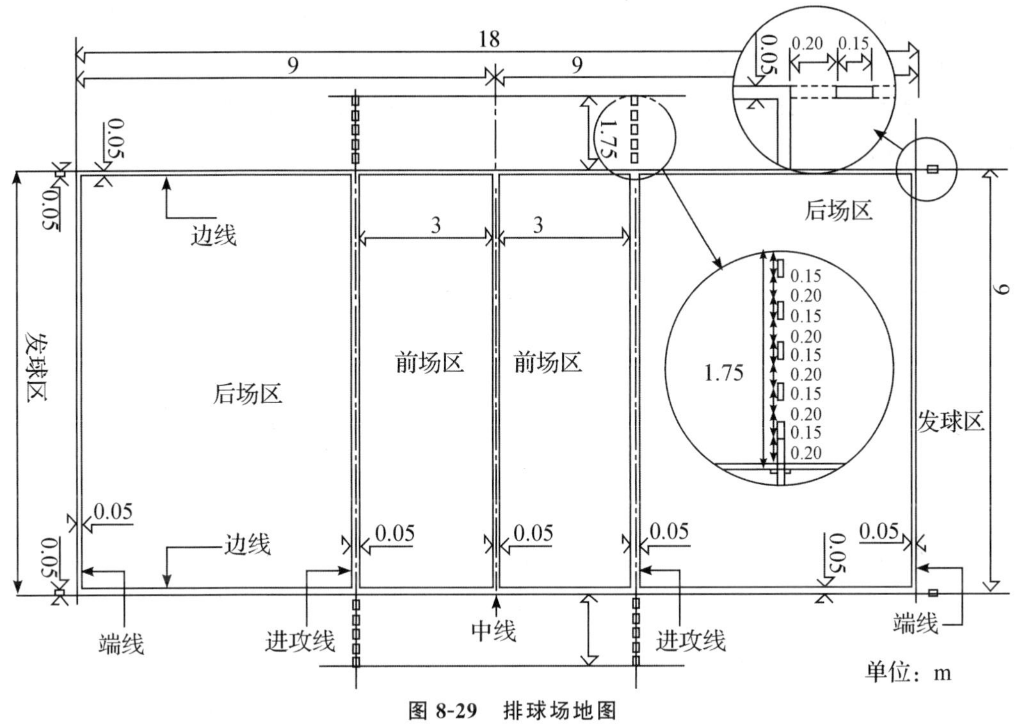

图 8-29　排球场地图

二、主要规则及裁判方法

1. 胜一分、胜一局和胜一场

比赛采用每球得分制，胜一球即胜一分。

比赛的前 4 局以先得 25 分，并超出对方 2 分的队为胜一局。当比分为 24∶24 时，比赛继续进行至某队领先 2 分为胜一局（如 26∶24，27∶25）。决胜局以先得 15 分，并同时超出对方 2 分的队获胜。当比分为 l4∶14 时，比赛继续进行至某队领先 2 分为止（如 16∶14，17∶15）。

2. 犯规与判罚

排球运动中属于犯规的情形有以下几种。

（1）发球击球时的犯规

①发球次序错误；②发球区外发球；③发球击球时球未抛起或持球手未撤离；④发球8 s。

（2）发球击球后的犯规

①发出的球触及发球队队员、球网或未能通过球网垂直面；②界外球；③发球掩护。

（3）位置错误

发球击球瞬间，双方任何一名队员不在规则规定的位置上，则构成位置错误犯规。

判断位置错误必须明确以下三点。

（1）位置错误犯规只在发球击球瞬间才有可能造成，发球击球前、后两队队员可在本场区任意移动或交换位置，不受任何限制。

(2)队员的场上位置应根据脚的着地部位来确定。

(3)明确"同排"与"同列"的概念及位置关系,1、6、5 及 2、3、4 号位队员为同排队员。1、2 号位,3、6 号位,4、5 号位队员为同列队员。规则规定同排左边或右队员的一只脚的某部分必须在同排中间队员的双脚距离同侧边线更近。同列队员中,前排队员一只脚的某部分必须比同列后排队员的双脚距离中线更近(见图 8-30)。

例 A:前排与后排队员位置关系

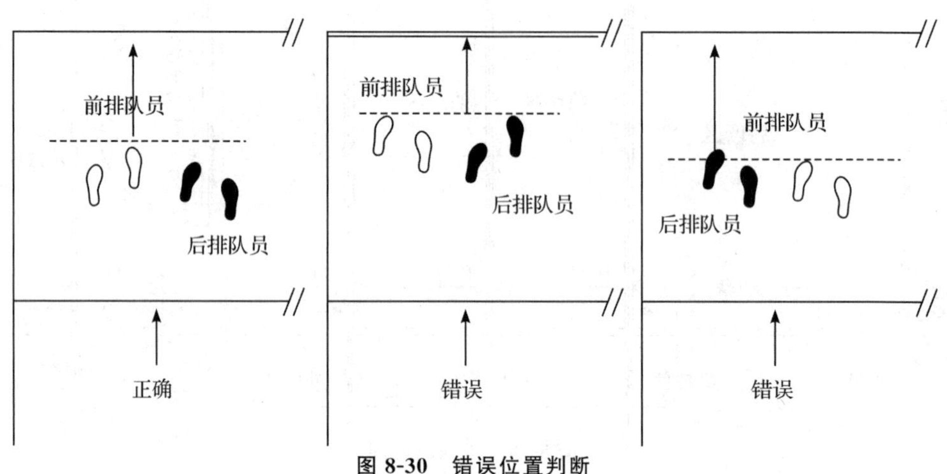

图 8-30 错误位置判断

例 B:同排队员位置关系

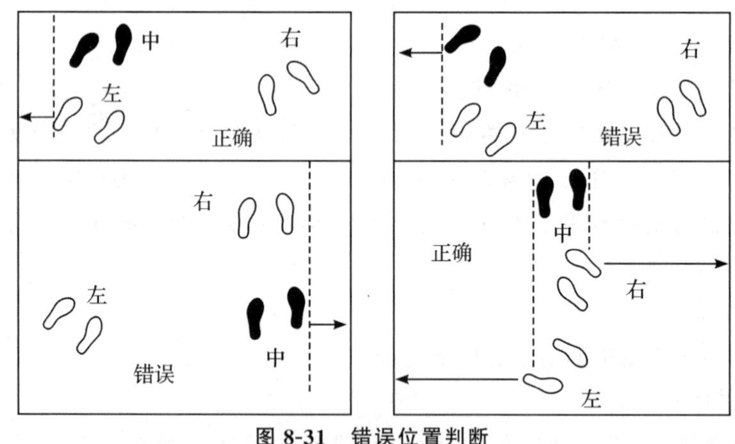

图 8-31 错误位置判断

(4)击球时的犯规包括四次击球、持球、连击、借助击球。

(5)队员在球网附近的犯规包括过网击球、过中线、网下穿越进入对方空间并妨碍对方比赛、触网。

(6)拦网犯规包括过网拦网、后排队员拦网、拦发球、从标志杆外伸入对方空间拦网并触球。

(7)进攻性击球犯规包括后排队员进攻性击球犯规、在前场区对发过来的并且整体高于球网的球,完成进攻性击球(如扣发球、吊发球等)为犯规。但在后场区起跳,击跳后仍在后场区落地不犯规。

(8)不符合规定的请求间断包括超过规定次数请求普通暂停、超过规定次数请求换人、同一队未经比赛过程再次请求替换、无权“请求”的成员提出请求、在比赛进行中或裁判鸣哨发球的同时或之后提出请求。

判罚:判犯规一方失去球权、同时判对方获得一分或判对方直接得分。

三、裁判员的组成及其职责

1. 裁判员的组成及其工作位置

正式比赛的裁判员应由第一裁判员、第二裁判员、记录员和 2 名司线员组成。正式的国际比赛要求有 4 名司线员。

2. 裁判员的职责

(1)第一裁判员的职责。第一裁判员自始至终是比赛的领导者。他对所有裁判员和比赛队成员行使权力。在比赛中他的判定是最终判定。如果发现其他裁判员的错误,他有权改判,他有权决定涉及比赛的一切问题,包括规则中没有规定的。

比赛前第一裁判员应检查场地、器材和比赛用球,主持抽签,掌握正式准备活动时间。

(2)第二裁判员的职责。第二裁判员是第一裁判员的助手,他负责掌握比赛间断的时间及各队暂停、换人的次数。在每局比赛开始、决胜局交换场地及任何必要的时候,检查场上队员的实际位置是否与位置表相符。第二裁判员对第一裁判员的手势都要重复,进行配合。

(3)记录员的责任。登记有关比赛和两队的情况,登记各队的上场阵容,记录得分,掌握并记录暂停和换人次数,记录最终结果。

常用术语中英文对照

1. 排球:volleyball
2. 位置:position
3. 二传手:setter
4. 自由人:free man
5. 副攻手:blocker
6. 主攻手:spiker
7. 发球:serve
8. 触球:contact with the ball
9. 过网:over the net
10. 拦网:block

第九章

乒乓球

课程思政

学生在合作学习的氛围中，培养主体意识，激发学生学习兴趣，提高主动参与的意识和信心。注重发展速度、灵敏度、耐力等身体素质，培养勇敢顽强、机智果断、团结协作等意志品质。

课程目标

1. 知识掌握目标：学生能通过乒乓球基础理论知识教学，进一步了解乒乓球运动的起源与发展的概况，明确乒乓球运动的特点与运动价值。

2. 能力培养目标：学生能初步掌握乒乓球基本技术和简单战术，提高综合运用技术的能力，体验乒乓球攻防对抗的特点，掌握乒乓球比赛组织、编排、裁判等实践能力。

第一节　乒乓球运动概述

乒乓球运动最早是由英格兰的网球演变而来的。先后被称为"室内网球"、"桌上网球(table tennis)"、"Flim-Flam"、"高雪马(goossime)"，1926 年 12 月，国际乒乓球联合会在英国伦敦正式成立，同时在伦敦举行了第一届世界乒乓球锦标赛(World Table Tennis Championships)。直至 1928 年国际乒联"乒乓"的名称正式定下来。

第二节　乒乓球基本技术

一、握拍法

目前，世界上流行的握拍法主要有两种：一是直握拍，二是横握拍。

(一)快攻类型握拍法

快攻类型(包括左推右攻和两面攻两种打法)常见的握拍方法有以下三种：

1. 球拍柄右侧贴在食指的第三关节处，以食指的第二关节压住球拍的右肩，食指的第一关节自然向内弯屈，拇指的第一关节压住球拍的左肩(拇指与食指之间的距离要适中)。其他三指自然弯屈斜重叠，以中指第一指节托于球拍背面，使球拍保持平稳。

2. 握拍方法与第一种基本相同，但拇指与食指之间的距离较大(钳形较大)。这种握拍法有利于上臂和前臂的集中发力。因此，中、远台攻球，正手攻球，扣杀球都比较有力。但由于拇指与食指之间的距离较大，握拍较深，对手腕的灵活性有一定的影响，对处理台内球、转球、推挡球和追身球较差。

3. 拍柄右侧贴在食指第二、三关节之间，以拇指和食指的第一关节压住球拍的左、右两肩，两指间的距离适中(但比第一种握法要小一些)，以中指的第一指节左侧将球拍背面托住，无名指和小指斜叠在中指之下，用无名指辅助中指托住球拍背面，使球拍保持平稳。

这种握拍法为部分两面攻的运动员所采用，其优点是进行反手攻球时，提起前臂后拍头朝上，有利于反手高压打球，使打出去的球快速有力。这种握拍法，由于沉手时拍形下垂，因此在进攻中路追身球时比较协调。由于拇指与食指之间的距离较小，手腕比较灵活，因此易于处理台内球，对突击加转球也较好，其缺点是对正手离身球因拍形下垂而难以高压击球。同时因手腕比较灵活，拍形不易固定。（图 9-1）

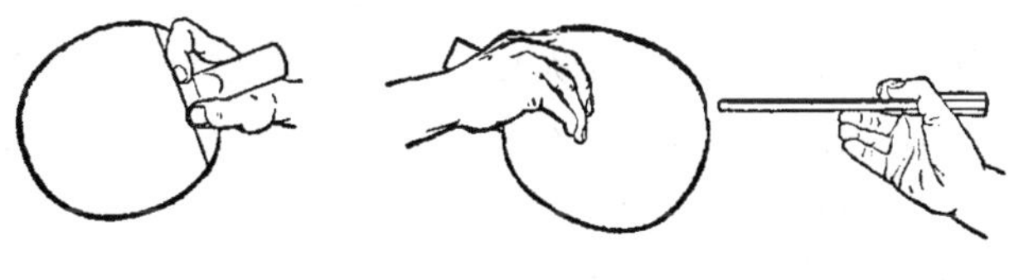

图 9-1

(二)弧圈类型握拍法

直拍弧圈型的握拍有两种：

1. 握拍与快攻型第一种握法相同。它在正手拉弧圈球时，拇指、中指和无名指协调用力，中指和无名指略微伸直（不是完全伸直，仍有一些弯屈），以利于出手击球时较好地保持拍形的前倾。

这种握拍法的优点是手腕比较灵活，正、反手和推挡的结合比较容易，处理台内球也较好。缺点是拍型不易固定，对正手大角度球和扣杀较高的球较难处理。

2. 拇指贴在球拍左侧，食指轻轻扣住拍柄，形成一个小环状。中指和无名指较直地以第一指节托住球拍背部，小指自然紧贴在无名指之下。这种握拍法，很自然地将手臂、手腕和球拍联成一条线，拍呈横状，扩大了右半台的照顾范围。在正手拉弧圈球和扣杀时，容易发挥手臂的力量。正、反手结合运用时，主要靠前臂带动手腕作回旋动作。缺点是手腕不灵活，处理快攻球、台内球，追身球及反手近台球比较困难。（图 9-2）

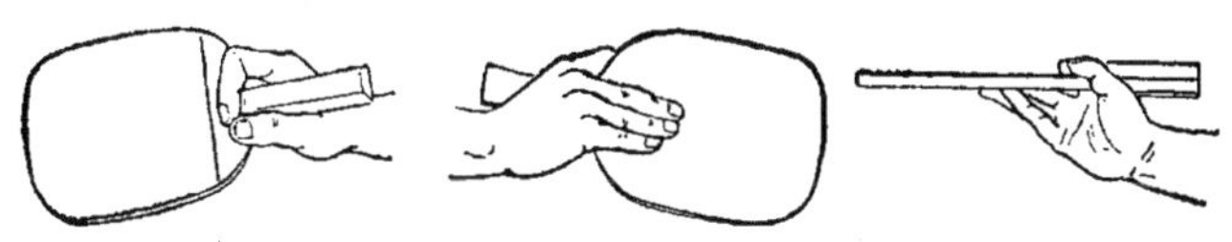

图 9-2

(三)削球类型握拍法

直拍削球型的握拍是拇指自然弯屈，紧贴拍柄左侧，第一指节用力下压，其余四指自然分开托住球拍背面。这种握拍法削球的照顾面较大，正、反手削球时以手臂的转动调节拍形。削中转攻或推挡时，食指要迅速移到前面，第二指节压住球拍右肩；拍后三指则改为自然弯屈托住拍底。（图 9-3）

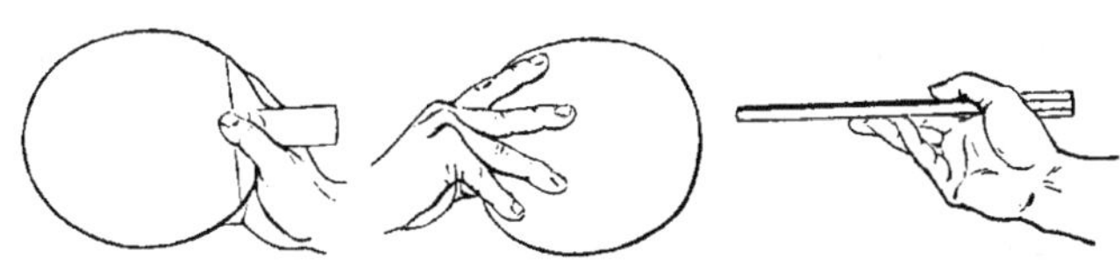

图 9-3

二、横拍握拍法

横拍攻击型(包括快攻和弧圈两种)和防守型(包括削、攻结合)的握拍方法基本相同。但可分为浅握和深握两种。

浅握以中指、无名指、小指自然地握住拍柄,拇指在球拍的正面轻贴在中指旁边,食指自然伸直斜放于球拍的背面,虎口轻微贴拍。深握与浅握的握法基本相同,但虎口紧贴球拍。这两种握法,正手攻球时食指要用点力,也可将食指往上移动一些帮助压拍。反手攻球或快拨时,拇指要用点力,也可用拇指往上移动一些帮助压拍。正、反手削球时,手指基本不动。

浅握的优点是握拍较松,手腕灵活,对台内球的处理方法较多,既可用拉,也可用“撇”、“摆短”等方法回击。进攻时,对低球起板较容易。左右结合较灵活协调。削球、搓球、发球时,搞旋转变化动作小,对方不易判断,缺点是攻击时,上臂、前臂的力量较难全部集中到手腕上,因而发力略受影响。削球时,因手腕较活,拍形不易固定,特别是削弧圈球较难控制。

深握的优点是握拍较紧,拍形比较固定。进攻时上臂、前臂的力量能集中到手腕上,发力比较集中。拉高吊、前冲弧圈球比较转、凶,扣杀球比较有力,弧圈球比较好控制,加转削球有力,旋转强。缺点是由于握法紧,手腕不够灵活,对攻时左右结合的灵活性稍差一些,处理台内球比较困难,正手贴身球比较难打,削球时对中路靠右的短球比较难处理,削转与不转球动作差别较明显,易被对方识破。(图 9-4)

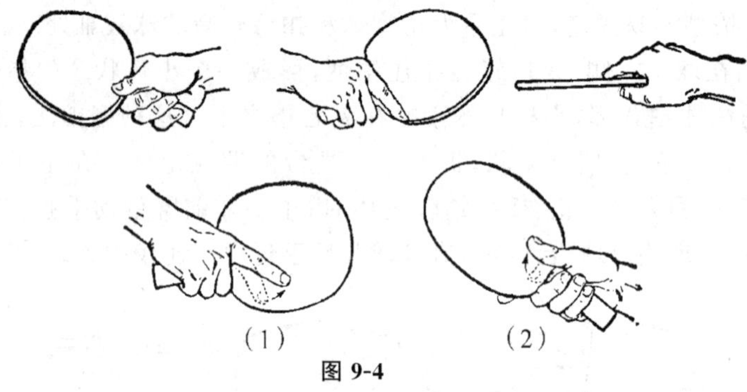

图 9-4

握拍注意事项:

(1)握拍的正误,对回球质量有很大的影响。握拍应做到深浅得宜,以不影响手腕的灵活性和击球的力度为佳。

(2)不论哪种握拍法,关键在于注意手指的移位,以便及时灵活地调节球拍角度,提高击球命中率。因此要反复体会多指节调节拍面角度的动作和用力。

(3)不论是直握和横握,在准备击球时或将球击出后,握拍都不宜太紧或太松。太紧使手腕僵硬,影响球的飞行弧线;太松则拍面摇动,影响发力和击球的准确性。

(4)根据个人的特点确定一种握拍方法后应坚持练习,增强手感,熟悉生巧。切忌随意改变,影响技术的形成和发挥。

三、站位和基本姿势

1. 基本站位:乒乓球运动员的站位应根据不同类型打法,个人技术特点和身体特点来选定。选择站位时应考虑技术特长的发挥,因此不同类型运动员有不同站位。

（1）左推右攻打法：近台偏左，距球台 30～40 cm 左右。

（2）两面攻打法：近台中间略偏左，距球台 40～50 cm 左右。

（3）弧圈球打法：中台，距球台 50 cm 左右，两面拉的运动员其站立中间略偏左。

（4）削攻结合打法：中台附近，削球为主的站位在中远台附近。

2. 基本姿势（图 9-5）

运动员在还击来球之前，应使身体保持正确姿势，以便迅速起动，抢占合理击球位置，及时、正确地将球还击过去。

图 9-5

正确的基本姿势应该是：两脚开立，略比肩宽，左脚稍前，提踵、前脚掌内侧用力着地，上体略前倾，两膝微曲内扣，重心平衡置于两脚之间。下颌稍下收，两眼注视来球，球拍置腹前 20～30 厘米偏右处，手臂自然弯曲。做到“注视来球，上体微倾，屈膝提踵，重心居中。”

两脚开立比肩略宽是为了保持身体重心的稳定性；两膝微屈内扣，脚掌内侧用力着地，有利于迅速蹬地起动；提踵的动作对直接蹬地起动，缩短步法移动的时间具有重要作用。

四、基本步法

乒乓球运动不论是训练或者比赛，来球的落点总是在不断地变化，运动员除了有正确的上肢技术外，还必须有快速、灵活的下肢的步法移动，才能在最佳位置上准确无误地还击每一个来球。

步法移动总的要求是反应起动快速、移步重心平稳、到位及时准确。

1. 单步图（图 9-6）

特点：移动简单，范围小，身体重心平稳。当来球离身体较近时采用。

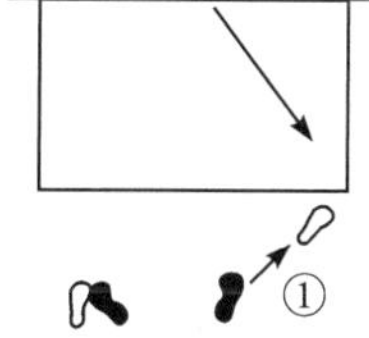

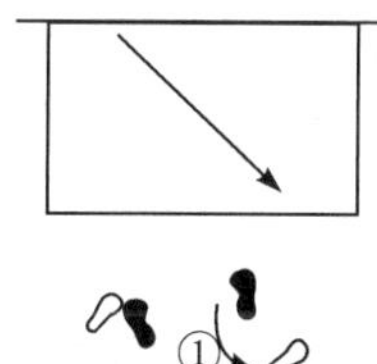

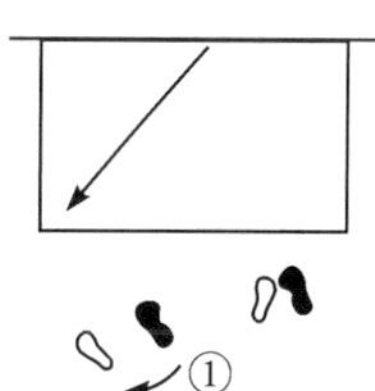

①单步向右前方移动　②单步向左前方移动　③单步向右后方移动　④单步向左后方移动

图 9-6

动作方法：一脚为轴，另一个脚向前、后、左、右不同方向移动，重心随之跟上。单步具有移步简单、灵活、重心平稳的特点，一般用于离身体不远的小范围移动，如接近网短球等。

2. 滑步图（图 9-7）

特点：移动范围较大，重心转换迅速。当来球离身体较远时采用。滑移后两脚距离保持不变，适合连续快速回击来球。

动作方法：两脚几乎同时向来球方向蹬地且几乎同时离地，与来球方向异侧的脚先落地，同侧脚紧随着地，挥拍击球。

3. 跨步图（图 9-8）

特点：移动范围比单步大。当来球离身体较远时采用。移动速度快，多用于借力回击。由于一脚移动幅度大，会降低身体重心，不易连续使用。

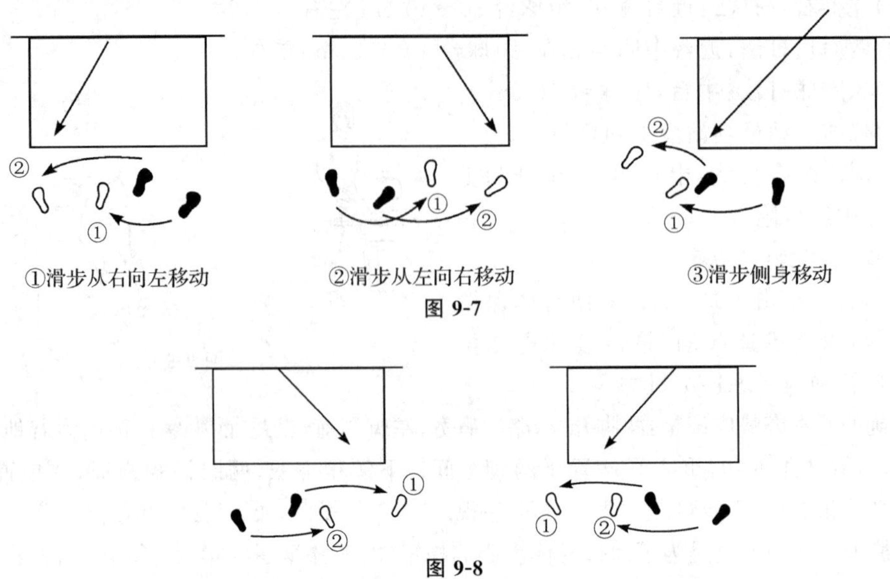

①滑步从右向左移动　②滑步从左向右移动　③滑步侧身移动

图 9-7

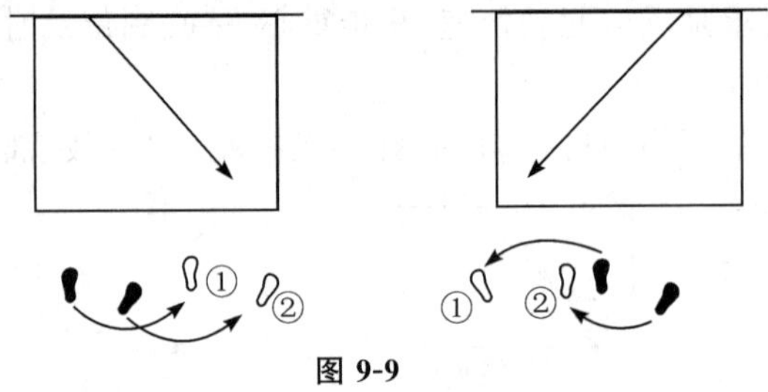

图 9-8

动作方法：一脚蹬地，另一个脚向移动方向跨一大步。多用于进攻型选手左右移动击球。为了防止跨步后失去重心，蹬地脚应随后跟上半步或一小步。

4. 跳步图(图 9-9)

特点：移动范围比单步和跨步大，移动速度快，一般在来球离身体较远较急时采用。在各类型打法中常用此步法。

图 9-9

动作方法：以来球同方向脚蹬地为主，双足有瞬间的腾空，离来球较远的脚先落地，另一只脚跟着离地。其特点是移动范围比跨步大，利于发力进攻。攻球选手在左右移动时常用。

5. 并步图(图 9-10)

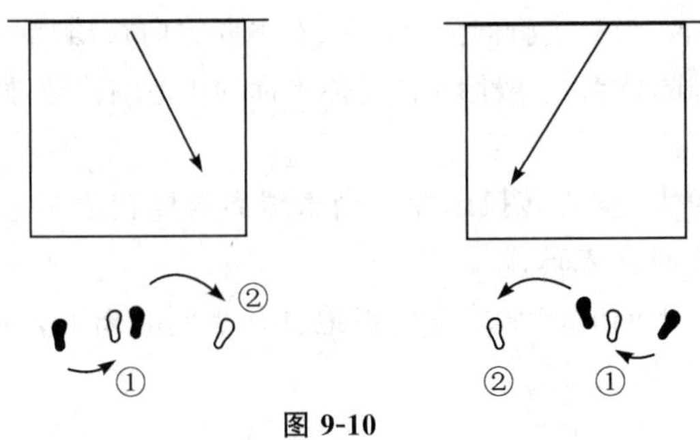

图 9-10

特点：移动时脚步不腾空，身体重心平稳，移动范围不如跳步大。

动作方法：一脚先向另一只脚移(或叫并)半步或一小步，另一只脚在并步脚落地后即向同方向移动。其特点是身体不腾空，重心起伏小，很稳定。一般为进攻型选手或削球选手在左右移动时运用。

6. 交叉步图(图 9-11)

特点：移动范围比其他步法大，适用于主动发力进攻。此动作对身体的协调性要求较高，一般在来球距身体较远时采用。

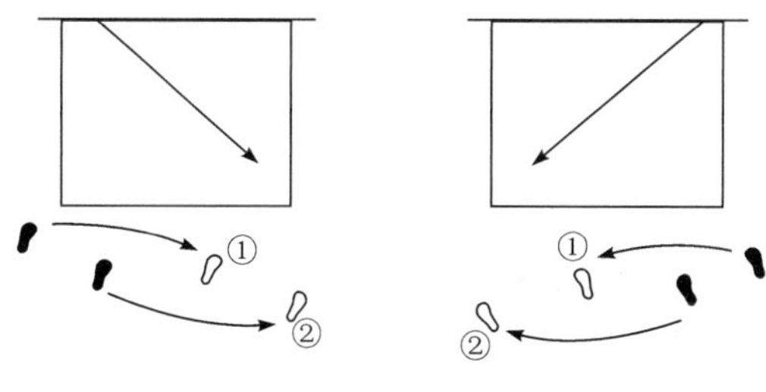

图 9-11

动作方法：近来球方向的脚尖先由向前转向移动方向，并略移半步或原地调动一下重心；远来球方向的脚在向来球方向跨一大步，在身体前(侧)瞬间呈交叉状态。身体随之向来球方向移动，另一只脚再跟上一步，身体重心随手臂挥动方向略转。在远来球方向脚跨出的一步将落地时进行击球，另一只脚移动时击球已完成。此步法移动范围大，侧身攻后扑打右方空档，或再从右大角回到反手攻球时常用。削球选手在前后移动时也经常使用。

7. 结合步(图 9-12)

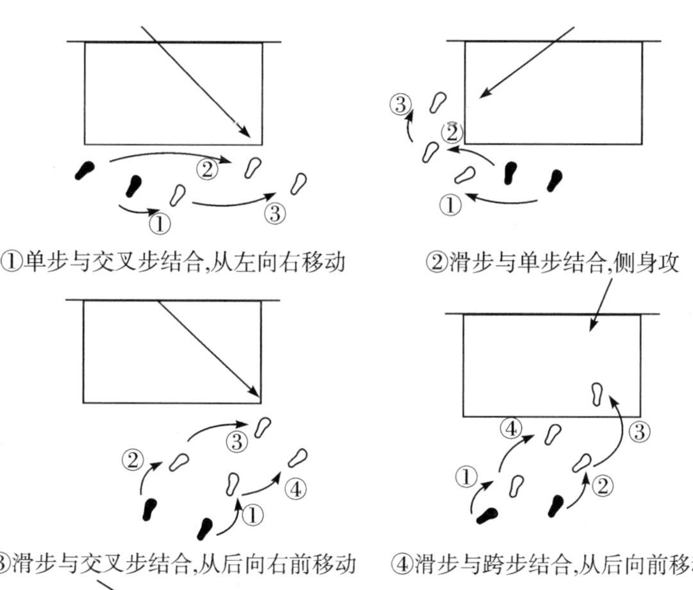

图 9-12

特点：当使用一种步法后，仍不能获得最佳的击球位置时，即可采用结合步来完成。其移动范围比任何一种步法都大。

动作方法：在进行一次击球时，把两种或两种以上步法组合起来运用。

步法运用的注意事项：

(1)应充分认识到步法移动在乒乓球运动中的重要性。在乒乓球比赛中，身体不到位而勉强击球，势必降低击球的力量、速度和准确性。

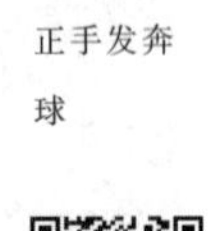

正手发奔球

(2)在比赛中，步法若要运用得好，首先要集中精神，全神贯注，然后，一定要按准备姿势的动作要求，做到提踵屈膝，含胸收腹，头摆正，收下颌，两眼注视对方。只有这样，才能保证对方来球时起动快，及时到位。

正手发左侧上旋球

(3)步法移动时，要做到身体重心平稳，不要上下波动。只有保持好身体的平衡，才能有效地完成好击球动作。所以，要加强腿部和腰部的力量素质练习，腰、腿部的力量增强了，移动时的身体平衡才有保障。

正手发左侧下旋球

(4)所有的步法都是为了挥拍击球，所以，移动中应完成击球的准备动作，击球后又要立即准备移动。这就要求运动员有良好的协调性，一定要重视身体柔韧性、协调性素质的练习。

反手发右侧上旋球

五、发球

发球是乒乓球比赛时力争主动，先发制人的第一环节，发球能否得分，能否打开局面获得优势，同发球技术好坏有密切关系。

反手发右侧下旋球

发球主要由抛球和挥拍击球两个动作组成的。抛球是前提，击球部位和挥拍方向是决定发球性质的关键，用力大小和第一落点的远近是发球变化的条件。因此尽管发球种类繁多，但我们只要在发球的速度、旋转和落点的变化三方面下功夫，就可以不断提高了发球的质量和威胁性。

1. 正手发奔球。特点：球速急、落点长、冲力大，发至对方右大角或中左位置，对对方威胁较大。要点：①抛球不宜太高；②提高击球瞬间的挥拍速度；③第一落点要靠近本方台面的端线；④点与网同高或稍低于网。

反手发急球

2. 发短球。特点：击球动作小，出手快，球落到对方台面后的第二跳下不出台，使对方不易发力抢拉、冲或抢攻。

3. 正手发左侧上(下)旋球。特点：左侧上(下)旋转力较强，对方挡球时向其右侧上(下)方反弹，一般站在中线偏左或侧身发球。

正手发转球

4. 反手发右侧上(下)旋球。特点右侧上(下)旋球力强，对方挡住后，向其左侧上(下)反弹。发球落点以左方斜线长球配合中右近网短球为佳。

5. 反手发急球与发急下旋球。特点：球速快、弧线低、前冲大，迫使对方后退接球，有利于抢攻，常与发急下旋球配合使用。

6. 正手发转与不转球。特点：球速较慢，前冲力小，主要用相似发球动作，制造旋转变化去迷惑对方，造成对方接发球失误或为自己抢攻创造机会。

正手发不转球

7. 正手高抛发球。特点：最显著的特点是抛球高，增大了球下降时对拍的正压力，发球速度快，冲力大，旋转变化多，着台后拐弯飞行。但高抛发球动作复杂，有一定的难度。

六、接发球

乒乓球比赛中，接发球与发球机会相等。但是接发球技术的运用往往是被动的，要根据对方发球的方法与来球性能决定接球的方法。所以，接发球时要能够对对方发球的速度、旋转、落点等变化作出准确的判断，并且果断，合理地运用接发球技术，有效地调动和控制对方，才能迅速摆脱被动，争取主动。

接发球的要点：

1. 站位的选择：首先必须根据对方的站位情况选自己正确的站位。其次应根据个人特长与习惯选择适合的接发球姿势和站位。

2. 来球性能的判断。

判断来球的性能时，注意力一定要集中在对方球拍触球瞬间的状态上，不要被对方击球前后的假动作所迷惑。

(1)从对方发球时拍面所朝方向和挥臂方向判断来球的斜、直线。

(2)从对方发球时球拍触球的移动方向判断来球的旋转性能。

(3)从对方发球时摆臂的幅度大小和手腕用力切球或抖动的强烈程度判断来球落点远近和旋转的强弱。

(4)从来球弧线的最高点位置和球的运行时速度变化判断来球落点和旋转性能。

(5)对两面不同性能的球拍(一面反胶，一面防弧拍或长胶)可以从击球的声音和拍面的颜色区别出球的旋转性能。

判断对方来球的性能，除了在理论上加强认识外，还要在实践中反复摸索，细心钻研，勤学苦练，达到熟练的程度。

3. 接发球的方法。

接发球的基本方法由推、搓、挑、拨、削、拉、攻、摆短等各种技术综合组成。而接发球技术掌握得好坏，取决于掌握乒乓球基本技术水平的高低。所以，应当使运动员在理论上了解各种旋转球的性能，并通过专门和系统的训练，掌握接发球的一般规律，并在实际比赛中大胆运用，而且可以根据自己技术打法的特长和技、战术的需要，勇于创新、打破常规去接对方的任何来球，从而提高观察、判断能力和适应能力，这样才能不断提高接发球的技术。

七、推挡球

推挡球是我国直拍快攻打法的主要技术之一，它具有站位近、动作小、速度快、变化多等特点。在比赛中常用快速推挡结合力量、落点及旋转的变化来控制和调动对方，为正手攻球和侧身抢攻创造有利的条件。在被动防守时，推挡也可以起到积极的防御作用。

1. 挡球(图 9-13)

特点：球速慢，力量轻，变化小，动作简单，容易掌握，是初学者的入门技术。

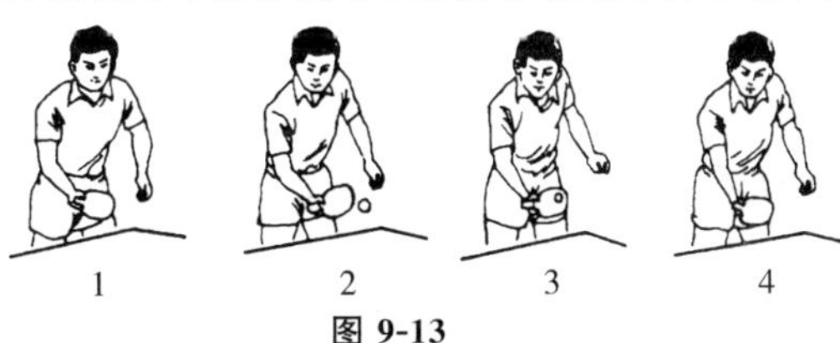

图 9-13

动作方法:两脚平行站位,身体靠近球台。击球前,上臂贴近身体,前臂约与台面平行,球拍置于腹前,略高于台面呈半横状,拍面近乎垂直。击球时,调整好拍形,在来球上升前期触球中部或中上部,借来球的反弹力将球挡回。击球后迅速还原,准备下一次击球。

2. 减力挡(图 9-14)

特点:回球弧线低,球速慢,落点近,能缓冲来球的反弹力,借以控制对方的进攻。

动作方法:站位与挡球时相同。击球时,在触球的瞬间手臂前移的动作稍微回缩,以减弱来球的反弹力。

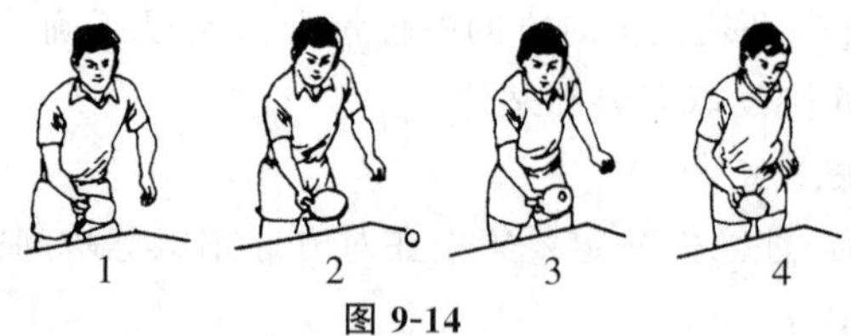

图 9-14

3. 快推(图 9-15)

特点:站位近,动作小,速度快,变化灵活,可为争取主动和助攻创造条件,是快攻类打法中最常用的一种基本技术。

动作方法:站位近台偏左,两脚平行站立或右脚稍后,上臂和肘关节靠近身体右侧旁。击球前前臂稍向后引,击球时前臂向前推出,同时配合食指压拍,拇指放松,使拍面前倾,在来球的上升前期击球的中上部,击球后,手臂顺势前送。

直板快推

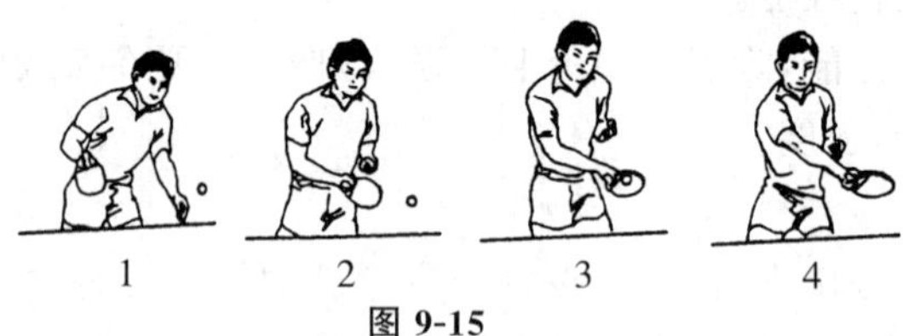

图 9-15

4. 加力推(图 9-16)

特点:回球力量大,球速快,变化突然,能有效地牵制对方,夺得主动,是推挡中威力较大的一种技术。

动作方法:站位、准备姿势与快推相同。击球前,前臂上提,球拍后引,肘部贴近身体,球拍位置高于击球点,拍面稍前倾;击球时,中指顶住拍背,拍形较为固定,执拍手由后向前推压,同时配合伸髋转腰的动作,在来球上升后期或最高点时击球中上部;击球后,手臂随势前送。

图 9-16

5. 推下旋(图 9-17)

特点:回球下旋,弧线较低,落点长,球落台后下沉快。在对推上旋时,突然推下旋,可造成对方失误。

动作方法:两脚平站或右脚稍前,身体离台约 40 cm。手臂内旋,拍面角度稍后仰,同时上臂后引，前臂上提，球拍引至身前上方；击球时，持拍手向前下方挥动，拍面稍后仰，击球的中部向前下方摩擦推切；击球后，手臂随势前送，并迅速还原成准备姿势。

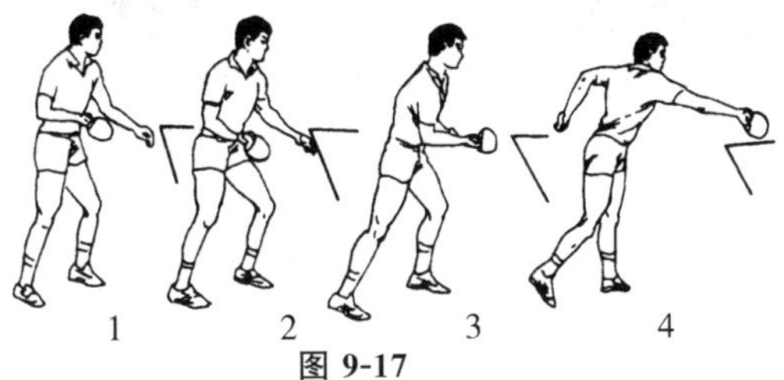

图 9-17

6. 推挤（图 9-18）

特点：回球带左侧下旋，弧线低，回球飞行斜线角度大。由于主动改变了旋转性能和回球的角度，因而增大了对方接球的难度。也是对付弧圈球的有效办法。

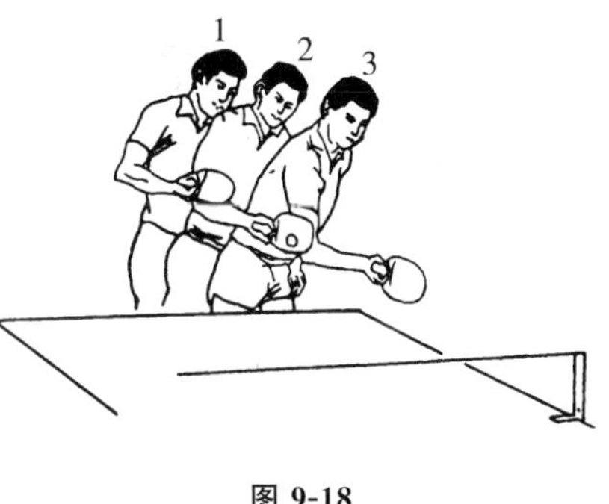

图 9-18

动作方法：两脚平站或左脚稍前，身体离台约 40 cm；手臂自然弯曲并作外旋，拍面角度稍前倾，前臂上提将球引至身前上方；击球时，持拍手向前下方挥动，腰、髋随之左移，当球弹至上升期，拍面稍前倾击球的左侧中上部，并向左前下方用力推挤，同时腰髋左移配合发力；击球后手臂随势前移，并迅速还原成准备姿势。

横拍的推挡球技术方法与直拍基本相同，推挡时拍头向上翘是正常现象，不属于错误的动作。

八、攻球

攻球具有速度快、力量大，应用范围广泛等特点。是比赛中争取主动，获得胜利的重要手段。因此必须学会全面的攻球技术。

1. 正手快攻

特点：站位近，动作小，球速快，能借来球反弹力还击。是我国近台快攻打法的主要技术之一。

动作方法：直拍正手近台攻球时身体靠近球台，右脚稍后，两膝微屈，上体略前倾。击球前，引拍至身体右侧成半横状，上臂与身体约成 35°，与前臂约成 120°。当球从台面弹起时，手臂由右侧向左前上方迅速挥动，以前臂发力为主。击球时，食指放松，拇指压拍，使拍面前倾并结合手腕内转动作，在来球上升期击球中上部（图 9-19）。

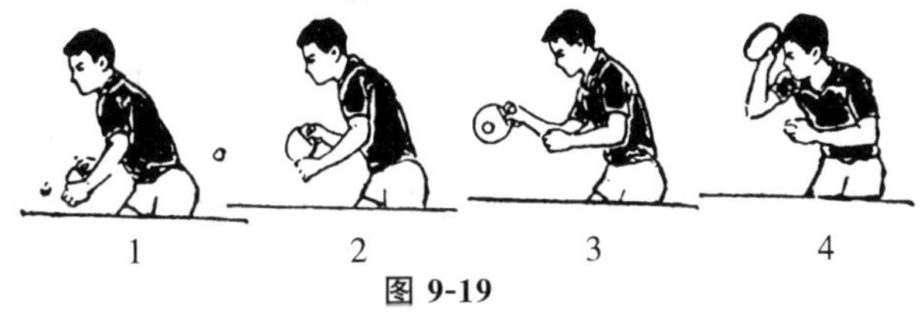

图 9-19

正手快攻

横拍正手近台攻球时，前臂和手腕成直线并与台面接近平行，拍柄略朝下。击球的时间、部位、拍面角度及手臂挥动方向，基本上与直拍相似（图 9-20）。

2. 正手中远台攻球

特点：站位稍远，动作幅度大，力量重，进攻性强。

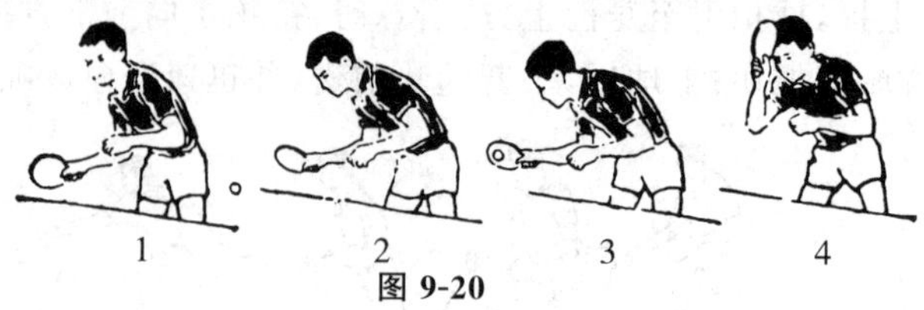

图 9-20

动作方法：右脚在后，重心在右脚，身体离台 1 m 左右或更远些。击球前的准备姿势与正手近台相似，但动作幅度稍大些。击球时以上臂稍向后拉，带动前臂和手腕向左前上方挥动，在来球下降前期或后期击球的中部或中下部，击球后重心前移（图 9-21）。

图 9-21

3. 正手拉攻

特点：这种球是快攻打法中拉出的一般上旋球，它具有速度快、动作较小、线路活的特点。

动作方法：站位近台，右脚稍后，重心放在右脚上。击球前，引拍至身体右侧下方成半横状，拍面近乎垂直。当球从最高点开始下降时，上臂和前臂由后下方向前上方挥动，前臂迅速内收，结合手腕转动的力量摩擦球的中部或中下部。击球后，重心移至左脚，球拍随势挥至头部（图 9-22）。

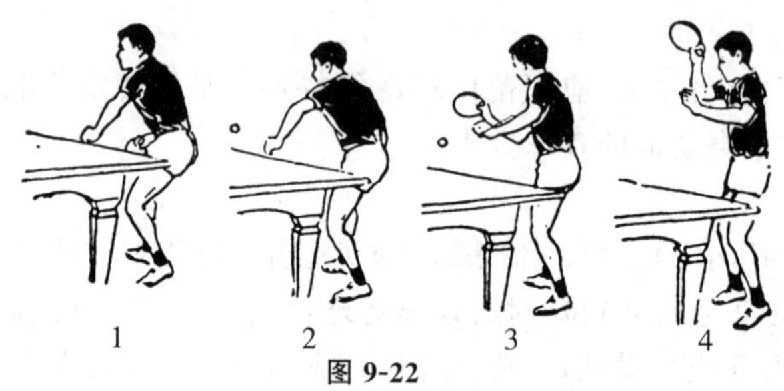

图 9-22

4. 正手扣杀

特点：动作幅度大，力量重，球速快，威力大。是得分的重要手段。

动作方法：两脚开立，右脚在后，重心在右脚。击球前身体略向右转，引拍至右后方（适当加大引拍幅度）。击球时，上臂带动前臂由后向前用力挥击，结合腿蹬地和转腰力量在高点期击球。来球上旋，击球时拍面稍前倾，击球的中上部；来球下旋，击球前球拍要略低于来球，击球的中部。击球后，球拍随势挥至左胸前，重心前移至左脚（图 9-23）。

5. 正手台内攻球（亦称正手快点）

特点：站位近，动作小，击球点在台内，是一项以进攻近网短球的重要技术。也是直、横拍以快攻为主要打法的一项必备技术。

动作方法：站位靠近球台。接右方近网短球时，右脚迅速向右前方跨出一步，上体略前倾，贴近球台，同时迅速将球拍伸进台内。待球跳至高点期时，前臂内旋结合手腕转动进行击球。来球上旋，食指应放松，拇指压拍，使拍面稍前倾，击球中上部，

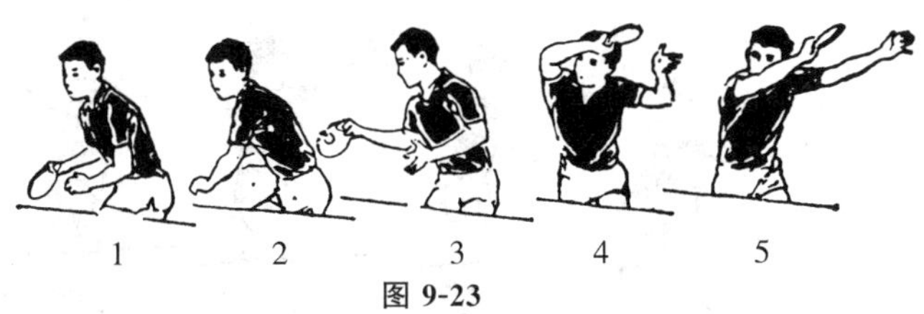

图 9-23

击球时前臂和手腕以向前发力为主；来球下旋，则拍面角度稍后仰，击球中下部，前臂手腕向上向前发力(图 9-24)。

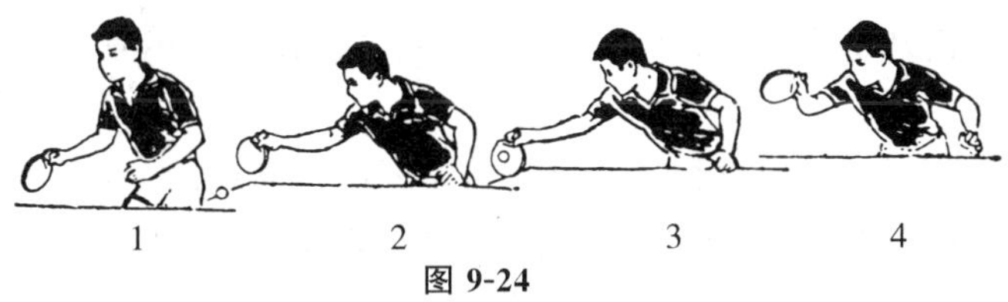

图 9-24

6. 正手滑拍

特点：滑拍球是一种声东击西的辅助进攻技术。它回球角度大，带有左侧旋，运用得好可以直接得分。

动作方法：击球前，重心放在右脚，左脚在前，身体略向右转，球拍置于身体右侧。击球时，手臂由右向左前方挥动，在高点期触球左侧面，触球瞬间手腕突然外展，顺势向左滑拍使球呈左侧旋，将球击到对方左角，并向台外拐。击球后，重心移至左脚(图 9-25)。

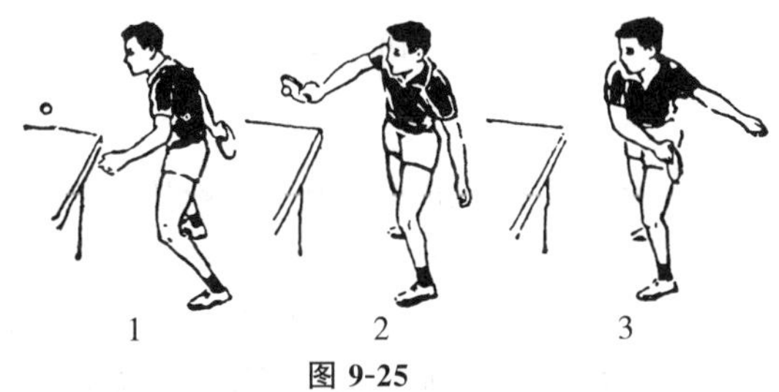

图 9-25

7. 杀高球

特点：动作幅度大，力量重，击球点高。是回击高球的一种有效技术。

动作方法：两脚开立，右脚稍后，身体右转，手臂向右后方拉开，重心放在右脚。击球时，上臂从下向上做环形挥动，拍面前倾，前臂和手腕同时下压，在头与肩之间高度击球的中上部。击球后，手臂随势下压挥拍至左侧，上身配合左转，重心移至左脚(图 9-26)。

杀高球可分为快杀和慢杀两种：以上介绍的是慢杀。击球上升期的叫快杀(俗称“落地开花”)，快杀球速快、威力大；不易提防。但力量比慢杀小，命中率不如慢杀高。

8. 正手快带

特点：速度快、弧线低、落点变化多，是中国直板快攻型打法的选手为对付弧圈球于1973 年所创新的一种攻球技术。由于改变球的运行节奏，使对方不易连续拉出强烈的弧圈球，有利于从被动转入主动进攻。

动作方法：站位较近台，左脚稍前。引拍时，腰部向右转动，手臂在身体右前方，使拍高于来球。拍形前倾，手腕相对固定，保证拍触球时的稳定性。利用转体和前臂向前迎

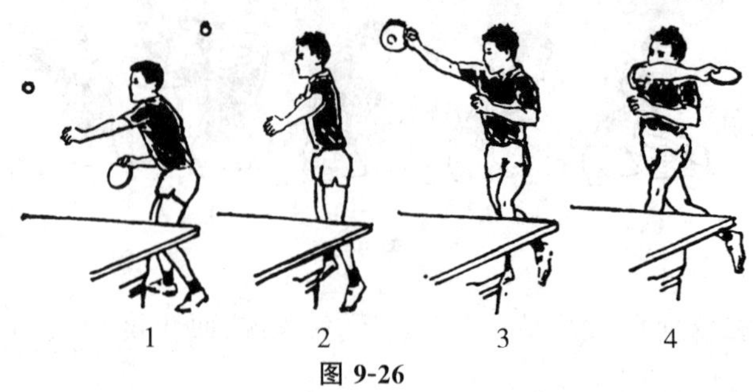

图 9-26

球，在来球上升期击球的中上部，球击出后，随势前送，并迅速还原。

9. 反手扣杀

特点：动作大，力量重，速度快，攻击性强，是还击半高球的一种方法。

动作方法：两脚开立，右脚稍前。击球前，身体略向左转，并向左后方引拍，上臂贴近身体，重心放在左脚。击球时，肘略向前上臂带动前臂向右前方挥击，同时腰部右转，拍面前倾，拍柄略向下，在高点期击球的中上部。击球后，随势挥拍至右肩前上方，重心移至右脚(图 9-27)。

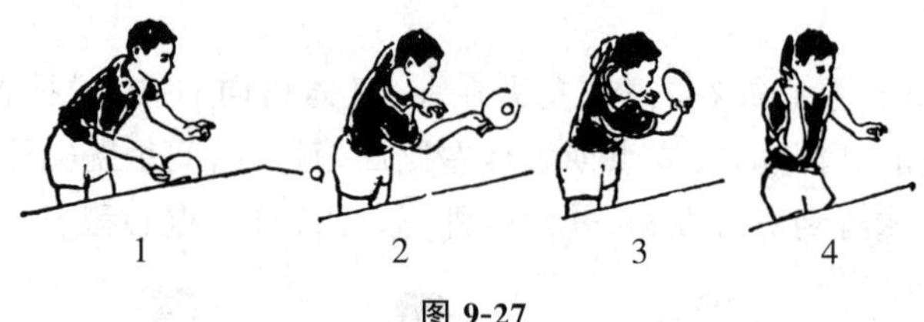

图 9-27

10. 反手快拨

特点：快拨是横拍进攻类运动员常用的一项相持性技术，它具有站位近，动作小，落点变化多和有一定速度、力量的特点。

动作方法：两脚平行站立。击球前，肘关节自然弯曲，引拍至腹部左前侧，拍柄稍向下，肘部稍前出。击球时，前臂带动手腕向右前方挥动，拍面稍前倾，在上升期击球的中上部，借来球反弹力将球拨回。击球后，球拍随势挥至右肩前(图 9-28)。

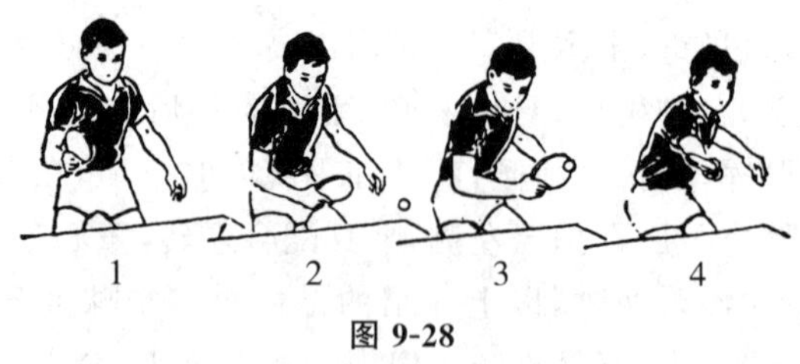

图 9-28

九、搓球

搓球是近台还击下旋球的一种基本技术。比赛中经常用它为拉弧圈球创造条件。它与攻球结合可形成搓攻战术。搓球可用于接发球，必要时用它作为过渡。

1. 慢搓

特点：动作幅度较大，回球速度稍慢。旋转变化运用得好，可以为进攻创造条件或直接得分。

动作方法：反手慢搓的站位是右脚稍前，身体离球台约 50 厘米，持拍手臂向左上引拍。击球时，前臂和手腕向前下方用力，同时配合内旋转腕的动作，拍形后仰，在下降期后段击球中下部。击球后，前臂随势前送（图 9-29-a）。横拍搓球时，拍形略竖一些，击球后前臂向右下方挥摆。击球时间、部位和拍形，与直拍基本相同（图 9-29-b）。

反手搓球

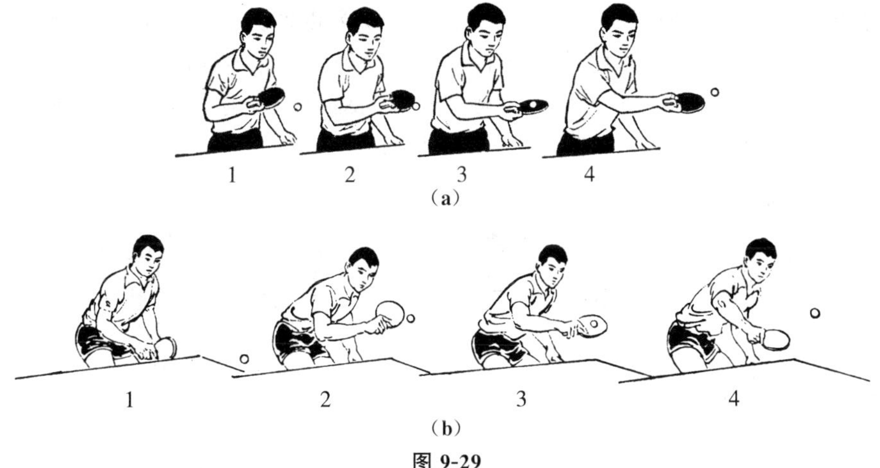

图 9-29

正手搓球

正手慢搓的站位是左脚稍前，身体稍向右转。击球前，手臂向右上方引拍。然后前臂和手腕向左前下方用力搓球，在下降期击球中下部。

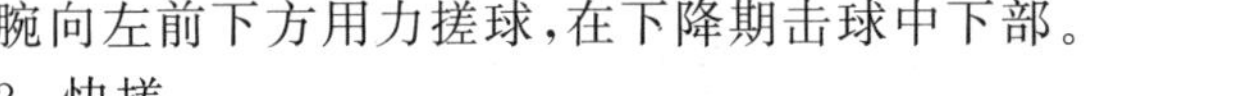

2. 快搓

特点：动作幅度较小，回球速度较快，能借助来球的前进力去回击。它是对付削球和搓球的一种方法。

动作方法：右脚稍前，身体靠近球台。来球在身体左侧时，可运用反手搓球。击球时，上臂迅速前伸，前臂跟随向前，拍形稍后仰，利用上臂前送力量，在上升期击球中下部（图 9-30-a）。来球在身体右侧，可以运作正手搓球。搓球时，身体稍向右转，手臂向右前上引拍，然后前臂和手腕向前下方用力，在上升期击球中下部（图 9-30-b）。

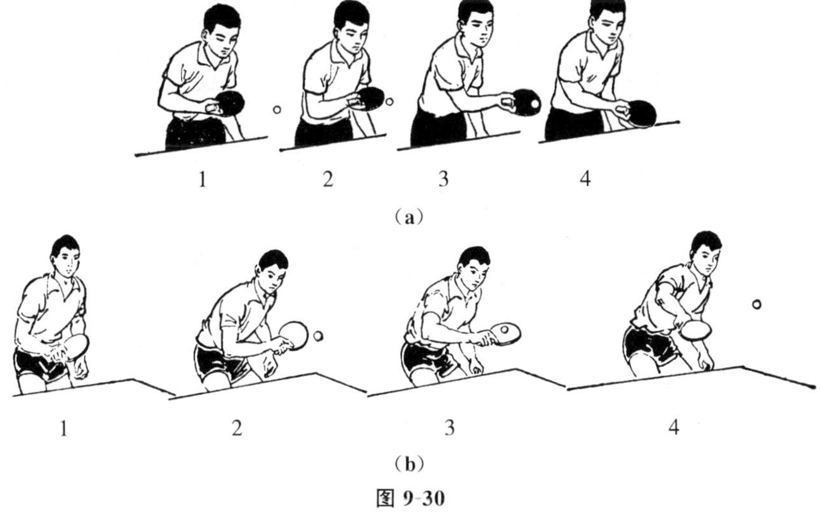

图 9-30

十、削球

削球本质上是防守技术、在比赛中，利用削球的旋转变化，落点变化给对方施压，造成对方失误，或制造机会球与攻球技术结合、形成削攻战术。

1. 远削

特点：动作大，球速慢，弧线长，回球下旋。远削时，可通过旋转变化伺机反攻；落点好、弧线低能控制对方攻势或直接得分。

动作方法：正手远削时，左脚稍前，身体离球台1米以外。上体稍向右转，重心放在右脚上。击球前，手臂自然弯曲，将球拍向右上引至与肩同高。击球时，手臂向左前下方挥动，在下降期击球中下部，拍形稍后仰。触球刹那间前臂加速削击，同时手腕向下辅助用力。击球后，球拍随势前送，重心移到左脚(图9-31)。

图9-31

反手远削时，右脚稍前，身体左转，手臂弯曲，球拍向左上方引至与肩同高，拍柄向下，重心放在左脚上。击球时，手臂向右前下方挥动，前臂与手腕加速用力削击来球，在下降期，击球中下部，拍形稍后仰。击球后，上体向右转动，球拍随势挥至身体右侧，重心移到右脚(图9-32)。

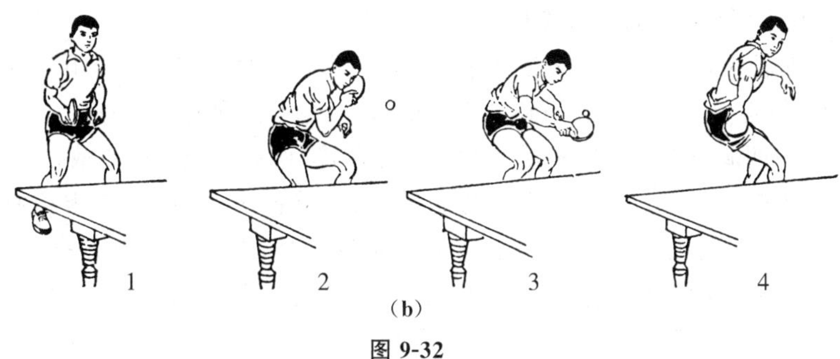

（b）

图 9-32

2. 近削

特点：动作较小，球速较快，前进力较强。近削逼角能使对手回球困难，从而伺机反攻或直接得分。

动作方法：正手近削时，左脚稍前，身体离球台 50 厘米左右，上体稍向右转。击球时，手臂弯曲，把球拍引至与肩同高，拍形稍后仰。触球时，前臂用力向左前下方挥动，手腕配合下压，在上升后期或高点期，击球中部或中下部(图 9-33)。

反手近削时，右脚稍前，手臂弯曲向左上引拍。击球时，前臂向右前下方挥动，手腕配合用力下压，在上升后期或高点期，击球中部或中下部。

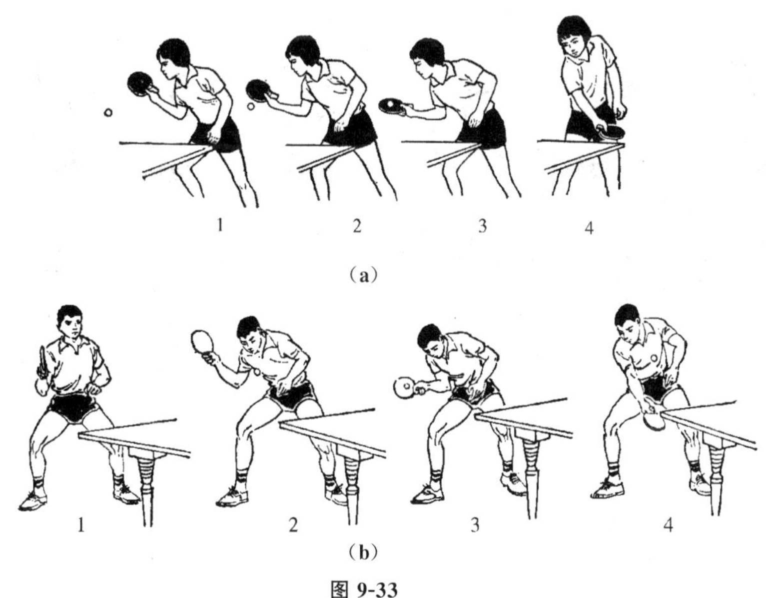

（a）

（b）

图 9-33

十一、弧圈球

弧圈球是一种上旋力非常强的进攻技术。它从 20 世纪 60 年代初到现在，不但已为各国运动员所掌握，而且有很大的发展，出现了以弧圈球为主的打法类型。比赛时运用弧圈球为快攻创造机会；被动时作为过渡；主动时发力拉冲直接得分。弧圈球的种类很多，现介绍正手加转、正手前冲、正手侧旋，以及反手弧圈球的打法。

1. 正手高吊弧圈球(加转弧圈球)

特点:球速较慢,弧线较高,上旋性特强,着台后向下滑落快,回击不当易出界或击出高球,可为扣杀创造机会。一般遇到低而转的来球时,打这种球比较多。

正手弧圈球

动作方法:两脚开立,右脚稍后,身体略向右转,两膝微屈,重心放在右脚上。准备击球时,持拍手臂自然下垂,并向后下方引拍,右肩略低于左肩,拇指压拍使拍形略为前倾,呈半横立状,并使拍形固定。当来球从台面弹起时,手臂向前上方挥动,前臂在上臂带动下爆发性用力做快收动作。将要触球时,手腕向前上方加力,并在来球下降期用拍摩擦球的中部或中上部。球拍摩擦球时,要注意配合腰部向左上方转动和右腿蹬地的力量。击球后,重心移至左脚(图 9-34)。

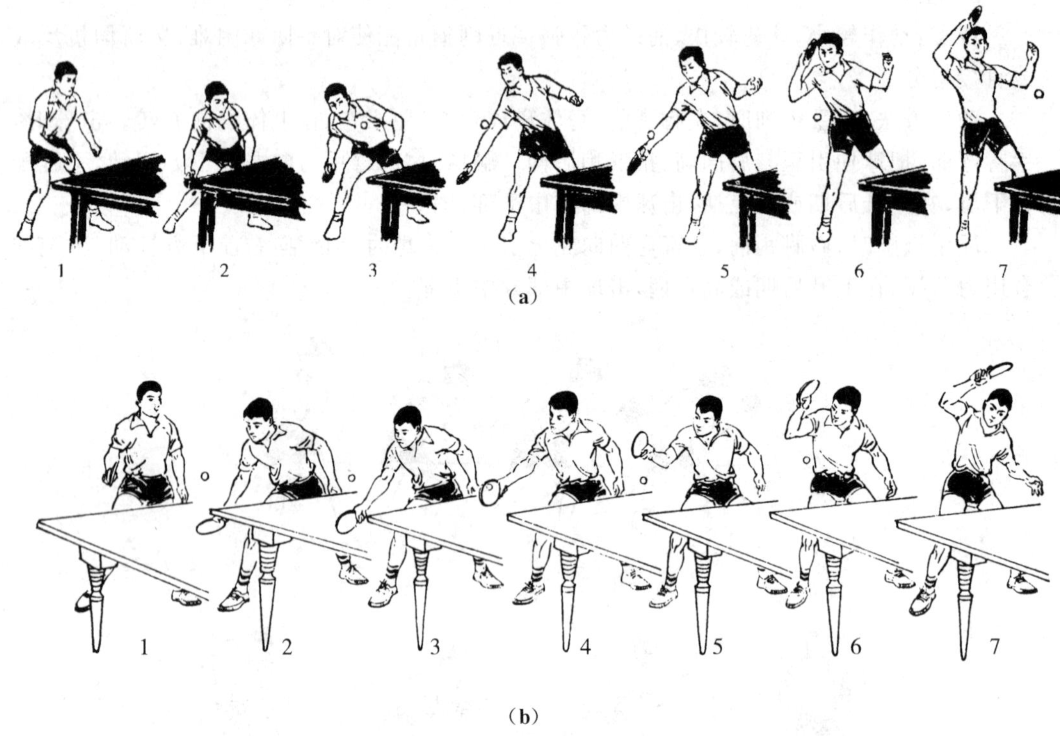

图 9-34

2. 正手前冲弧圈球

特点:弧线低,上旋力强,球速快,着台后前冲力大。运用这种打法可直接得分,或为扣杀创造机会。

动作方法:两脚开立,右脚稍后,身体略向右转,重心放在右脚上,将球拍自然地拉向侧后(约与台面同高),拍形保持前倾,与地面成 35°～40°夹角。当球从台面弹起还未达到高点时,腰部向左转动,手臂向前上方挥出,前臂在上臂的带动下,迅速内收,手腕略微转动,在高点期或下降期前用拍摩擦球的中上部,使之成较低的弧线落在对方的台面上。击球后,重心移至左脚(图 9-35)。

3. 正手侧旋弧圈球

特点:带有强烈上旋力及侧旋力,着台后下落快,还会出现拐弯现象,能使对方增加回击的困难。

图 9-35

动作方法：击球准备姿势与加转弧圈球相似。但在击球时，拍面成半横立状，并略向左侧，上臂带动前臂和手腕，结合腰部向左转动的力量，在下降期用拍摩擦球的右中部或右中上部，使球带有强烈右侧上旋。击球后，重心移至左脚(图 9-36)。

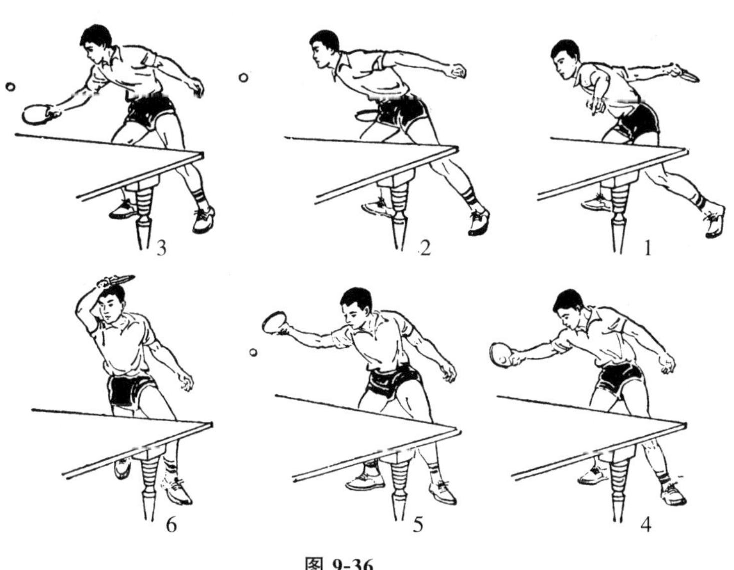

图 9-36

4. 反手弧圈球

反手拉弧圈球多为横拍运动员所采用。这种打法由于受到身体的阻挡，手臂力量的发挥受到限制。相对来说，没有正手弧圈球威力大，一般是给正手扣杀找机会；有时也可直接得分。

动作方法：两脚平行或左脚稍后站立，两膝微屈，重心较低。击球前，将球拍引至腹部下方，腹部略内收，肘部略向前出，手腕下垂，拍形前倾。当球从台面弹起时，以肘关节为轴，前臂迅速向上挥动，结合手腕向上转动的力量，在下降期用拍摩擦球的中部或中上部。在击球过程中，两腿向上蹬伸（图 9-37）。

反手弧圈球

图 9-37

第三节　乒乓球基本战术

运动员在比赛中，根据自己和对方的具体情况，有目的、有意识地运用技术，就形成了战术。所以，战术是以技术为基础的，一个运动员基本技术越全面、越扎实，他的战术运用就越灵活多样。反过来，随着战术的变化和发展，又可促进技术不断的革新和提高。

制订一套正确的战术，既要"知己知彼"，又要"以我为主"。因此，在制订战术以前，应对对方做一番比较全面的了解，要抓住对方最基本的东西，然后根据自己的特点，来制订战术。战术运用总的原则：对己是"扬长避短"，对彼是"避长攻短"，最好是能"以己之长攻彼短"。但在运用时还必须要有的放矢，随机应变，有时也可以"以长制长"、"以短制短"（但必须优于对方）。此外还要针对临场的比赛情况灵活运用战术，有时还可作必要的战术调整。

战术的运用因类型打法不同而异。乒乓球的类型打法很多，仅对快攻类的战术运用作一简单介绍（均以右手握拍为例）。

一、发球抢攻战术

发球抢攻是我国直板快攻打法的"杀手锏"，是力争主动、先发制人的主要战术。各种类型打法的运动员都普遍采用发球抢攻来抢占每个回合的上风。发球战术运用的效果主要取决于发球的质量和第三板进攻的能力。发球抢攻战术因打法的类型不同而有所差异，但常用的发球抢攻战术，主要有以下几种：(1)正手发转与不转。(2)侧身正手（高抛或低抛）发左侧上（下）旋球。(3)反手发右侧上（下）旋球。(4)反手发急球或急下旋球。(5)下蹲式发球。

二、接发球战术

接发球战术与发球抢攻战术同样重要，在某种意义上讲，接发球水平的高低可以反映运动员的实战能力以及各项基本技术的应用程度。事实上，接发球者只是暂时处在被控制状态，如果你破坏了发球者的抢攻意图或者为他制造了障碍，减弱了对方抢攻的质量，也就意味着已经脱离被控制状态，变被动为主动了。控制与反控制是辩证的统一。

三、搓攻战术

搓攻战术是进攻型打法的辅助战术之一，主要利用搓球旋转的变化和落点的变化为抢攻创造机会。这一战术在基层比赛中被普遍采用。搓攻战术也是削球型打法争取主动的主要战术之一。

四、对攻战术

对攻战术是进攻型打法在相持阶段常用的一项重要战术。快攻类打法主要依靠反手推挡（或反手攻球）和正手攻球（或正手拉弧圈球）的技术，充分发挥快速多变的特点来调动对方。

五、拉攻战术

拉攻战术是以攻为主的选手对付削球的主要战术。为了发挥拉攻的战术效果，首先要具备连续拉的能力，并有线路、落点、旋转、轻重等变化，其次要有拉中突击和连续扣杀的能力。

六、削中反攻战术

我国乒坛名将陈新华以及第 43 届世乒赛男单冠军丁松成功地运用削中反攻的战术创造了辉煌，令欧洲选手手足失措，无以应对。这种战术主要靠稳健的削球，限制对方的进攻能力，为自己的反攻创造有利条件。它不仅增强了削球技术的生命力，也促进了攻防之间的积极转化。

七、弧圈球战术

由于弧圈球战术把速度和旋转有效地结合起来，稳健性好，适应性强，许多著名选手已用它去替代攻球或扣杀。

八、双打战术

双打是双人对抗性的运动项目，乒乓球竞赛规则要求，双打中的两名运动员，必须交替轮换击球，才算合法击球。同伴之间要做到互相了解、配合、鼓励、谅解、团结合作。双打技术主要建立在单打技术的基础上，但由于双打是两人合作的，因此对一些技术和战术的运用都有独特的要求。

（一）双打的竞赛方法

1. 发球和接发球

进行双打竞赛的球台，中间有一条与边线平行的 3 mm 宽的白色中线，把球台划分为左右两半区，球台的右半区是双打各方的发球区（中线应视为右半区的一部分）。发球必须从本方的发球区发入对方的发球区，否则就判失一分。

2. 发球和接发球次序

第一局开始先由取得发球权一方（甲方）任意确定谁先发球，再由对方（乙方）任意确定谁先接发球。

发球和接发球次序如下：

第一次　2个球　甲1发球——乙1接发球

第二次　2个球　乙1发球——甲2接发球

第三次　2个球　甲2发球——乙2接发球

第四次　2个球　乙2发球——甲1接发球

依次类推，一直进行下去。如果打到20平，或执行轮换发球法以后，次序不变，但每人只轮发一个球，直到这局比赛结束。

以后每一局由上一局接发球一方先发球，先发球一方可以任意确定谁先发球，接发球员应是前一局发给他球的发球员。

决胜局，当一方先得10分时，交换方位，接发球一方必须调换接发球次序，使双方发球与接发球机会均等。

(二)双打配对

双打的配对，主要是靠让运动员能充分发挥自己的特长，合理地使用战术，便于灵活地交换位置等原则，进行配对。

1. 同类型打法的队员配对

例如，两个快攻打法的队员配对，快攻和弧圈球打法(都以快攻为主)的队员配对，两个削球打法的队员配对等。这样配对打法风格一致，有利于共同技术特长的发挥。

2. 一左一右握拍的队员配对

它有利于位置的移动，可以避免碰撞，特别是左手握拍的运动员，接发球时能给同伴创造合适的击球位置。

3. 一前一后站位的队员配对

例如，近台攻球和远台攻球的配对，近削和远削的配对。这既有利于位置的移动，又可弥补技术上的不足。

4. 一攻一削的队员配对

一般说来不够理想，但若两人配合默契、合作很好或因条件限制，也可以这样安排。

第四节　乒乓球竞赛规则简介

一、场地和器材

1. 球

球应为圆球体，直径为40 mm，重2.7 g，用赛璐珞或类似的塑料制成，呈白色或橙色。

2. 球拍

球拍的大小、形状或重量不限，底板厚度至少应有85%的天然木料。

3. 球台

球台应为与水平面平行的长方形，长2.74 m，宽1.525 m，离地面76 cm。

球台四边应有一条2 cm宽的白线。双打时，各台区应由一条3 mm宽的白色中线划分为两个相等的“半区”。

二、乒乓球竞赛通则

1. 合法发球

(1)发球时，球应放在不执拍手的手掌上，手掌张开和伸平。球应是静止的，在发球方的端线之后，比赛台面的水平面之上。

(2)发球员须用手把球几乎垂直地向上抛起，不得使球旋转，并使球在离开不执拍手的手掌之后上升不少于 16 cm，球下降到被击出前不能碰到任何物体。

(3)当球从最高点下降时，发球员方可击球，使球首先触及本方台区，然后越过或绕过球网装置，再触及接发球员的台区。在双打中，球应先后触及发球员和接发球员的右半区。

(4)从抛球前球静止的最后一瞬间到击球时，球和球拍应在比赛台面的水平面之上。

(5)击球时，球应在发球方的端线之后，但不能超过发球员身体离端线最远的部分。

2. 重发球

(1)如果发球员发出的球，在越过或绕过球网装置时，触及球网装置，此后成为合法发球或被接发球员或其同伴阻挡。

(2)如果接发球员或接发球方未准备好时，球已发出，而且接发球员或接发球方没有企图击球。

(3)由于发生了运动员无法控制的干扰，而使运动员未能合法发球、合法还击或遵守规则。

(4)裁判员或副裁判员暂停比赛。

3. 判 1 分

除被判重发球的回合，下列情况运动员得 1 分：

(1)未能合法发球；

(2)未能合法还击；

(3)在发球或还击后，对方运动员在击球前，球触及了除球网装置以外的任何东西；

(4)阻挡；

(5)连击；

(6)用不符合规则的拍面击球；

(7)台面移动；

(8)运动员或他穿戴的任何东西触及球网装置；

(9)运动员不执拍手触及比赛台面；

(10)双打时，击球次序错误；

(11)执行轮换发球法时，接发球方进行了 13 次合法还击。

4. 一局比赛、一场比赛

(1)在一局比赛中，先得 11 分的一方为胜方。10 平后，先多得 2 分的一方为胜方。

(2)一场比赛由单数局组成。

5. 发球、接发球和方位的选择

(1)选择发球、接发球的权力应由抽签来决定。

(2)在获得每 2 分之后，接发球方即成为发球方，依此类推，直至该局比赛结束，或者直至双方比分都达到 10 分后实行轮换发球法，这时，发球和接发次序仍然不变，但每人只轮发 1 分球。

(3)在双打的第一局比赛中,先发球方确定第一发球员,再由先接发球方确定第一接发球员。在以后的各局比赛中,第一发球员确定后,第一接发球员应是前一局发球给他的运动员。

(4)在双打中,每次换发球时,前面的接发球员应成为发球员,前面的发球员的同伴应成为接发球员。

(5)一局中,首先发球的一方,在该场下一局应首先接发球。在双打决胜局中,当一方先得 5 分时,接发球方应交换接发球次序。

(6)一局中,在某一方位比赛的一方,在该场下一局应换到另一方位。在决胜局中,一方先得 5 分时,双方应交换方位。

6. 发球、接发球次序和方位的错误

(1)裁判员一旦发现发球、接发球次序错误,应立即暂停比赛,并按该场比赛开始时确立的次序,按场上比分由应该发球或接发球的运动员发球或接发球;在双打中,则按发现错误时那一局中首先有发球权的一方所确立的次序进行纠正,继续比赛。

(2)裁判员一旦发现运动员应交换方位而未交换时,应立即暂停比赛,并按该场比赛开始时确立的次序,按场上比分运动员应站的正确方位进行纠正,再继续比赛。

(3)在任何情况下,发现错误之前的所有得分均有效。

7. 轮换发球法

(1)如果一局比赛进行到 10 分钟仍未结束(双方都已获得至少 9 分时除外),或者在此之前任何时间应双方运动员要求,应实行轮换发球法。

①当时限到时,球仍处于比赛状态,裁判员应立即暂停比赛。由被暂停回合的发球员发球,继续比赛。

②当时限到时,球未处于比赛状态,应由前一回合的接发球员发球,继续比赛。

(2)此后,每个运动员都轮发一分球,直至该局结束。如果接发球方进行了 13 次合法还击,则判发球方失 1 分。

(3)轮换发球法一经实行,或一局比赛进行了 10 分钟,该场比赛剩余的各局必须实行轮换发球。

常用术语中英文对照

1. 乒乓球:table tennis
2. 乒乓球台:ping-pong table
3. 局:set
4. 发球:serve
5. 接发球:receive
6. 重发球:rerve again
7. 直拍:penhold grip
8. 横拍:shake-hands grip
9. 攻球:to attack the ball

第十章

羽毛球

课程思政

羽毛球运动因其竞争性、对抗性、大强度等诸多因素的要求，培养顽强的意志品质和坚定的信念尤为重要；比赛的紧张、竞争的激烈，使练习者的心理素质得到很好的的锻炼，强化了进取精神，增长了智慧，陶冶了心理，能够做到临危不乱，泰然处之，能以良好的形态，正确的人生观去面对事业、家庭、荣辱等。

课程目标

1. 知识类目标：学生能掌握羽毛球运动的基本知识与基本理论，了解羽毛球文化内涵与文化功能。

2. 技能类目标：学生能掌握羽毛球运动的基本技术、战术方法，并能熟练地运用。

3. 综合能力发展目标：学生能通过羽毛球课程学习和训练，可以制定个人羽毛球运动练习计划并能进行自我监控，把羽毛球运动当作长期锻炼身体的方法，养成自主锻炼、具备组织和参与羽毛球竞赛的能力，能够欣赏和评论羽毛球比赛。

第一节　羽毛球运动概述

羽毛球运动最早出现在19世纪中叶。1870年，英国出现了用羽毛软木做成的球和穿弦的球拍。1873年，英国公爵鲍弗特在格拉斯哥郡的伯明顿庄园里进行了一次羽毛球游戏，为了纪念此项运动的诞生地，伯明顿(badminton)被作为羽毛球的英文名字而流传于世界。

第二节　羽毛球基本技术

一、握拍法

握拍可分为正手握拍和反手握拍法两种。

1. 正手握拍法

虎口对着拍柄窄面内侧的小棱边，拇指和食指贴在拍柄的两个宽面上，食指和中指稍分开，中指、无名指和小指并拢握住拍柄。掌心不要紧贴拍柄，要留有一定空隙，拍柄与近腕部的小鱼际肌齐平。(图10-1)

2. 反手握拍法

在正手握拍的基础上，拇指和食指将拍柄稍向外转，拇指自然贴在拍柄内侧的宽面上，中指、无名指和小指并拢握住拍柄。柄端靠近小指根部，使掌心留出空隙，有利于击球发力。(图10-2)

【练习方法】

(1)在正确掌握要领的情况下,反复做正、反握拍不击球的交替练习。

(2)在练习时根据球路变化及时变换握法。

正手握拍

反手握拍

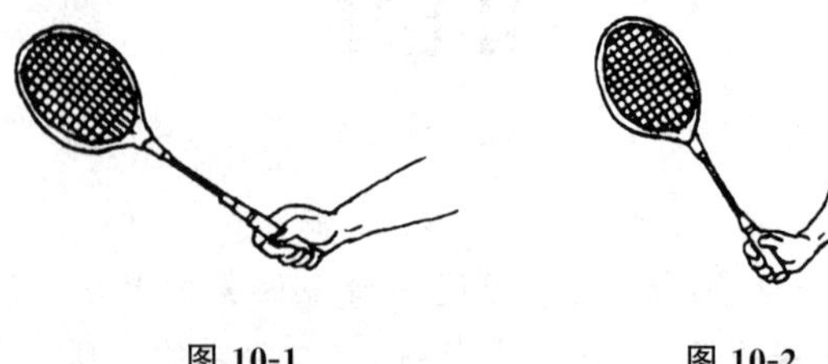

图 10-1　　图 10-2

二、发球与接发球

1. 发后场高远球

左肩侧对球网,两脚分立与肩同宽;左脚在前,脚尖向网,右脚在后,脚尖稍向右侧,重心放在右脚上;准备发球时右手握拍向右后侧举起,肘部微屈,左手拇指、食指和中指夹住球,举在腹部右前方;准备发力击球时,先放开球,然后挥拍击球;击球时身体重心由右脚移至左脚上。(图 10-3)

发后场高远球

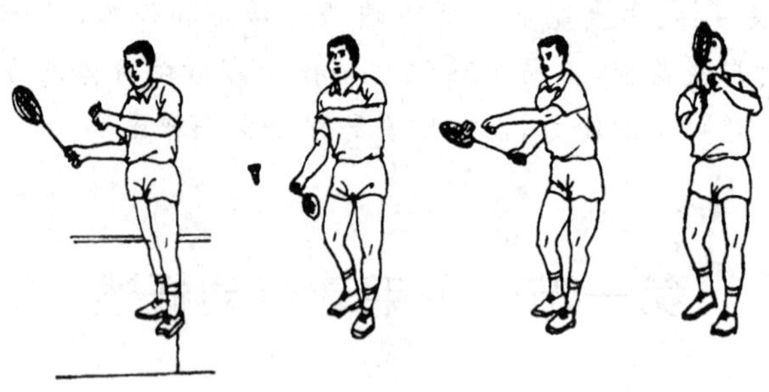

图 10-3

2. 反手发网前小球

发球站位可在前发球线后 10～15 厘米及中线附近,面向球网,两脚前后开立(右脚或左脚在前均可),上体稍前倾,身体重心在前脚上;右手臂屈肘,用反手握拍法将拍头向下,拍面在身体左侧腰下;左手拇指与食指、中指控制球的两、三根羽毛,球托朝下,球体或球托在球拍前对准拍面;击球时,前臂带动手腕朝前推送或横切。(图 10-4)

反手发网前小球

图 10-4

【练习方法】

(1)反复做无球的发球挥拍动作练习。

(2)两人对练发球练习。

3. 接发球

单打站位离前发球线约 1.5 米处,在右发球区应站在靠中线的位置,在左发球区则站立在中间位置;一般左脚在前,右脚在后,重心在前脚,后脚跟稍离地,双膝微屈,含胸收腹;球拍置于右身前,两眼注视来球。

双打准备姿势同单打。接发球时可站在离前发球线较近的地方;球拍要举得高些,利用网前击球点高争取主动。

【练习方法】

(1)反复做无球的接发球动作练习。

(2)两人一组,反复做发球和接球的组合练习。

三、后场击球技术

1. 高手击球

(1)正手原地击高远球

【动作要点】看准来球的方向和高度,快速合理地移动步法,选择球的降落点位置,使击球点在右肩稍前的上空;左脚在前肩对网,右脚在后,腿微屈,头后仰,重心落在右脚上;右手举拍于肩上方,"甩"臂屈腕把球击出。(图 10-5)

图 10-5

【练习方法】

①步法移动和挥拍击球动作的无球练习。

②两人移动对打高远球练习。

【练习要求】在手臂自然伸直时,应用"抽鞭"动作把球"弹"出。

(2)反手击高远球

【动作要点】反手击球时,右脚以前交叉步法跨到左侧底线位,两腿微屈背对网,身体重心落在右脚上;球拍举到胸前,拍面朝上,提肘挥拍伸腕击球。(图 10-6)

【练习方法】

①反复做交叉步移动挥拍击球动作的无球练习。

②移动练习反手击球动作。

【练习要求】击球后,右脚快速撤回中心位。

2. 吊球

图 10-6

一般地讲，是把对方击来的高远球，从后场还击到对方网前区的打法叫吊球，它是调动对方阵脚，组织战术配合的一种攻击技术。

【动作要点】

(1)正手劈吊：正手吊的方法与正手击高远球的方法相似，区别在于击球力量小，拍面适当前倾，用球拍劈切完成吊球。(图 10-7)

图 10-7

(2)反手切吊：反手吊球的方法与反手击高远球的方法相似。不同的是：挥拍的速度快、力量小、拍面角度小(使反拍面略前倾)，运用手腕的转力作明显的切击球动作。(图 10-8)

图 10-8

【练习方法】

(1)反复体会挥拍切击球动作的无球练习。

(2)两人对练劈切击球。

【练习要求】注意正确的劈切动作，不要往下拉拍。

3. 扣杀球

把高球在尽量高的击球点上，用大力挥击动作将球下压到对方场区内，称为扣杀球

（也称扣球或杀球）。

【动作要点】

(1)正手扣杀球：动作方法基本与正手击高远球相似，不同的是击球的刹那需用全力。杀球前身体后仰成反弓，杀球时蹬腿收腹快挥臂。（图 10-9）

扣球

图 10-9

(2)反手扣杀球：球在自己左侧上空，做反手握拍法，用反拍面扣杀，称为反手扣杀球。反手扣杀的方法与反手击高远球基本相同，不同点是：击球时，拍面一般控制在 75 度～85 度角为宜，反拍面保持前倾，发力方向是前下方。（图 10-10）

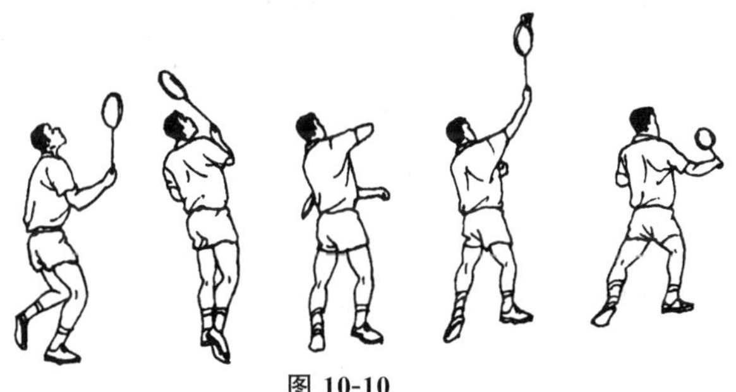

图 10-10

【练习方法】

(1)反复体会挥拍扣杀球动作的无球练习。

(2)两人对练扣杀球练习。

【练习要求】移动选位步要稳，持拍臂不要太紧张，以免影响挥拍击球的力量和准确性。

四、前场击球技术

1. 网前搓球

在网前用球拍切击球托，使球旋转翻滚越过网顶的击球技术，称为搓球。搓球是网前技术中的高难击球技术，有较强的攻击性。

【动作要点】上网步要快，左脚蹬地，右脚向网前跨步成弓箭步，侧身对网，重心在右腿；手臂前伸，出手要快，击球点要高，拍面与网成斜面。（图 10-11）

【练习方法】

(1)配合脚步动作进行搓球动作练习。

图 10-11

前场击球

(2)两人网前对搓球练习。

【练习要求】握拍的腕部和手指自然放松,不要用手臂发力。

2. 勾球

【动作要点】勾球主要是用前臂动作,以手腕和手指的力量击球,用力要适当,手腕还要控制好拍面角度。勾球时,要根据击球点的高低灵活握拍,方能随球应变。勾球可分为正手勾球和反手勾球。(图 10-12)

图 10-12

【练习方法】

(1)反复做无球的勾球动作练习。

(2)两人一组相互做勾球练习。

3. 推球

推球是把对方击来的网前球推击到对方的后场两底角去的技术动作,推球飞行的弧线较低平,速度较快。

【动作要点】

(1)正手推球:站在网前的准备动作同搓球。推球时身体稍微往前移,右前臂往前伸,并带内旋,手腕和手指控制拍面角度;手腕发力并闪腕,食指向前压,小指、无名指徒然握紧拍柄,拍子急速地由右往前至左击球,使球沿边线飞向对方后场底角。(图 10-13)

图 10-13

(2)反手推球:准备动作同搓球的准备动作。击球时,前臂往前伸,稍带外旋,手腕由外展到伸直闪腕,中指、无名指、小指突然握紧拍柄,拇、中、食指捻动发力。

【练习方法】

(1)做无球推球动作练习。

(2)两人一组进行对练。

4. 扑球

扑球是当来球在网顶上空时,能以最快的速度上网扑压来球的技术动作。

【动作要领】

(1)正手扑球:身体腾空跃起或右脚蹬跨的同时,前臂往前上方举起,球拍正对来球方向;击球时,随着手臂由屈至伸,手腕由后伸至向前闪动和手指的顶压,将球扑下。(图 10-14)

图 10-14

(2)反手扑球:反手握拍,持于左侧前;击球时,手臂由屈至伸,手腕由微屈至后伸并用力闪动,拇指顶压,加速挥拍扑击;击球后,球拍随手臂回收至体前。

【练习方法】反复做无球的扑球动作练习;对练。

【练习要求】扑球后,注意腿部的缓冲动作,控制重心以免身体触网。

五、中场击球技术

中场击球技术有两边接杀球和平抽快挡(快打)等技术动作。

1. 接杀球

接杀球可分为正手接杀和反手接杀,并可在不同的位置上打出挡直线、勾对角、反抽后场等技术。

(1)正手接杀挡直线网前球:用接杀的步法移至右场近边线,身体右倾,手臂右伸,前臂外旋,手腕外展,持拍准备接球;击球时,前臂内旋稍翻腕带动球拍由右下向前上方推送,把球推向直线网前。

(2)反手接杀挡直线网前球:用接杀球的步法移至左场区边线,身体左转前倾,右肩对网,右肘弯曲,手腕外展,引拍于左肩前上方;击球时,借对方来球的冲力,以前臂带动球拍由左上方向左前方用拇指的顶力挥拍轻击球托,把球挡回直线网前。

2. 平抽平挡

平抽和平挡(快打),都是双打经常运用的技术。例如正手平抽:当对方击来右后场的低球时,快步向右后场移动选好位,最后一步以右脚向球落的方向跨步,侧身对网稍后仰,右臂屈肘举拍于肩上方,做“半圆式”的闪腕挥拍动作,将球击向对方。

六、被动击球技术

被动技术是在距球远、时间紧、击球点低的情况下完成抢救的一种击球技术。它不仅要求步法频率快、步幅长、重心低，而且手法的难度也较大。被动击球技术多出现在场地四个角度，即网前被动击球技术和后场被动击球技术

七、步法移动

移动主要是从场中心位置起动到击球位置的脚步方法。移动的方法通常用垫步、交叉步、小碎步、并步、蹬转步、蹬跨步、腾空步等。运用这些步法又构成从中心位置到场区不同方位击球的组合步法——后退步、上网步、左右移动步法。自中心位置到击球位置的步数一般用一步、两步或三步。

场上移动步法

垫步：垫步一般用于调整步距。例如，后脚向前跟步，紧靠前脚落地，前一脚又马上向前跨出。

交叉步：一般用于击远球。左右脚交叉向前、向侧或向后移动。

蹬跨步：一般用于上网击球和后场底线两角抽球。方法是在移动的最后一步左脚用力向后蹬地的同时，右脚向前方跨出一大步。

腾空步：一般用于扑球、击高远球，上网、后退、两侧移动都可运用腾空步。例如，以领先的脚（或双脚）起跳扑球，或用右脚（或双脚）起跳到最高点击对方的高远球。

第三节　羽毛球基本战术

一、单打战术

1. 发球战术

(1)保持发球技术动作的一致性。做到各种发球技术的前期动作一致，就能使对方无法预先把握球的时机和意图，迫使接球队员多方防备而造成回球质量差，就有机会发动主动进攻。

(2)要掌握发球的时间差。每次发球，从准备发球到球发出去（球从拍面弹出）的时间长短可有差异，这样，往往会造成对方判断错误而被动接球或接球失误。

(3)要机动地变换发球点和弧线。将球发向对方接球能力最薄弱的部位，诱使其失误。

(4)要善于发现和把握对方接发球的习惯球路，重点防范，抓住战机，争取尽快结束战斗。

2. 接发球战术

要全面掌握接发球技术，充满信心地迎击各种发球。在接球时能一拍制胜是最理想的，但也不要在条件不允许的情况下勉强进攻。接发球要力争不让对方有直接进攻的机会，把球回击到远离对方所站位置的落点上，或者回击到对方移动方向相反的位置上，又或者回击到对方击球技术薄弱的部位上，迫使对方被动回球。为此，要求在接发球时做到思想高度集中、见机行事、出手果断。

3. 发球抢攻战术

一般以发网前球结合发平快球、平高球开始，以高质量的发球和发球线路的变化迷惑对手，使其判断失误。一旦对方接发球质量较差时第三拍就应主动进攻，夺取主动权。

4. 压后场战术

对后场还击能力较差的对手，可以攻击对方后场底线两个角落（尤其是反手场区），待

回球质量差时，果断发动进攻，或在对方注意力只顾及后场时突然吊网前球。

5. 攻前场战术

对网前技术较差的对手，可多以吊球和放网前球为主，使其在网前的对抗中失误，或对方勉强回击成高球时进攻其后场。

6. 四方球结合突击战术

若对手步法较慢，体力较差，技术又欠全面，可以用平高球压对方后场底线两角和吊对方网前两角来调动对手，当对方回球质量差或站位不当时发动进攻。

7.“杀上网”及“吊上网技术”

当对方击来后场高球时，即以杀球或吊球把球下压，落点要选择在场地两边，使对方被动回球。对方还击网前球时，迅速上网以贴网的搓球，或勾对角，或快速平推创造半场扣杀机会；若对方在网前挑高球，可在其向后退的过程中把球直接杀向他的身上。

8. 过渡球战术

首先要明确过渡球是为了摆脱被动，为下一拍的反攻积极创造条件。怎样才能变被动为主动是比赛中的重要一环。在被动时要做到争取时间调整好自己的位置和控制住身体的重心。从网前或后场底线击出高远球是被动时常用的手段。当处于不停地跑动追球的状态时，或身体重心失去控制时，都可以打出高远球，以赢得时间，恢复身体重心，调整自己的处境。其次，利用球路变化打乱对方的进攻步骤。在接杀球或接吊球时要把球还击到远离对方位置的地方，以破坏对方吊、杀上网的连续快速进攻。如果对方吊、杀球后盲目上网，而自己位置较好时，则可把球还击到对方底线。

二、双打战术

双打比赛不仅仅是竞赛双方在技术、战术、体力上的较量，同时也是双打同伴相互间配合默契程度的较量。因此，在学习双打战术之前，首先要了解两人之间站位形式上的配合。

1. 发球、接发球战术

双打的发球往往是决定胜负的关键。发球要根据对手的情况，选择好站位，注意球路、落点、变化，争取主动。因双打接发球区比单打短 76 厘米，不利于发高球，往往以发网前球为主。接发球时，如果对方发网前球弧线较高，最好能快速上网扑杀，不能扑杀的则争取以搓、推技术回击，迫使对方向上挑球，为后场进攻创造机会。接发球应尽量不用挑高球，以避免发球方的进攻。接发球的球路要有变化，不要只用习惯性的固定球路回击。

2. 攻人战术

集中攻击对方中有明显弱点的人，并伺机攻击另一人因疏忽而露出的空当，或对此人偷袭。双打比赛中的配对选手的技术，一般总有一人好，另一人稍差些，即便两人水平相差不多，但若能集中力量攻击其中一人，也可给其造成很大的心理压力，从而使其出现失误。

3. 攻中路战术

当对方分边站位防守时，将球攻击到对方两人的中间；当对方前后站位时，可将球下压或平推两边半场。这样可使对方防守时互抢或互让而出现失误。

4. 攻后场战术

遇到对方后场扣杀能力差的对手，可采用平高球、平推球、挑底线，把对方一人紧逼在底线两角移动。当对方还击被动时，大力扑杀。若另一对手后退支援时，即可攻网前空当。

5. 后攻前封战术

当本方处于主动进攻前后站位时，后场队员逢高球必杀，迫使对方接杀挡网前，为本方前场队员创造封网扑杀机会。前场队员要积极封锁前场，迫使对方被动挑高球，若挑高球不到后场，就会为本方创造再进攻的机会。

6. 防守反击战术

在防守中寻找反攻的机会，以便摆脱困境，转被动为主动。例如：挑底线高球，即不论对方从哪里进攻，本方都应设法把球挑到进攻者的另一边底线。如对方正手后场攻直线，就挑对角线，如对方攻对角就挑直线。这是一种较容易争得主动的防守战术，在女子双打中运用更为有效。时机有利时，即可运用反抽或挡网前回击对方的杀球，从守中反攻，争得主动权。运用此战术时，要注意挑高球一定要挑到底线，否则将会出现对方连续攻杀而本方无力反击的局面。

第四节　羽毛球竞赛规则简介

一、场地

羽毛球运动场长为 1340 cm，单打场地宽为 518 cm，双打场地宽为 610 cm。球场四周 200 cm 以内、上空 900 cm 以内不得有任何障碍物，如图 10-15 所示。

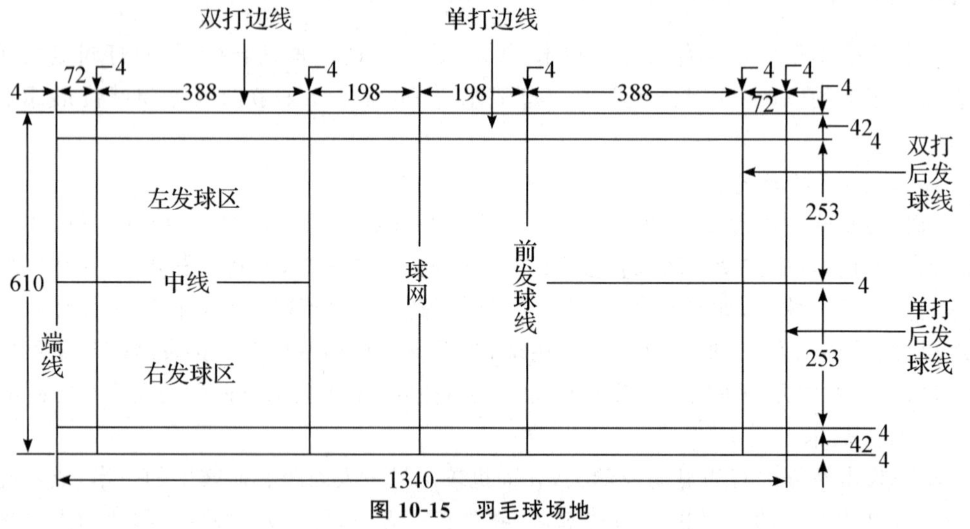

图 10-15　羽毛球场地

二、单打

1. 每场比赛采取三局两胜制。
2. 率先得到 21 分的一方赢得当局比赛。
3. 如果双方比分打成 20 比 20，获胜一方需超过对手 2 分才算取胜。
4. 如果双方比分打成 29 比 29，则率先得到第 30 分的一方取胜。
5. 首局获胜一方在接下来的一局比赛中率先发球。

6. 当一方在比赛中得到 11 分后，双方队员将休息 1 分钟。

7. 两局比赛之间的休息时间为 2 分钟。

三、双打

1. 每球得分 21 分制，比赛开始前，双方通过投掷硬币方式确定由哪一方来选择先发球或后发球。

2. 任何一方只要将球打“死”在对方的有效位置，或者因为对方出现违例或失误，均可得分。

3. 平分后的加分赛：每局双方打到 20 分平后，一方领先 2 分即算该局获胜；若双方打成 29 分平后，一方领先 1 分，即算该局取胜。

4. 发球员的顺序与单打中的顺序一样，即以分数的单数或双数来决定。只有发球方在得分时才交换发球区。得分者方有发球权，如果本方得单数分，从左边发球；得双数分，从右边发球。除此以外，运动员继续站在上一回合的各自发球区不变，以此保证发球员的交替。

四、合法发球

1. 一旦发球员和接发球员都站好各自的位置，任何一方都不允许延误发球。

2. 发球员和接发球员应站在斜对角的发球区内，脚不触及发球区和接发球区的界线。

3. 从发球开始，直到球发出之前，发球员和接发球员的两脚必须都有一部分与球场接触，不得移动。

4. 发球员的球拍应首先击中球托。

5. 在发球员的球拍击中球瞬间，整个球应低于发球员的腰部。

6. 在击球瞬间，发球员的拍杆应指向下方，使整个拍头明显低于发球员的整个握拍手。

7. 发球开始后，发球员必须连续向前挥拍，直至将球发出。

8. 发出的球，应向上飞行过网，如果未被拦截，球应落在规定的接发球区内（即落在线上或界内）。

五、违规发球

1. 根据规则的规定，如果发球不合法，应判“违例”。

2. 发球员发球时未能击中球，应判“违例”。

3. 一旦双方运动员站好位置，发球员挥拍时，发球员的球拍头第一次向前挥动即为发球开始。

4. 发球员应在接发球员准备好后才能发球，如果接发球员已试图接发球则应被认为已做好准备。

5. 发球开始后，发球员的球拍击中球或者未能击中球均为发球结束。

6. 双打比赛，发球员或接发球员的同伴站位均不限，但不得阻挡对方发球员或接发球员的视线。

常用术语中英文对照

1. 羽毛球:badminton
2. 单打:singles
3. 双打:doubles
4. 混合双打:mixed doubles
5. 团体:group
6. 发球:serve
7. 违例:violation
8. 重发球:serve again
9. 死球:dead ball
10. 出界:out

第十一章

网　球

课程思政

学习网球有利于学生身体素质的全面发展，能帮助学生提高人际交往和合作能力，发展良好的心理品质，对学生的社会道德水平和文明素养的提高也有重要意义。

课程目标

1. 学生能通过练习掌握网球运动各种技术的规范动作，尽快建立正确的动作技术概念，提高网球运动的练习能力。

2. 学生能了解网球的健身价值，掌握网球锻炼的运动负荷，提高身体的有氧能力、协调性、灵活性，改善身体机能，全面提高身体素质。

3. 能培养学生对网球运动的兴趣，参与该项运动，并具有基本的网球运动欣赏能力，在网球运动中有成功的体验，身心愉悦，能养成积极乐观的生活态度。

第一节　网球运动概述

网球运动起源于14世纪法国，到16世纪时出现用羊皮制作的球拍，后绳改变为网，球拍改变成弹性的弦线球拍。到19世纪，网球运动在欧美兴盛起来。国际网联(ITF)1912年3月1日在巴黎成立，总部设在伦敦。

第二节　网球基本技术

东方式正手握拍

一、握拍

1. 正手握拍

(1)“东方式”正手握拍(见图11-1)

手掌紧贴拍柄，手自然伸展，用此法可达到最大用力效果，适宜打任何高度的球，比较适合初学者。

半西方式握拍

(2)“半西方式”握拍

手掌比东方式向拍柄后转动得多些，易于击打腰部以上高度的球适用于主动进攻，需要采用开放式站位，以获得成功的击球点和控制力，击球点要比东方式握拍靠前，具备西方式握拍的旋转和东方式握拍的力量。世界现代女子选手多采用此握拍方式。

西方式握拍

(3)“西方式”握拍(见图11-2)

“西方式”握拍正手需要足够的力量，以上旋球为主，需要从开放式站位中获得成功的击球点和控制力，旋转力量很强，较难控制。世界现代男子选手多采用此握拍方式。

东方式反手握拍

2. 反手握拍

双手反手握拍(见图 11-3)

东方式正手握拍(左手)、东方式反手或大陆式握拍(右手),双手重叠。随着握拍的变化较易打出上旋球,双手击球力量较大,挥拍更加自如有力,易控制拍面的角度。

3. 发球握拍(见图 11-4)

大陆式握拍

"大陆式"握拍

可用东方式正手"握手"法和东方式反手握手法中间的位置作为发球时的握拍点,此握拍方式可帮助产生更多的变化,如用同样的握拍可发平击、上旋或侧旋。初学者可先用东方式正手握拍,随着信心的增强,可逐渐将握拍变为大陆式。

图 11-1

图 11-2

图 11-3

图 11-4

二、正手击球(见图 11-5)

1. 准备姿势

面向对方场区站立,两脚分开,距离略宽于肩,右手握拍柄,左手扶着拍颈部分,持拍于体前。两膝微曲上体略前倾,脚跟稍抬起,重心置于两脚的前脚掌间。保持便于迅速起动的状态,两眼注视对手或来球。

准备姿势

A B C D E

图 11-5

直拉式挥拍击球

2. 后摆引拍

右脚向右侧跨出,脚尖斜向前,转肩转髋带动右手向后摆动完成引拍,同时左手指球,重心落于右脚上。

3. 击球动作

直拉式挥拍

用力蹬腿转腰完成挥拍动作,用球拍的中心完成击球,拍面保持垂直,击球点落在身体的右侧前方不过腰的高度。挥拍时,球拍从低处开始运动,由下向上做挥拍动作。

4. 随挥动作

球拍触球后,挥拍沿着球飞行的方向前送,重心前移落在左脚,身体随之转向球网,挥拍动作在左肩上方结束,随挥拍动作结束后,应立即恢复准备姿势,为下一次击球做好准备。

三、反手击球(见图 11-6)

1. 准备姿势

反手击球的准备姿势同正手。

2. 后摆引球

进行后摆引球时，左脚向左转 90°与底线平行，右脚向左前方上步，右脚与网成 45°，同时双臂引拍至左后方。

图 11-6

3. 击球动作

进行击球动作时，应从后摆进入，向前挥动时紧握球拍，固定手腕，用力蹬腿转腰挥拍。反拍的击球点应在身体的左侧前方，击球时拍面保持垂直，身体重心从后脚移至前脚。

4. 随挥动作

球击出后，球拍沿着球飞行的方向往前送拍，重心前移落在右脚，身体转向球网，挥拍在右肩上方结束，随挥动作结束后，迅速恢复原来的准备姿势，准备下一次击球。

四、发球(见图 11-7)

1. 准备动作、站位

发球站位

(1)双脚站在底线后，侧身站立。

(2)左手在拍颈处托住球拍，两脚尖的对角线就对着目标。

2. 抛球与挥拍击球

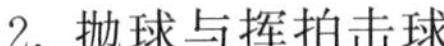

(1)左手臂垂直将球向上抛出，抛出位置在身体前面和左脚上部。

(2)球出手后，身体开始向前转动，球拍在身后做环绕动作，并向上挥动击球。

(3)必须尽力使身体完全伸展，能够在最高点击球。

3. 随挥动作

(1)球拍挥动成弧形，并在身体左侧结束。

(2)身体重心完全落在前脚上。

五、网前截击(拦网)

拦网的准备动作同正、反手底线击球的准备动作相同，只是球拍略高并略向前一点。

1. 正手拦网(见图 11-8)

发球

图 11-7

肩部稍向右转动，球拍与肩平行。向前挥拍前左脚朝球飞行的方向迈步，在身体右前方击球。随挥要短，以便快速回位准备接下一个球。

网前正手截击

图 11-8

2. 反手拦网(见图 11-9)

肩部稍向左转动，球拍与肩平行。向前挥拍前右脚朝球飞行的方向迈步，在身体左前方击球。随挥路径要短，完成之后快速回位准备接下一个球。

网前反手截击

图 11-9

高压球（无球）

六、高压球

高压球（有球）

运动员用高压球来反击落地前或落地后的高球。它与发球动作相似，但后摆准备动作要比发球小。高压球要比发球难打，因为判断挑高球要比判断自己抛球难得多。但基本的击球方法相似。

第三节　网球基本战术

一、战术思想

1.“稳”字当头

比赛中，要有耐心，击球要稳，不要滥用自己还不熟悉的打法或想打一下把对方置于死地的冒险球。因为这样打球所付出的代价往往比收获大。一般击球落点在距边线 60 cm 以内的区域。

2. 把球打深

无论进攻型或防守型的选手，都遵循一个原则——把球打深。球的落点在离端线 60～90 cm 处，以使自己有充裕的时间对回击做出反应，并能阻止对方上网，以及缩减对方回球的角度。

3. 争取上网截击

上网截击可以使自己的击球范围增大，让对方疲于应付或失误，同时，提高了回球速度，使对方来不及调整位置接球。

二、单打战术

1. 打对方的反手

每个人的反手一般都比正手弱，对于初中级选手来说，反手可能就是他最大的心病所在，所以不管和谁比赛，第一个原则就是打对方的反手。

2. 打对角球

当你和对手底线相持的时候，如果没有好的机会，尽量打对角球。首先因为球网中间是最低的，你就减少了下网的机会；第二个好处就是对角的距离是最长的，你又减少了出界的机会；最后，你打过去以后，对方最好打的球也是对角球，所以你可以比打直线球少跑一些距离，而如果对方打直线的话，他就冒了一定的风险，因为许多的失误是由于变线造成的。

3. 打高球

在网球比赛中，最应该避免的就应该是下网球了。因为假如你打的球有三种结果：下网、出界、界内，你的成功率为 33%，而如果你把球都打过网，你的球就只有两种结果，界内和出界，那你的成功率就是 50%了。比赛和练习的时候试着把球打高一些，是会有所收获的。

4. 反手位打正手球

反手位打正手球有两个明显的好处：一是保护自己的弱点；二是攻击对方的弱点。即使对方打直线，把球打到正手位的空当，一般也能跑过去用自己的强项正手打一个高球，然后复位。

5. 把球发过网

(1)必须有 1/4 的球发到对方的反手。即使发球很慢，但只要发到对方反手，一般的初中级选手是很难一拍打死的。

(2)关键时候只要能保证命中率，对方由于心理紧张可能产生动作变形，击球下网。

(3)只要发球不失误，对手就很难得分，心理压力就大大减少，在不经意间心理上就占了优势。

6. 改变不利打法战术

有些选手习惯在端线上很耐心一板一板地打过来，对付这样的选手是：改变打法，如处理浅球时，不要总是打随击球，应回打一个浅球或者放一个小球，迫使对手上网，如果他的截击技术不是很好，就可以使其失误，放小球会使他大吃一惊，即使命中率很低，也不妨一试，放小球后，要像打随击球一样，继续向前上网，准备截击得分。

三、双打战术

与单打比赛不同的是，双打讲的是配合，必须同他人一道协同进行。一个优秀的双打队伍更加强调配合和战术，而不是在单打中所强调的纯粹的身体力量。

1. 协作配合战术

好的双打配对应紧密合作、互创条件、扬长避短、相辅相成，在场上有呼有应、相互鼓励、气势如虹，即使由于实力不如对方而失利，两个人合作也是愉快融洽的。因此，双打的根本是两个人如同一个整体，无论何时都要并肩作战，移动要一致，相互间的距离不能超过3.5米以上。

2. 协同防守战术

当自己的同伴回到端线去救高球时，自己不应当继续留在网前，如果出现这种情况，就会在两人之间出现漏洞，让对方打出落点很好的“破网”球来。所以，当同伴退回去时，自己也要跟着退，使自己一方处于最佳的防守位置。退回端线后虽然被动了，但一旦出现浅球时，两人还可立即一块向前，回到网前。

3. 抢网战术

(1)在发球前做出抢网决定

抢网是网前人横向移动，拦截对方接球员打过来的斜线球。它要求发球方有敏捷的思维和快速的步法。所以，重要的是两人要事先商定，如果对方打斜线球时，网前人则要去抢网。

(2)防守住空出的场地

当网前人扑出去拦截发球时，那半个球场便无人防守。所以发球员发球之后，不应该直接冲向前，而应向前跑几步，然后向同伴留下的那半场跑去，并继续向网前移动。抢网的人在拦截之后，应当继续进入发球员的场区。两人交叉移动，可以防住对方可能回击的直线球以及抢网人第一次截击没能得分后的回击。

(3)抢网时起动要快

需要在对方接球员击球的一瞬间起动，而不要在接球员击球之前移动，把自己的行动意识暴露给对方。如果接球员察觉到你要抢网，便会打直线球并可能得分。等球时，身体前倾，准备好蹬出去击球。向右边抢网时，蹬左脚并快跑几步到截击位置。绝大多数的选手喜欢用正拍抢网，因为它截击的伸缩度大。但是，不论是正拍抢网还是反拍抢网都要快速起动。

四、根据自然环境制定战术

如果在室外进行网球比赛时，天气状况有时是很难保证的。当有风的天气打球时，就得考虑是顺风还是逆风；当有太阳时，就应考虑是正对太阳还是背朝太阳。不同情况采用不同方法打球，比赛时要根据当时自然环境制定出相应的战术。

1. 阳光

网球场修建必须是按南北朝向的，在网球比赛中总是有一方的运动员是朝着太阳，正对太阳一方的运动员在发球时，应轻微改变自己的发球站位，或者向上抛球略低于正常高度。如果比赛前，你的对手已选择发球，那么，你应尽可能选择正对太阳一边接发球，使你能在交换场区后背朝太阳发球。

一般来说，正对太阳进行高压球相对难度要大，因此，背朝太阳一方要记住朝哪个方向挑高球，一旦对手上网，可以随时挑高球。

对着太阳一方不要轻易上网，如果上了网，太阳又刺眼的话，可以打落地高压球，但尽量不要让对手察觉。

2. 风向

一般来说，顺风打球比较轻松，利用风的速度打球会增加球的威力，球速加快，会使对手回防不及，但也可能对自己不利，因为击出的顺风球极易飞出端线，因此，在击球时不必全力击球，同时在击球时要增加旋转。

顺风打球时，有机会就要积极上网，因为网前截击比在端线对抽受风的影响要少，对手所处逆风打过来球速度上会慢一些。这对网前截击特别有利。

逆风打球时，可以放开全力击球，不必担心球会打出界。当对手上网时，尽可能地挑高球，球要挑得深，一般情况下由于逆风的阻力，球往往会落在场内。一旦挑了一个很深的高球，对手会跑回去打落地球，这时应随球上网截击。

3. 气温

盛夏季节气温高，打比赛体力消耗很大，确实是对人的心理和意志的考验。因此，比赛时，要尽可能地调动对方，让对方前后左右地奔跑尽快地消耗体力，一旦对方先跑不动，那么本方取胜的概率就很高。

冬季比赛，要充分地做好准备活动，避免发生运动创伤。冬天比赛，在挑边时，不妨先选择接发球，接发球一方较有利。因为天冷，开始时，身体各关节较僵硬，发球质量难以保证。

第四节　网球竞赛规则简介

一、场地和器材

国际比赛场地有草地、泥沙地、硬地和涂塑胶合成地面等。网球的球场边线长 23.77 m，端线单打长为 8.23 m、双打为 10.127 m。球网中央高 0.1214 m，两侧柱高 1.07 m，将发球区分为左、右两个发球等同的区域(图 11-10)。球直径 6.35～6.67 cm，重量 56.7～58.47 g。

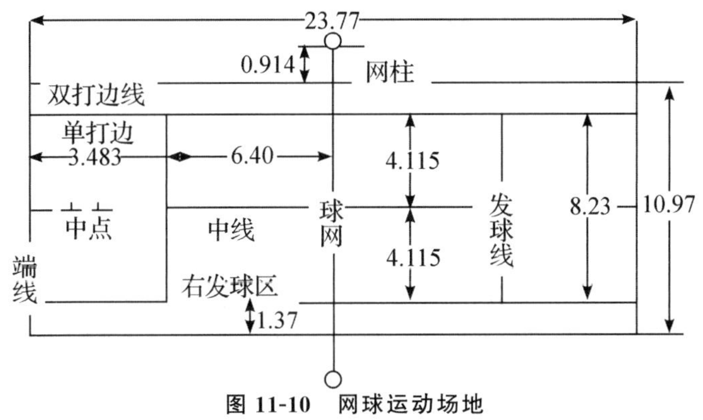

图 11-10　网球运动场地

二、竞赛规则简介

1. 发球

(1)发球员应站在端线后的中点和边线的假定延长线之间的区域里,用手将球向空中抛起,在球触地前用拍击球。

(2)发球时的规定:发球员在整个发球动作中不得通过行走或跑动改变原站的位置;两脚只准站在规定的位置,不得触及其他区域。

(3)发球员的位置:

①每局开始先从右区端线后发球,得或失 1 分后,应换到左区发球;②发出的球应从网上越过,落到对角的对方发球区内或其周围的线上。

(4)发球失误:未击中球,发出的球落地前触及固定物(球网、中心带和网边等);违反有关发球站位的规定。发球员第一次发球失误后,应在原发球位置进行第二次发球。

(5)发球无效:发球触及网后仍落到对方发球区内或接球员未做好准备,均应重发。

(6)交换发球:第一局比赛终了,接球员成为发球员,发球员成为接球员。以后每局终了均依次互相交换直至比赛结束。

(7)交换场地:双方在每盘的第一、第三、第五等单数局结束后,以及每盘结束时双方局数之和为单数时,交换场地。

2. 失分

发生下列任何一种情况均判失分:

①在球第二次着地前未能还击过网;②还击的球触及对方场区界线以外的地面、固定物或其他物件;③还击空中球失败;④故意用球拍触球超过一次;⑤运动员的身体、球拍在发球期间触及球网;⑥过网击球;⑦抛拍击球。

3. 压线球

落在线上的球都算界内球。

4. 双打发球、接球次序

(1)发球:每盘第一局开始时,由发球方决定由何人首先发球,对方则同样地在第二局开始时,决定由何人首先发球。第三局由第一局发球员的同伴发球。第四局由第二局发球员的同伴发球。以下各局均按此次序发球。

(2)接球:先接球的一方,应在第一局开始时决定何人先接发球,并在这盘单数局避免继续先接发球。对方同伴应在第二局开始时决定何人接发球,并在这盘双数局继续先接发球。他们的同伴应在每局中轮流接发球。

5. 双打还击

接发球后,双方应轮流由其中任何一名队员还击,如运动员在其同伴击球后,再用球拍触球,则判对方得分。

6. 计分方法

(1)胜一局。每胜一球得 1 分,每局的记分采用 0、15、30、40 的方法,先得 1 分呼报 15:0,再得 1 分呼报 30:0,得第 3 个 1 分呼报 40:0,先胜 4 分者胜 1 局。双方各得 3 分时为"平分",平分后净胜两分胜一局。

(2)胜一盘。一方先胜 6 局为胜一盘。双方各胜 5 局时,一方净胜 2 局为胜一盘。

(3)决胜局。在每盘的局数为 6 平时,采用长盘制,一方净胜 2 局为胜一盘;选用短盘制时(决胜盘除外,除非赛前另有规定),先得 7 分者为该局及该盘的胜者(若分数成 6 平时,一方须净胜 2 分);首先发球员只发第 1 分球,对方发第 2、第 3 分球,然后轮流发两球,至比赛结束。

7. 胜一场

正式比赛时,男子单打和男子双打采用五盘三胜制。女子单打、女子双打和混合双打采用三盘二胜制。

常用术语中英文对照

1. 网球:tennis
2. 单打:singles
3. 双打:doubles
4. 球网:net
5. 球场线:pitch line
6. 球:ball
7. 球拍:racket
8. 发球:serve
9. 高压球:high pressure ball
10. 网前截击:volley in front of

第十二章

健美操

课程思政

健美操具有的音乐和美学特性,能充分调动学生参与学习的积极性和主动性,能充分满足学生身心需求;通过健美操的学习,提高学生对自然美、社会美、艺术美等方面的感受能力、鉴赏能力与创造能力。健美操运动给学生提供了一个能充分展示自我的舞台,从而体验对人生、对理想、对事业的追求,体验个人对社会的一种价值观念,进一步培养学生良好的体育审美爱好与情趣。

课程目标

1. 学生能通过健美操教学,了解大众健美操运动的基本理论和知识,基本动作和技术,发展学生的协调、力量及对音乐的运用能力。

2. 学生能通过一般素质和专项素质的训练,培养学生正确的身体姿态,塑造健美体型,陶冶健与美的情操,达到掌握健美健身的同时,努力提高艺术修养和审美能力。

3. 学生能通过学习健美操的相关理论及裁判法,学会欣赏竞技健美操的精彩,并具备一定的编排能力。学生能依照教师传授的训练方法和手段,在课余时间积极参与这项运动,培养学生树立终身体育观念。

第一节　健美操运动概述

自从人类产生之初,就一直存在着朴素的审美意识,这也正是人区别于动物的一个特点,早在古代,人类就开始了对自身健身健美的追求,古代壁画及雕刻等艺术形式所遗留下来的经典动作是现代健美操形成与发展的基础。美国空军运动研究室医学博士库珀,经过多年的运动理论研究,提出"有氧运动"的概念及运动处方,并称其为"Aerobics","健美操"一词由此得名。1981年美国著名影星简·方达根据自己的健身体会和经验,她综合体操、舞蹈开创的富于鲜明乐感,撰写了《简·方达健身体操》一书并配以录像带,引发女子健美操的热潮,至今仍具有深远的影响力。因此,库珀被世人称为"健美操之父",简·方达则被称为健美操皇后。健美操是在音乐的伴奏下,能够表现连续、复杂、高强度操化动作组合的能力,该项目起源于传统的有氧健身运动:成套动作必须展现连续的动作,柔韧性和力量,以及运用基本步伐、完美完成难度动作的能力。

第二节　健美操基本动作

健美操基本动作是健美操的核心,各种动作都是在此基础上产生和发展的。成套健美操的动作是以单个基本动作为基本元素进行编排的,它的内容丰富,动作相对比较简单,学生易于练习和掌握。

常用手型：

健美操中的手型有多种，是从芭蕾舞、现代舞、迪斯科、武术中吸收和发展的。手型是手臂动作的延伸和表现，运用得好，会使健美操动作更加丰富多彩，生动活泼，更具有感染力。

(1)并拢式：五指伸直，相互并拢。大拇指微屈，指关节贴于食指旁。

(2)分开式：五指用力伸直，充分张开。

(3)芭蕾手式：五指微屈，后三指并拢、稍内收，拇指内扣。

(4)拳式：握拳，拇指在外，指关节弯曲，紧贴于食指和中指。

(5)立掌式：五指伸直，手掌用力上翘。

(6)西班牙舞手式：五指用力，小指、无名指、中指自掌指关节处依次屈，拇指稍内扣。

(7)花式：在(2)分开式的基础上小指伸直向掌心回弯到最大限度，无名指会随小指回弯。

第三节　健美操组合动作

一、基础班组合

基础班教学共包含 8 个组合，每个组合 2×8 拍，共计 16×8 拍，具体的动作演示及动作说明如下所示。

预备姿势：两腿并拢站立，两臂自然下垂，两手并掌贴住身体两侧，双目平视，下颌微收。

动作要求：注重动作节奏和动作弹动，并在此基础上，逐步提高动作的力度和幅度。

教学建议：动作的节奏控制在 18～20 拍/10 秒，不宜太快。刚开始练习时，可以采取两拍一动的节奏进行反复练习，而后随着练习水平的提高，可以采取一拍一动的节奏进行反复练习。

(一)基础班组合一动作分解

1.第一个八拍

①第 1～4 拍：双腿并拢原地弹动，双手握拳叉腰。

②第 5～8 拍：右脚开始向前的一字步，5 拍时直臂前平举，6 拍时直臂上举，7 拍时直臂侧平举，8 拍时两臂放置身体两侧。

基础班组合一演示

2.第二个八拍

第 1～8 拍：重复第一个八拍的动作，方向相反。

(二)基础班组合二动作分解

1.第三个八拍

①第 1～4 拍：右脚开始踏步向前三步走，第 4 拍时左前吸腿。第 1、2 拍时体前屈臂小绕，第 3 拍时屈臂侧举，第 4 拍时两手胸前击掌。

基础班组合二演示

②第 5～8 拍：左脚开始踏步向后三步走，第 4 拍时左前吸腿。第 1、2 拍时体前屈臂小绕，第 3 拍时屈臂侧举。第 4 拍时两手直臂头上击掌。

2.第四个八拍

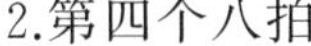

第 1～8 拍：重复第三个八拍的动作，方向相反。

(三)基础班组合三动作分解

基础班组合三演示

1.第五个八拍

①第 1～4 拍：第 1～3 拍时右脚开始向侧做后交叉步左后吸腿，第 4 拍时左后吸腿。第 1 拍时两臂侧平举，第 2 拍时两臂腹前交叉，右手在上.第 3 拍时两臂侧平举，第 4 拍时

两手胸前击掌。

②第5～8拍:与1～4拍动作相同,方向相反。

2.第六个八拍

第1～8拍:重复第五个八拍的动作,方向相反。

(四)基础班组合四动作分解

1.第七个八拍

基础班组合四演示

①第1～4拍:右脚开始向前做“V”字步。1拍时,右臂斜上举,2拍时左臂斜上举,3、4拍时两手胸前交叉两次,右手在前。

②第5～8拍:左脚开始向前做“V”字步。1拍时,右臂斜下举,2拍时左臂斜下举,3、4拍时两手胸前交叉两次,左手在前。注重膝、踝关节的弹动动作,动作幅度适中。

2.第八个八拍

第1～8拍:重复第五个八拍的动作,方向相反。

(五)基础班组合五动作分解

1.第九个八拍

基础班组合五演示

①第1～4拍:右脚开始向右做并步一次。1拍时双臂上举,2拍时双臂至髋关节。3、4拍与1、2拍手臂动作相同。

②第5～8拍:右脚连续向左做并步两次,第8拍时右脚后吸。5拍时双臂上举,6拍时双臂至髋关节,7拍时双臂上举,8拍时双手叉腰,拳心向后。

2.第十个八拍

第1～8拍:重复第九个八拍的动作,方向相反。

(六)基础班组合六动作分解

1.第十一个八拍

基础班组合六演示

①第1～4拍:有脚原地向前做弹踢两次,第4拍时左腿后吸,双手叉腰。

②第5～8拍:双脚开合跳一次,两拍一动。5、6拍时双臂斜上举,7、8拍时双手胸前击掌两次。

2.第十二个八拍

第1～8拍:重复第十一个八拍的动作,方向相反。

(七)基础班组合七动作分解

1.第十三个八拍

基础班组合七演示

①第1～4拍:右脚向右斜前45°方向跑动三步,第4拍时双腿并拢。两手自然前后摆动.第4拍时两手胸前击掌。

②第5～8拍:原地左右踏点跳各两次。5拍时双臂侧平举,6拍时两手头上直臂击掌,7、8拍动作和5、6拍动作相同。

2.第十四个八拍

第1～8拍:重复第十三个八拍的动作,方向相反。

基础班组合八演示

(八)基础班组合八动作分解

1.第十五个八拍

①第1～4拍:右脚开始向右走,转一圈,两手臂自然摆动。

②第5～8拍:右脚开始原地踏步,两手臂经身体两侧至斜上举伸展。

2.第十六个八拍

第 1～8 拍：重复第十五个八拍的动作，方向相反。

二、提高班组合

提高班教学共包含 4 个小组合，每个小组合 4×8 拍，共计 16×8 拍。

预备姿势：两腿并拢站立，两臂自然下垂，两手并掌贴住身体两侧，双目平视，下颌微收。

动作要求：注重手臂和脚步的动作配合，增强动作完成的力度、幅度及控制力，提高动作的表现力。

教学建议：动作的节奏控制在 18～20 拍/10 秒，不宜太快，进行反复练习。而后随着练习水平的提高，可以采取比原有节奏稍快的节奏进行反复练习。

(一)提高班组合一动作分解

提高班组合一、二演示

第一个八拍

①第 1～4 拍：右脚开始向右斜前 45°方向做"一"字步，1 拍时右臂胸前立屈，2 拍时左臂胸前立屈，3 拍时双臂胸前平屈，4 拍时放置身体两侧。注意：膝、踝关节的弹动动作，动作幅度不宜过大。

②第 5～8 拍：重复 1～4 拍的动作，方向相反。

(二)提高班组合二动作分解

第二个八拍

①第 1～4 拍：右脚开始向右做并步一次，左脚开始向左做并步。1 拍时两臂经胸前交叉至斜上举，2 拍时胸前屈臂交叉，3 拍时两臂斜上打开，4 拍时胸前屈臂交叉。注意：两臂斜上举时掌心向外，两臂屈肘时的角度大约为 135°。

②第 5～8 拍：第 5 拍右转 90°向右做并步一次，第 7 拍左转 90°向左做并步一次。1 拍时两手臂屈肘向两侧分开，2 拍时两手胸前击掌，3 拍时两手臂屈肘同内侧分开，4 拍时两手胸前击掌。

(三)提高班组合三动作分解

提高班组合三、四演示

第三个八拍

①第 1～4 拍：向右并步跳，双臂由下向右经上绕环，右侧屈臂摆。两腿同时腾空，并在空中完成并腿动作。

②第 5～8 拍：重复 1～4 拍动作，方向相反。

(四)提高班组合四动作分解

第四个八拍

①第 1～4 拍：右脚开始向前做"V"字步，1 拍时右臂斜上举，2 拍时左臂斜上举，3 拍时两臂屈臂胸前交叉，4 拍时两臂斜下举。

②第 5～8 拍：右脚开始向后做"V"字步，5、6 拍时双臂屈臂至脸前交叉，7、8 拍时两臂斜下举。

注意：头和手臂的配合，手臂斜上举时，稍抬头，而双臂屈臂至脸前交叉时，低头，稍含胸。

第五个八拍至第八个八拍重复第一个八拍至第四个八拍的动作。

(五)提高班组合五动作分解

提高班组合五、六演示

第九个八拍

①第1～4拍:右脚开始,向斜前方向走三步,吸腿跳一次。1、2、3拍时两手屈臂胸前交叉三次,掌心向内,4拍时两臂斜下举,掌心向外。

②第5～8拍:左脚开始,向后做十字交叉步。两手臂自然摆动。

(六)提高班组合六动作分解

第十个八拍

①第1～4拍:左脚开始,左右脚向侧方各做侧点地一次。1拍时左臂侧平举,2拍时两臂放置体侧,3、4拍时手臂动作与1、2拍相同,方向相反。

②第5～8拍:左脚开始,身体左右转90°,左右脚向后各做后点地一次。1拍时双臂胸前平屈,2拍时双臂放置体侧,3、4拍时手臂动作与1、2拍相同,方向相反。

(七)提高班组合七动作分解

提高班组合七、八演示

第十一个八拍

①第1～4拍:1拍时右脚上步,2拍时左腿向前弹踢,3拍时左脚还原,4拍时右腿并左脚。两臂自然前后摆动。

②第5～8拍:重复1～4动作,方向相反。

(八)提高班组合八动作分解

第十二个八拍

①第1～4拍:1.2拍时右脚恰恰步,3、4拍时左脚恰恰步。1、2拍时左臂在前、右臂在后,两臂屈肘,3、4拍时右臂在前、左臂在后,两臂屈肘。

②第5～8拍:5拍时右脚向后迈步,6拍时左吸腿跳,7、8拍时,动作同5、6拍,方向相反。5拍时两臂屈臂侧举,6拍时两手胸前击掌,7、8拍时,动作同5、6拍.方向相反。

(九)提高班组合九动作分解

提高班组合九演示

第十三个八拍

①第1～4拍:右脚1/2迈步,右脚开始向右平转180°。1、2拍时,两臂斜上举,3、4拍时两臂斜下举。

②第5～8拍:开合跳两次。5拍时左臂斜上举、右臂斜下举,6拍时右臂斜上举、左臂斜下举,7拍时左掌在右掌上,两臂前举,8拍时两臂斜下举。

(十)提高班组合十动作分解

提高班组合十演示

第十四个八拍

①第1～4拍:1、2拍时分腿跳,3拍时并腿屈膝着地,4拍时弓步。1、2拍时两臂斜上举,3拍时两臂斜下举,4拍时双手反撑双膝。

②第5～8拍:5拍时跳起右腿后屈,6拍时跳起左腿侧踢,7拍时并腿跳,8拍时跳起右腿侧踢。5拍时屈肘胸前交叉,6拍时两臂侧平举,7拍时两臂上举,8拍时右臂侧平举,左臂胸前平屈。

(十一)提高班组合十一动作分解

第十五个八拍

①第1～4拍:1拍时右脚上步,2拍时左腿侧踢至90°,3、4拍时踏步还原。1拍时屈

臂胸前交叉，2 拍时两臂侧平举，3、4 拍时两臂贴于身体两侧。

②第 5～8 拍：5 拍时左脚上步，6 拍时右腿前踢至 90°，7、8 拍时踏步还原。5 拍时屈臂胸前交叉，6 拍时两臂上举，7、8 拍时两臂贴于身体两侧。

提高班组合十一演示

(十二)提高班组合十二动作分解

第十六个八拍

①第 1～4 拍：右并步跳一次、左并步跳一次，1、2 拍时两臂侧平举，身体右转 45°，3、4 拍动作与 1、2 拍相同，方向相反。

②第 5～8 拍：5 拍时右弓步跳，6 拍时并步立转 360°，7 拍时左弓步，8 拍时右腿支撑、左腿点地。5 拍时两臂侧举，6 拍时两臂上举，并腕交叉，7 拍时两手臂斜下举，8 拍时右手放置臀部，同时左手在正前方下按(亮相)。

提高班组合十二演示

三、拉伸组合

练习者进行主体部分的练习后，身心处于相对紧张和应激的状态，通过柔韧拉伸部分的练习，练习者的柔韧性得以提高，从而伸展肌肉，塑造肌肉的线条，使练习者逐步回归到自然放松的状态，缓解疲劳。通常在放松阶段采用静态伸展，练习者可根据自己所选择练习的内容进行有目的的伸展，以下一般性的柔韧伸展练习仅供读者参考。本部分练习共计 10×8 拍，可多次重复，或者适当延长伸展的练习时间。

(一)拉伸组合一动作分解

1.第一个八拍

第 1～8 拍：两腿开立，两手尽力斜上举，稍抬头，两足跟上提，保持 4 拍后，返回原位。1、2 拍时两臂经体侧向上延伸，直至两手头上交叉，3～6 拍时保持不动，7、8 拍时两手分开，两臂由原路线返回至身体两侧。注意：全身伸展。2.1～2.8 拍重复 1.1～1.8 拍动作。

拉伸组合一演示

2.第二个八拍

第 1～8 拍：重复第一个八拍的动作，方向相反。

(二)拉伸组合二动作分解

第三个八拍

第 1～8 拍：两腿并立，两手尽力向上伸展，而后向前做体前屈，直至两手在体侧触地，尽量让上体与大腿折叠，头部触膝，充分拉伸腿部的后侧肌群。1、2、3 拍时两臂经两侧向上延伸至上举，4、5、6 拍时两臂向前延伸直至两手在体侧触地，7、8 拍时两手抱住小腿的后侧。

拉伸组合二、三演示

注意：腿部后侧肌群伸展。

(三)拉伸组合三动作分解

第四个八拍

第 1～8 拍：1～4 拍时保持不动，5～8 拍时按照原路返回，使身体还原成第三个八拍 1 拍的动作。1、2 拍时两臂保持不变，3～8 拍时两臂由原路线返回至身体两侧。

(四)拉伸组合四动作分解

1.第五个八拍

①第 1～8 拍：1、2 拍时身体向上延伸，3～8 拍时呈左前弓步。1、2 拍时两臂经两侧上举至头上，3～8 拍时双手放至膝关节处，保持不动。

拉伸组合四演示

2.第六个八拍

第 1～8 拍:与第五个八拍动作相同,方向相反。

注意:伸展髋关节及腿部后侧肌群,使其得到充分的伸拉。

(五)拉伸组合五动作分解

拉伸组合五演示

1.第七个八拍

第 1～8 拍:1、2 拍时,身体尽量向上伸展,3～8 拍时呈左侧弓步。1、2 拍时两臂上举,3 拍时双手放至膝关节处,4～8 拍时,保持不动。

2.第八个八拍

第 1～8 拍:重复第七个八拍的动作,方向相反。

注意:伸展髋关节及腿部内侧肌群。

(六)拉伸组合六动作分解

拉伸组合六演示

1.第九个八拍

第 1～8 拍:两脚开立,两手尽力向上伸展至头上合十,向左侧做体侧屈。1 拍时两手斜下举,2 拍时双手经体侧至头上合十,保持不动。

2.第十个八拍

第 1～8 拍:重复第九个八拍的动作,方向相反。

四、拓展训练

在进行形体健美操训练时,练习者根据自身需要,既可以将基础和提高组合套路中的任一动作进行反复多次的练习,也可以将几个动作连贯起来进行反复多次练习,当然,也可以直接将组合套路的整套动作进行反复的练习。与此同时,练习者还可以通过对练习时间长短的控制和动作节奏的改变,掌握适合自己的运动负荷,即锻炼的时间和强度。随着练习者运动素养的提高,还可以通过改变运动路线与手臂的配合动作,更换音乐风格以及改变几个练习者的配合队形等,进一步提高观赏性以及实效性。

其主要目的是:让练习者通过某一个动作的反复练习达到对身体某一部分的持续锻炼,也可以通过组合动作的练习形式,进而让练习者的身体各部分得到持续锻炼,从而实现提高练习者的身体协调性、锻炼心肺功能以及塑造形体的目的。

(一)案例 1

拓展训练组合一演示

基础套路中第一个八拍 1～8 拍的动作可以根据自身需要进行改变。

拓展训练组合一动作分解如下。

①第 1～4 拍:身体右转 90°,右脚开始向前的一字步。1 拍时两臂前上举弹动一次,2 拍时重复 1 拍动作,3 拍时两臂前下举弹动一次,4 拍时两手胸前击掌。

②第 5～8 拍;身体左转 90°,右脚开始向后的一字步。5 拍时两臂前平举,6 拍时两臂上举,7 拍时两臂侧平举,8 拍时两臂放置体侧。

(二)案例 2

拓展训练组合二演示

提高套路中第十二个八拍 1～8 拍的动作可以根据自身需要进行改变。

拓展训练组合二动作分解如下。

①第 1～4 拍:1、2 拍时右脚恰恰步,左臂在前、右臂在后,两臂屈肘水平打开;3、4 拍时重复 1、2 拍动作,方向相反。

②第 5～8 拍:5 拍时身体左转,右脚向后迈步,屈臂侧举;6 拍时身体左转,左吸腿跳,胸前击掌;7 拍时身体左转,左脚向后迈步,屈臂侧举;6 拍时身体左转,右吸腿跳,胸前击掌。

常用术语中英文对照

1. 健美操:aerobics
2. 拉丁健身操:latin aerobics
3. 街舞:hip hop
4. 搏击操:kickboxing
5. 有氧运动:aerobic exercise
6. 温柔健美操:gentle aerobics
7. 徒手体操:unarmed gymnastics
8. 艺术体操:rhythmic gymnastics
9. 现代舞:modern dance

第十三章

排　舞

课程思政

排舞音乐与舞步的结合，可以培养学生的音乐涵养、礼仪风范；排舞共性的多元性、唯美性、多元性，个性的舞码唯一性，促进了学生对立统一哲学规律的认识；学生能体验运动的乐趣和成功，具有良好的心理品质、合作精神和交往能力。

课程目标

1. 学生能通过排舞教学，了解排舞运动的基础知识，熟练掌握排舞的基本技能和科学有效的锻炼方法。

2. 学生能通过一般素质和专项素质的训练，培养体育实践能力和创新精神，学会学习和锻炼，形成健康的生活方式和积极进取、乐观开朗的人生态度。

3. 学生能通过学习排舞的理论知识，学会欣赏排舞表演及比赛的精彩，并具备一定的编排能力。

第一节　排舞

排舞(Line dance)是在音乐伴奏下通过重复的固定舞步动作来愉悦身心的国际性体育运动。它以音乐为核心，通过不同风格的舞步组合循环，来展现世界各国民间舞蹈的多元文化魅力。排舞最早萌芽于20世纪70年代美国西部的乡村民间社交舞。

一、排舞运动的分类

针对排舞运动把各种各样舞蹈和音乐元素不断组合、变化、融合、优化、创新后，形成了今天内容丰富、形式多样的休闲健身运动。

1. 按照舞步组合结构分为四类

(1)完整型排舞：不断重复固定的舞步组合。如果是2/4或者4/4拍音乐，舞步组合一般由32拍、48拍、64拍组成。如果是3/4或者4/4拍音乐，舞步组合一般由12×3拍或16×3拍组成。这类排舞无论是舞步动作还是方向变化都算较为简单明了的，属于初级难度级别的排舞。

(2)组合型排舞：由两个或者更多的舞步构成，而且每一舞步组合的节拍数都不一定相同。这类排舞并没有按照一定规律进行循环，部分组合重复，部分组合并没有进行重复。

(3)间奏型排舞：在固定舞步组合外，还有一个或者多个不一定相同的间奏舞步组成。间奏排舞一般不超过一个八拍。这类排舞在学习时相对比较难，属于中等难度级别的排舞。

(4)表演型排舞：没有固定舞步组合，舞步较为复杂多变，难度系数大。这类排舞在学习时很难记忆，因此属于最高难度级别的排舞。

2. 按照舞步组合变化的方向分为四类

(1)一个方向的排舞：面向十二点钟一个方向跳完所有舞步组合的排舞。

(2)两个方向的排舞:舞步组合结束后在相反方向又开始重复这一舞步组合的排舞。即面向时钟十二点的舞步组合结束后,面向六点钟方向开始重复这一舞步组合。

(3)三个方向的排舞:这类排舞通常出现在间奏型排舞中。每完成一次舞步组合,都会按照顺时针(或者逆时针)方向进行变化,在第三次舞步组合完成后,由于音乐间奏的特点又回到舞蹈开始的方向进行舞动。

(4)四个方向的排舞:这类排舞是每完成一次舞步组合,都会在一个新的方向开始动作。一般是按照顺时针十二点、三点、六点、九点进行方向的变化,也可以按照逆时针十二点、九点、六点、三点的方向进行变化。

二、排舞运动的特点

1. 文化传承与文化创新的循环性

创新是排舞传承的根本动力,是保证排舞不断发展的重要法宝。从最初的方块舞、圆圈舞、宫廷舞到现在的东方舞、爵士舞、街舞,再到现在流行的排舞,充分体现了排舞对舞蹈文化、民族文化、音乐文化、体育文化的传承和创新。

2. 舞蹈元素与音乐风格的融合性

随着时代的发展,排舞融入了越来越多时尚的舞蹈和音乐元素,在多种舞蹈和音乐元素组合、变化和不断创新之下形成了今天如此丰富多样的排舞曲目。在构成排舞的诸多要素中,舞步和音乐要素是最为重要的。可以说,音乐是排舞的灵魂,舞步是音乐的外在表现形式。

3. 舞步规范与自由形式的共存性

排舞是根据不同的音乐元素来表现不同舞种风格特点的一项健身运动,虽然排舞每首曲目的舞步全世界完全统一,并有固定的名称和节拍数,但对身体及手臂的动作并无统一要求。练习者可以根据个人喜好及对音乐的理解,诠释属于自己的舞蹈。

4. 网络传播途径的充分运用

信息时代,排舞得以全面迅速的发展。依靠网络平台,不断推出新的排舞视频、文字和图片作品,有利于宣传、推广和普及排舞,对排舞的全面发展起着十分积极的推动作用。

三、排舞运动舞步术语及分类

排舞术语是排舞理论和技术等方面的专门用语。它以简明扼要的词汇,准确而又形象地反映出排舞的舞步形式和技术特征。

(一)初级水平舞步术语

1. 平衡步(Balance Step)

由三拍构成的舞步动作,常用于华尔兹风格的排舞。常用的有:右前进平衡步、左前进平衡步、右后退平衡步、左后退平衡步。

(1)右前进平衡步:1 拍右脚向前一步,重心在右脚;2 拍左脚向前一步,重心在左脚;3 拍右脚原地一步,重心在右脚。

(2)左前进平衡步:1 拍左脚向前一步,重心在左脚;2 拍右脚向前　步,重心在右脚;3 拍左脚原地一步,重心在左脚。

(3)右后退平衡步:1 拍右脚向后一步,重心在右脚;2 拍左脚向后一步,重心在左脚;3 拍右脚原地一步,重心在右脚。

(4)左后退平衡步:1 拍左脚向后一步,重心在左脚;2 拍右脚向后一步,重心在右脚;3 拍左脚原地一步,重心在左脚。

2. 恰恰步(Shuffle)

由 2 拍和 1 个 & 拍构成的移动时脚与地面形成摩擦的舞步动作。常用的有:右前进恰恰步、左前进恰恰步、右后退恰恰步、左后退恰恰步、向右恰恰步、向左恰恰步。

(1)右前进恰恰步:1 拍右脚向前一步,重心在右脚;& 拍左脚在右脚旁,重心在左脚;2 拍右脚向前一步,重心在右脚。

(2)左前进恰恰步:1 拍左脚向前一步,重心在左脚;& 拍右脚在左脚旁,重心在右脚;2 拍左脚向前一步,重心在左脚。

(3)右后退恰恰步:1 拍右脚向后一步,重心在右脚;& 拍左脚在右脚旁,重心在左脚;2 拍右脚向后一步,重心在右脚。

(4)左后退恰恰步:1 拍左脚向后一步,重心在左脚;& 拍右脚在左脚旁,重心在右脚;2 拍左脚向后一步,重心在左脚。

(5)向右恰恰步:1 拍右脚向右一步,重心在右脚;& 拍左脚在右脚旁,重心在左脚;2 拍右脚向右一步,重心在右脚。

(6)向左恰恰步:1 拍左脚向左一步,重心在左脚;& 拍右脚在左脚旁,重心在右脚;2 拍左脚向左一步,重心在左脚。

3. 海岸步(Coaster Step)

由 2 拍和 1 个 & 拍构成的退并前的舞步动作。常用的有:右海岸步、左海岸步。

(1)右海岸步:1 拍右脚向后一步,重心在右脚;& 拍左脚并右脚,重心在左脚;2 拍右脚向前一步,重心在右脚。

(2)左海岸步:1 拍左脚向后一步,重心在左脚;& 拍右脚并左脚,重心在右脚;2 拍左脚向前一步,重心在左脚。

4. 藤步(Weave Step)

由 3 拍构成的两脚由交叉向旁迈步的舞步动作。常用的有:右前藤步、左前藤步、右后藤步、左后藤步。

(1)右前藤步:1 拍右脚在左脚前交叉,重心在右脚;2 拍左脚向左一步,重心在左脚;3 拍右脚在左脚后交叉,重心在右脚;4 拍左脚向左一步,重心在左脚。

(2)左前藤步:1 拍左脚在右脚前交叉,重心在左脚;2 拍右脚向右一步,重心在右脚;3 拍左脚在右脚后交叉,重心在左脚;4 拍右脚向右一步,重心在右脚。

(3)右后藤步:1 拍右脚在左脚后交叉,重心在右脚;2 拍左脚向左一步,重心在左脚;3 拍右脚在右脚前交叉,重心在右脚;4 拍左脚向左一步,重心在左脚。

(4)左后藤步:1 拍左脚在右脚后交叉,重心在左脚;2 拍右脚向右一步,重心在右脚;3 拍左脚在右脚前交叉,重心在左脚;4 拍右脚向右一步,重心在右脚。

5. 爵士盒步(Jazz Box)

4 拍构成的由前交叉开始的舞步动作。常用的有:右爵士盒步、左爵士盒步。

(1)右爵士盒步:1 拍右脚在左脚前交叉,重心在右脚;2 拍左脚向后一步,重心在左脚;3 拍右脚向旁一步,重心在右脚;4 拍左脚在右脚前交叉,重心在左脚。

(2)左爵士盒步:1 拍左脚在左脚前交叉,重心在左脚;2 拍右脚向后一步,重心在右脚;3 拍左脚向旁一步,重心在左脚;4 拍右脚在左脚前交叉,重心在右脚。

6. 伦巴盒步(Rumba Box)

由 8 拍构成的在地板上形成盒子状的舞步动作。常用的有:右伦巴盒步、左伦巴盒步。

(1)右伦巴盒步:1 拍右脚向右一步,重心在右脚;2 拍左脚在右脚旁,重心在左脚;3

拍右脚向前一步,重心在右脚;4 拍停住;5 拍左脚经右脚旁向左一步,重心在左脚;6 拍右脚在左脚旁,重心在右脚;7 拍左脚向后一步,重心在左脚;8 拍停住。

(2)左伦巴盒步:1 拍左脚向左一步,重心在左脚;2 拍右脚在左脚旁,重心在右脚;3 拍左脚向前一步,重心在左脚;4 拍停住;5 拍右脚经左脚旁向右一步,重心在右脚;6 拍左脚在右脚旁,重心在左脚;7 拍右脚向后一步,重心在右脚;8 拍停住。

7. 水手步(Sailor Step)

2 拍和 1 个 & 拍构成的由后交叉向旁迈步的舞步动作。常用的有:右水手步、左水手步。

(1)右水手步:1 拍右脚在左脚后交叉,重心在右脚;& 拍左脚在右脚旁,重心在左脚;2 拍右脚向右一步,重心在右脚。

(2)左水手步:1 拍左脚在右脚后交叉,重心在左脚;& 拍右脚在左脚旁,重心在右脚;2 拍左脚向左一步,重心在左脚。

8. 剪刀步(Scissors Step)

由 2 拍和 1 个 & 拍构成的动作结束时两脚形成交叉状的舞步动作。常用的有:右剪刀步、左剪刀步。

(1)右剪刀步:1 拍右脚向右一步,重心在右脚;& 拍左脚在右脚旁,重心在左脚;2 拍右脚在左脚前交叉,重心在右脚。

(2)左剪刀步:1 拍左脚向左一步,重心在左脚;& 拍右脚在左脚旁,重心在右脚;2 拍左脚在右脚前交叉,重心在左脚。

9. 三连步(Triple Step)

由 2 拍和 1 个 & 拍构成的右(左)脚开始依次踏步的舞步动作。常用的有:右前进三连步、左前进三连步、右后退三连步、左后退三连步。

(1)右前进三连步:右脚—左脚—右脚依次向前踏三步。

(2)左前进三连步:左脚—右脚—左脚依次向前踏三步。

(3)右后退三连步:右脚—左脚—右脚依次向后踏三步。

(4)左后退三连步:左脚—右脚—左脚依次向后踏三步。

10. 曼波步(Mambo Step)

由 2 拍和 1 个 & 拍构成髋部快速摆动的舞步动作。常用的有:右脚向前曼波步、左脚向前曼波步、右脚向后曼波步、左脚向后曼波步、向右曼波步、向左曼波步、左交叉曼波步、右交叉曼波步。

(1)右脚向前曼波步:1 拍右脚向前一步同时向右顶髋,重心在右脚;& 拍重心还原到左脚同时向左顶髋;2 拍右脚在左脚旁,重心在右脚。

(2)左脚向前曼波步:1 拍左脚向前一步同时向左顶髋,重心在左脚;& 拍重心还原到右脚同时向右顶髋;2 拍左脚在右脚旁,重心在左脚。

(3)右脚向后曼波步:1 拍右脚向后一步同时向右顶髋,重心在右脚;& 拍重心还原到左脚同时向左顶髋;2 拍右脚在左脚旁,重心在右脚。

(4)左脚向后曼波步:1 拍左脚向后一步同时向左顶髋,重心在左脚;& 拍重心还原到右脚同时向右顶髋;2 拍左脚在右脚旁,重心在左脚。

(5)向右曼波步:1 拍右脚向右一步同时向右顶髋,重心在右脚;& 拍重心还原到左脚同时向左顶髋;2 拍右脚在左脚旁,重心在右脚。

(6)向左曼波步:1 拍左脚向左一步同时向左顶髋,重心在左脚;& 拍重心还原到右脚同时向右顶髋;2 拍左脚在右脚旁,重心在左脚。

(7)左交叉曼波步：1 拍左脚在右脚前交叉同时向左顶髋，重心在左脚；& 拍重心还原到右脚同时向右顶髋；2 拍左脚在右脚旁，重心在左脚。

(8)右交叉曼波步：1 拍右脚在左脚前交叉同时向右顶髋，重心在右脚；& 拍重心还原到左脚同时向左顶髋；2 拍右脚在左脚旁，重心在右脚。

11. 摇摆步(Rock Step)

由 2 拍构成的两脚重心互换但不移动位置的髋部摆动的舞步动作。常用的有：右脚向前摇摆步、左脚向前摇摆步、右脚向后摇摆步、左脚向后摇摆步、向右摇摆步、向左摇摆步。

(1)右脚向前摇摆步：1 拍右脚向前一步，重心摇摆到右脚；2 拍摇摆后重心回到左脚。

(2)左脚向前摇摆步：1 拍左脚向前一步，重心摇摆到左脚；2 拍摇摆后重心回到右脚。

(3)右脚向后摇摆步：1 拍右脚向后一步，重心摇摆到右脚；2 拍摇摆后重心回到左脚。

(4)左脚向后摇摆步：1 拍左脚向后一步，重心摇摆到左脚；2 拍摇摆后重心回到右脚。

(5)向右摇摆步：1 拍右脚向右一步，重心摇摆到右脚；2 拍摇摆后重心回到左脚。

(6)向左摇摆步：1 拍左脚向左一步，重心摇摆到左脚；2 拍摇摆后重心回到右脚。

12. 摇椅步(Rocking Chair)

由 4 拍构成的以右(左)脚为轴，另一脚向前后移动的舞步动作。常用的有：右摇椅步、左摇椅步。

(1)右摇椅步：1 拍右脚向前一步，重心摇摆到右脚；2 拍摇摆后重心在左脚；3 拍右脚向后一步，重心摇摆到右脚上；4 拍摇摆后重心在左脚。

(2)左摇椅步：1 拍左脚向前一步，重心摇摆到左脚；2 拍摇摆后重心在右脚；3 拍左脚向后一步，重心摇摆到左脚；4 拍摇摆后重心在右脚。

13. 踢换脚(Kick Ball Change)

由 2 拍和 1 个 & 拍构成的经踢腿后快速转换重心的舞步动作。常用的有：右弹踢换脚、左弹踢换脚。

(1)右弹踢换脚：1 拍右脚向前踢，重心在左脚；& 拍右脚在左脚旁，重心在右脚；2 拍重心还原到左脚。

(2)左弹踢换脚：1 拍左脚向前踢，重心在右脚；& 拍左脚在右脚旁，重心在左脚；2 拍重心还原到右脚。

14. 闪烁步(Twinkle)

由 3 拍构成的舞步动作，常用于华尔兹风格的排舞。常用的有：右闪烁步、左闪烁步。

(1)右闪烁步：1 拍右脚在左脚前交叉，重心在右脚；2 拍左脚在右脚旁，重心在左脚；3 拍右脚原地一步，重心在右脚。

(2)左闪烁步：1 拍左脚在右脚前交叉，重心在左脚；2 拍右脚在左脚旁，重心在右脚；3 拍左脚原地一步，重心在左脚。

15. 锁步(Lock)

(1)前锁步：1 拍右脚进，左脚锁在右脚后；2 拍右脚进。

(2)后锁步：1 拍右脚退，左脚锁在右脚前；2 拍右脚退。

16. 曼特律转(Monterey Turn)

由 2 拍构成的右(左)脚经侧点并向后的转体。常用的有：1/4 曼特律右转、1/4 曼特律左转、1/2 曼特律右转、1/2 曼特律左转。

(1)1/4 曼特律右转：1 拍右脚向右点地，重心在左脚；2 拍向后转 1/4 同时右脚在左脚旁，重心在右脚(面向 3:00)。

(2)1/4 曼特律左转:1 拍左脚向左点地,重心在右脚;2 拍向后转 1/4 同时左脚在右脚旁,重心在左脚(面向 9:00)。

(3)1/2 曼特律右转:1 拍右脚向右点地,重心在左脚;2 拍向后转 1/2 同时右脚在左脚旁,重心在右脚(面向 6:00)。

(4)1/2 曼特律左转:1 拍左脚向左点地,重心在右脚;2 拍向后转 1/2 同时左脚在右脚旁,重心在左脚(面向 6:00)。

17. 桑巴步(Samba Step)

(1)右桑巴步:1 拍右脚前交叉,左脚侧步;2 拍右脚原地踏。

(2)左桑巴步:1 拍左脚前交叉,右脚侧步;2 拍左脚原地踏。

18. 轴心转(Pivot Turn)

由 2 拍构成的以右(左)脚为轴的转动。常用的有:1/4 右轴心转、1/4 左轴心转。

(1)1/4 右轴心转:1 拍左脚前点,重心在右脚;2 拍向右 1/4 转,重心在右脚。

(2)1/4 左轴心转:1 拍右脚前点,重心在左脚;2 拍向左 1/4 转,重心在左脚。

19. 藤转(Rolling Vine)

1 拍右转 1/4 右脚进;2 拍右转 1/2 左脚退;3 拍右转 1/4 右脚侧步;4 拍左脚并步(点、刷等)。

20. 趾踵步(Strut)

(1)尖趾步:右脚尖前点地,右脚跟踏下;左脚尖前点地,左脚跟踏下。

(2)跟趾步:右脚跟前点地,右脚掌踏下;左脚跟前点地,左脚掌踏下。

(二)中级水平舞步术语

1. 纺织步(Grapevine)

由 4 拍构成的舞步动作。常用的有:右纺织步、左纺织步。

(1)右纺织步:1 拍右脚向右一步,重心在右脚;2 拍左脚在右脚后交叉,重心在左脚;3 拍右脚向右一步,重心在右脚,4 拍左脚在右脚旁点地,重心在右脚。

(2)左纺织步:1 拍左脚向左一步,重心在左脚;2 拍右脚在左脚后交叉,重心在右脚;3 拍左脚向左一步,重心在左脚,4 拍右脚在左脚旁点地,重心在左脚。

2. 查尔斯顿步(Charleston)

(1)查尔斯顿步:1 拍右脚进;2 拍左脚前点;3 拍左脚退;4 拍右脚后点。

(2)查尔斯踢步:1 拍右脚进;2 拍左脚前踢;3 拍左脚退;4 拍右脚后点。

3. 骆驼步(Camel Step)

1 拍右脚进;2 拍左脚所在右脚后;3 拍右脚进;4 拍左脚锁在右脚后。

4. 桃乐茜步(Dorothy)

(1)右桃乐茜步:1 拍右脚右斜角进;2 拍左脚锁在右脚后;& 拍右脚右斜角进。

(2)左桃乐茜步:1 拍左脚左斜角进;2 拍右脚锁在右脚后;& 拍左脚左斜角进。

5. 扇形步(Fan)

(1)脚尖扇形步:1 拍脚尖向外平展;2 拍脚尖还原。

(2)脚跟扇形步:1 拍脚尖向外平展;2 拍脚跟还原。

6. 跟掌交叉步(Heel Ball Cross)

(1)右脚跟交叉点:1 拍右脚跟测点;& 拍右脚还原,2 拍左脚前交叉。

(2)左脚跟交叉点:1 拍左脚跟测点;& 拍左脚还原,2 拍右脚前交叉。

7. 跳(Jump)

(1)双脚跳:双脚同时起跳,双脚落地。

(2)爵士跳:单脚起跳,双脚落地。

(3)开合跳:1拍双脚起跳,分开落地。2拍双脚起跳,并脚落地。

8. 夜总会二步(Night Club Basic)

(1)右夜总会二步:1拍右脚大侧步并拖左脚;2拍左脚后交叉&拍右脚原地踏。

(2)左夜总会二步:1拍左脚大侧步并拖右脚;2拍右脚后交叉&拍左脚原地踏。

9. 糖果步(Sugar Step)

(1)右糖果步:1拍右脚尖点地,右膝关节内收;2拍右脚跟点地,右膝关节外展;3拍右脚前交叉。

(2)左糖果步:1拍左脚尖点地,左膝关节内收;2拍左脚跟点地,左膝关节外展;3拍左脚前交叉。

10. 开关步(Switch)

(1)脚尖开关步:1拍右脚尖前点地,&拍右脚复位;2拍左脚尖前点地,&拍左脚复位。

(2)脚跟开关步:1拍右脚跟前点地,&拍右脚复位;2拍左脚跟前点地,&拍左脚复位。

11. 交叉转(Cross Unwind Turn)

(1)右交叉:1拍右脚前交叉;2拍左转180～360度,重心放在左(右)脚。

(2)左交叉:1拍左脚前交叉;2拍右转180～360度,重心放在左(右)脚。

12. 划桨转(Paddle Turn)

(1)1/4划桨转:1拍右脚进;2拍左转1/8重心放在左脚;3拍右脚进;4拍左转1/8重心放在左脚。

(2)1/2划桨转:1拍右脚进;2拍左转1/4重心放在左脚;3拍右脚进;4拍左转1/4重心放在左脚。

13. 全转(Full Turn)

(1)左进全转:1拍左转180度,右脚退;2拍左转180度,左脚进。

(2)右进全转:1拍右转180度,左脚退;2拍右转180度,右脚进。

(三)高级水平舞步术语

1. 抛锚/支撑步(Anchor Step)

(1)右抛锚/支撑步:1拍右脚退;&拍左脚前踏;2拍右脚后踏。

(2)左抛锚/支撑步:1拍左脚退;&拍右脚前踏;2拍左脚后踏。

2. 苹果杰克(Apple Jack)

1拍左脚尖向左同时右脚跟向右,&拍复原;2拍左脚跟向左同时右脚尖向右,&拍复原。

3. 兜风步(Cruising)

1拍右脚侧步;2拍左脚后交叉;3拍右转1/4,右脚进;4拍左脚进,5拍右转1/2,重心放在右脚,6拍右转1/4,左脚侧步;7拍右脚后交叉;8拍左脚侧步。

4. 旋步(Swivel)

(1)左旋步:1拍左脚跟、右脚尖同时向左转动;2拍左脚尖、右脚跟同时向左转动。

(2)右旋步:1拍左脚跟、右脚尖同时向右转动;2拍左脚尖、右脚跟同时向右转动。

(3)跟旋步:1拍双脚跟一起向左(右)转动;2拍双脚跟复位。

5. 螺旋转(Spiral Turn)

(1)右螺旋转:1拍右脚进;2拍左转360度,重心放在右脚。

(2)左螺旋转:1拍左脚进;2拍右转360度,重心放在左脚。

第二节　啦啦操

一、啦啦操的起源与发展

啦啦操是一项新兴的体育运动项目，最早源于为美式足球呐喊助威的活动，并借助美国职业篮球赛（NBA）逐渐在全球范围内广泛传播，至今已有一百多年的历史。啦啦操原名“cheer leading”，其中“cheer”一词有振奋精神，提振士气的意思。啦啦操源于早期部落社会的仪式，族人为激励外出打仗或打猎的战士而举行的一种仪式，以欢呼、手舞足蹈的表演来鼓舞士气，并寄予他们凯旋的期望。

中国的观众通过美国的NBA认识和了解了啦啦操运动。自传入后就很快受到了广大青少年的喜爱，而且在全国的很多赛事中都可见到啦啦操的表演，尤其是1998年CUBA诞生以来，大学生的精神风貌和竞技水平得到了充分的展示。激情四射和富有动感的各高校啦啦操表演，给观众留下了深刻印象，也成为篮球场上一道独特的风景线，从此开辟了中国啦啦操运动的发展之路。

二、啦啦操的概念

啦啦操是所有与呐喊助威目的有关的社会文化活动的总称，是在音乐的伴奏下，以徒手或手持轻器械的技巧动作或舞蹈动作为载体，以团队的组织形式出现，为比赛助威、调节紧张对抗的比赛气氛，旨在体现团队意识与集体主义精神，反映朝气蓬勃的精神面貌，具有竞技性、观赏性、表演性的一项体育运动。

三、啦啦操的分类

我国啦啦操及啦啦队的分类方式繁多，分类方法也各不相同。按活动的目的分为竞技性啦啦操、表演性啦啦操；按实施的场所分为看台啦啦操、场地啦啦操；按表演形式分为轻器械啦啦操、徒手啦啦操；按动作性质分为舞蹈啦啦操、技巧啦啦操；按发展形式分为公益性啦啦操、非公益性啦啦操；按竞赛种类分为全国锦标赛、冠军赛、系列赛、大奖赛、全国体育大会啦啦操比赛等各种赛事活动。目前，通常以按目的分类的方法最为常用。

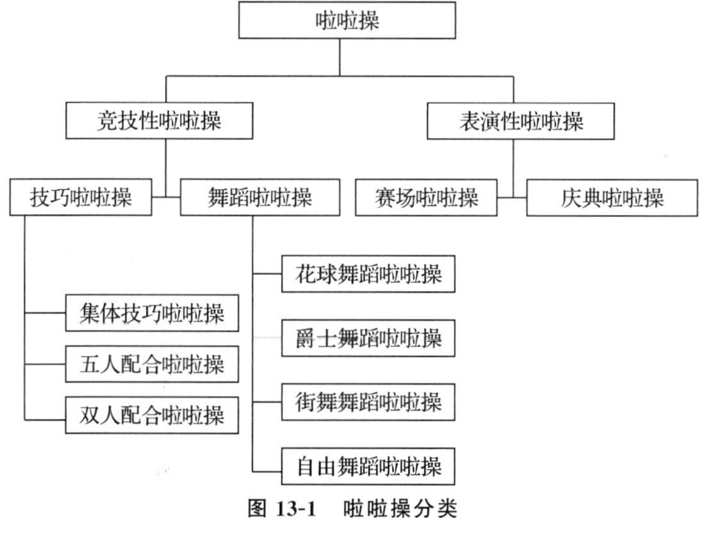

图13-1　啦啦操分类

四、啦啦操运动的基本技术

啦啦操 32 个基本手位动作介绍如下。

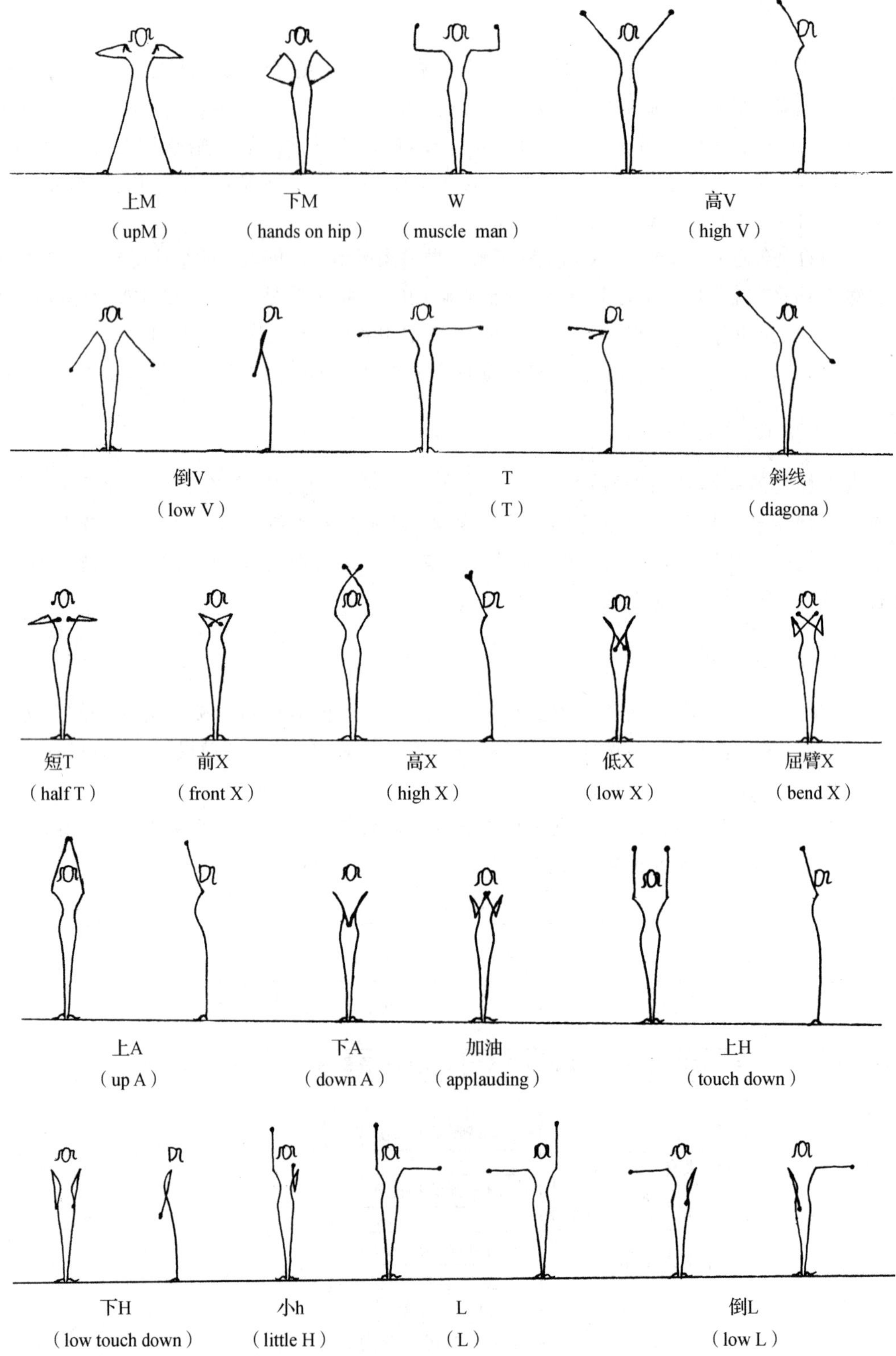

K（K）　侧K（side K）　R（7R）　弓箭（bow and arrow）　小弓箭（bow）

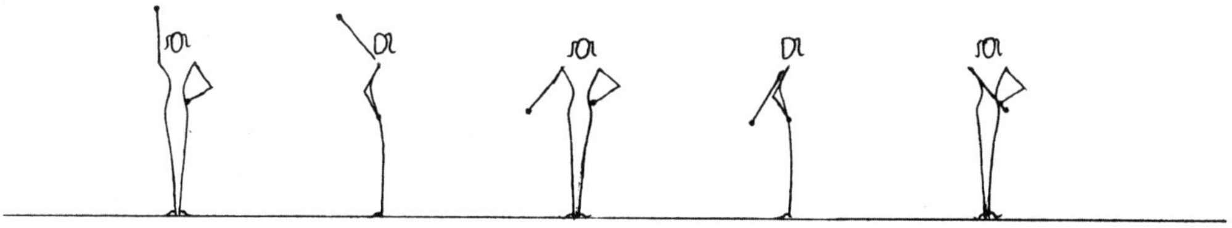

高冲拳（high punch）　侧下冲拳（low side punch）　斜下冲拳（low cross punch）

斜上冲拳（up cross punch）　短剑（half dagger）　侧上冲拳（high side punch）　X（X）

五、啦啦操的组合套路

（一）组合套路一

准备动作：双腿并拢，双手紧贴于体侧，两眼目视前方。

1. 第一个八拍

组合套路一第一个八拍

（1）原地纵跳一次，双手经体前收成加油手位。

（2）双脚跳开至马步，双手从胸前打开至高V手位。

（3）双脚跳回并拢，还原成加油手位。

（4）双脚跳开成左脚在前的弓步，双手从胸前打开至倒V手位。

（5）右脚向左前方迈步，双腿交叉，双手从体前收至短T手位。

（6）左脚迈开至与肩同宽，双手打开至T手位。

（7）向左转成弓步，右手直臂向左经头上绕环与左臂交叉叠于身体前方斜下45°。

（8）收左脚至双脚并拢，双手经体前从下绕至头上，左手高V手位，右手收至头后成X手位。

2. 第二个八拍

（1）向右转身180°，左脚向前迈步，身体重心位于左腿，上肢做右手高冲拳手位。

（2）收右脚至双脚并拢，左手不变，右手落下至T手位。

组合套路一第二个八拍

(3)迈右脚至与肩同宽,收右手至下 M 手位,同时低头。

(4)抬头。

(5)向左转身 180°,右脚向后撤步成跪姿,上肢做左斜下冲拳手位。

(6)右手打开成右侧下冲拳。

(7)左手至右斜上冲拳手位。

(8)左手打开至左侧上冲拳。

3. 第三个八拍

组合套路一第三个八拍

(1)右脚打开与肩同宽,双手收至加油手位。

(2)身体向右倾斜,重心移到右腿上,左脚点地,双手打开至倒 L 手位,转头看右侧地面。

(3)右脚点地向内扣,右手向内绕圈至 T 手位,左手收至下 M 手位,双眼平视前方。

(4)左脚点地向内扣,右手经体前上穿至高冲拳手位。

(5)左脚向右前方迈步,双腿交叉,左手经体侧向上与右手合拢成上 A 手位。

(6)双手下压成倒V手位。

(7)踢右侧腿,手位保持不变。

(8)右脚快速收回并拢,手位不变。

4. 第四个八拍

组合套路一第四个八拍

(1)左脚迈开与肩同宽,双手经体前弯曲至下 H 手位。

(2)以左脚为轴,向左转身 180°,右脚上步至与肩同宽,手位保持不变。

(3)以右脚为轴,继续向左转身 180°,左脚退步至与肩同宽,回到正面,手位不变。

(4)收右脚至双脚并拢。

(5)迈左脚,重心移至左脚,右手经头上放置脸前,左手收至下 M 手位,该动作保持两拍不动。

(6)重心回到两腿中间,双手打开至斜线手位。

(7)收左脚至双脚并拢,双手收至屈臂 X 手位。

5. 第五个八拍

组合套路一第五个八拍

(1)右脚向正前方迈步,双臂向上冲拳至上 X 手位。

(2)左脚踢至水平(90°),双手从身体两侧下落至倒 V 手位。

(3)左脚落回身体前侧,两手收至下 M 手位,身体重心移至两腿中间。

(4)收右脚并拢,左手不变,右手经胸前向上至高冲拳手位。

(5)左脚迈开成左弓步,左手不变,右手向左落下至水平,头倒向左侧,身体保持面向前方。

(6)收右腿并拢,左手不变,右手拉回至短 T 手位。

(7)右脚迈开成右弓步,左手直臂于体前从右至左绕环 270°至 T 手位,右手下 M 手位,同时身体做右波浪。

(8)收左脚并拢,左手收于体侧,右手不变。

6. 第六个八拍

组合套路一第六个八拍

(1)左脚向右前迈步,双腿交叉,左手经短 T 位打开至 T 手位,右手不变。

(2)右手经胸前向下冲拳,成倒 L 手位。

(3)第 3、4 拍:右手直臂向左绕环一周,经过倒 L 手位,回到 L 手位(同第 2 拍)。

(4)身体姿态保持不变,向右转体 180°。

(5)双脚不变,双手成下 M 手位。

(6)双腿弯曲,重心移至右腿,左手不变,右手经胸前打开,成右侧上冲拳手位。

(7)向左提跨,左脚点地,两腿伸直,右手收至短 T 手位。

(8)下肢动作还原同第 7 拍,右手打开,成右侧下冲拳手位。

7. 第七个八拍

组合套路一第七个八拍

(1)左脚向左迈步站直,左臂上抬至高 V 手位,右手收至头后成 X 手位。

(2)右腿向左后方撤步,双脚交叉同时弯曲,左手收至头后,成 X 手位。

(3)双腿保持弯曲且开度不变,以头带动身体向右绕环同时转体 180°回到正面。

(4)双腿伸直开立,双手从身体两侧落下至倒 V 手位

(5)双腿跳回并拢,双手从身体两侧直臂上抬至高 V 手位。

(6)双手直臂向内绕环至下 X 手位,同时弯腰屈膝并低头。

(7)分腿小跳:两腿间夹角为 90°,手臂成高 V 手位。

(8)双腿快速夹拢,双脚同时落地屈膝缓冲,双手从身体两侧落下紧贴于大腿两侧,同时低头。

8. 第八个八拍

组合套路一第八个八拍

(1)以右脚提踵,同时左脚离开地面,左腿膝盖伸直的颠步动作为过渡,左臂弯曲成小 H 手位,右臂成下 H 手位。

(2)颠步,左右手交换。

(3)颠步,成右臂平举的大弓箭手位。

(4)颠步,右手平屈,成短 T 手位。

(5)右脚向后撤步成弓步,身体后倾,双手向前冲拳成前 X 手位。

(6)右脚收回屈膝,脚尖点地(点地位置为左脚掌的 1/2 处),左腿直立,双手收回至短 T 手位,同时低头。

(7)双脚跳开略比肩宽,双手打开至高 V 手位。

(8)屈膝成马步,上身下趴,手撑膝盖,低头。

9. 第九个八拍

组合套路一第九个八拍

(1)左脚向后撤步跪地,上身保持直立,双手成加油手位。

(2)向右伸直右腿,脚尖点地,双手打开至 T 手位。

(3)下肢动作不变,右臂下 M 手位,左手经左肩向右下 45°方向冲拳,同时上身微向右转往下趴,低头,眼睛看向脚尖方向。

(4)左手沿斜线方向拉回,经肩前位置,拉回打开,成左侧上冲拳手位。

(5)右脚收回成跪姿,小腿与地面垂直,右手不变,左手直臂向右绕环 180°至右斜下冲拳手位。

(6)收右腿站起并拢,左手继续直臂绕环并上举,同时右手直臂从体侧上举,双手合拢于上 A 手位。

(7)左脚向左迈开至与肩同宽,双手下拉成 W 手位。

(8)脚步不变,小臂内扣收至短 T 手位,同时低头。

组合套路一第十个八拍

10. 第十个八拍

(1)向左转,同时右脚后撤成弓步,上身直立,身体重心位于两脚中间,向前冲拳至前

组合套路一配乐成套动作正面示范

X 手位。

(2)右脚收回屈膝,脚尖点地,左腿直立,双手收回至短 T 手位。

(3)右脚向右迈开至与肩同宽,左手叉腰,右手于头上经左绕环一周至左肩后向右打开平举成 T 手位,头先向左转后向右甩回。

(4)右脚不动,左脚上步同时向右转体 90°回到正面,两脚仍与肩同宽,双手经过肩膀位置上举至上 H 手位。

(5)双脚位置不变,双手下放至短 T 手位,同时做扩胸动作。

组合套路一配乐成套动作背面示范

(6)双腿弯曲,双手向前平伸,同时做含胸动作。

(7)双腿立直,重心移至左脚,右脚尖点地,左手收至短 T 手位,右手直臂拉开上举至高 V 手位,向左转头并微微低头看向地面。

(8)右脚向左后方撤步,双脚交叉,右脚尖点地,右手收至短 T 手位,左手打开至倒 V 手位

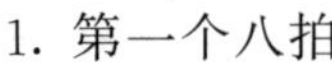

组合套路一成套动作正面示范

(二)组合套路二

准备动作:双腿并拢,双臂为加油手位,低头。

1. 第一个八拍

(1)左脚打开与肩同宽,双手合拢拳心相对前冲。

(2)左转 90°成弓步,右臂水平回收至左胸前,左手下 M 手位。

(3)弓步不变,右臂打开成侧下冲拳手位。

(4)右腿向前收回并拢,手臂回到加油手位。

组合套路一成套动作背面示范

(5)左脚后撤点地,双臂前伸成前 X 手位。

(6)右腿后退收至并拢,双臂打开成 T 手位。

(7)第 7、8 拍:双脚跳开,双手直臂向内经上 X 手位绕环一周,收至头后成 X 手位。

2. 第二个八拍

(1)左脚前迈,手臂下冲成下 X 手位。

(2)吸起右腿,右脚贴紧左侧膝盖,手臂成上 X 手位。

组合套路二第一个八拍

(3)第 3、4 拍:右腿后撤,左腿跟上做并步走,手臂由 W 手位至上 A 手位再回到 W 手位(含半拍)。

(4)第 5、6 拍:右腿前迈,左脚点地,小臂内扣,成短 T 手位。

(5)第 7、8 拍:左腿踢正腿到 180°,手臂打开成倒 V 手位,收腿时两脚并拢,手位保持不变。

组合套路二第二个八拍

3. 第三个八拍

(1)第 1～4 拍:左脚开始原地踏步四拍,右手从体侧直臂上抬至高 V 手位,左手收至头后成 X 手位;第 2 拍时,左右手臂交换位置;第 3、4 拍重复第 1、2 拍。

(2)第 5～6 拍:双脚跳开,双臂收回至加油手位,该动作保持两拍不动。

(3)第 7 拍:双膝弯曲成马步,双手下冲,低头看花球。

组合套路二第三个八拍

(4)第 8 拍:双脚跳回并拢,双手上拉至短 T 手位,同时抬头。

4. 第四个八拍

(1)双腿保持不变,双手放下紧贴于身体两侧。

(2)第 2～4 拍:右腿后撤,单膝下跪弯腰,右手撑地左手扶膝,往右经坐姿滚地一圈后,起至左腿单膝跪地弯腰姿态,同时左手撑地右手扶膝。

(3)第5、6拍:抬起上身,手臂打开成倒V手位,该动作保持两拍不动。

(4)收左腿并拢站直,手臂收回至加油手位。

(5)以左脚为轴向右转体180°,双臂上举至上A手位。

组合套路二第四个八拍

5. 第五个八拍

(1)双脚跳开,双手打开成T手位。

(2)移重心至左腿,右腿弯曲,右脚点地,顶左胯,双手合拢置于右胯。

(3)第3、4拍:顶右胯同时右脚脚后跟向外翻转。第3拍半的动作同第2拍;第4拍的动作同第3拍。

组合套路二第五个八拍

(4)重心回到两腿中间,双臂收至小H手位。

(5)以左脚为轴向左转体90°,同时右脚收回并拢,脚尖点地,双臂往下放至下H手位。

(6)第7、8拍:腿部姿态不变,左右手依次折回小H手位(先左后右),上身同时做扩胸一含胸的弹动两次(含半拍)。

6. 第六个八拍

(1)第1、2拍:右脚向右并步走,右臂弯曲举过头顶,左臂位于倒V手位;双臂经下H手位后左臂再次以相同动作上举,上身同时做扩胸一含胸的弹动两次(含半拍)。

组合套路二第六个八拍

(2)以右脚为轴向左转体90°,同时左脚打开,膝盖内扣,脚尖点地,手臂回到短T手位,向右倒头。

(3)左腿膝盖伸直,重心回到两腿中间,手臂下放至下H手位。

(4)第5、6拍:右腿后撤一步,右臂不动,左臂折回小H手位;第6拍动作与前一拍对称。

(5)第7、8拍:右腿后撤,左腿跟上至两脚并拢,手臂由T手位经前收至短T手位,同时上身后倾。

7. 第七个八拍

(1)第1~4拍:由左脚开始原地踏步四次,前两拍手位为加油,后两拍手位为倒V。

组合套路二第七个八拍

(2)手臂从体侧直臂上抬至高V手位。

(3)双手直臂向内绕环至下X手位,同时弯腰屈膝并低头。

(4)第7、8拍:分腿小跳,两腿间夹角为90度,手臂成高V手位;落地时两脚并拢,手臂夹回至下H手位。

8. 第八个八拍

(1)左腿前迈,左臂打开至倒V手位。

组合套路二第八个八拍

(2)跳开成马步,双手先屈臂收至胸前后下打至倒V手位。

(3)单腿跳收吸右腿,双臂收回至加油手位,低头。

(4)双脚跳开,手臂打开至T手位,抬头。

(5)左脚后撤,左手前平举,右手侧平举。

(6)第6~8拍:以右腿为支撑腿向左立转360°,手臂保持在短T手位,旋转结束后双腿并拢站定,双臂下放至下H手位。

组合套路二第九个八拍

9. 第九个八拍

(1)双脚跳开,双臂从体侧上抬至高V手位。

(2)腿不变,右手叉腰,左手下探触地于两脚中间。

(3)右脚后撤,上身微微后倾,双手拳心相对向正前方冲拳。

(4)收左脚并拢,手臂收回至加油手位,上身恢复正直。

(5)第5、6拍:右腿开始弓步后撤两步,左手下M手位,右手向体前冲拳平举。

(6)向右转体90°同时右脚打开成马步,双手先屈臂收至胸前后下打至倒V手位。

(7)收左脚并拢,脚尖点地,双臂弯曲上收至头顶交叉。

组合套路二第十个八拍

10. 第十个八拍

(1)双脚跳开成马步,双手下打至倒V手位。

(2)双脚跳收并拢,双手回到加油手位。

(3)第3、4拍:左脚向右前方迈步,双腿交叉,双臂打开成T手位,保持一拍。

(4)第5、6拍:向右转体180°开立,双臂弯曲上收至头顶交叉,保持一拍。

(5)第7、8拍:继续向右转体180°,双腿交叉,双臂下打开至倒V手位,上身略微往前趴。

组合套路二配乐成套动作正面示范

六、啦啦操竞赛规则

(一)比赛规则

(1)参赛人数:每个参赛队人数为9——12人,性别不限。

(2)比赛时间:自编动作的成套时间为2′00″±10″。

组合套路二配乐成套动作背面示范

(3)服装要求:

服装整体以紧身为主,式样不限,女运动员可穿超短裙或长裤。运动员可穿轻便运动鞋,也可赤脚,禁止佩戴危险饰物,化妆适度。服装、发型、饰物要与音乐风格和表演风格协调吻合,可根据自编动作的需要使用道具(道具必须安全)。

(4)音乐要求:

节奏清晰明快、热情、动感、奔放、兴奋,具有震撼力。

组合套路二成套动作正面示范

(二)评分因素及分值(总分10分)

1. 评分因素:①成套编排②完成情况③表演及总印象。

2. 评价范围及标准

①成套编排为3分。包括动作设计1.5分、创造性0.5分、音乐的适宜性0.5分和成套动作的合理性0.5分。

组合套路二成套动作背面示范

②完成情况为3分。包括技术技巧1.5分、整体的一致性0.5分、合拍0.5分和团队默契度0.5分。

③表演及总印象为4分。包括表现力、感染力2分,总印象2分。

3. 评分方法

比赛采用公开示分法,去掉一个最高分和最低分,取中间平均分,没有并列,如分数相同从最高分开始对比,直到决出名次。评判员的评分最小单位为0.1分。

第十四章

武 术

课程思政

学生通过武术训练，使身体得到全面发展，磨练出吃苦耐劳、不怕困难的意志品质，树立尊师爱友、团结互助的集体主义观念，培养高尚的道德情操和自强不息的精神，达到修身养性的教育作用。

课程目标

1. 学生能通过武术课程教学，熟练掌握锻炼身体的方法和手段，全面提高身体素质，强健体魄。

2. 学生能通过武术课程教学，根据自己的能力设置体育学习目标，通过体育活动改善心理状态、克服心理障碍，养成积极乐观的生活态度；在运动中体验运动乐趣和成功感觉。

3. 学生能通过武术课程教学，了解体育的基本理论知识，了解运动医学、运动损伤、科学锻炼方法、自我锻炼评价以及运动与健康等基本知识。

第一节 武术运动概述

武术是以技击动作为主要内容，以套路搏斗为运动形式，注重内外兼修的中国传统体育项目。

原始社会人们在狩猎的生产活动中，逐渐积累了劈、砍、刺的技能。这些原始形态的攻防技能是低级的，还没有脱离生产技能的范畴，却是武术技术形成的基础。武术作为独立的社会文化现象，是同中华民族文明的产生同步的。

武术萌芽于原始社会时期，成形于奴隶社会时期，夏朝时。武术进一步向实用化、规范化发展。商代出现了中国武术史上重要的著作《周易》，亦称《易经》，这本书含有很丰富的哲学思想，对我国养生学的发展影响极为深远，其“易有太极，是生两仪，两仪生四象，四象生八卦。”产生了太极学说，从此奠定中国武术体系。

进入春秋战国以后，诸侯争霸，都很重视武术在战场中的运用。在这时期，剑的制造、剑道都得到了空前的发展。

武术发展于封建社会时期。秦汉以来，盛行角力，击剑。随着“宴乐兴舞”的习俗，手持器械的舞蹈时常在乐欢酒酣时出现。

唐朝以来开始实行武举制，对武术的发展起了促进作用，武术作为一种文化已相当具有影响力，宋元时期，以民间结社的武艺组织为主体的民间练武活动蓬勃兴起，由于商业经济活跃，出现了浪迹江湖、习武卖艺为生的“路岐人”。

明清时期，是武术的集大成发展时期，武术文化的完备形态此时最终形成。其标志或特征为：第一，武术拳种流派的形成。武术拳种流派的形成拳种纷显，拳术有长拳、猴拳、少林拳、内家拳等几十家之多。第二,武术内功的形成。武术与导引术在当时结合而诞生出武术内功,“内外兼修”成为中国武术区别于世界其他武技的鲜明特征。第三,武术套路的形成。武术套路正式出现自明朝开始。程宗猷的《单刀法选》是最早的武术套路图谱。第四,内家拳的出现。内家拳指形意拳、太极拳、八卦掌。内家拳的共同点是直接用中国哲学理论阐释拳理,重视修身养性,更全面深刻地反映了中国文化的哲学内涵。第五,武德的明确要求。

第二节　长拳

一、长拳的基本特点

长拳是一种姿势舒展大方,动作灵活快速,蹿蹦跳跃、闪展腾挪、起伏转折、勇猛有力、节奏鲜明、动作流畅、一气呵成的武术套路。有时在出拳时还配合拧腰顺肩来加长击打点,以发挥“长一寸强一寸”的优势。套路动作数量和趟数一般较多,长拳种也间或使用短拳,但整套动作是以长击动作为主。长拳的基本技法规律包括:顶头竖脊;舒肢紧指;形合力顺;动迅静定;以眼传神;以气助势;阴阳相依;相辅相衬。

二、长拳一段

(一)基本功

1.手型

手型——拳、掌、勾

(1)拳:四指并拢卷曲握紧,拇指扣在食指、中指第二关节面上。拳心朝下为平拳,拳眼朝上为立拳。

动作要点:拳面要平,五指卷紧,直腕。

(2)掌:四指并拢伸直,大拇指紧贴食指,弯曲扣紧。掌心朝前为立掌,掌心朝上为仰掌。

动作要点:四肢伸直,拇指扣紧。

(3)勾:五指第一指节捏拢在一起,屈腕至极限。

动作要点:五指尖捏紧,屈腕用力。

2.步型

(1)弓步:两脚前后开立,前腿屈膝,大腿接近水平,脚尖微内扣,膝关节与脚尖在一条垂直线上;后腿挺膝伸直,脚尖内扣斜向前。左脚在前为左弓步,右脚在前为右弓步。

步型——弓步、马步、虚步

(2)马步:两脚左右开立(约3倍脚长),脚尖朝前,屈膝下蹲,大腿接近水平,膝关节内扣,膝盖与脚尖约在一条垂直线上,重心落于两脚中间。

动作要点:前脚弓、后脚绷,挺胸立腰。

(3)虚步:一腿屈膝下蹲,大腿接近水平,脚尖外展45°左右;另一腿微屈膝,以脚尖内侧向前虚点地面。两脚相距约2倍脚长,两膝相距约10厘米,重心落于后脚,左脚虚点地为左虚步,右脚虚点地为右虚步。

动作要点:挺胸塌腰,虚实分明。

(二)单练套路

长拳一段单练套路第一小节

预备式:并步直立,两手自然垂于体侧,目视前方。

动作要点:抬头、立身、挺胸、收腹、两脚并拢。

1.起势

(1)并步抱拳:两拳迅速上提抱于腰间,掌心朝上同时迅速向左侧甩头,目视左前方。

动作要点：抱拳、摆头协调一致，动作迅速。

(2)弓步看拳

①右脚向右前方上步，两掌体前交叉，左拳在上，拳心朝下；右拳在下，拳心朝上，两臂稍弯曲，目视两拳方向。

②重心右移，左腿蹬直，右腿屈膝成右弓步，左拳向前冲出，拳心朝下，力达拳面；右拳外旋抱于腰间，拳心朝上，目视左冲拳方向。

动作要点：右脚向右前方 45°方向上步，动作要快，冲拳有力度。

2.弓步冲拳

身体左转，左脚向前上步成左弓步。左臂外旋，左拳收抱腰间，右拳向前快速冲出，力达拳面，拳心朝下，高与肩平、目视前方。

动作要点：上步稳定，冲拳快速有力，左拳回收与右拳前冲要同时。

3.马步格挡

身体右转，重心后移，左脚回收内扣，两腿屈膝成马步。左臂屈肘外旋，向前、向内横格挡，拳心朝内，拳面朝上；右拳收抱腰间，拳心朝上，目视左前方。

动作要点：转体、格挡协调一致。

4.弓步劈掌

身体左转，右脚向前上步成右弓步。左拳收抱腰间，拳心朝上，右拳变掌由后向上、向前抡臂劈出，拇指一侧朝上，力达掌外沿，目视右前方。

动作要点：上步快速，劈掌力达掌外延。

5.抱拳弹踢

重心前移，右掌变拳收抱腰间，拳心朝上，右腿由屈至伸向前弹踢，目视前方。

动作要点：左腿弹踢，力达脚尖，单脚站立稳定。

6.双峰贯耳

重心前移，左脚前落成左弓步；两拳向外、向前、向内弧形贯击，力达拳面，拳眼斜朝下，目视前方。

动作要点：落地轻，贯拳有力。

7.虚步护身掌

重心后移，左脚回收成并步。两拳变掌，外旋向下弹击后收至腰间，掌心朝上。重心下降，右腿屈膝下蹲，左脚前伸成左虚步，两掌推至体前成立掌，左臂微屈，掌心朝前；右掌附于左肘内侧，掌心朝左，目视前方。

动作要点：下弹和推掌动作要迅速，两掌前推要有内合之力。

8.马步格挡

左脚向前踩实，脚尖内扣，身体略右转，右脚向后活步，两腿屈膝成马步。右掌变拳收抱腰间，左掌变拳，屈肘外旋格挡，力达前臂内侧，目视格挡方向。

动作要点：手脚协调一致。

9.弓步冲拳

身体向左拧转，右拳随即冲出，力达拳面，拳心朝下；左拳收抱腰间，拳心朝上，目视前方。

动作要点：蹬腿拧腰，冲拳有力。

10.弓步双架掌

左脚退步撤成右弓步，两拳变掌交叉上架，右掌在外，掌心朝外，目视架掌方向。

长拳一段
单练套路
第二小节

动作要点:后撤迅速,两臂由下向上架起。

11.提膝勾手

右膝提至胸前;两臂微内旋,向下拍击后摆至体后,两掌变勾手,勾尖朝上,目视右前方。

动作要点:提膝迅速,单脚站立稳定,拍击有力。

12.弓步闪身

右脚落于左脚内侧,左脚快速向左侧上步成左弓步。左勾手变掌,摆至右肩内侧成立掌,掌心朝外,右勾手变掌,摆至胸前后再向右前下方切掌,掌心朝下,力达掌外沿,目视切掌方向。

长拳一段单练套路完整正面示范

动作要点:闪身与切掌要迅速、连贯。

13.虚步护身掌

重心右移,左脚向右脚并步;两掌外旋下弹后收至腰间。右腿屈膝下蹲,左脚前伸成左虚步;两掌推至体前成立掌,右臂微屈,右掌附于左肘内侧,掌心朝左,目视推掌方向。

动作要点:推掌与虚步同时完成。

长拳一段单练套路完整背面示范

14.收势

(1)重心右移,左脚尖内扣成左弓步;右臂经上向身体右侧打开,目视右手。左脚迅速向右脚并拢,两腿直立,两掌变拳收抱腰间;迅速向左摆头,目视左侧。

(2)两拳变掌自然垂于体侧,头向右转正,目视前方。

动作要点:抱拳、转头迅速,协调一致。

(三)对打套路

预备式:甲乙相距1米左右,并排直立,目视前方;乙向后转,两人面向相反方向站立。

1.甲乙起势

长拳一段对打套路第一小节示范

甲乙并步抱拳,弓步看拳,目视对方。

2.甲弓步冲拳、乙马步格挡

甲左脚上步成左弓步,右拳向乙胸部冲出,力达拳面,高与肩平,左拳收抱腰间,目视乙方。乙身体略右转,右脚后收活步,两腿屈膝成马步;左臂屈肘外旋,以前臂内侧向内横格甲右臂,目视甲方。

动作要点:甲冲拳要快速有力,乙格挡要把握时机,格挡部位在前臂近腕侧。

3.乙弓步冲拳、甲马步格挡

乙左臂下压甲右臂,蹬腿左转成左弓步;右拳向甲胸部冲出,拳心朝下,力达拳面,目视甲方。甲向右转身,左脚回收内扣,屈膝成马步;左臂屈肘外旋,向内横格挡乙右臂,右拳收抱腰间,目视乙方。

动作要点:乙下压与冲拳反击衔接要快,甲格挡要及时。

4.甲弓步劈掌、乙弓步双架掌

甲下压乙前臂,身体左转,右脚上步成右弓步;右拳变掌由体后经头上向乙头部劈打,力达掌外沿,目视乙方。乙重心后移,左脚蹬地后退成右弓步;两拳变掌交叉上架甲劈掌,右掌在外,掌心朝外,目视甲方。

动作要点:甲上步劈掌要迅速,乙后退敏捷,两掌交叉上架稳定。

5.甲抱拳弹踢、乙提膝勾手

甲重心前移,左腿由屈到伸向乙弹踢,脚面绷平,力达脚尖,右掌变拳收抱腰间,目视乙方。乙重心后移，右膝提起闪躲；两掌向下拍击甲左脚而后顺势变勾手摆至身后，勾尖朝上，目视甲方。

长拳一段对打套路第二小节示范

动作要点：甲弹踢有力，乙提膝迅速，拍击准确。

6.甲双峰贯耳、乙弓步闪身

甲左脚前落成左弓步，两拳经体侧向乙头部横贯，拳眼斜朝下，力达拳面，目视乙方。乙重心后移，右脚落于左脚内侧，左脚向左侧上步成左弓步；右勾手变掌向甲膝关节处切击，屈肘摆至胸前，力达掌外沿；左掌摆至右肩内侧成立掌，掌心朝外，目视甲方。

动作要点：甲贯拳要猛，乙闪身要快。

7.甲乙虚步护身掌

(1)甲重心后移，左脚回收成并步；两拳变掌外旋向下弹拨乙右手后回收至腰间，掌心朝上，目视乙方。乙身体右转，左脚收至右脚成并步；两掌外旋下弹后收至腰间，掌心朝上，目视甲方。

(2)甲乙右腿屈膝下蹲，左脚前伸成左虚步；两掌向前推出，右臂微屈，右掌附于左肘内侧，目视对方。

8.甲乙收势

(1)甲乙重心右移，两脚碾地，身体右转，右臂经上向身体右侧打开，目视右手；左脚迅速向右脚并拢，两腿直立，两掌变拳收抱腰间，向左摆头，目视对方。

(2)甲乙两拳变掌，两臂自然垂于体侧，目视前方；乙向后转，甲乙并排直立，目视前方。

长拳一段对打套路完整正面示范

三、长拳二段

(一)基本功

1.步型

(1)仆步：两脚左右开立，一腿伸直平仆，接近地面，脚尖内扣，两脚全脚掌着地；另一腿屈膝下蹲，大小腿贴紧，膝微外展，脚尖外展约 45°。仆左腿为左仆步，仆右腿为右仆步。

仆步、丁步

动作要点：沉髋，平仆腿伸直外蹬。

(2)丁步：两脚并步直立，屈膝半蹲，一脚脚面绷平，另一脚全脚掌着地，脚尖点地靠拢支撑腿。左脚尖点地为左丁步，右脚尖点地为右丁步。

2.手法

(1)亮掌：一掌经身体同侧向外并向上弧形摆至头上方，抖腕翻掌，掌心朝上。

动作要点：抖腕要快。

亮掌、推掌、穿掌、按掌

(2)推掌：一掌从腰间向前推出，过肋时前臂内旋加速，臂伸直，高与肩平。

动作要点：拧腰旋臂，力达掌根。

(3)穿掌：臂由屈到伸，沿身体某一部位穿出，掌心朝上。

动作要点：力达掌指。

(4)按掌：掌由上向下或由远及近按压。

长拳二段单练套路第一小节示范

(二)单练套路

预备式：两脚并拢直立，两手自然垂于体侧，目视前方。

动作要点：抬头、立身、挺胸、收腹、两脚并拢。

1.起势

(1)并步抱拳:两拳迅速上提抱于腰间,掌心朝上,同时迅速向左侧甩头,目视左前方。

(2)正踢腿:头向前转正,两拳变掌经体前交叉向上、向外摆至体侧,掌心朝外,高与肩平,目视前方。左脚上步,重心前移,右腿勾脚挺膝,直腿向额前正前方上踢。

(3)弓步看拳:右脚向右前落地,两拳体前交叉,两臂稍屈,目视两拳方向。左腿蹬直,右腿屈膝成右弓步;左拳向侧冲出,拳心朝下,右拳外旋抱于右腰际,拳心朝上,目视左冲拳方向。

2.跃步劈掌

(1)重心移至左腿,身体微左转,右膝提起;两拳保持不变,目视前方。

(2)左脚蹬地,右脚向前迈出,身体腾空;两拳变掌抡摆,目视前方。

(3)右脚前落,左脚随之落于右脚前,右腿蹬直成左弓步;左拳收抱腰间,拳心朝上,右掌向前抡劈,力达掌外沿,目视前方。

动作要点:跃步要迅速,右劈掌要快速有力。

3.马步架冲拳

身体右转90°,左脚内扣,两腿屈膝成马步;右掌上架,左拳向左侧冲出,拳心朝下,力达拳面,目视冲拳方向。

4.提膝亮掌

(1)起身,左拳变掌,在两臂体前交叉,掌心朝上,目随两手。

(2)重心移至右腿,左膝高提;两臂内旋向身体两侧划弧分开,右掌弧形上摆至上方亮掌,掌心朝上,左掌变勾手摆至身后,目视左前方。

动作要点:高提膝,独立稳。抖腕亮掌时,快速摆头。

5.弓步双架掌

左脚下落,右脚后退一步成左弓步;左勾手变掌,两掌体前十字交叉,向额前上方架起,右掌在外,掌心朝外,目视前方。

6.右蹬腿

重心移至左腿,右脚提起向前蹬出,力达脚跟;两掌变拳收抱腰间,拳心朝上,目视前方。

7.左鞭腿

(1)重心前移,右脚前落,两拳保持不变,目视前方。

(2)重心移至右腿,身体右转,右脚尖外展;左脚提起,脚面绷平,大腿带动小腿弧形向前鞭打,力达脚背及小腿前侧;右臂屈肘上摆,左臂伸直,目视左脚鞭打方向。

动作要点:右脚尖外展,挺膝展胯,鞭打有力。

8.勾手侧踹

(1)身体微左转,两臂屈肘于胸前;左脚落于身体左侧,脚尖外展,目视前方。

(2)重心移至左腿,身体左转,向左倾斜,右手变勾手摆至体后,左手摆至头上亮掌,身体自然侧倾,右膝提起,向前横脚踹出,目视踹腿方向。

动作要点:左脚尖外展,踹击有力。

9.虚步护身掌

(1)右脚落地,脚尖内扣,身体左转,左脚向右脚并步;两掌划弧于体前下捋后收至腰间,目视右前方。

(2)右腿屈膝下蹲,左脚提起前伸,脚尖点地成左虚步;两掌向前推出,左掌掌心朝前,右掌附于左肘内侧，目视前方。

10.弓步架拳

左脚上步成左弓步，左右掌变拳收抱腰间，左臂内旋向额前上方屈臂架起，目视前方。

长拳二段单练套路第二小节示范

11.马步格挡

身体右转，左脚内扣，两腿屈膝成马步；左臂屈肘外旋向前、向内横格，力达左前臂内侧，目视格挡方向。

12.搂手勾踢

(1)重心移至左脚，身体左转；两拳变掌于体前交叉，右手在上，目视双手。

(2)重心前移，右脚尖勾紧向前、向上勾踢；两掌内旋向下拍压后，顺势变勾手摆至体后，勾尖朝上，目视右前方。

动作要点：勾踢要勾紧脚尖，擦地而行，力达脚背及脚踝处。

13.弓步反劈拳

(1)提右膝，左勾手变掌，抡臂向前按掌，掌心斜朝下，约与胸高；右勾手变拳收于腰间，目视前方。

(2)右脚前落成右弓步，右拳于体前划弧向前上方反拳劈打，左掌置于右肘下，目视反劈拳

动作要点：按掌与反劈拳衔接要紧密。

14.丁步勾手亮掌

重心后移，右脚回收至左脚内侧成右丁步；右拳变勾手摆至身后，勾尖朝上，左掌摆至头上方，抖腕亮掌，目视右前方。

15.马步双推掌

(1)身体右转，右脚抬起转身震脚，左脚顺势收至右脚内侧，脚尖点地；两手随转体上摆，击响后外旋下按收于腰间，掌心朝前，目视前方。

(2)左脚侧迈一步，两腿屈膝成马步；两掌同时向前推出，掌心朝前，力达掌根，目视推掌方向。

动作要点：跳步轻灵，马步稳定，双推掌与马步同时完成。

16.翻身跳

(1)身体右闪成右弓步，两臂随身体右倾向左摆动，目视左侧。

(2)左右脚依次弧形上步，右脚蹬地；身体腾空左转，翻身跃起旋转一周，两臂随之抡摆，目视左掌。

长拳二段单练套路完整正面示范

(3)左右脚依次落地，左腿伸直，右腿全蹲，脚尖外展成左仆步。左臂随身体翻转向上抡摆一周后置于左腿上方，掌指朝前，拇指一侧朝上；右臂摆至身体右后侧，拇指一侧朝上，目视左掌方向。

动作要点：身体翻转应轻灵敏捷，腾空要高，落地要稳。

17.虚步护身掌

长拳二段单练套路完整背面示范

(1)身体微右转，左脚收至右脚内侧成并步；两臂前摆下弹回收至腰间，目视前方。

(2)身体微左转，右腿下蹲，左脚前伸，脚尖点地成左虚步；两掌向前推出，右掌附于左肘内侧，目视前方。

18.收势

(1)重心右移，左脚尖内扣成左弓步；右臂经上向身体右侧打开，目视右手。左脚迅速

向右脚并拢，两腿直立，两掌变拳收抱腰间；迅速向左摆头，目视左侧。

(2)两拳变掌自然垂于体侧，头向右转正，目视前方。

动作要点：抱拳、转头迅速，协调一致。

(三)对打套路

预备式：甲乙并步直立，甲向右后方退一步，乙向左前方上一步。甲乙前后距离约 1 米，横向距离约 1.5 米，乙向后转。

长拳二段对打套路第一小节示范

1.甲乙起势

甲乙并步抱拳，上步正踢腿，弓步看拳，目视对方。

2.甲跃步劈掌、乙弓步架拳

甲重心移至左腿，身体微左转，右膝提起，向前跃步成左弓步；右拳变掌经上划弧向乙头部抡劈，左拳收抱腰间，目视乙方。乙重心前移，左脚向前跨步成左弓步；左拳内旋，屈臂上架甲右臂，目视甲方。

3.甲马步架冲拳、乙马步格挡

甲身体右转，左脚内扣，两腿屈膝成马步；左拳向乙胸部冲出，右掌架于头上方，目视乙方。乙身体右转，左脚内扣，两腿屈膝成马步；左臂屈肘外旋，向内横格甲左臂，目视左臂格挡方向。

4.乙搂手勾踢、甲提膝亮掌

乙身体左转，右脚勾挂甲左脚跟部；两拳变掌后摆，至体后变勾手，目视甲方。甲重心后移，提左膝躲避乙方勾挂；两臂体前交叉，左掌摆至体后变勾手，右掌弧形上摆至头上方亮掌，目视乙方。

动作要点：乙勾踢时，脚跟贴地；甲提膝及时，单脚站立要稳定。

5.乙弓步反劈拳、甲弓步双架掌

乙右脚前落成右弓步，左勾手变掌向外、向上、向下体前按掌；右勾手变拳反劈甲头部，力达拳背，目视甲方。甲左脚下落，右脚退步成左弓步；两掌经腹前向前上方交叉上架乙拳，掌心朝外，右掌在外，目视乙方。

长拳二段对打套路第二小节示范

6.甲右蹬腿、乙丁步勾手亮掌

甲重心前移，右脚提起，大腿带动小腿向乙腹部蹬出，脚尖向上，力达脚跟；两掌变拳，收抱腰间，目视乙方。乙重心后移，右脚迅速回收至左脚成丁步；右拳变勾手经体前划弧向下、向外勾挂拦截甲腿；左掌上摆至头上方，掌心朝上，目视甲方。

动作要点：甲蹬腿迅速、敏捷，乙收脚闪身要快，右臂外挂有力。

7.甲左鞭腿、乙马步双推掌

甲右脚外展前落，身体微右转，左脚提起，大腿带动小腿弧形向乙头部鞭打，力达脚背及小腿前侧；右臂上摆至下颌处，左臂伸直随体摆动，目视左脚鞭打方向。乙身体右转 180°，右脚向右跨步，两腿屈膝成马步；右勾手变掌，双掌向前推拦甲鞭腿，目视击拍方向。

动作要点：甲左鞭腿要快，乙右闪快速轻灵，双掌击拍要及时。

8.甲勾手侧踹、乙翻身跳

(1)甲左脚前落，两臂屈肘于胸前，目视乙方。乙重心右移，身体侧闪，两臂自然下摆，目视甲方。

(2)甲重心移至左脚，脚尖外展，身体左转、倾斜，右脚提起，向乙横脚踹出；右手变勾手摆至体后，左手摆至头上亮掌，目视乙方。乙左右脚依次上步，腾空翻身跳起，躲避甲的侧踹。

9.甲乙虚步护身掌

(1)甲右脚落地，身体左转，左脚收至右脚成并步；两掌收至腰间，目视乙方；乙翻身落地后，左脚收至右脚成并步，两掌收至腰间，目视甲方。

(2)甲乙右腿屈膝下蹲，左脚前伸成左虚步，两掌向前推出，目视对方。

10.甲乙收势

(1)甲乙重心右移，两脚碾地，身体右转，右臂经上向体右侧打开，目视右手；左脚迅速向右脚并拢，两腿直立，两掌变拳收抱腰间，向左摆头，目视对方。

(2)甲乙两拳变掌，两臂自然垂于体侧，目视前方。乙向后转，甲乙并排直立，目视前方。

长拳二段对打套路完整正面示范

第三节　简化太极拳

太极拳是一种柔和、缓慢、轻灵的拳术，它具有养身、养心、养气的功能。练习时要求意识引导动作，精力集中，全神贯注，呼吸自然，姿态端庄；动作要轻灵、柔和、圆活、缓慢、连贯，整个套路如行云流水，连绵不断。各式太极拳还具有大架、小架、开合、刚柔相兼等各自不同的特点。简化太极拳是汉族传统拳术之一，属于中华人民共和国成立之后推行的简易太极拳套路。1956年国家体委组织部分专家，在传统杨式太极拳的基础上，按由简入繁、循序渐进、易学易记的原则、去其繁难和重复动作，选取了二十四式编成《简化太极拳》。演练简化太极拳，必须注意以下事项：心静体松，圆活连贯，虚实分明，呼吸自然。

全套可分八组演练，5～6分钟完成。

一、第一组

(一)起势

1. 身体自然直立，两脚平行站立，与肩同宽，两臂自然下垂，两手放在大腿外侧。目向前平视(图14-1之1)。

2. 两臂慢慢向前平举，两手高与肩平，手心朝下(图14-1之2、3)。

3. 屈膝下按，上体保持正直，两腿屈膝下蹲，同时两掌下按，两肘下垂与两膝相对。目平视前方(图14-1之4、5)。

起势

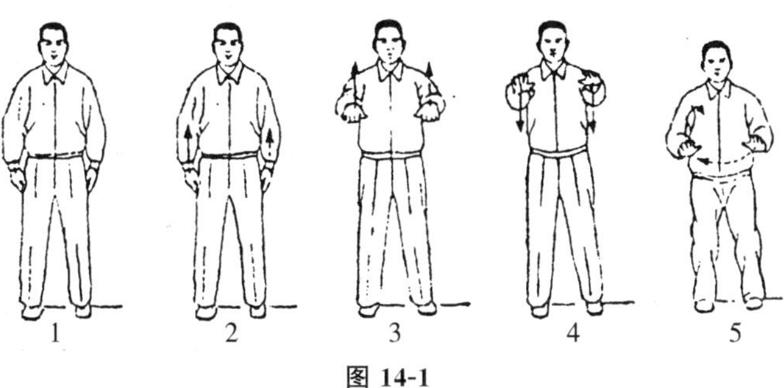

图14-1

动作要领：自然直立；开步抬臂；屈膝按掌；收脚抱球。

(二)左右野马分鬃

1. 左丁步右抱球：上体微向右转，重心移至右腿上，同时，右臂收至胸前平屈，手心朝下，左手经体前向右下划弧放在右手下，手心朝上，两手心相对成抱球状；左脚随即收到右脚内侧，脚尖点地成左丁步。目视右手(图 14-2 之 1、2)。

2. 左弓步分掌：上体微向左转，左脚向左前方迈出，右脚跟后蹬成左弓步；上体继续左转，左右手随转体慢慢分别向左上右下分开，左手高与眼平，手心斜向上，肘微屈；右手落在右胯旁，手心向下，指尖朝前，肘也微屈。目视左手(图 14-2 之 3～5)。

3. 后坐撇脚、右丁步左抱球：上体慢慢后坐，重心移至右脚，左脚尖翘起，微向外撇。随即上体左转，左脚踏实，左腿慢慢前弓，重心移至左腿；同时，左手翻转向下，左臂收至胸前平屈，右手向左上划弧放在左手上，两手心相对成左抱球状；右脚随之收到左脚内侧，脚尖点地成右丁步。目视左手(图 14-2 之 6～8)。

4. 右弓步分掌：右腿向右前方迈出，左脚跟后蹬成右弓步；同时上体右转，左右手分别慢慢向左下右上分开，右手高与眼平，手心斜向上，肘微屈；左手放在左胯旁，手心向下，肘也微屈，指尖朝前，目视右手(图 14-2 之 9、10)。

5. 与 3 解同，唯左右相反(图 14-2 之 11～13)。

6. 与 4 解同，唯左右相反(图 14-2 之 14、15)。

左右野马分鬃

图 14-2

动作要领：转体迈步；弓步分手；后坐翘脚；抱球跟脚。

(三)白鹤亮翅

图 14-3

1. 转体抱球：上体稍向左转，左手翻掌向下，左臂胸前平屈，右手向左上划弧，手心转向上，两手心相对成抱球。目视左手(图 14-3 之 1)。

白鹤亮翅

2. 跟步后坐：右脚跟进半步，上体后坐，重心移至右腿，上体向右转，面向右前方。目视右手(图 14-3 之 2)。

3. 虚步亮掌：左脚稍向前移，脚尖点地成左虚步；同时上体再向左转，面向前方，两手随转体慢慢向右上左下分开，右手上提停于右额前亮掌，手心向左后方；左手落于左胯前，手心朝下，指尖朝前。目平视前方(图 14-3 之 3)。

动作要领：跟步抱球；后坐转体；虚步分手。

二、第二组

(一)左右搂膝拗步

1. 左丁步手划弧:右手从体前下落,由下向后上方划弧至右肩外侧,手与耳同高,手心斜向上,肘微屈;左手由左下向上、向右下方划弧至右胸前,手心斜向下;同时上体先稍向左再向右转,左脚收到右脚内侧,脚尖点地成左丁步。目视右手(图 14-4 之 1～3)。

2. 左弓步搂膝推掌:上体左转,左脚向左前方迈出成左弓步;同时右手屈回由耳侧向前推出,高与鼻尖平;左手向下左膝前搂过落于左胯旁,指尖朝前,手心朝下。目视右手手指(图 14-4 之 4、5)。

左右搂膝拗步

图 14-4

3. 后坐撇脚、右脚步划弧:右腿慢慢屈膝,上体后坐,重心移至右腿,左脚尖翘起,微向外撇。随即上体左转,左脚踏实,左腿慢慢前弓,重心移至左腿;右脚收到左脚内侧,脚尖点地成右丁步。同时左手向外翻掌由左后向上划弧至左肩外侧,手与耳同高,手心斜向上,肘微屈;右手随转体向上、向左下划弧落于左胸前,手心斜下,肘也微屈。目视左手(图 14-4 之 6～8)。

4. 右弓步搂膝推掌:与左弓步搂膝推掌解同,唯左右相反(图 14-4 之 9、10)。

5. 与 2 解同,唯左右相反(图 14-4 之 11～13)。

6. 与 2 解同(图 14-4 之 14、15)。

动作要领:转体收脚;弓步推搂;后坐翘脚;收脚摆臂;弓步推搂。

(二)手挥琵琶

重心前移,右脚跟进半步,上体后坐,重心移至右腿,上体半面向右转,左脚提起稍向前移,脚尖翘起,脚跟着地成左虚步;同时左手由左下弧形向上挑举,高与鼻尖平,掌心向右,肘微屈;右手收回放左臂肘部内侧,掌心向左,肘也微屈。目视左手食指(图 14-5 之1~3)。

手挥琵琶

图 14-5

动作要领:跟步挥臂;虚步引手。

(三)左右倒卷肱

1. 转体撤手托球:上体右转,右手翻掌经腹前由下向后上方划弧平举,手心朝上,肘微屈,左手随即翻掌向上托球,手与肩平,肘也微屈。眼随转体先向右看,再转向前方看左手(图 14-6 之 1、2)。

左右倒卷肱

图 14-6

2. 退步推掌:右臂屈肘折向前,右手由耳侧向前推掌,掌心朝前;左臂屈肘后撤至左肋外侧,手心朝上。同时左腿轻轻提起向左后退步,脚掌先着地,然后全脚慢慢踏实,重心移到左腿上,成右虚步,右脚随转体以前脚掌为轴扭正。目视右手(图 14-6 之 3、4)。

3. 左手向上划弧:上体稍向左转,同时左手向后上方划弧平举,手心朝上;右手随即翻掌,掌心朝上。眼随转体先向左看,再转向前方看右手(图 14-6 之 5)。

4. 与 2 解同,唯左右相反(图 14-6 之 6、7)。

5. 与 3 解同,唯左右相反(图 14-6 之 8)。

6. 与 2 解同(图 14-6 之 9、10)。

7. 与 3 解同(图 14-6 之 11)。

8. 与 2 解同(图 14-6 之 12、13)。

动作要领:转体撤臂;提膝曲肘;虚步推掌。

三、第三组

(一)左揽雀尾

1. 转体丁步抱球:上体稍向右转,同时右手向后上方划弧平举,手心朝上;左手放松,手心朝下;目视左手。身体继续向右转,右手自然下落逐渐翻掌经腹前划弧至右肋前,手心朝上;右臂屈肘,手心转向下收至右胸前,两手相对成抱球状。同时重心落在右腿上,左脚收到右脚内侧,脚尖点地成左丁步。目视右手(图 14-7 之 1～3)。

左揽雀尾

图 14-7

2. 转体左弓步掤:上体左转,左脚向左前方迈出成左弓步;同时左臂向左前方掤出(即左臂平屈成弓形,用前臂外侧和手背向左前方推出),高与肩平,手心向后;右手向右下落于右胯旁,手心朝下,指尖朝前。目视左前臂(图 14-7 之 4、5)。

3. 转体伸臂、后捋:上体稍向左转,左手随即前伸翻掌,手心朝下;右手翻掌,手心朝上,经腹前向上、向前伸至左前臂下方;上体右转,两手向下经腹前向后上方划弧后捋,直至右手心向上,高与肩平,左臂平屈胸前,手心向后,同时重心移至右腿。目视右手(图 14-7之 6、7)。

4. 转体弓步挤:上体稍向左转,右臂屈肘折回,右手附于左手腕内侧相距 5 厘米,上体继续向左转,双手同时向前慢慢挤出,左手心向后,右手心向前,左前臂保持半圆状;重心前移成左弓步。目视左手腕部(图 14-7 之 8、9)。

5. 后坐收掌:左手翻掌,手心向下,右手经左手腕上方向前、向右伸出,高与左手平,两手左右分开,与肩同宽;然后右腿屈膝,上体慢慢后坐,重心移至右腿上,左脚尖翘起成左虚步;同时两手屈肘回收至腹前,手心均向前下方。目向前平视(图 14-7 之 10～12)。

6. 左弓步按掌:上式不停,重心慢慢前移,同时两手向前、向上按掌,掌心朝前;左腿前弓成左弓。目平视前方(图 14-7 之 13)。

(二)右揽雀尾

1. 转体扣脚分手:上体后坐并向右转,重心移至右腿,左脚尖内扣;右手向右平行划弧至右侧。目视右手(图 14-8 之 1、2)。

2. 右丁步抱球:右手由右侧向下经腹前向左上划弧至左肋前,手心朝上,左臂胸前平屈,手心朝下,与右手成抱球状。同时重心再移至左腿上,右脚收到左脚内侧,脚尖点地成右丁步。目视左手(图 14-8 之 3、4)。

3. 转体右弓步掤:与“左揽雀尾”2 解同,唯左右相反(图 14-8 之 5、6)。

4. 转体伸臂、后捋:与“左揽雀尾”3 解同,唯左右相反(图 14-8 之 7、8)。

5. 转体弓步挤:与“左揽雀尾”4 解同,唯左右相反(图 14-8 之 9、10)。

右揽雀尾

6. 后坐收掌:与“左揽雀尾”5 解同,唯左右相反(图 14-8 之 11～13)。

7. 右弓步按掌:与“左揽雀尾”6 解同,唯左右相反(图 14-8 之 14)。

动作要领:抱球收脚;迈步分手;弓腿棚臂;后捋搭手;弓腿前挤,后坐收掌,弓步按掌。

四、第四组

(一)单鞭

1. 转体扣脚运手:上体后坐,重心移至左腿,右脚尖内扣。同时上体左转,两手左高右低向左弧形运转,直至左臂平举伸于身体左侧,手心向左;右手经腹前运至左肋前,手心向后上方。目视左手(图 14-9 之 1、2)。

单鞭

2. 转体丁步勾手:重心逐渐移至右腿,上体右转,左脚收到右脚内侧,脚尖点地成左丁步。同时右手向右上方划弧,手心由里转向外右侧方时变勾手,臂与肩平;左手向下经腹前向右上划弧停于右肩前,手心朝里。目视左手(图 14-9 之 3、4)。

3. 转体左弓步推掌:上体稍向左转,左脚向左前侧方迈出成左弓步:重心移向左腿的同时,左掌随上体继续左转而慢慢翻转向前推出,手心朝前,手指与眼平,肘微屈。目视左手(图 14-9 之 5、6)。

动作要领:转体运手;勾手收脚;转体迈步;弓步推掌。

(二)云手

1. 转体云手:重心移至右腿,身体渐向右转,左脚尖内扣;左手经腹前向右上划弧至右肩前,手心斜向后,同时右勾变掌,手心向右前。目视左手(图 14-10 之 1～3)。

云手

2. 小开步云手:上体慢慢左转,重心随之左移;左手由脸前向左侧运转,手心渐渐转向左方;左手由右下经腹前向左上划弧至左肩前,手心斜向后;同时右脚靠近左脚相距约 10～20 cm 成小开步。目视右手(图 14-10 之 4、5)。

3. 横跨步云手:上体右转,同时左手经腹前向右上划弧至右肩前,手心斜向后;右手向右侧运转,手心翻转向右;随之左腿向左横跨一步。目视左手(图 14-10 之 6～8)。

图 14-8

图 14-9

4. 与 2 解同(图 14-10 之 9、10)。

5. 与 3 解同(图 14-10 之 11～13)。

6. 与 2 解同(图 14-10 之 14、15)。

动作要领:转体松勾;云手收步;云手开步;云手收步;云手开步;云手收步。

(三)单鞭

1. 转体丁步勾手:上体右转,右手随之向右运转至右侧方时变成勾手;左手经腹前向右上划弧至右肩前,手心向内;重心落在右腿上,左脚尖点地成左丁步。目视左手(图 14-11 之 1～3)。

单鞭 2

2. 转体左弓步推掌:上体稍向左转,左脚向左前侧方迈出成左弓步;重心移向左腿的同时,左掌随上体继续左转而慢慢翻转向前推出,手心朝前,手指与眼平,肘微屈。目视左手(图 14-11 之 4、5)。

动作要领:勾手收脚;转体迈步;弓步推掌。

图 14-10

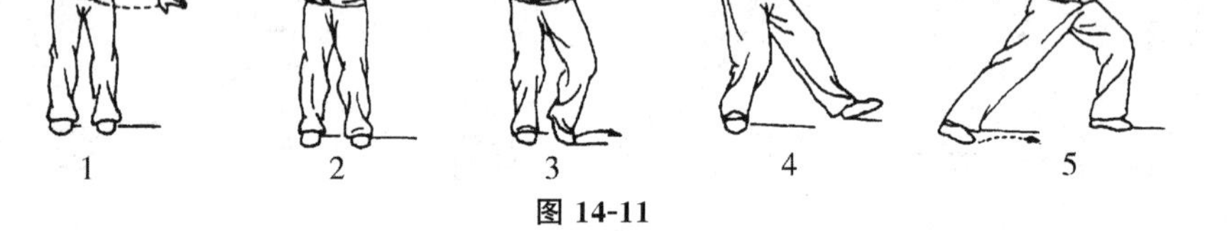

图 14-11

五、第五组

(一)高探马

高探马

1. 跟步翻掌:右脚跟进半步,重心逐渐后移至右腿上;右勾变掌,两手心翻转向上,两肘微屈;同时身体稍向右转,左脚跟渐渐离地。目视左前方(图 14-12 之 1)。

2. 虚步推掌:上体稍向左转,右掌经右耳旁向前推出,掌心朝前,掌指高与眼平;左手收至左侧腰前,手心朝上;同时左脚稍向前移,脚尖点地成左虚步。目视右手(图 14-12 之 2)。

图 14-12

动作要领:跟步松手;后坐翻掌;虚步推掌。

(二)右蹬脚

1. 提膝穿掌、弓步开掌：左膝稍提起的同时，左手心朝上前伸从右手腕背面穿出，两手交叉，随即两手向两侧分开并向下划弧，手心斜向下，同时左脚向左前侧方迈步成左弓步，脚尖稍外撇。目视前方(图 14-13 之 1～3)。

图 14-13

右蹬脚

2. 丁步合抱：两手由外圈向里圈划弧交叉合抱于胸前，右手在外，手心均向后；同时右脚收到左脚内侧，脚尖点地成右丁步。目平视右前方(图 14-13 之 4)。

3. 提膝蹬脚分掌：两臂左右划弧分开平举，肘微屈，两手心均向外；同时右腿屈膝提起，右脚向右前方慢慢蹬出。目视右手(图 14-13 之 5、6)。

动作要领：穿掌提脚，迈步分手；推步合抱；提膝分手；蹬脚撑臂。

(三)双峰贯耳

1. 收腿落手：右腿收回屈膝平举，左手由后向上、向前下落至体前，两手心均翻转向上并向下划弧分落于右膝盖两侧。目视前方(图 14-14 之 1、2)。

2. 弓步贯耳：重心渐渐前移，右脚向右前方落步成右弓步，面向右前方；同时两手下落变拳，分别从两侧向上、向前划弧至面部前方成钳形状，两拳相对，相距约 10～20 cm，高与耳齐，拳眼均斜向内下。目视右拳(图 14-14 之 3、4)。

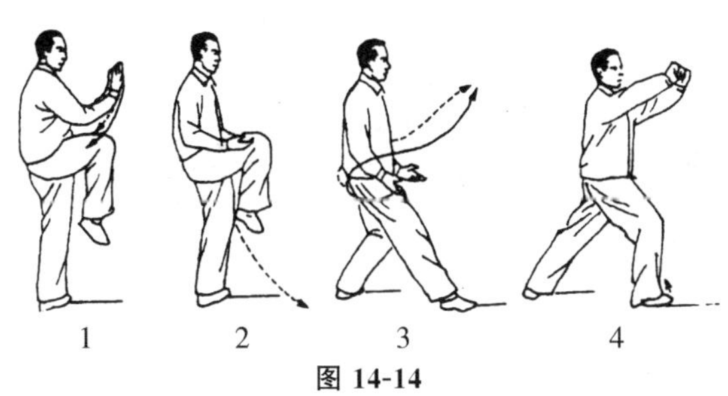

图 14-14

双峰贯耳

动作要领：收脚落手；迈步分手；弓步贯掌。

(四)转身左蹬脚

1. 转体扣脚分手：左腿屈膝后坐，重心移至左腿，上体左转，右脚尖内扣；同时两拳变掌由上向左右划弧分开平举，手心朝前。目视左手(图 14-15 之 1、2)。

2. 丁步合抱：重心移至右腿，左脚收到右脚内侧，脚尖点地成左丁步；同时两手由外向里划弧合抱于胸前，左手在外，两手心均向后。目平视左方(图 14-15 之 3、4)。

转身左蹬脚

3. 提膝蹬脚分掌：两臂左右划弧分开平举，肘微屈，两手心均向外；同时左腿屈膝提起，左脚向左前方慢慢蹬出。目视左手(图 14-15 之 5、6)。

动作要领：转体分手；收脚合抱；提膝分手；蹬脚撑臂。

图 14-15

六、第六组

(一)左下势独立

1. 提膝勾手:左腿收回平屈,上体右转;右掌变成勾手,左掌向上、向右划弧下落,立于右肩前,掌心斜向后。目视右手(图 14-16 之 1、2)。

2. 仆步穿掌:右腿慢慢屈膝下蹲,左腿由内向左侧偏后伸出成左仆步;左手掌心向外,下落并向左下顺左腿内侧向前穿出。目视左手(图 14-16 之 3、4)。

3. 弓步挑掌:重心前移,左脚尖外撇,右脚尖内扣,左腿前弓,右腿后蹬,成左弓步;上体微向左转并向前起身。同时左手继续前伸上挑成立掌,掌心向右;右勾手下落,勾尖朝后。目视左手(图 14-16 之 5)。

左下势独立

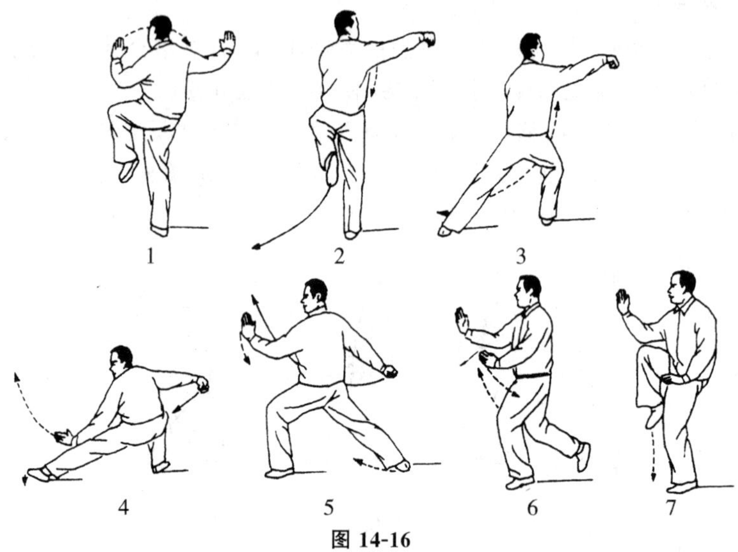

图 14-16

4. 提膝挑掌:右腿慢慢提起平屈成左独立式;同时右勾手变掌由后下方顺右腿外侧向前弧形摆出,挑掌并屈肘立于右腿上方,肘与膝相对,掌心向左,左手落于左胯旁,手心朝上,指尖朝前。目视右手(图 14-16 之 6、7)。

动作要领:提膝勾手;仆步穿掌;弓步起身;提膝挑掌。

(二)右下势独立

1. 落脚左转勾手:右脚下落于左脚前,脚掌着地,然后以左脚前脚掌为轴脚跟转动,体随左转;同时左手向后平举变成勾手,勾尖朝下,右掌随体转向左侧划弧立于左肩前,掌心斜向后。目视左手(图 14-17 之 1、2)。

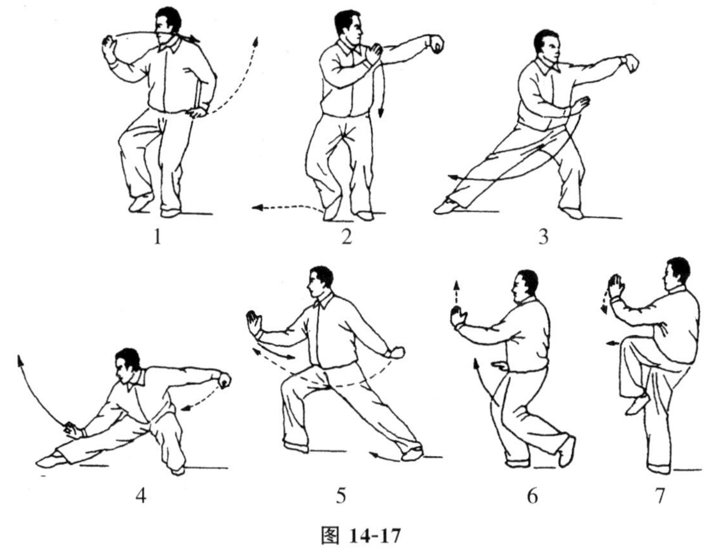

图 14-17

右下势独立

2. 仆步穿掌：与“左下势独立”2 解同，唯左右相近以(图 14-17 之 3、4)。

3. 弓步挑掌：与“左下势独立”3 解同，唯左右相反(图 14-17 之 5)。

4. 提膝挑掌：与“左下势独立”4 解同，唯左右相反(图 14-17 之 6、7)。

动作要领：落脚左勾；仆步穿掌；弓步起身；提膝挑掌。

七、第七组

(一)左右穿梭

左右穿梭

1. 转体丁步抱球：体微向左转，左脚尖外撇向前落步，右脚跟离地，两腿屈膝成半坐盘式；同时两手左上右下在左胸前成抱球状；随之右脚收到左脚内侧，脚尖点地成右丁步。目视左前臂(图 14-18 之 1～3)。

2. 弓步架推掌：体右转，右脚向右前方迈出成右弓步；同时右手由脸前向上架掌停在右额前，手心斜向上；左手向左下经体前向前推出，高与鼻尖平，手心朝前。目视左手(图 14-18 之 4～6)。

3. 转体丁步抱球：重心略向后移，右脚尖稍外撇，随即重心再移至右腿，左脚跟进停于右脚内侧，脚尖点地成左丁步；同时两手右上左下在右胸前成抱球状。目视右前臂(图 14-18 之 7、8)。

4. 弓步架推拳：与 2 解同，唯左右相反(图 14-18 之 9～11)。

动作要领：落脚抱球；迈步滚球；弓步推架。

(二)海底针

海底针

1. 跟步提掌：重心前移，右脚向前跟进半步前脚掌先着地，随后全脚掌着地踏实，重心后移至右腿上；左膝略提起。同时上体稍向右转，右臂屈肘将手向上提至耳侧，左手经体前下落，手心朝下(图 14-19 之 1)。

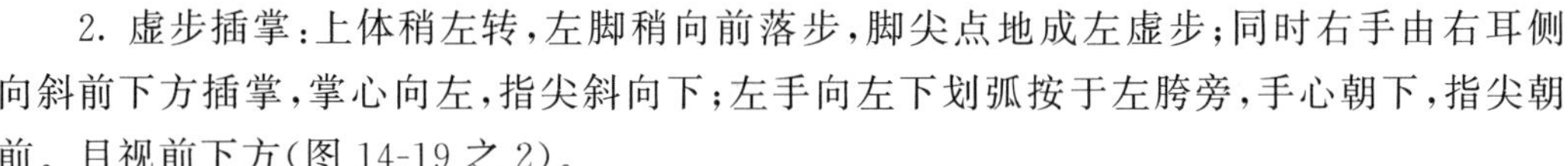

2. 虚步插掌：上体稍左转，左脚稍向前落步，脚尖点地成左虚步；同时右手由右耳侧向斜前下方插掌，掌心向左，指尖斜向下；左手向左下划弧按于左胯旁，手心朝下，指尖朝前。目视前下方(图 14-19 之 2)。

图 14-18

动作要领：跟步松手；后坐提手；虚步插掌。

(三)闪通臂

弓步右架左椎：上体稍右转，左脚向前迈步成左弓步。右臂屈肘由体前上提至右额前上方架掌；左手上起经胸前向前推出，高与鼻尖平，掌心朝前。目视左手(图 14-20 之 1～3)。

闪通臂

图 14-19　　图 14-20

动作要领：提手收脚；迈步分手；弓步推掌。

八、第八组

(一)转身搬拦捶

1. 转体扣脚握拳：上体后坐，重心移至右腿，左脚尖内扣，体向右后转，转后重心再移至左腿。同时右手向右、向下变拳经腹前划弧至左肋旁，拳心朝下；左掌上举于头前，掌心斜向上。目视前方(图 14-21 之 1、2)。

转身搬拦捶

2. 转体撇脚搬拳：体右转，右脚收回并弧形向前方迈步，脚尖外撇。同时右拳经胸前向前屈肘翻转搬出，拳心朝上；左手下落按于左胯旁，掌心朝下，指尖朝前。目视右拳(图 14-21 之 3、4)。

3. 上步左拦：体稍右转，重心移至右腿，左脚向前上步。同时右拳向右划弧收抱腰间，拳心朝上；左手随左脚上步经左侧向前上划弧拦出，掌心向前下方。目视左手(图 14-21 之

图 14-21

5、6)。

4. 弓步冲拳:左腿前弓成左弓步;同时右拳向前冲出成立拳,高与胸平,拳眼朝上;左手附于右前臂内侧。目视右拳(图 14-21 之 7)。

动作要领:转身扣脚;坐身握拳;踩脚搬拳;上步揽掌;弓步打拳。

(二)如封似闭

如封似闭

1. 穿掌分手:左手由右腕下向前穿出,右拳变掌,两手逐渐翻转并慢慢分开,手心朝上。目平视(图 14-22 之 1、2)。

2. 后坐收掌:上体后坐,重心移至右腿,左脚尖翘起成左虚步;同时两臂屈肘,两掌收回于两肋前翻掌。目视前方(图 14-22 之 3、4)。

3. 弓步推掌:两手向下经腹前向上、向前推出,腕与肩平,手心朝前;同时左腿前弓成左弓步。目视前方(图 14-22 之 5、6)。

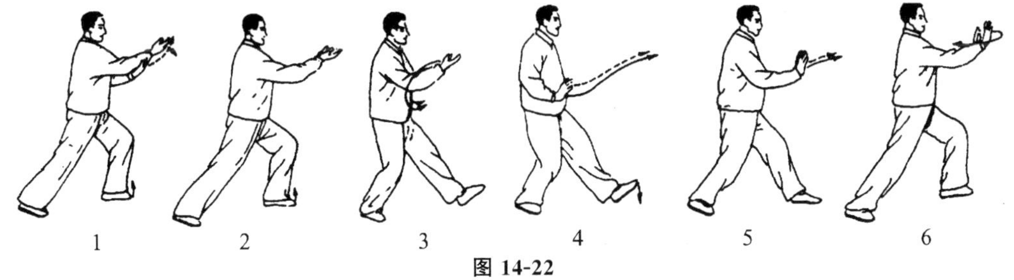
图 14-22

动作要领:穿掌分手;后坐收掌;弓步按掌。

(三)十字手

十字手

1. 转体分手:屈膝后坐,重心移至右腿,左脚尖内扣,体向右转,右手随之向右平摆划弧,与左手成两臂侧平举,肘微屈,掌心朝前;同时右脚尖稍外撇成右侧弓步。目视右手(图 14-23 之 1、2)。

2. 收脚合抱:重心慢慢移至左腿,右脚尖内扣,随即向左收回半步,两脚平行开立,与肩同宽;同时两手向下经腹前向上划弧交叉合抱于胸前,两臂撑圆,腕高与肩平,右手在

图 14-23

外,成十字手,两手心均朝后。目视前方(图 14-23 之 3、4)。

动作要领:转体分手;收脚合抱。

(四)收势

收势

两手向外翻掌,掌心朝下,两臂慢慢下落停于身体两侧,随之左脚向右脚收步并拢。目向前平视(图 14-24 之 1~3)。

二十四式太极拳完整正面示范

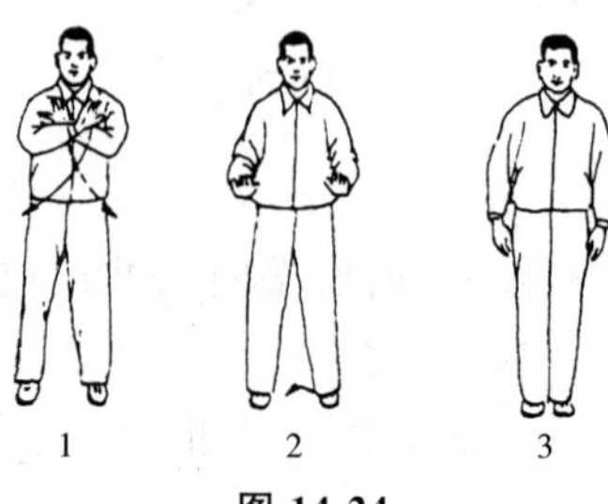

图 14-24

动作要领:翻掌前撑;分手下落;收脚还原。

常用术语中英文对照

1. 武术:martial arts
2. 长拳:changquan
3. 太极拳:taijiquan
4. 南拳:nanquan
5. 剑术:fencing
6. 枪术:lance
7. 棍术:cudgel
8. 套路:routine
9. 攻防:attack and defense
10. 技击:martial art
11. 对练:pair exercise
12. 集体演练:collective training
13. 起势:from the potential
14. 左揽雀尾:left lan sparrow tail
15. 白鹤亮翅:white crane spreads its wings
16. 搂膝拗步:brush knee and twist step

“湄园体育”——全国高等职业院校体育工作第三批“一校一品”示范基地立项项目简介

2017 年 3 月，中国大学生体育协会职业教育学校体育工作委员会组织开展了全国高等职业院校第一批体育工作“一校一品”示范基地评选，同年 9 月，福建省教育厅办公室发文开展“传承的力量”活动，征集学校体育艺术教育弘扬中华优秀传统文化节目，湄洲湾职业技术学院也相应发布“中华传统文化进校园、进社区、进企业活动”工作方案，在此背景下，体育教研室经过反复论证，广泛调研，于 2017 年 11 月正式开展了以莆田传统体育项目妈祖舞、南少林武术为主要内容的旨在传承民族传统体育，构筑全国高职院校体育工作“一校一品”示范基地的“湄园体育”系列活动，努力挖掘项目内涵，提高项目品质，扩大项目社会影响力，强化高校体育服务社会的能力，取得了很好的社会效应。2019 年 3 月，“湄园体育”申报第三批全国高等职业院校体育工作“一校一品”示范基地评选，经过初评淘汰、现场答辩、网络公示，2019 年 11 月 1 日，中国大学生体育协会职业教育学校体育工作委员会公布职教分会〔2019〕14 号文件，我院“湄园体育”成功入选全国高等职业院校体育工作第三批“一校一品”示范基地立项项目，“湄园体育”将在更大的舞台上焕发出勃勃生机。

湄园体育

莆田南少林寺简介

南少林寺位于莆田市西天尾镇九莲山麓，海拔500多米，居九华山脉中段，地势十分险要，是理想的兵家用武之地。山间盆地小平原，耕植可以自给，大本营离各个隘口不过数里之遥；且坡度平缓，如有军情，到隘口凭险据守不过片刻功夫。从地理形势上看，是个易守难攻的藏龙卧虎之地。寺区周围有朱山、樟江、寨头等10多个山寨。目前各寨遗址均存。山头尾和梧桐山还有高三四十米、颇为壮观的山涧瀑布。

少林寺遗址正处在九莲山盆地的中心，始建于南朝陈永定元年(557年)，至北宋嘉祐年间(1056—1063)，此寺已形成很盛的武风，成为我国东南沿海武术活动的中心。相传河南嵩山少林寺13武僧帮助唐太宗统一中国后，唐太宗赐予“僧兵”，并准许在全国各地建立十座分寺。据考九莲山的林泉院，就是莆田少林寺十座分寺中较早创建的分寺之一。因为规模宏大(占地约三万平方米)，“寺因武显，武以寺名”，南少林寺是南拳的发祥地，当时此寺习练少林南拳武风鼎盛，影响南中国，故称之为南少林寺。清初，莆田南少林寺在反清复明斗争中与天地会有着千丝万缕的关系，南少林寺武僧所具有的强烈的疾恶如仇、除暴安良的忠义精神，曾受到民众的推崇。清王朝深为忌恨，遣兵焚毁，南少林寺从此湮没于历史烟尘之中。

1986年，莆田市在西天尾镇北部层峦叠嶂中的九莲山麓发现一处古建筑遗址，以及五口建造于北宋年间的大型花岗岩石槽残碑、石柱等。学者们从长226 cm、宽100 cm的石槽旁刻有的“诸罗汉浴煎茶散”字样，判断这是僧兵治疗伤病用的石槽，又从残碑、石柱上的“林泉院”、“寺山界”字样，及那口重达数千斤的宋代石槽上刻有的“当院僧兵永其佳其合共造石槽一口”，推测此遗址可能是南少林寺遗址。

1992年4月25日，经福建省人民政府批准，莆田市人民政府在北京人民大会堂举行新闻发布会，正式向外界宣布发现南少林寺遗址。

1998年12月8日，南少林寺重建工程竣工，正式向海内外开放。

现在，南少林寺已粗具规模，大雄宝殿、天王殿、钟鼓楼、山门以及已故的中国佛教协会会长、原全国政协副主席赵朴初所题的“南少林寺”牌坊等巍峨壮观，金碧辉煌。周围的古竹寺、霞梧院、九莲岩等大小寺院环绕着南少林寺，形成气势昂扬的寺院群落，重现了当年十方丛林的恢宏气度。

莆田南少林武术“三十六宝”传统拳术简介

莆田南少林武术属南拳系列，“三十六宝”传统拳是其代表性拳种。该拳种较为集中地体现了莆田南少林武术的典型特点。2018 年，福建省文化厅命名洪光荣为福建省第四批非物质文化遗产保护项目“南少林武术(莆田)”代表性传承人。它以拳法为诸艺之源，以套路为入门之法，擅长上肢动作，继而拆招、破招，徒手搏击，其防守善于以力就力，以轻卸重，其进攻善于用寸劲，聚力于瞬间，爆发于触及点。

洪光荣在传承南少林“三十六宝”传统拳

第十五章

健身气功

课程思政

健身气功"天人合一"理论基础、三调合一的练功方法，体现了深刻的和谐思想内涵，浸透着道德涵养的修炼和提升；健身气功德艺一体、注重个人技艺成熟、富于观赏而追求高尚的精神气质、阴阳二气的生命律动、姿态意境中显示人格、文化理论渊源的多元，充分演绎了中华民族传统体育文化。

课程目标

1. 运动技能目标：学会健身气功几种基本功法，懂得如何自我练习与展示、集体排练注意事项；懂得正确的裁判方法，并知道怎样进行欣赏与推广。

2. 身心健康目标：提高学生的柔韧性、协调性；发展学生音乐的节奏感、表现力等能力，促进学生的身体生长发育；培养学生自我参与锻炼的积极性，形成良好的终身体育意识。

第一节　五禽戏

华佗五禽戏是以模仿动物动作和神态为主要内容的组合动功。"五"是一个约数，并非限于五种功式；"禽"指禽兽，古代泛指动物；"戏"在古代是指歌舞杂技之类的活动，在此指特殊的运动方式。本法之起源可上溯至先秦，如《庄子》中有"熊经鸟伸，为寿而已矣"等载述，可见当时已有多种模仿动物形神的导引图文，更属"五禽戏"原始功法之类。具体将"五禽戏"整理总结并作为一套功法推广者，是汉末三国时期的著名医家华佗，只是有关"华佗五禽戏"的原始文字早已佚失，唯存一此致零星的史籍记载。目前所能见到的较早载录"五禽戏"具体练法的文献，是南北朝时陶弘景所编撰的《养性延命录》。后世医家、养生家因师传之变异，或根据"五禽戏"基本原理不断发展变化，创编了数以百计的"五禽戏"套路。虽然各法功作互异锻炼重点有所不同，但其基本精神则大同小异。下面介绍国家体育总局推广的五禽戏。

一、五禽戏练习方法

五禽戏包括虎戏、鹿戏、熊戏、猿戏、鸟戏。

虎戏

（一）虎戏

第一式　虎举

动作一：两手掌心向下，十指撑开，再弯曲成虎爪状；目视两掌。

动作二：随后，两手外旋，由小指先弯曲，其余四指依次弯曲握拳，两拳沿体前缓慢上提。至肩前时，十指撑开，举至头上方再弯曲成虎爪状；目视两掌。

动作三：两掌外旋握拳，拳心相对；目视两拳。（图 15-1）

动作四：两拳下拉至肩前时，变掌下按。沿体前下落至腹前，十指撑开，掌心向下；目视两掌。（图 15-2）

图 15-1　　　　　　图 15-2

第二式　虎扑

动作一：接上式。两手握空拳，沿身体两侧上提至肩前上方。

动作二：两手向上、向前划弧，十指弯曲成“虎爪”，掌心向下；同时上体前俯，挺胸塌腰；目视前方。

动作三：两腿屈膝下蹲，收腹含胸；同时，两手向下划弧至两膝侧，掌心向下；目视前下方。随后，两腿伸膝，送髋，挺腹，后仰；同时，两掌握空拳，沿体侧向上提至胸侧；目视前上方。

动作四：左腿屈膝提起，两手上举。左脚向前迈出一步，脚跟着地，右腿屈膝下蹲，成左虚步；同时上体前倾，两拳变“虎爪”向前、向下扑至膝前两侧，掌心向下；目视前下方。随后上体抬起，左脚收回，开步站立；两手自然下落于体侧；目视前方。（图 15-3）

动作五至动作八：同动作一至动作四，唯左右相反。

图 15-3

(二)鹿戏

第一式　鹿抵

鹿戏

动作一：两腿微屈，身体重心移至右腿，左脚经右脚内侧向左前方迈步，脚跟着地；同时，身体稍右转；两掌握空拳，向右侧摆起，拳心向下，高与肩平；目随手动，视右拳。

动作二：身体重心前移；左腿屈膝，脚尖外展踏实；右腿伸直蹬实；同时，身体左转，两掌成“鹿角”，向上、向左、向后画弧，掌心向外，指尖朝后，左臂弯曲外展平伸，肘抵靠左腰侧；右臂举至头前，向左后方伸抵，掌心向外，指尖朝后；目视右脚跟。随后，身体右转，左脚收回，开步站立；同时两手向上、向右、向下画弧，两掌握空拳下落于体前；目视前下方。

动作三、四：同动作一、二，唯左右相反。（图 15-4）

动作五至动作八：同动作一至动作四。

图 15-4

第二式　鹿奔

动作一：接上式。左脚向前跨一步，屈膝，右腿伸直成左弓步；同时，两手握空拳，向上、向前划弧至体前，屈腕，高与肩平，与肩同宽，拳心向下；目视前方。

动作二：身体重心后移；左膝伸直，全脚掌着地；右腿屈膝；低头，弓背，收腹；同时，两臂内旋，两掌前伸，掌背相对，拳变“鹿角”。

动作三：身体重心前移，上体抬起；右腿伸直，左腿屈膝，成左弓步；松肩沉肘，两臂外旋，“鹿角”变空拳，高与肩平，拳心向下；目视前方。

动作四：左脚收回，开步直立；两拳变掌，回落于体侧；目视前方。（图 15-5）

动作五至动作八：同动作一至动作四，唯左右相反。

图 15-5

（三）熊戏

第一式　熊运

动作一：两掌握空拳成“熊掌”，拳眼相对，垂手下腹部；目视两拳。

动作二：以腰、腹为轴，上体做顺时针摇晃；同时，两拳随之沿右肋部、上腹部、左肋部、下腹部画圆；目随上体摇晃环视。（图 15-6）

动作三、四：同动作一、二。

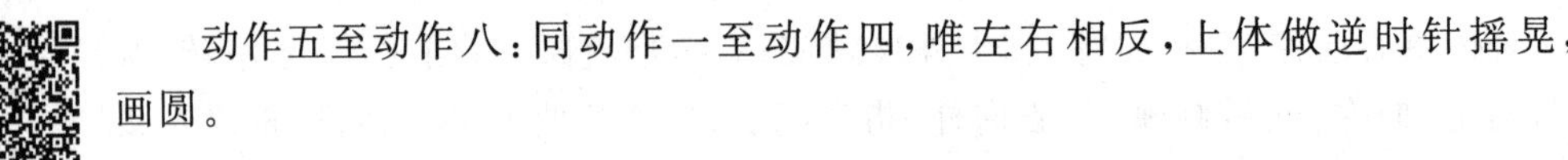

动作五至动作八：同动作一至动作四，唯左右相反，上体做逆时针摇晃，两拳随之画圆。

熊戏

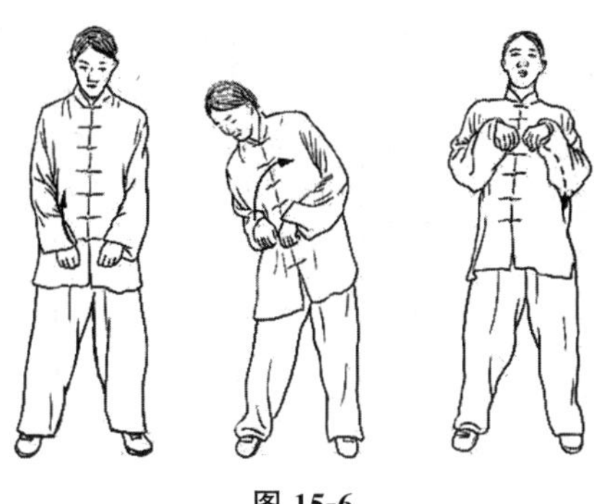

图 15-6

第二式 熊晃

动作一:接上式。身体重心右移;左髋上提,牵动左脚离地,再微屈左膝;两掌握空拳成"熊掌";目视左前方。

动作二:身体重心前移;左脚向左前方落地,全脚掌踏实,脚尖朝前,右腿伸直;身体右转,左臂内旋前靠,左拳摆至左膝前上方,拳心朝左;右掌摆至体后,拳心朝后;目视左前方。

动作三:身体左转,重心后坐;右腿屈膝,左腿伸直;拧腰晃肩,带动两臂前后弧形摆动;右拳摆至左膝前上方,拳心朝右;左拳摆至体后,拳心朝后;目视左前方。

动作四:身体右转,重心前移;左腿屈膝,右腿伸直;同时,左臂内旋前靠,左拳摆至左膝前上方,拳心朝左;右掌摆至体后,拳心朝后;目视左前方。(图 15-7)

动作五至动作八:同动作一至动作四,唯左右相反。

图 15-7

(四)猿戏

猿戏

第一式 猿提

动作一:接上式。两掌在体前,手指伸直分开,再屈腕撮拢捏紧成"猿钩"。

动作二:两掌上提至胸,两肩上耸,收腹提肛;同时,脚跟提起,头向左转;目随头动,视身体左侧。

动作三:头转正,两肩下沉,松腹落肛,脚跟着地;"猿钩"变掌,掌心向下;目视前方。

动作四:两掌沿体前下按落于体侧;目视前方。(图 15-8)

动作五至动作八:同动作一至动作四,唯头向右转。

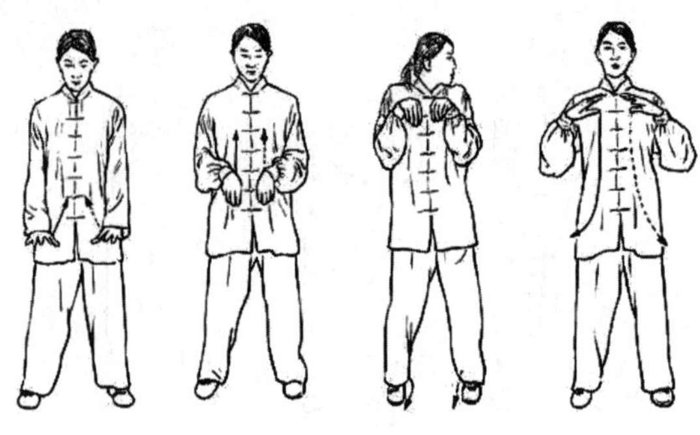

图 15-8

第二式　猿摘

动作一：接上式。左脚向左后方退步，脚尖点地，右腿屈膝，重心落于右腿；同时，左臂屈肘，左掌成“猿钩”收至左腰侧；右掌向右前方自然摆起，掌心向下。（图 15-9）

图 15-9

动作二：身体重心后移；左脚踏实，屈膝下蹲，右脚收至左脚内侧，脚尖点地，成右丁步；同时，右掌向下经腹前向左上方画弧至头左侧，掌心对太阳穴；目先随右掌动，再转头注视右前上方。（图 15-10）

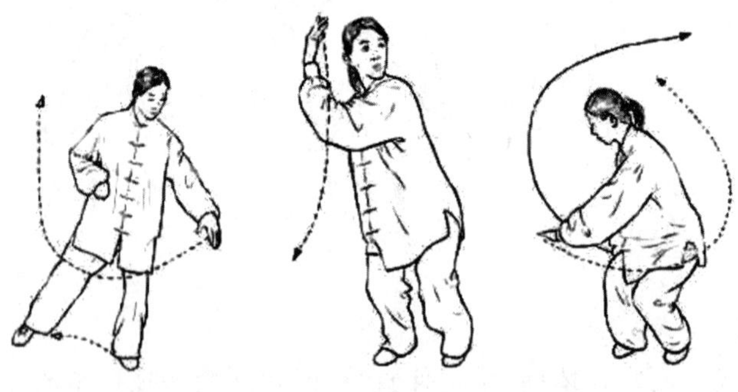

图 15-10

动作三：右掌内旋，掌心向下，沿体侧下按至左髋侧；目视右掌。右脚向右前方迈出一大步，左腿蹬伸，身体重心前移；右腿伸直，左脚脚尖点地；同时，右掌经体前向右上方画弧，举至右上侧变“猿钩”，稍高于肩；左掌向前、向上伸举，屈腕撮钩，成采摘势；目视左掌。（图 15-11）

图 15-11

动作四：身体重心后移；左掌由“猿钩”变为“握固”；右手变掌，自然回落于体前，虎口朝前。随后，左腿屈膝下蹲，右脚收至左脚内侧，脚尖点地，成右丁步；同时，左臂屈肘收至左耳旁，掌指分开，掌心向上，成托桃状；右掌经体前向左画弧至左肘下捧托；目视左掌。（图 15-12）

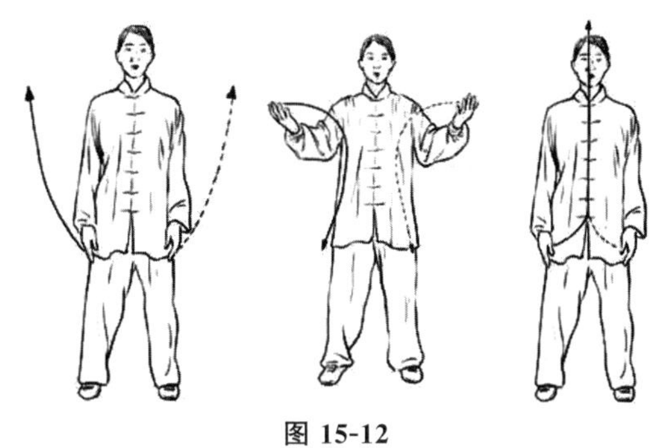

图 15-12

动作五至动作八：同动作一至动作四，唯左右相反。

（五）鸟戏

第一式　鸟伸

动作一：接上式。两腿微屈下蹲，两掌在腹前相叠。

动作二：两掌向上举至头前上方，掌心向下，指尖向前；身体微前倾，提肩，缩颈，挺胸，塌腰；目视前下方。

动作三：两腿微屈下蹲；同时，两掌相叠下按至腹前；目视两掌。

动作四：身体重心右移；右腿蹬直，左腿伸直向后抬起；同时，两掌左右分开，掌成“鸟翅”，向体侧后方摆起，掌心向上；抬头，伸颈，挺胸，塌腰；目视前方。

鸟戏、收势

动作五至动作八：同动作一至动作四，唯左右相反。（图 15-13）

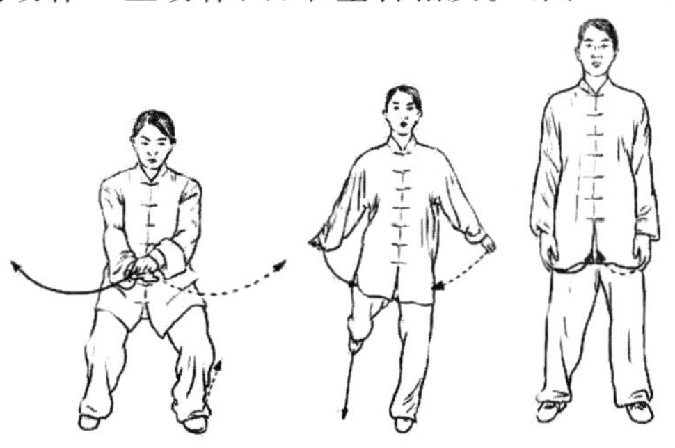

图 15-13

第二式　鸟飞

动作一：右腿伸直独立，左腿屈膝提起，小腿自然下垂，脚尖朝下；同时，两掌成展翅状，在体侧平举向上，稍高于肩，掌心向下；目视前方。

动作二：左脚下落在右脚旁，脚尖着地，两腿微屈；同时，两掌合于腹前，掌心相对；目视前下方。（图 15-14）

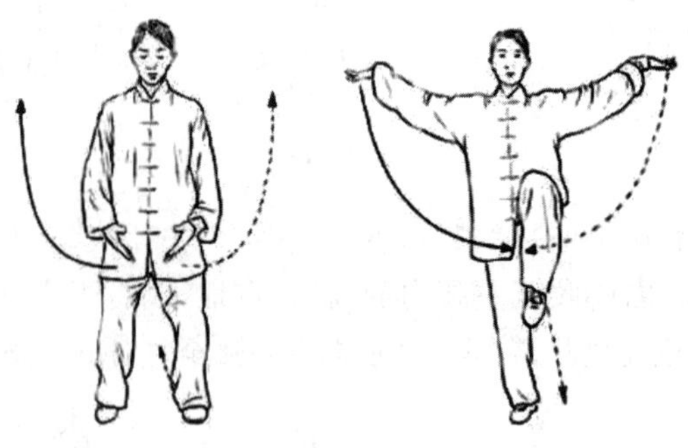

图 15-14

动作三：右腿伸直独立，左腿屈膝提起，小腿自然下垂，脚尖朝下；同时，两掌经体侧，向上举至头顶上方，掌背相对，指尖向上；目视前方。

动作四：左脚下落在右脚旁，全脚掌着地，两腿微屈；同时，两掌合于腹前，掌心相对；目视前下方。（图 15-15）

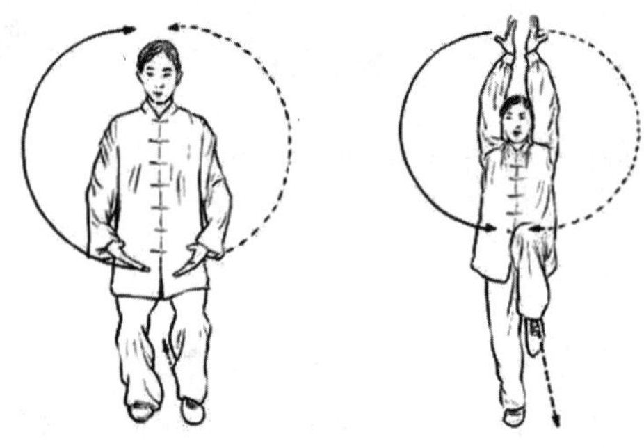

图 15-15

动作五至动作八：同动作一至动作四，唯左右相反。

二、练习注意事项

（1）练功时，不仅肌肉要放松，神经、精神也要放松。要求松中有紧，柔中有刚，切不可用僵劲。只有放松使出来的劲才会柔中有刚，才使动作柔和连贯，不致僵硬。

五禽戏完整演练

（2）意守丹田，即排除杂念，用意想着脐下小腹部，有助于形成腹式呼吸，做到上虚下实，即胸虚腹实，使呼吸加深，增强内脏器官功能，使血液循环旺盛。身体下部充实，有助于克服中老年人常易发生的头重脚轻和上盛下虚的病象。此外做到上虚下实，动作才能达到轻巧灵便、行动自如。

（3）练功前，先做几次深呼吸，调匀呼吸。练功当中，呼吸要自然平稳，最好用鼻呼吸，也可口鼻并用。但不可张口喘粗气，而要悠悠吸气，轻轻呼气，做起动作来会自然形成腹式呼吸，使腹部运动幅度加大，腹肌收缩有力，对内脏器官都有好处。

(4)练五禽戏做到动作外形神气都要像五禽。如练虎戏时，要表现出威猛的神态，目光炯炯，摇头摆尾，扑按搏斗等，有助于强壮体力。练鹿戏时，要仿效鹿那样心静体松，姿势舒展，要把鹿的探身、仰脖、缩颈、奔跑、回首等神态表现出来。鹿戏有助于舒展筋骨。练熊戏时，要像熊那样浑厚沉稳，表现出撼运、抗靠、步行时的神态。熊外似笨重，走路软塌塌，实际上在沉稳之中又富有轻灵。练猿戏时，要仿效猿猴那样敏捷好动，要表现出纵山跳涧、攀树蹬技、摘桃献果的神态。猿戏有助于发展灵活性。练鸟戏要表现出亮翅、轻翔、落雁、独立等动作神态。鸟戏有助于增强肺呼吸功能，调达气血，疏通经络。

第二节　八段锦

"八段锦"在宋代就已有流传，是一种站式武术导引功法，此后衍生出多种流派。大约在明代初年，出现了"坐式八段锦"，于是将"站式八段锦"称为"武八段锦"，或"外八段锦"，而将"坐式八段锦"称为"文八段锦"或"内八段锦"。"坐式八段锦"传入嵩山少林寺后，被辑人《卫生易筋经》、《内功图说》中，称其谓"易筋经十二段锦"。八段锦是我国传统养生术中的经典，有着比较好的健身效果。但是，在千百年的传承过程中，由于习练者各自不同的体悟，八段锦的练法也就呈现出百花齐放的局面。在我国武术的发展过程中，许多武术大家对八段锦特别偏爱，都或多或少练习过。这其中，讲究内在修为的武术内家流派尤其重视八段锦。常见的有立式八段锦，还有其他形式的练习方法，如：坐式八段锦、秘传八段锦等。下面介绍国家体育总局推广的八段锦。

一、练习方法

预备势：直立垂臂，全身放松，舌抵上腭，两目平视。

第一式　两手托天理三焦

动作要领：两臂外旋微下落，两掌五指分别在腹前交叉，掌心向上，目视前方。上动不停，两腿缓缓挺膝伸直，同时，两掌上托指胸前，随之两臂内旋向上托起，掌心向上，抬头，目视前方。两臂继续上托，肘关节伸直，目视双掌，随后下颏微收，头部保持中正，目视前方。身体重心缓缓下降，膝关节微屈，同时十指慢慢分开，两臂分别向身体两侧下落，两掌捧于腹前，掌心向上，目视前方。(图 15-16)

图 15-16

两手托天理三焦

第二式　左右弯弓似射雕

动作要领：双脚保持自然放松开立与两肩同宽，身体的重心向右倾斜，左脚向左侧方迈出一步，两手臂缓慢上提至胸口前，掌心面向胸部；两膝逐渐弯曲，两腿膝关节不要超过脚尖，半蹲成马步姿态，右手成爪状，左手成八字掌，左臂向左侧缓慢推出，并与双肩同高，眼睛看向左掌方向，左臂伸直时掌心面朝左方，犹如拉弓射箭姿态，左臂缓慢推出时，目光随着左手运动而运动；左手收回两手均放于胸前，成掌状，膝盖伸直；手臂放下，左脚收回，恢复至初始状态。右侧动作与左侧相同，方向相反。(图 15-17)

图 15-17

左右开弓似射雕

第三式　调理脾胃须单举

动作要领：立正，两臂平屈于胸前，手心向下，指尖相对，目视前方。左手翻掌从左侧

调理脾胃须单举

上举，五指并紧，左臂用力挺直，掌心向上，指尖向右。同时，右手掌心向下，用力下按，指尖向前。左手从左侧落下，掌心向下，指尖向前，用力下按。右手翻掌从右侧上举，五指并紧，右臂用力挺直，掌心向上，指尖向左。（图 15-18）

第四式　五劳七伤往后瞧

动作要领：双脚保持自然放松开立与两肩同宽，手臂伸直放于身体两侧，掌心面向身体后方指尖向下，下按呈撑掌式；头部和颈部缓慢向左后方转，两手臂缓慢外旋，两肩向后张开，眼睛看向左斜后方，保持此动作；大约 10 s 后，头部和颈部缓慢转回，两臂收回至髋关节旁，指尖向前，掌心面朝下，眼睛看向前方；再向右侧拧转，与左侧动作相同；双手下落恢复至初始状态。（图 15-19）

图 15-18

图 15-19

五劳七伤往后瞧

摇头摆尾去心火

第五式　摇头摆尾去心火

动作要领：缓慢屈膝半蹲成马步，两掌扶于膝盖上方，目视前方。身体重心右移，上体向右倾，随之俯身，眼睛看右脚。随之，身体重心左移，上体由右向前、向左旋，这时颈部、尾椎有对拉伸长的感觉。头向后摇，髋关节向前旋绕，头和髋旋绕的方向相反。然后，恢复到开始时的姿势，再做另一侧。（图 15-20）

第六式　两手攀足固肾腰

两手攀足固肾腰

动作要领：保持自然站立，手臂放于身体两侧，手臂向前向上举起，抬举至头顶并伸直，掌心相对；屈肘，两掌掌心向下按置于胸前，眼看前方；随后双臂外旋，掌心向上掌指顺着腋下向后插，眼睛看着前方；两手掌心贴着脊柱向下至臀部；随后上半身前俯向前弯腰，掌心经双腿碰到脚面，然后将头抬起，眼睛向上看；将头低下，身体缓慢升起，两手沿着双腿缓慢轻抚上移，移至腰部时托住腰部身体回正，将手臂放于身体两侧。（图 15-21）

第七式　攒拳怒目增气力

攒拳怒目增气力

动作要领：接两手攀足固肾腰式。身体重心右移；左脚向左开步，两腿徐缓屈膝下蹲成马步；同时，两手握固，收至腰间，拳眼朝上；目视前方。上动不停，左拳缓慢向前冲出，与肩同高，肘关节微屈，拳眼朝上，当肘关节离开肋部时，拳越握越紧，眼睛注视左拳并逐渐睁大；同时，脚趾抓地；目视左拳。上动不停，向右转腰顺肩；同时，左臂内旋，左拳变掌前伸，掌心朝外，掌指朝前；目视左掌。上动不停，左掌指向下、向右、向上、向左、再向下依次旋腕一周，随之握固，拳心朝上；同时，脚趾抓地；眼睛睁圆，目注掌动。上动不停，左拳回收，随屈肘收至腰间，拳眼朝上；同时，脚趾放松；眼睛放松，目视前方。（图 15-22）

第八式　背后七颠百病消

背后七颠百病消与收势

动作要领：两脚并排站立，两脚脚跟向上提起，头向上顶，手臂放于身体的两侧；手臂下落同时脚跟随之下落，轻震地面，眼睛看向前方。（图 15-23）

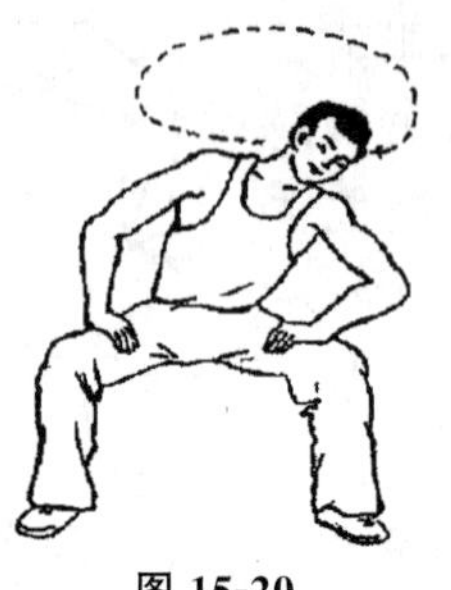
图 15-20

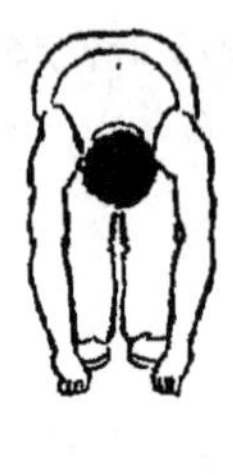
图 15-21

图 15-22

图 15-23

二、练习注意事项

(1)做这套内家八段锦的时候,要时时记着“道法自然”的训言。得法与否,存乎一心。要反复练习,仔细体味,直到能够自如运用。

八段锦完整动作演练

(2)呼吸要自然,千万不能憋气。

(3)动作要自然、舒展、大方。用意,用暗劲、内劲,不用拙力、僵力。

(4)每个人要根据自己的身体条件,循序渐进地练习,持之以恒地练习,逐渐达到纯熟境地。长年累月不间断地锻炼,必有奇效。

(5)从运动量来说,最好每天能做两次,早晚各一次。如早晚时间难以安排,每个人也可按自己的条件,灵活地选择其中一些式子,随时随地练习。如走路时可常踮起脚跟,长久自会有奇效发生。

第三节　易筋经

“易筋经”源于我国古代中医导引术,“易”是变通、改换、脱换之意,“筋”指筋骨、筋膜,“经”则带有指南、法典之意,此功使神、体、气三者,即人的精神、形体和气息有效地结合起来,经过循序渐进,持之以恒地认真锻炼,从而使五脏六腑、十二经脉、奇经八脉及全身经脉得到充分的调理,进而达到保健强身、防病治病、抵御早衰、延年益寿的目的。尤其对于强直性脊柱炎患者恢复关节受限有着巨大的帮助作用。下面介绍国家体育总局推广的易筋经。

一、练习方法

预备式

并步站立,两手自然垂于体侧;下颏微收,百会虚领,身体中正,舌抵上腭;目视前方。

第一式:韦驮献杵第一式

左脚向左侧开步,约与肩同宽,两膝微屈,两手自然垂于体侧,目视前方。两臂自体侧掌心相对前平举,指尖向前。两臂屈肘、合掌收于胸前,掌根与膻中穴同高,指尖指向斜前上方约 30 度,虚腋;目视前下方,动作稍停。(图 15-24)

第二式:韦驮献杵第二式

两肘抬起,两掌平伸,手指相对,掌心向下,掌臂约与肩平。两掌指尖向前伸展,然后向两侧分开至两臂侧平举,掌心向下,指尖向外。五指自然并拢,坐腕立掌;目视前下方。(图 15-25)

韦驮献杵第一式、韦驮献杵第二式、韦驮献杵第三式

第三式:韦驮献杵第三式

接上式。松腕,同时两臂向前平举内收至胸前平屈,掌心向下,掌与胸相距约一拳;目视前下方。两掌同时内旋,翻掌至耳垂下,掌心向上,虎口相对,两肘外展,约与肩平。身体重心前移至前脚掌,提踵;同时,两掌上托至头顶,掌心向上,展肩伸肘;微收下颏,舌抵上腭,咬紧牙关,静立片刻。(图 15-26)

第四式:摘星换斗势

摘星换斗势

1. 左摘星换斗势

接上式。两脚跟缓缓落地;同时,两手握拳下落至两臂侧上举。随后两拳变掌,掌心斜向下,全身放松;目视前下方。身体左转;屈膝;同时,右臂上举经体前下摆至左髋关节外侧"摘星",右掌自然张开;左臂经体侧下摆至体后,左手背轻贴命门;目视右掌。直膝,身体转正;同时,右手经体前向额上摆至头顶右上方,松腕,肘微屈,掌心向下,手指向左,中指尖垂直于肩髃穴,眼随手动,定势后目视掌心;左手背轻贴命门,意注命门。静立片刻,然后两臂向体侧自然伸展。(图 15-27)

图 15-24

图 15-25

图 15-26

图 15-27

2. 右摘星换斗势

右摘星换斗势与左摘星换斗势动作相同,唯方向相反。

第五式:倒拽九牛尾势

1. 右倒拽九牛尾势

倒拽九牛尾势、出爪亮翅势

接上式。双膝微屈,身体重心右移,左脚向左侧后方约 45°撤步;右脚跟内转,右腿屈膝成右弓步;同时,左手内旋,向前、向下划弧后伸,右手向前上方划弧,两手小指到拇指逐个相握成拳,拳心向上;右拳稍高于肩;目视右拳。

身体重心后移,左膝微屈;腰稍右转,以腰带肩,以肩带臂;右臂外旋,左臂内旋,屈肘内收;目视右拳。

身体重心前移,屈膝成右弓步;腰稍左转,以腰带肩,以肩带臂,两臂放松前后伸展;目视右拳。

身体重心前移至右脚,左脚收回,右脚尖转正,成开立姿势;同时,两臂自然垂于体侧;目视前下方。(图 15-28)

2. 左倒拽九牛尾势

左倒拽九牛尾势与右倒拽九牛尾势动作相同,唯方向相反。

第六式:出爪亮翅势

接上式。身体重心移至左脚,右脚收回开步站立;同时,两臂内外旋至两掌心向前,侧平举,然后环抱至体前,随之两臂屈肘内收,两手变柳叶掌立于云门穴前,掌心相对,指尖向上;目视前下方。展肩扩胸,然后松肩,两臂缓缓前伸,并逐渐转掌心向前,成荷叶掌,指尖向上;瞪目。松腕,屈肘,收臂,立柳叶掌于云门穴;目视前下方。(图 15-29)

第七式：九鬼拔马刀势

1. 右九鬼拔马刀势

接上式。躯干右转。同时，右手外旋，掌心向上；左手内旋，掌心向下。随后右手由胸前内收经右腋下后伸，掌心向外；同时，左手由胸前伸至前上方，掌心向外。躯干稍左转；同时，右手经体侧向前上摆至头前上方后屈肘，由后向左绕头半周，掌心掩耳；左手经体左侧下摆至左后，屈肘，手背贴于脊柱，掌心向后，指尖向上；头右转，右手中指按压耳廓，手掌扶按玉枕；目随右手动，定势后视左后方。身体右转，展臂扩胸；目视右上方，动作稍停。

九鬼拔马刀势、三盘落地势

屈膝；同时上体左转，右臂内收，含胸；左手沿脊柱尽量上推；目视右脚跟，动作稍停。直膝，身体转正；两手摆至侧平举，两掌心向下；目视前下方。（图15-30）

2. 左九鬼拔马刀势

左九鬼拔马刀势与右九鬼拔马刀势相同，唯方向相反。

第八式：三盘落地势

左脚向左侧开半步，宽于肩，脚尖向前；目视前下方。屈膝下蹲时，沉肩、坠肘、松腰、裹臀，两掌如负重物下按至约与环跳穴同高，两肘微屈，掌心向下，指尖向外；目视前下方。同时，口吐“嗨”音，音吐尽时，舌抵上颚，终止吐音，身体中正。

翻掌心向上，肘微屈，缓缓起身直立，两掌如托千斤重物至侧平举；目视前方。此动作可重复做三遍：第一遍微蹲；第二遍半蹲；第三遍全蹲，或者做一遍直接全蹲。（图15-31）

图 15-28

图 15-29

图 15-30

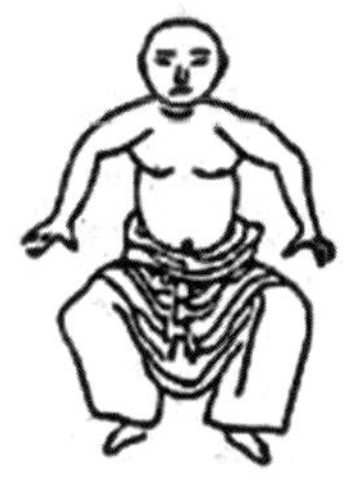

图 15-31

第九式：青龙探爪势

1. 左青龙探爪势

左脚收回开步站立；双手握固收于腰间章门穴，拳心向上；目视前下方。然后右拳变掌，右臂伸直，经下向右侧外展，略低于肩，掌心向上；目随手动。

青龙探爪势

右臂屈肘、屈腕，右掌变“龙爪”，指尖向左，经下颏向身体左侧水平伸出，目随手动；躯干随之向左转约90°；目视右掌指所指方向。

“右爪”变掌，随之身体左前屈，掌心向下按至左脚外侧；目视下方。躯干由左前屈转至右前屈，并带动右手经左膝或左脚前划弧至右膝或右脚外侧，手臂外旋，掌心向前，握固；目随手动视下方。

上体抬起，直立；右拳随上体抬起收于腰间章门穴，拳心向上；目视前下方。（图15-32）

2. 右青龙探爪势

右青龙探爪势与左青龙探爪势动作相同，唯方向相反。

第十式：卧虎扑食势

1. 左卧虎扑食势

卧虎扑食势

接上式。右脚尖内扣约45°，左脚收至右脚内侧成丁步；同时，身体左转约90°；两手握固收于腰间章门穴；目随转体视左前方。

左脚向前迈一大步，成左弓步；同时，两拳提至肩部云门穴，并内旋变“虎爪”，向前扑按，如虎扑食，肘稍屈；目视前方。然后躯干由腰到胸逐节屈伸，重心随之前后适度移动；同时，两手随躯干屈伸向下、向后、向上、向前绕环一周再做向前扑按。

随后上体下俯，两“爪”下按，十指着地；后腿屈膝，脚趾着地；前脚跟稍抬起；随后塌腰、挺胸、抬头、瞪目；动作稍停，目视前上方。起身，双手握固收于腰间章门穴；身体重心后移，左脚尖内扣约135°；身体重心左移；同时，身体右转180°，右脚收至左脚内侧成丁步。（图15-33）

2. 右卧虎扑食势

右卧虎扑食势与左卧虎扑食势动作相同，唯方向相反。

第十一式：打躬势

打躬势、掉尾势、收势

接上式。起身，身体重心后移，随之身体转正；右脚尖内扣，脚尖向前，左脚收回，成开立姿势；同时，两手随身体左转放松，外旋，掌心向前，外展至侧平举后，两臂屈肘，两掌掩耳，十指扶按枕部，指尖相对，以两手食指弹拨中指击打枕部7次（即鸣天鼓）；目视前下方。

身体前俯由头经颈椎、胸椎、腰椎、骶椎，由上向下逐节缓缓牵引前屈，两腿伸直；目视脚尖，停留片刻。由骶椎至腰椎、胸椎、颈椎、头，由下向上依次缓缓逐节伸直后成直立；同时两掌掩耳，十指扶按枕部，指尖相对；目视前下方。此动作可以重复三遍，逐渐加大身体前屈幅度，并稍停。第一遍前屈小于90°，第二遍前屈约90°，第三遍前屈大于90°；或者直接前屈大于90°。（图15-34）

第十二式：掉尾势

接上式。起身直立，手臂自然前伸，十指交叉相握，掌心向内。屈肘，翻掌前伸，掌心向外。然后屈肘，转掌心向下、向内收于胸前；身体前屈塌腰、抬头，两手交叉缓缓下按；目视前方。体弱者身体前屈，抬头，两掌缓缓下按至膝前即可。

头向左后转，同时，臀向左前扭动；目视尾闾。两手交叉不动，放松还原至体前屈。头向右后转，同时，臀向右前扭动；目视尾闾。两手交叉不动，放松还原至体前屈。（图15-35）

图15-32

图15-33

图15-34

图15-35

收势

接上式。上体缓缓直立，两手松开，两臂外旋、伸直外展成侧平举，掌心向上，随后两臂上举，肘微屈，掌心向下；目视前下方。松肩，屈肘，两臂内收，两掌掌心向下，经头、面、胸前，下引至腹部时转掌心向内，稍停静养，目视前下方。两臂放松还原，自然垂于体侧；左脚收回，并步站立；舌抵上腭，目视前方。

易筋经完整动作演练

二、练习注意事项

(1)要有意识地、充分地伸拉、舒展、收紧、旋转上下肢以及躯干部位，尽可能多方位与广角度地活动人体的骨骼和大关节，尤其是在功法的定势动作上呈现，主要是为了通过“伸筋”“拔骨”等运动方式，更好地牵拉肢体各部位的肌群与筋膜。

(2)动作之间的衔接要简洁流畅，肢体运动姿势以简单的曲线为主，开合幅度以关节屈伸、环转的幅度为宜，前后相依、左右相应、上下相接、缓慢均匀。

(3)要以调身为主，通过运动变化让机体的每一部位、脏腑都得到充分的训练，从而导引气息的运行，意随形动，意气相随，起到健身养生的功用。

(4)要在自身的年龄、体质、健康情况以及身体状态的基础上灵活地调整各势动作的活动幅度和身体状态。

第十六章

游泳运动

课程思政

学生在游泳学习中能充分放松自己的身体，镇静下来排除外界干扰，变得更加专注；能培养优越的毅力品质，在压力面前，变得游刃有余，能更好地处理逆境；能体验竞争、分享、合作、共处、突变、角色和角色转换、成功与失败等情景，从而不断增强自我意识，规范意识和自我控制能力，提高社会适应能力。

课程目标

1. 学生的健康水平的提高和全面发展：学生能掌握游泳基本的理论知识、技术和技能，并通过游泳学习和锻炼，提高学生有氧代谢能力，改善心肺功能，提高学生的身体健康水平，进一步增强体质。

2. 学生的心理健康：学生能在学习中发展良好的心理品质，增强人际交往技能和团队意识，提高学生调节自身情绪的能力，培养自尊心和自信心以及战胜各种困难的坚强意志品质。

3. 学生的社会适应能力的培养：学生能在学习中体验竞争、分享、合作、共处、突变、角色和角色转换、成功与失败等情景，从而不断增强自我意识，规范意识和自我控制能力，提高社会适应能力。

4. 学生的终身体育意识和积极人生态度的形成：学生能结合游泳的特点，培养勤奋向上的良好学习风气，保持良好的形体姿态，提高对美的鉴赏能力。

第一节　游泳运动概述

游泳的起源可追溯到公元前几千年。那时候古埃及的日用陶器上，就描绘着人在水中潜游，捕捉水鸟的情景。在我国古代的诗歌总集《诗经》中有古人遇水“就其浅矣，泳之游之……”的记载。这里的“游”即指潜行水中，“泳”即指水中浮游，两字合起来便成为后来的“游泳”一词。人类的祖先从原始的采集生活逐渐过渡到渔猎生活，为了寻找食物，逃避猛兽的侵害，他们不得不跋山涉水，学会生活的各种基本技能，所以，游泳的起源从原始的渔猎生活起就产生了。

19 世纪中期到 20 世纪初，现代游泳运动在英国和澳大利亚等国出现，1896 年在希腊雅典举行的第 1 届现代奥运会上，游泳就被列为正式竞赛项目。1908 年在英国举办第 4 届奥运会时，成立了国际业余游泳联合会，并公布了世界纪录和竞赛规则。1952 年国际业余游泳联合会决定将游泳列为奥运会的竞赛项目，从此就有了蝶泳、仰泳、蛙泳、自由泳四种正式竞技游泳技术。

游泳运动具有很高的锻炼价值。它不仅能改善心血管系统，提高肺活量，增强肌体抵抗力，加强皮肤血液循环，而且还能提高肌体对温度的适应力，改善健美形体等。

第二节 游泳运动的准备

一、运动装备

不论是刚学游泳的人还是经常参加游泳的活动者，都要准备一些必需的用具，这样才能使游泳活动顺利进行。

(一)合身的游泳衣裤

游泳衣裤必须合身。如果太大，在游泳时容易兜水，以致加大身体负重和阻力，影响游泳动作。因此游泳衣裤要以穿在身上感到舒适为宜。年轻人可选择海滩式的尼龙游泳衣裤，颜色以鲜艳的为好，这样可增添美感。

(二)合适的游泳帽

游泳时应戴游泳帽，特别是女性，可以防止头发散乱。有时水质不好还可以防止头发变黄。游泳帽应选带有松紧的尼龙制品或橡胶制品，不能太大，否则容易脱落。

(三)游泳眼镜

如果水质不干净，游泳时细菌很容易进入眼内，以致产生红眼病等。为了预防眼病，需要戴游泳眼镜进行游泳。对于初学游泳的人来说，戴游泳眼镜还可以纠正在水中睁不开眼睛的毛病。

(四)耳塞

在游泳时水流入耳朵是难以避免的。耳朵进水后很不舒服，有时会引起疼痛以致影响听力。为了防止水进入耳朵，应备有耳塞。

(五)浮体物品

初学游泳者，最好自备一些浮体物品，例如救生圈(衣)、泡沫塑料打水板等。但自备这些物品时，要时时检查救生衣、圈有无漏气，以防发生事故。

(六)浴巾和拖鞋

浴巾和拖鞋是游泳者必备的用品。在游泳的间歇或游完后上岸时，用毛巾擦干身体，披上浴巾，穿上拖鞋，既可以保暖，防止感冒，又比较卫生。在冬泳时，更是不可缺少。

(七)鼻夹

游泳时，由于水波常会把水冲入鼻孔，产生呛水、咳嗽，尤其是初学游泳者，为了防止水进入鼻孔，最好准备一个鼻夹，它可强制用嘴吸气，而不用鼻吸气，从而避免呛水。

二、准备活动

泳前做好准备活动，以改善身体各器官系统的状况，提高神经系统的兴奋性，有利于身体更好地适应游泳的需要。同时，对于防肌肉抽筋和拉伤都有一定作用。准备活动的内容和运动量，可因人而异。基本要求是把身体各部分关节、肌肉活动开。一般做一遍广播体操或跑步、摇臂、踢腿、转腰、压腿等练习。下水时，一定要先用水擦洗面部、胸部、四肢，使身体对水温有所适应，这样再进入水中，切忌全身有汗就直接下水。游泳时抽筋多发生于小腿和足趾部位，但手指、大腿甚至腹部也会发生抽筋。游泳时间不宜过长，疲劳或饥饿时不宜再进行游泳。夏天出汗多,易出现抽筋者应注意补充淡盐水和维生素 B1。平时加强多种锻炼(如冷水浴),身体适应能力提高后,可有效地避免游泳时抽筋的发生。

三、熟悉水性

熟悉水性,就是让初学者了解水的特性,通过一些最基本的练习,如各种形式的水中行走、水中憋气、水上呼吸、水中漂浮与站立、水中滑行等来适应水环境,消除怕水心理,为学习各种泳姿打下良好的基础。

学习游泳的人开始下水学游泳之初,一定要先了解水的基本特性,这样有利于更快、更好地学会游泳。游泳与其他陆上项目不同,它是在水中进行的运动,人到水里,首先要碰到的是水的浮力、阻力和压力。浮力常常使我们站不稳;阻力使我们在水中运动的速度受到极大的限制;压力让我们在水里感到憋气,呼吸困难。游泳时,身体姿势是在水中平卧,呼吸受到约束,不随意。由于这些特点,不会游泳的人初到水里就会产生怕水心理。所以对于初学游泳者来说,刚下水时,我们不要急于学习各种姿势,而要从熟悉水性开始。熟悉水性是学习各种游泳姿势的一个重要的过渡练习,也是初学者必须经过的阶段。熟悉水性的方法有以下几种。

水中行走

(一)水中行走

水中行走是熟悉水性的第一步。目的是使初学者体会并适应水的浮力和阻力,初步掌握在水中站定和行走时维持身体平衡的方法,消除怕水心理。水中行走一般在齐腰深的水中进行。水的阻力大约是空气的 800 倍,所以在水中行走要比在陆上走动困难得多。迈步时,身体略向行进方向倾斜,大腿略为抬起,小腿和脚提起来后向行进方向伸出,下踏站稳后再提另一腿,两臂在体侧轻轻拨水保持平衡。开始行走时步子不宜太大,速度不宜太快,身体重心的移动要与腿的动作协调一致。

(二)呼吸

呼吸训练是熟悉水性阶段的关键内容,使初学者体会并适应头入水的刺激,初步掌握呼吸过程、呼吸方法和呼吸节奏,消除怕水心理。

游泳时的呼吸,要用口在水面上吸气,吸气后脸浸入水中稍闭气,然后用口和鼻在水中缓慢呼气,直至口露出水面。由于脸部大部分时间是浸在水中,抬头吸气的时间比较短,因而要求在口露出水面时不停顿地迅速把气吐尽,并借此动作将附着在口、鼻周围的水吹走,然后立即快速吸气。呼气要尽,吸气要深,呼与吸之间不能停顿。总的来说,水中的呼吸要按照"快吸、稍闭、慢呼、猛吐"这一特殊的节律进行。

水中闭气

1. 水中闭气

手扶池边或拉同伴的手,深吸气后闭气,慢慢下蹲,把头浸入水中,睁开眼睛,停留片刻后起立,在水面上换气。

水中呼气

2. 水中呼气

扶池边或拉同伴的手,深吸气后闭气,慢慢下蹲,把头浸入水中,睁开眼睛。停留片刻后,用口、鼻慢慢呼气,直到呼尽,然后起立在水面上用口吸气。

连贯呼吸

3. 连贯呼吸

站立水中,上体略前倾,两腿略下蹲,两手扶池边或扶大腿。水面上吸气后,低头将脸浸入才中,闭气片刻,然后开始均匀缓慢地呼气,并向上抬头;当口露出水面时,不停顿地迅速将气吐尽,紧接着快速吸气。连续练习,体会"快吸—稍闭—慢呼—猛吐"的要领。

(三)漂浮与站立

漂浮与站立练习主要是体会水的浮力，提高控制身体在水中平衡的能力和学习在水中站立的方法。在做浮体练习前，应先学习漂浮后的站立方法，以保证练习的安全。要使身体漂浮起来，首先是要吸足气，并保持屏息；其次是要放松。

1. 抱膝浮体

在浅池，先站在水中，深吸气后闭气，低头收腹团身，双臂抱膝盖，随浮力背部自然漂浮于水面上。准备站立时，两臂前伸。向下压水并抬头，同时两腿伸直，以脚触水底站立，两臂在体侧自然放松。

抱膝浮体

2. 手扶池壁漂浮

手扶池壁，手、腿伸展放松，身体在水中呈水平的状态。肩要放松，用口深吸气，然后闭气低头，将双腿伸直抬至水面。

3. 展体浮体

气吸足，蹬地，肩放松，臂、腿伸直，俯卧漂浮于水中收腹、两臂向下压水并抬头，两腿屈膝前收，两脚水底站立。

展体浮体

(四)滑行

滑行是熟悉水性阶段的重点内容。使初学者掌握在漂浮状态下维持身体平衡的能力，体会游泳的基本身体姿势，为以后学习各泳式技术打下基础。

滑行应力求熟练，做到既滑得远，又滑得稳。滑行中，要注意保持良好的流线型身体姿势，腰、腹部肌肉要适度紧张，臂、腿伸直并拢，头夹在两臂之间，使身体伸展成一直线，以利于减小滑行时的阻力。注意不要过分抬头或低头，不要屈髋、屈膝或勾脚尖。滑行时，要尽量延长闭气时间，努力增长滑行距离。

1. 蹬底滑行

在浅池，直立水中，手臂上举伸直，两臂夹耳，目视前方。深吸气后屈膝、弯腰、低头，准备蹬池底。蹬池底时，手、腿伸直并拢滑行。站立方法同展体漂浮。

蹬底滑行

2. 蹬壁滑行

一手前伸，另一手拉池边，目视前方，大、小腿尽量收紧，脚掌贴池壁，臀部靠近池边，两臂体侧后伸扶池壁，其余同上。低头、双臂前伸，背部和臀部露出水面后，双脚蹬住池壁。双脚用力蹬离池壁，身体呈流线型滑行。

蹬壁滑行

通过以上几项内容的练习，熟悉水性技术基本掌握。接着就可以学习各种游泳姿势了。在学习各种姿势过程中，呼吸练习、滑行练习还应经常复习，直至熟练为止。

四、打水练习

打水是学习游泳最基本也最简单易学的技术，必须认真练习。需要注意的是，打水一开始就要掌握正确的方法，否则习惯形成后很难改正。

(一)坐着打水

坐在泳池边缘，两手置于体后支撑身体，挺胸，两脚略向内旋，将脚踝和膝盖自然伸直，保持柔软有弹性，然后用大腿带动小腿直腿打水。此时，脚尖要溅起水花。累了要休息一下，反复练习数次。如果水向脚尖前方流动，说明踢水动作正确，效果好。

(二)扶池壁打水

跳入水中后,将两肘张开趴在池台上,下颌置于两手之上,做打水练习。身体水平俯卧水中,保持较好的流线型姿势。在打水前,注意腰部肌肉要保持适度的紧张,因为最后身体要笔直向前滑行,所以身体中心线不要摆动。脚尖伸直,脚掌内收,脚如扇风一样“煽动”,制造出水的流动。打水时用大腿发力,带动小腿和脚,注意膝关节不要过分弯曲,从大腿到脚形成一个柔韧的上下大腿和鞭状动作,也可以将面部浸在水里,身体水平地俯卧水中练习打水。不能柔韧地上下打水的人,可以请同伴帮忙,把腿抬起,然后伸直,有节奏地练习打水。

(三)俯卧水中打水

扶池壁打水练习熟练后,就可以利用浮板开始练习水平地俯卧水中打水了。双手抓住浮板前端,双臂放在浮板上,下颌位于浮板前,漂浮于水中,保持体姿,双脚交替上下打水,同时展体向前滑行。打水时,注意腰不要下沉,水平地俯卧水中。如果过分地依赖浮板的浮力,上体露出水面,下半身就会自然下沉。因此,保持身体水平俯卧水面并成流线型非常重要。

这里的打水训练与前面的训练有很大不同,可以让你很真实地感受到推进力。如果姿势不正确,技术掌握不好,受到水的阻力就大,前进速度就慢;如果踝关节不灵活不柔韧,可能会出现用力打水却不能让身体前进的情况。另外,如果太怕水,上身露出水面太多,也得不到适当的推进力。

打水练习逐渐熟练后,如果你可以慢慢地脱离浮板在水中漂浮滑行了,那就意味着,学会游泳已经离你很近了。

第三节　游泳基本技术

一、蛙泳

蛙泳是一种古老的泳式,因模仿青蛙的游泳姿势而得名。蛙泳的动作特点是每个动作周期都有明显的间歇阶段,初学者能得到充分的休息,有做好下一个动作的思想准备并且呼吸简单,让初学者有一种安全的感觉,对熟悉水性很有帮助。

(一)身体姿势

蛙泳的身体姿势不是固定不变的,而是随着臂、腿及呼吸动作的周期性变化而不断变化着的。在一个动作周期中两臂前伸、两腿向后蹬直并拢时,身体是几乎水平地俯卧于水中,头部夹在两臂之间,两眼注视前下方,腹部与大、小腿位于同一水平面上,臀部接近水面,身体纵轴与水平面约成 $5^{\circ}\sim10^{\circ}$角(图 16-1 之①)。这种身体姿势可以减小游进时的水阻力。要做到这一点,要求胸部自然伸展,稍收腹,微塌腰,两腿并拢,脚尖伸直,两臂并拢尽量前伸,全身拉伸成一直线。

在游进过程中,身体会按一定的节奏上下起伏。在划水和抬头吸气时,上体会向前上方抬起,肩和背部的一部分上升露出水面,此时躯干与水面的角度较大(图 16-1 之②)。当两臂前伸、两腿向后蹬夹时,随着低头的动作,肩部又浸入水中,身体恢复比较平直的流线型姿势向前滑行。

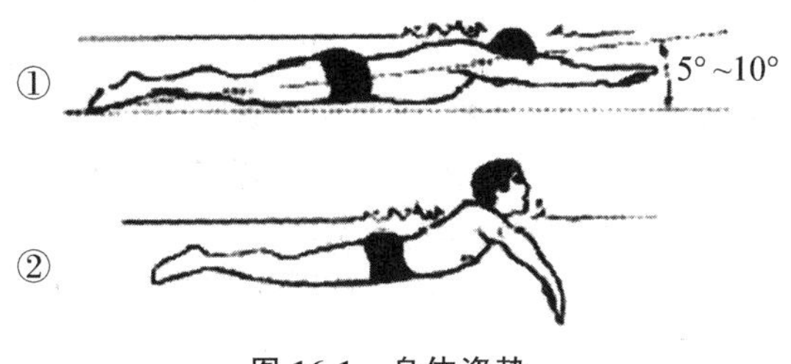

图 16-1　身体姿势

(二)腿部技术

蛙泳的腿部动作是保持身体平衡、推动身体前进的一个重要因素。尽管现代蛙泳技术强调以臂为主,但腿部动作的作用不容被忽视。对于初学者来说更是要强调掌握好腿部技术。蛙泳腿部技术可以分为收腿、翻脚、蹬夹、滑行四个紧密相连的动作环节。

1. 收腿

收腿是翻脚、蹬夹的准备动作,是从身体伸直成流线型向前滑行的姿势开始的。收腿时,腿部肌肉略为放松,大腿自然下沉,两膝开始弯曲并逐渐分开,小腿和脚跟在大腿后面向前运动。收腿时,踝关节放松,脚底基本朝上,脚跟向上、向前移动,向臀部靠拢,两腿边收边分开。两小腿和两脚在前收的过程中要落在大腿的投影截面内,以避开迎面水流,减小收腿的阻力。收腿动作应柔和,不宜太用力。在收腿的过程中臀部略下降。收腿结束时,两膝内侧的距离约同肩宽,大腿与躯干约成 130°～140°角,大、小腿折叠紧,小腿接近于与水面垂直,为翻脚和蹬夹做好准备(图 16-2)。

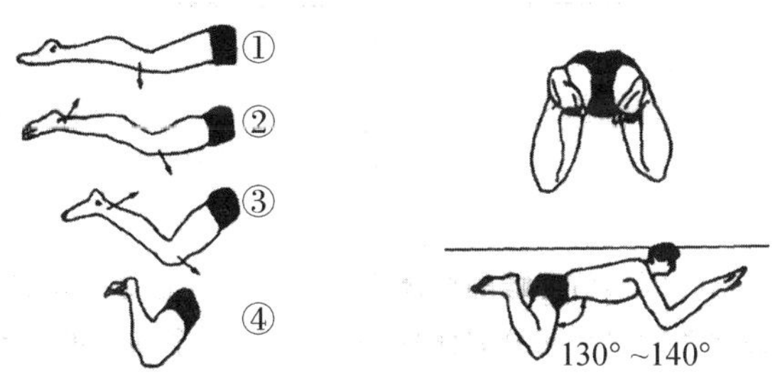

图 16-2　收腿

2. 翻脚

翻脚动作的目的在于使腿在蹬夹时有一个良好的对水面。在蛙泳技术中,翻脚动作很重要,翻脚的好坏直接影响到蹬夹的效果。

当收腿使脚跟接近臀部时,大腿内旋,两膝稍内扣,小腿向外张开,两脚背屈使脚掌勾紧向外翻开,脚尖转向两侧,使小腿和脚的内侧面向后,形成良好的对水面,为蹬夹动作做好准备。翻脚实际上是收腿的结束动作和蹬夹的开始动作。在收腿接近完成时就开始翻脚,翻脚快完成时就开始蹬夹,在蹬夹的开始阶段继续完成翻脚。收、翻、蹬夹三个动作紧紧相连,一环扣一环,形成一个连贯圆滑的鞭状动作。

3. 蹬夹

蹬夹动作是推动身体前进的重要动力来源。蹬夹动作的推进效果主要取决于蹬夹时腿的运动方向、对水面的大小及运动速度。

扶边蹬夹

蹬夹动作在翻脚即将完成时就已开始。由于翻脚动作的惯性,脚在后蹬的开始阶段是继续向外运动，完成充分的翻脚。随后，由腰腹和大腿同时发力，依次伸展下肢各关节，两脚转为向后向内运动并稍下压，直至两腿蹬直并拢，完成弧形的鞭状蹬夹。蹬夹动作是"蹬"与"夹"的结合，两腿是边后蹬边内夹，当两腿蹬直时两膝也已并拢了(图 16-3)。

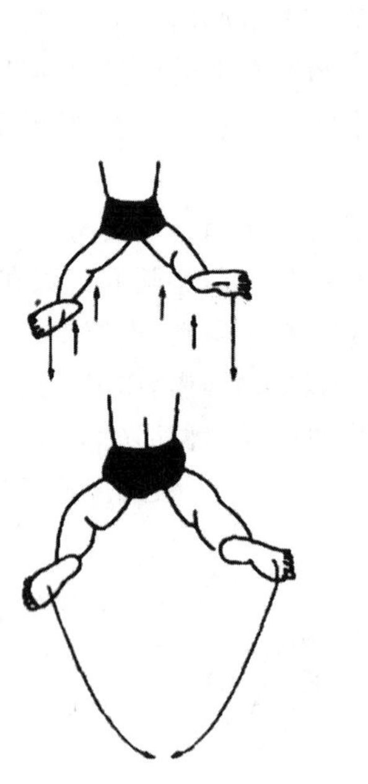

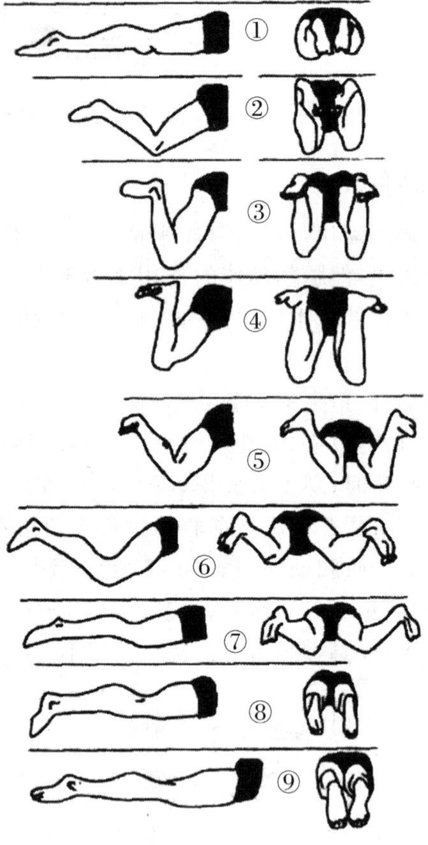

图 16-3 蹬夹

俯卧模仿蹬夹练习

蹬夹时，下肢各关节的伸展顺序是保持最大对水面积的决定因素。正确的顺序是：先伸髋关节，后伸膝关节，最后伸踝关节，直至两腿伸直并拢。蹬夹开始时，主要是大腿向后运动，膝关节不宜过早伸展，以使小腿尽量保持垂直对水的有利姿势，避免出现小腿向下打水的错误。在蹬夹过程中，脚应保持勾脚外翻姿势。在蹬夹将近结束时，脚掌才内旋伸直，完成最后的鞭水动作。如果先伸踝关节，则会形成用脚尖蹬水的错误。

4. 滑行

滑行蹬夹

蹬夹结束后，腿处于较低的位置，脚距离水面约为 30～40 cm。此时两腿伸直并拢，腰、腹、臀及腿部的肌肉保护适度紧张，使身体成流线型向前滑行，准备开始下一个腿部动作周期。滑行中，要注意保持两腿较高的位置，减少滑行时的阻力。

(三)臂部技术

现代蛙泳尤其重视发挥手臂划水的作用，因为蛙泳的手臂动作是推动身体前进的重要因素。游蛙泳时，整个手臂动作都是在水下完成。对于游泳者自身来说，手的划水路线近似于两个相对的"桃心形"。即两手从"桃心"的尖顶开始，不停顿地划动一周回到尖顶(图 16-4)。为便于分析，把蛙泳的一个划水动作分为外划、下划、内划、前伸等四个紧紧相连的动作阶段。

1. 外划

外划是从两臂前伸并拢、掌心向下的滑行姿势开始的。外划时两臂内旋，两手掌心转向外斜下方，略屈腕，两臂向外横向划动至两手间距离约为两倍肩宽处(图 16-5)。外划的动作速度较慢。

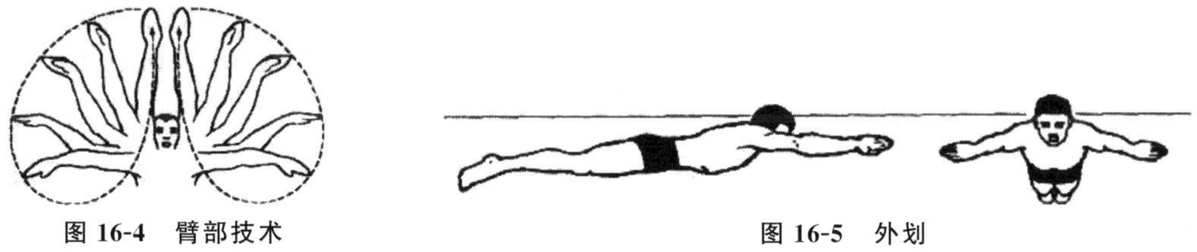

图 16-4　臂部技术　　图 16-5　外划

2. 下划

手臂在继续外划的同时，前臂稍外旋，肘关节开始弯曲，转腕使掌心转为朝后下方，以肘关节为轴，手和前臂加速向下、向后划动。在下划的过程中，手和前臂的运动速度快、幅度大，而上臂的移动不多，前臂与上臂之间的夹角迅速缩小。下划结束时，肘关节明显高于手和前臂，手和前臂接近垂直于游进方向，肘关节约屈成 130°(图 16-6)。

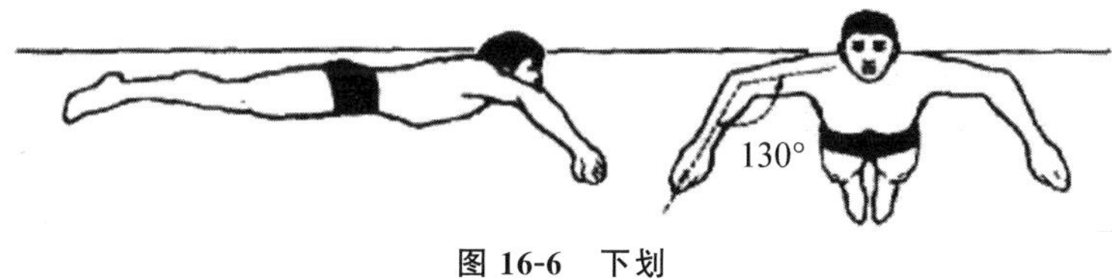

图 16-6　下划

3. 内划

内划是手臂划水产生推进力的主要阶段。随着下划的结束，掌心迅速转向内后方，手臂加速由外向内并稍向后横向划动，屈肘程度进一步加大，肘关节也同时向下、向后、向内收夹至胸部侧下方。两手划至胸前时几乎靠在一起(图 16-7)。

4. 前伸

当内划接近完成时，两手在继续向内、向上划动的过程中逐渐转为向上、向前弧形运动至颌下。此时两手靠拢，两掌心逐渐转向下，手指朝前。接着，肘关节不停顿地沿平滑的弧线前移，推动两手贴近水面向前伸出。与此同时迅速低头，将头夹于两臂之间。伸臂动作完成时，两臂伸直并拢，充分伸肩，两手掌心向下，呈良好的流线型向前滑行(图 16-8)。

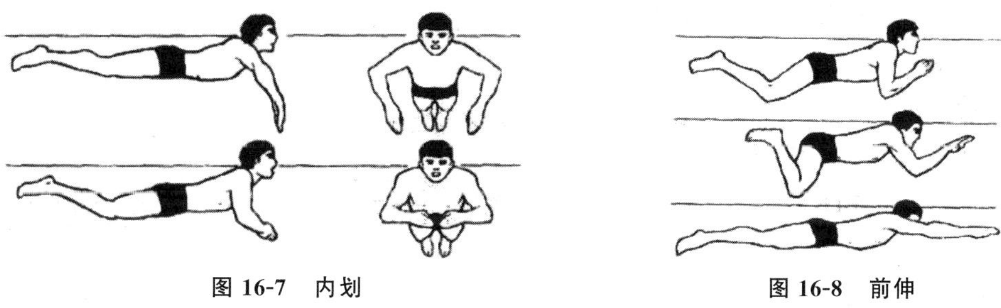

图 16-7　内划　　图 16-8　前伸

5. 蛙泳手、脚动作配合要领

蛙泳手腿动作配合的要领是“划手腿不动，收手再收腿，先伸胳膊后蹬腿，并拢伸直漂一会”。因此,收的动作先于腿的动作。一定要在收手后再收腿,伸手后再蹬腿。

(四)臂部与呼吸配合动作的练习方法

陆上原地划臂呼吸模仿练习

蛙泳手臂与呼吸配合技术的口诀为:外划时抬头换气,内划时低头稍憋气,前伸时吐气。

1. 陆上原地划臂呼吸模仿练习

两脚开立,上体稍前倾,模仿蛙泳两臂划水与呼吸配合的动作。要求划臂过程圆滑,前伸后稍停,然后再开始下一个动作。

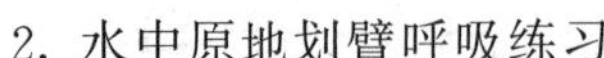

水中原地划臂呼吸练习

2. 水中原地划臂呼吸练习

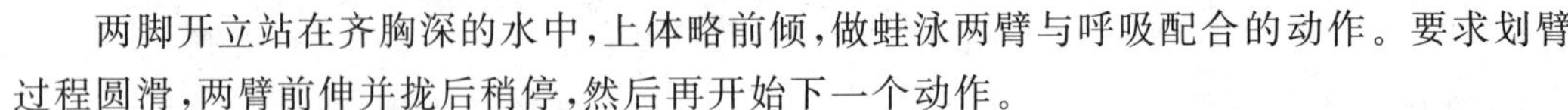

两脚开立站在齐胸深的水中,上体略前倾,做蛙泳两臂与呼吸配合的动作。要求划臂过程圆滑,两臂前伸并拢后稍停,然后再开始下一个动作。

行进间划臂呼吸练习

3. 行进间划臂呼吸练习

在齐胸深的水中,上体略前倾,做蛙泳两臂划水和呼吸的配合动作,且借助划水所产生的反作用力向前行进。

4.托扶划臂呼吸练习

托扶划臂呼吸练习

两人一组,帮助者站在侧面托住练习者的髋部,练习者俯卧水中,做蛙泳两臂划水和呼吸的配合动作。

二、自由泳

自由泳又称爬泳。自由泳的速度非常快,由于它的爬行动作非常像爬行,所以称之为爬泳。竞技游泳规则中的自由泳比赛允许运动员自由选择泳式。因为爬泳的游进速度最快,所以在自由泳比赛中被运动员广泛采用,所以今天两者可以互为代名词。爬泳虽然在实用方面不如蛙泳和仰泳,但是可根据不同的要求利用其速度快的优点。

(一)身体姿势

爬泳时,身体要尽量保持俯卧的水平姿势。但是为了取得更好的动作效果,头部应自然稍抬,两眼注视前下方,头的 1/3 露出水面,水平面接近发际,双腿处于最低点,身体纵轴与水平面约成 3°～5°的仰角(图 16-9)。

游爬泳时,身体可以围绕身体纵轴做有节奏的转动,转动的角度一般为 35°～45°(图 16-10)。如果速度加快,角度就会相对减小。

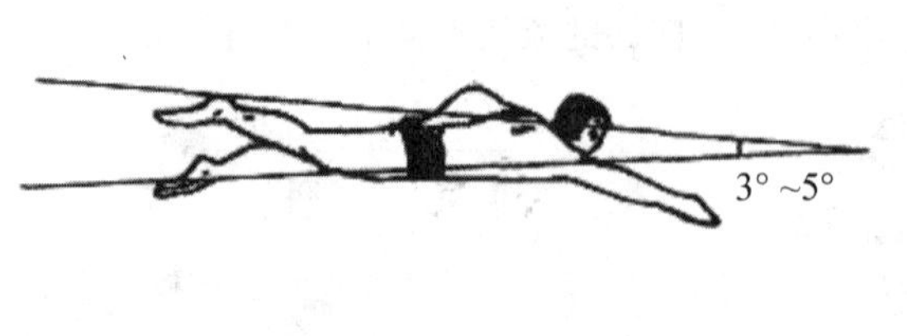

图 16-9　身体姿势

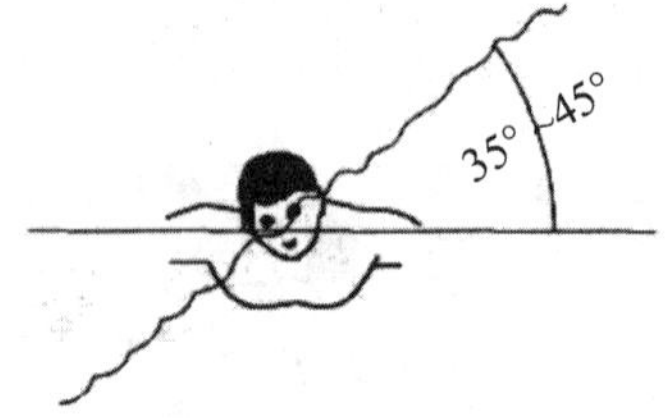

图 16-10　身体姿势

(二)腿部技术

在爬泳技术中,大腿动作除了产生推动力外,主要起着维持身体平衡的作用,它能使下肢抬高,以及协调配合双臂有力地划水。

爬泳腿的打水动作,几乎与水平面呈垂直方向进行,从垂直面看,两腿分开的距离约为30～40 cm，膝关节弯曲的角度约为160°(图16-11)。

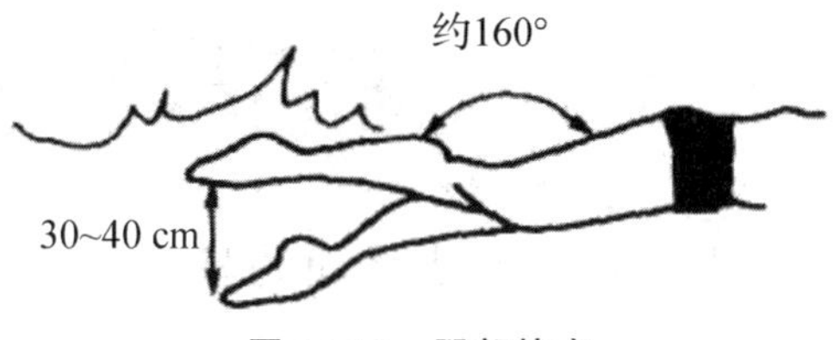

图16-11　腿部技术

在向前游的过程中，腿向上打水时，脚应接近水平；向下打水时，不应超过身体在水中的最低部位。正确的打水动作是脚稍向内旋，踝关节自然放松，向上和向下的打水动作应该从髋关节开始，大腿用力，通过整个腿部，最后到脚，形成一个“鞭状”打水动作。

(三)臂部技术

爬泳的两臂划水是推动身体前进的主要动力。为了便于分析，把臂部动作一个周期分为入水、抱水、划水、出水和空中移臂五个部分，但整个划水是连贯的动作，各部分之间没有明显界线。

1. 入水

手臂的入水点一般在肩的延长线或身体纵轴与肩的延长线之间(图16-12)。入水时手指自然伸直并拢，肘部高于手，指尖对着入水的前下方或通过臂的内旋而使手掌向外，拇指向下，切入水中。

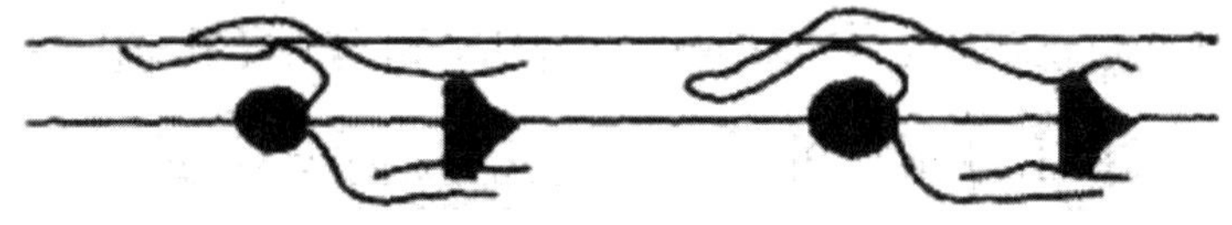

图16-12　切入水中

手切入水后，手和小臂继续向前下方伸展，手由向前—向下—稍向内的运动变为向前—向下—稍向外的运动(图16-13)。

图16-13　入水

2. 抱水

手臂入水后要到与水平面成40°角左右时才能进入有效的划水阶段，因此，在划水之前应有一个抱水阶段，做好划水前的准备。抱水动作是手入水后，积极插向前下方，并逐渐开始屈腕、屈肘抱水，保持高肘为划水做准备(图16-14)。

3. 划水

手臂在前方与水平面呈40°角起至后方与水平面约呈15°～20°角止的运动过程都是划水动作。它分为两个阶段：从抱水结束到划至与水面垂直之前称为“拉水”，过垂直面后

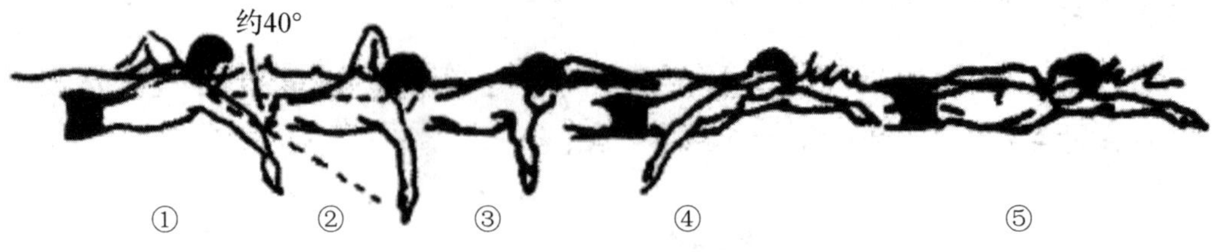

图 16-14　抱水

称为“推水”。拉水时，应保持高肘姿势，手向内—向上—向后运动。当拉水结束时，手在体下接近中线，这时，肘关节弯曲的角度约为 90°～120°，小臂由外旋转为内旋，掌心由向内后方变为向外后方(图 16-15)。向后推水是通过屈臂到伸臂来完成的。在推水过程中，手是向外—向上—向后的运动。肘关节要向上、向体侧靠近，并且手掌始终要与水平面保持垂直。

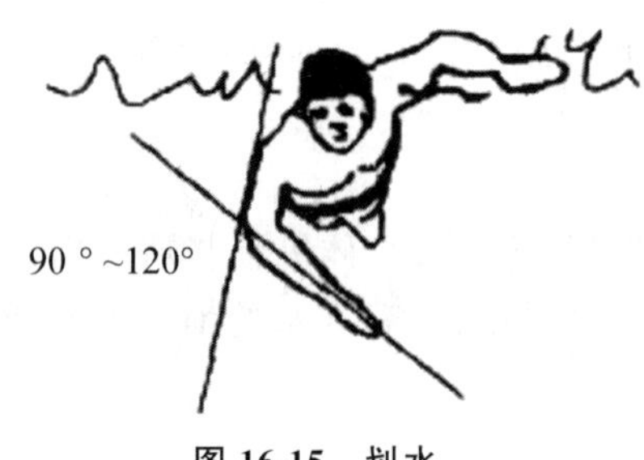

图 16-15　划水

4．出水

划水结束后，利用肩带肌肉的力量，由肩带动前臂、肘向外上方提拉出水面。要求臂和手腕的肌肉要放松。

5．空中移臂

臂出水后，由肩带动上臂、前臂和手做高肘快速移臂。整个移臂过程的前半部分是肘关节领先，前臂相对慢，后半部分前臂向前伸出做入水准备(图 16-16)。

完整配合游

图 16-16　空中移臂

6．节奏

划水逐渐增加用力，空中移臂放松。

(四)爬泳的动作配合

1．两臂配合

初学者适宜掌握的两臂配合的形式是前交叉配合(一手入水前，另一手开始划水)和中交叉配合(一手入水时,另一手划至肩下)。建议可以学习前交叉配合,前交叉配合比较容易掌握。

2. 划手与呼吸的配合

(1)划手。转头慢吐气,划哪只手就朝哪只手吸气、吐气,划两次手呼吸一次。

(2)手出水。嘴出水快吐气。用力吐气吹开嘴边的水,头随着移臂的动作,开始向水中转动。

(3)手入水。头复原,稍憋气。标准的呼吸动作是:一只眼睛和半张嘴露出水面进行呼吸。

3. 手脚配合动作

一般初学者适宜采用划水两次、呼吸一次(固定一侧呼吸)、打退 6 次的配合动作。

三、仰泳

仰泳,就是仰卧在水面进行的泳式。仰泳在动作技巧上和爬泳基本相同,只是身体位置和爬泳正好相反,所以也称为"爬式仰泳"。仰泳的最大优点是游泳者的脸一直露在水面上,不存在呼吸和换气的问题,仰泳最大的困难则是游进时很难掌握方向。

(一)身体姿势

仰泳时,身体仰卧在水中,头和肩略高于臀,胸部自然伸展,腰腹和脸部保持水平,身体呈流线型,身体纵轴在水平面上构成的迎角约为 10°,腰部和两腿均处在水面下(图 16-17)。

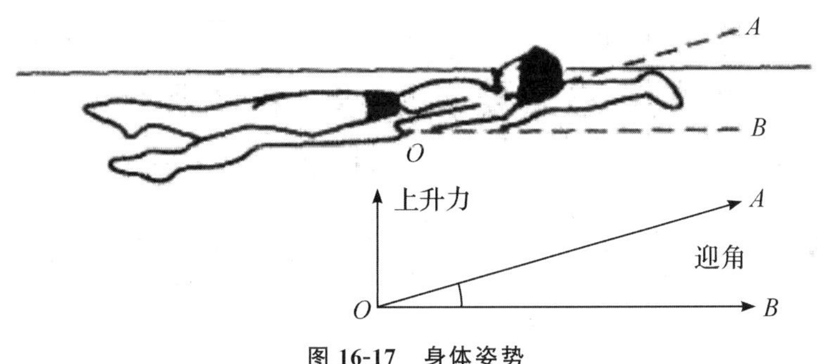

图 16-17　身体姿势

游仰泳时,头起着"舵"的作用并可以控制身体左右转动。头应保持相对稳定,不要上下、左右晃动,但颈部肌肉不要过分紧张,后脑处在水中,水位在耳际附近,两眼看腿部的上方。腰部肌肉要保持适度的紧张,以不至于使身体过分平直和屈髋成坐卧姿势为前提。肋上提,不要含胸。快速游进时,身体的迎角能使体位升高,水平较高的运动员不仅肩和胸部露出水面,而且腹部也经常会露出水面。身体的纵轴应随着两臂划水动作而自然滚动,滚动的角度根据个人的情况不同而稍有差别,肩关节灵活性较好的人滚动小,反之则大,一般为 45°左右。

(二)腿部技术

在仰泳技术中,腿部动作是保持身体处于较好角度、水平姿势的因素之一,并且踢水动作不但可以控制身体的摆动,而且能产生一定的推进力。

仰泳的腿部动作由下压动作和上踢动作组成,即直腿下压,屈腿上踢。腿向下压的动作是借助于臀部肌群的收缩来完成的。在整个腿下压动作中,前 2/3 由于水的阻力,使膝关节充分展开，腿部肌肉放松。当大腿下压到一定程度时，由于腹肌和腰肌的控制，停止向下而过渡到向上移动，由于惯性的作用，小腿仍然继续向下，造成膝关节弯曲，所以在腿下压的后 1/3 是屈腿的。

随着惯性的逐渐减弱和大腿的带动，小腿也开始向上移动，但此时脚仍然继续向下，直到惯性消失，大腿、小腿和脚一次结束向下的动作，构成向下"鞭打"的动作。下压的动作因为不产生推进力，因此相对的要求速度不要太快，腿部各关节自然放松。当下压动作结束时，由于水对小腿的阻力和大腿肌肉的牵制，大腿与小腿约成 135°～140°角，小腿与水平面约成 40°～45°角，此时大小腿弯曲到最大程度，小腿和脚对水的面积较大。

上踢动作的开始，就需要用较大的力量和速度来进行，并且逐渐加大到最大力量和速度。当大腿向上移动超过水平面时就结束向上的动作，此时膝关节接近水面。随后小腿和脚也依次结束向上，使膝关节充分伸展，构成向上"鞭打"的动作。上踢动作是以大腿带动小腿、小腿带动脚来完成的，并且在任何情况下，尽量不要使膝关节或脚尖露出水面。上踢时，脚尖应内旋以加大对水面积。

(三)臂部技术

仰泳臂的划水动作是前进的主要动力。和爬泳的摆臂一样，仰泳臂的划水也是由入水、抱水、划水、出水和空中移臂五部分组成，两臂的屈臂划水也是相互交替进行的。不同的是，仰泳划臂在人的体侧进行，如同划船时交替划水的桨(图 16-18)。

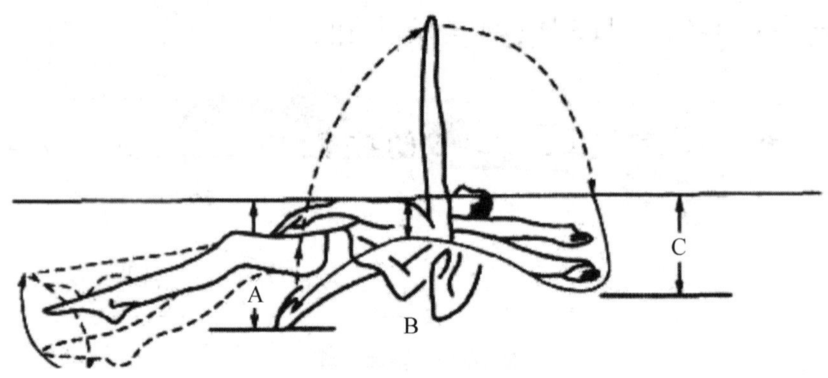

图 16-18　臂部技术

1. 入水

臂入水时，应借助于移臂动作的惯性，臂部自然放松，入水点应在身体纵轴与肩的延长线之间，或在肩的延长线上。臂应保持直臂，肘部不要弯曲，入水时小指向下，拇指向上，掌心向侧后方。手掌与小臂约成 150°～160°角。

2. 抱水

抱水是为划推水创造有利条件的。手臂入水后，要利用移臂时所产生的动量积极下滑到一定的深度，手掌向下，向侧移动，通过伸肩、屈肘、上臂内旋和屈腕的动作，配合身体的滚动，使手掌和前臂对准水并有压力的感觉。当完成抱水动作时，肘部微屈约成 150°～160°角，手掌距水面约 30～40 cm，肩保持较高的位置。

3. 划水

划水动作是推动身体前进的主要动力。整个动作是由屈臂抱水开始，以肩为中心，划至大腿外侧下方为止。划水动作包含拉水和推水两个阶段。

拉水是在臂前伸抱水的基础上进行的。开始时前臂内旋，手掌上移，肘部下降，使屈肘程度加大，手掌和小臂要保持与前进方向垂直。当手掌划至肩侧时，屈臂程度最大，约为 70°～110°角，手掌接近水面。

推水是在手臂划过肩侧时开始的，这时肘关节和大臂应逐渐向身体靠近，同时用力向脚的方向推水。当推水即将结束时，小臂内旋做加速转腕下压的动作，掌心由向后转向向下。推水结束时，手臂要伸直，手掌在大腿侧下方，借助于手掌压水的反弹力迅速提臂出水。

4. 出水

出水时手形有多种：其一，手背先出水；其二，大拇指先出水；其三，小拇指先出水。这三种手形各有利弊，相对来说最后一种较好。无论采用哪种手形出水，都要注意使手臂自然、放松和迅速，并且要先压水后提肩，肩部露出水面后，由肩带动大臂、小臂和手依次出水。

5. 空中移臂

提臂出水后，手应迅速从大腿外侧垂直于水面移至肩前。当手臂移至肩上方时，手掌要内旋，使掌心向外翻转（采用小拇指先出水技术的无此动作）。空中移臂时，臂要伸直放松，移臂的后阶段要注意肩关节充分伸展，为入水和划水做好准备。

四、蝶泳

蝶泳技术是在蛙泳技术动作基础上演变而来的。由于蝶泳的腿部动作酷似海豚，所以又称为“海豚泳”。

（一）身体姿势

与其他泳姿不同，蝶泳没有一个固定的身体姿势，头和躯干各部分的相对位置在一个动作周期中不断地发生着变化，形成上下起伏的波浪状摆动。这种波浪状的身体姿势是由于蝶泳臂、腿及呼吸的特殊技术而自然形成的，主要表现为头、肩、臀及腿部有节奏地上下波动。

蝶泳身体各部位波浪式上下运动的幅度是不同的，肩部动作幅度较小，臀部动作幅度适中，大、小腿动作幅度逐渐加大，脚的动作幅度最大。身体这种自然的波浪状上下摆动有利于手臂正确地划水，有利于两腿做强有力的鞭状打水，有利于臂、腿和呼吸的协调配合。它可以使身体始终保持较高的位置，形成良好的流线型。

（二）腿部技术

蝶泳的海豚式打腿动作对于保持良好的身体姿势，形成身体自然的波浪式摆动，提供一定的推进力，有着十分重要的作用。打腿动作是由腰部发力，通过髋关节、膝关节、踝关节依序传递，大腿带动小腿和脚掌像甩鞭子一样上下运动而形成的。与其他泳式不同，它不是单独的腿部动作，而是与躯干运动紧密联系在一起的动作。打腿的一个动作周期可以分为向上打水和向下打水两个阶段。

1. 向上打水

在向上打水时，两腿展直，两脚处于最低点，臀部上升至水面。此时，臀大肌收缩使髋关节展开，两腿上抬。在向上抬腿的过程中，膝关节和踝关节放松，水的阻力使两腿保持自然伸直的状态。向上抬腿的动作使臀部开始下沉。当两腿上抬到脚稍高于臀部水平时，大腿停止上移并转而向下运动，髋关节开始弯曲，小腿和脚则由于运动惯性而继续上抬,膝关节逐渐弯曲。向上打水阶段结束时,臀部下降到最低点,脚抬至接近水面,膝关节屈成 110°～130°角(图 16-19)。

2. 向下打水

向下打水时,踝关节放松,两脚在水的阻力作用下充分跖屈,使脚背保持良好的对水面状态。此时腰部发力,收腹提臀,髋关节继续弯曲,大腿加速下压,带动小腿和脚向下运动。在向下打水的过程中,膝关节开始伸直。当两腿下打至膝关节接近伸直时,大腿即停止下压并转而向上运动。此时股四头肌做强有力的收缩,促使膝关节迅速伸直,带动小腿和脚加速向下鞭打。当两脚下打至最低点时,膝关节完全伸直。向下打水的动作使臀部上升至水面,大腿与躯干约成 160°角(图 16-20)。至此完成一个海豚式打腿的完整动作,紧接着开始下一个打腿动作周期。

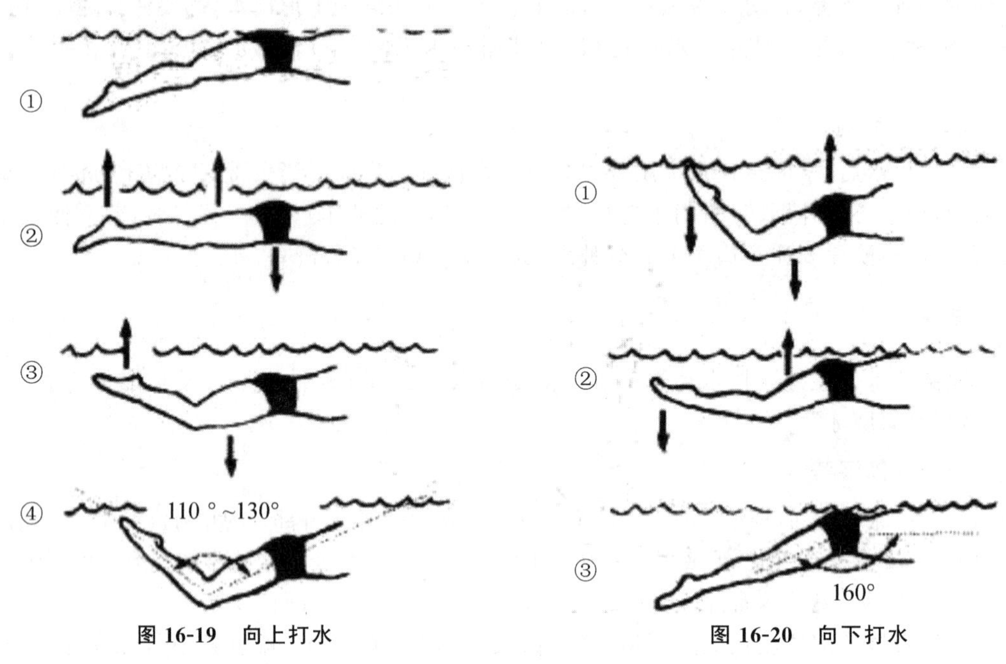

图 16-19 向上打水　　图 16-20 向下打水

(三)臂部技术

蝶泳两臂的划水是推动身体前进的主要因素,所产生的推进力大于其他泳式,躯干和腿的波浪动作均服从于手臂的动作。我们可以将蝶泳手臂的一个完整动作周期划分为入水、划水、出水和空中移臂四个紧紧相连的动作阶段。

1. 入水

两臂入水时,手指自然伸直并拢,臂稍内旋,肘关节稍屈并高于手,掌心朝外下方,手掌与水平面约成 45°,以拇指领先在肩的延长线(通过肩关节与纵轴平行的直线)前端切人水中。入水时两手距离同肩宽,手臂是按手—前臂—上臂的顺序依次人水(图 16-21)。

2. 划水

划水时,手从入水到出水这一段的划水路线在水平面上很像两个相对的“S”形(图 16-22),所以人们就把这种划水路线称为“双 S”型,也有将其称为“钥匙洞”型或“漏斗”型的。可以将其大体划分为抓水、拉水、推水三个阶段。

(1)抓水

两手入水后,首先借助空中移臂的动作惯性伸直肘关节,两臂稍内旋并稍屈腕,掌心

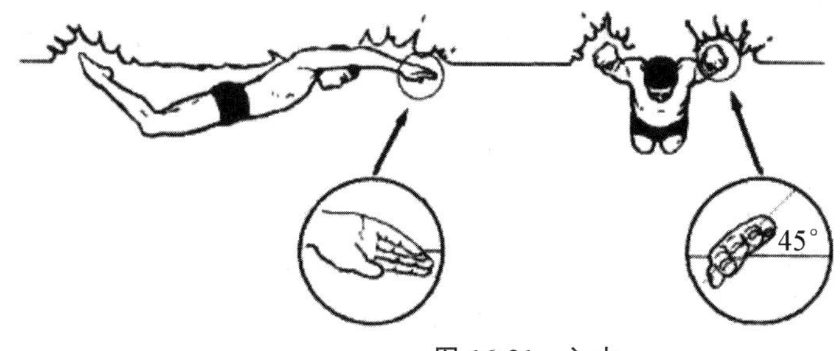

图 16-21 入水

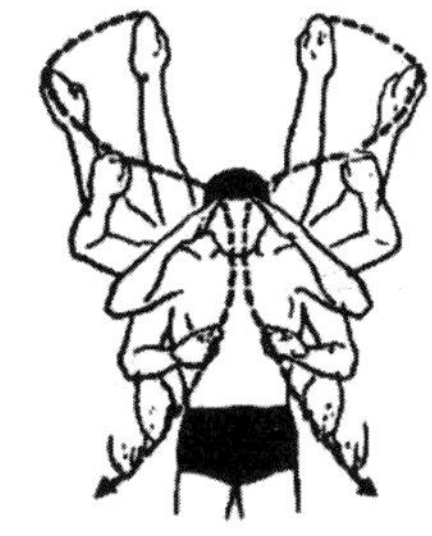
图 16-22 划水

转向外后方。手掌接近垂直于水面。并与游进方向成 40°～50°角，以指尖领先向外划至约两倍肩宽处。此时肘关节开始弯曲，掌心转向外下后方划水开始阶段的主动外划抓水，正处于腿向下打水使臀部上升、肩部下沉、身体向前的时刻，时间很短，速度较平缓，但却可以使手臂由直臂转为屈臂，使掌心由朝外后方转为朝外下后方，以便从一个有利位置开始拉水。

(2)拉水

拉水是指手臂从抓水结束处划至肩的横切面这一阶段，应紧接着抓水动作进行。根据拉水时手臂的主要运动方向，又可以把拉水分为“下划”和“内划”两个环节。“下划”时，手臂向下并稍向外沿弧线划动，肘关节继续弯曲形成高肘姿势，掌心朝外下后方，直至手接近划水路线的最深处。随后，手臂开始“内划”，掌心转向内后方，手掌向内、向上和向后沿弧线划至肩下方靠近身体中线处，屈肘程度逐渐加大。当两手划至肩下方时，屈肘程度达到最大，前臂与上臂成 90°～100°角，两手接近靠拢。

(3)推水

当两臂拉水至肩下时，即转入推水。此时上臂内收，肘部向体侧靠拢，掌心转为朝着外后方，两臂保持屈臂高肘姿势划至腹下，两手之间仍保持很近的距离。接着，肘关节用力伸展，使手继续加速向后、向外、向上划至大腿前外侧。由于水的压力，此时手掌应往掌背的方向伸展。推水结束时，肘关节并未完全伸直，前臂与上臂保持 150°～160°夹角。

3. 出水

在推水动作的最后阶段，手划至大腿的前外侧时，肘关节已提出水面。推水一结束，手腕即放松使掌心转向内朝着大腿。此时，借助手臂向上、向外弧形划动的惯性略屈肘，按上臂—前臂—手掌的顺序将手臂向上、向外提出水面。整个提肘出水的动作应迅速、干脆，紧紧接着推水动作进行，中间不能有丝毫的停顿，否则动作难以完成。手出水时，小指侧领先可减少出水阻力。

4. 空中移臂

两臂提出水面后，即沿身体两侧低平的抛物线向外、向前抡摆。受出水动作的影响，移臂开始时肘关节仍呈微屈状态。两臂在向外、向前抡摆的过程中自然伸直，并始终保持拇指朝下的姿势。当两臂摆过肩的横切面时，转为向内、向前移动。此时肘关节微屈并略高于手，掌心转朝外斜下方，准备入水。空中移臂时两臂应放松，肩部应略高出水面，使手臂保持在水面上前移，以减小移臂的水阻力。移臂动作要快，动作过慢会造成身体下沉。肩关节灵活性好，会使移臂动作更加轻松自然。

第四节 游泳安全

一、安全知识

游泳是一项非常有益健康的运动，是我国群众性体育活动开展最广泛、最普及的运动项目之一。但是，如果组织不当，游泳也会出现伤害事故。因此，进行游泳教学或开展游泳活动时，安全须摆在首位，落实安全措施，保证万无一失。

(一)游泳场所的选择

在选择天然水域开展游泳活动时，要进行细致的考察。应选择水质较好，不很深且水流不很急的水域，同时也要了解水底情况。最佳的游泳场是沙底，不宜在有污泥、乱石、暗礁、树桩、杂草丛生、船只往来频繁或有鲨鱼的海域游泳。不要在工业废水，或在有钉螺、传播血吸虫病的河道里游泳。初学者不宜在急流或大漩涡的地方练习游泳，并准备一些必要的药品和急救用具。在游泳池也要注意环境卫生和安全救护的各种措施。

(二)下水前要做好准备活动

游泳前的准备活动，可以改善身体各种器官的状况，提高神经系统的兴奋性，促使血液循环和物质代谢过程加快，有利于身体更好和更快地适应游泳活动的需要。同时对预防肌肉抽筋拉伤有一定的作用。下水前，一般可做慢跑、徒手操等，可用水擦擦面部、胸部、大腿等部位，使身体对冷水的刺激有一个适应的过程。

(三)自觉遵守游泳池的各项安全卫生管理规定

在从事游泳活动前，应进行全面体检，凡患有心脏病、高血压、活动性肺结核、传染性肝炎、肾炎、癫痫病、开放性创伤、传染性皮肤病及其他传染病者，不宜下水游泳。人体空腹、酒后、疲劳过度均不宜下水游泳。

(四)把握适宜的游泳时间

游泳时间一般不宜太长，特别是在水温较低的时候。一般一次 1～1.5 小时。要很好地控制游泳时间和运动量，如果在水中出现寒战、嘴唇青紫等现象应立即上岸，擦干身上的水，穿上衣服使身体暖和起来。

另外，要养成良好的个人卫生习惯，备好游泳衣、裤，入水前、后均应用清水冲洗全身。

二、对溺水者的救护

(一)间接救护

间接救护是指利用救生器材对较清醒的溺水者施救的一种方法。这种方法既简便省力又安全迅速。常用的救护器材和使用方法如下：

1. 救生圈

最好使用较重的实心救生圈，同时圈上系一根绳子，当发现溺水者时，可将救生圈掷给溺水者。

2. 绳索

使用绳索时，在绳索的一头系一漂浮物，将绳子盘成圆形，救护者握住绳子的一端，然后将盘起来的绳子掷在溺水者前方，将溺水者拖上岸。

3. 竹竿

溺水者离岸较近时,把竹竿伸给溺水者,待溺水者抓住竹竿后将其拖至岸上。

4. 木板

在没有其他救护器材的情况下,木板(树干或其他漂浮物)也可以作为救生工具。使用时可将木板掷给溺水者,也可扶木板游向溺水者,让溺水者扶住木板,将其拖带游回上岸。

(二)直接救护

直接救护技术是救护者不借助任何救生器材,徒手对溺水者施救的一种技术。这种方法要求救护者必须具备舍己救人的精神,有较好的游泳技术和救护的基本知识技能。直接救护技术包括入水前的观察、入水、游近溺水者(包括使其解脱)、拖带、上岸(包括急救)等。

1. 入水前的观察

发现溺水者,首先应发出求救信号,争取更多的人参加救护,在自己准备下水的同时,应对周围环境作简单的观察并迅速做出判断。如在自然水域,首先要辨别水流的方向、水面的宽窄等,救护者要遵循尽快游近溺水者的方法,迅速选择入水地点。

2. 入水

入水时要求安全、迅速、注意目标。根据不同情况采用不同的入水方法:在熟悉的水域或游泳池,可用头先入水的出发动作,动作要快;在不熟悉的水域,可采用脚先入水的动作。

3. 游近溺水者

一般采用速度较快的抬头爬泳,亦可采用速度较快的抬头蛙泳,以便观察溺水者的情况。当游到离溺水者 2～3 m 处,深吸气后再接近溺水者,以保证自身体力。接近溺水者有以下三种方法。

(1)在溺水者背后。这是最理想的情况,可直接从后面靠近溺水者,双手托其腋下,使其口鼻露出水面后进行拖带。

(2)溺水者面向自己。一般情况下,溺水者均会不同程度地表现出挣扎的求生欲望。为避免被溺水者抓住,救生者除大声要求溺水者保持安静外,应先吸一口气潜入水中,在水下两手扶住溺水者髋部,将其扭转 180°至背向自己,然后用第一种方法接近溺水者。

(3)溺水者面向自己,而且有单手或双手上举的求救动作。可以从正面接近溺水者。方法是:从正面用左(右)手准确果断地抓住溺水者的左(右)手腕,用力向自己的左(右)后方拉,借助这个惯性力使其转体 180°背向自己,然后用同上一样的方法控制溺水者。

4. 对溺水者进行拖运

指救护者把溺水者从水中拖运靠岸的方法。一般采用侧泳或反蛙泳两种泳式进行拖带。

(1)侧泳拖运。一臂伸直托住溺水者的后脑,一手在体侧划水,两腿用侧泳蹬剪水前进。左手(右手)从溺水者的背后沿左肩(右肩)通过溺水者的胸前,握住右(或左)腋窝后面的肩背,右(左)手在体侧划水,腿用侧泳蹬剪水前进。

(2)拖运。救护者仰卧于水中,一手或两手扶住溺水者,用蛙泳腿动作使身体前进。

5. 岸上急救

溺水者被救上岸后,首先要观察症状,然后再决定采取哪些措施。如果溺水者神志清醒,只需一般性引吐、保暖和休息便可逐渐恢复正常,无须做其他救护;如果溺水者处于昏迷状态、神志不清,应立即与医疗急救单位联系,同时进行急救。急救措施主要有以下两种方法。

(1)人工呼吸。在进行人工呼吸前,先要清除溺水者口鼻中的淤泥、杂草和呕吐物等,以免坠入气管内。在迅速做完上述处理后,可进行控水,将溺水者呼吸道中的水排出,以便进行人工呼吸。

排出水后,要立即进行人工呼吸。实践证明,口对口吹气的效果比较好,简单易行。操作方法是:溺水者仰卧,一手捏住溺水者鼻子,另一手托住其下颏。先深吸一口气,然后用嘴对紧溺水者的嘴将气吹入。吹完一口气后离开溺水者的嘴,同时松开捏鼻子的手,并用手压一下溺水者胸部,帮助他呼气。如此反复进行,每分钟约做 14～20 次。开始可稍慢,之后可适当加快。

(2)心脏按摩。当溺水者处于昏迷状态时,在判断其有无呼吸的同时也要判断其有无心跳。其方法是:把摸手腕动脉或颈动脉血管,如无脉搏或微跳,应立即做心脏按摩。

胸外压放心脏按摩法:救护者跪在仰卧的溺水者体侧,双手重叠按在溺水者胸剑突部分,两臂自然伸直,借助于身体重量按正常心跳节奏向下按压。

如果溺水者被救上岸后,呼吸与心跳均无,可以同时进行人工呼吸和心脏按摩。经采取人工呼吸或心脏按摩抢救措施后,溺水者虽已脱离危险,仍须送医院进行全面检查,以防因溺水而引起其他并发症。

常用术语中英文对照

1. 游泳:swimming
2. 竞技游泳:competitive swimming
3. 蝶泳:butterfly
4. 仰泳:backstroke
5. 蛙泳:breaststroke
6. 自由泳:freestyle
7. 混合泳:medley
8. 花样游泳:synchronised swimming

第十七章

跳　绳

课程思政

学生能通过跳绳练习，享受体育活动的快乐，逐步形成团结协作和遵守规则的优良品质，增强自信心，锻炼意志品质，体验成功的喜悦。

课程目标

1. 运动技能目标：学会跳绳多种跳法和相关知识，能观察和评价自己及同伴花式跳绳的动作，并根据已有的跳法进行自由创编。

2. 身心健康目标：发展学生的弹跳力、协调性、节奏感以及表现力等能力，促进学生的身体生长发育。

3. 社会适应目标：享受体育活动的快乐，逐步形成团结协作和遵守规则的优良品质，增强自信心，锻炼意志品质，体验成功的喜悦。

第一节　跳绳运动概述

一、跳绳简介

跳绳在中国历史悠久，是一种古老的民族传统体育文化，汉朝石刻画《乐舞百戏车马出行图》中就有跳绳的画像，这种游戏唐称“透索”，宋称“跳索”，明称“跳百索”“跳白索”“跳马索”，清称“绳飞”，直到民国这项运动才正式命名为“跳绳”，并延续至今。

二、跳绳的价值

跳绳运动可简可繁、花样繁多，是一项中等负荷强度的有氧运动，具有极佳的锻炼身心价值。跳绳的生理健康价值：跳绳时，身体肌肉的反复收缩和舒张，可以增强心肺功能；跳绳时，身体手脚并用，反应要敏捷准确，能提高人的协调性、敏捷性；跳绳时，身体关节做屈伸运动，经常跳动对人体关节、五脏六腑具有保健作用；跳绳时，身体脂肪转换成能量，对减肥与保持形体有良好的作用。跳绳的心理健康价值：跳绳可以融入音乐，在音乐的伴奏下进行练习，可以减轻人们的压力，缓解烦躁、焦虑等情绪；跳绳能提升人的意志品质；此外跳绳作为集体运动时，还能锻炼人际交往能力。

三、跳绳的注意事项

跳绳运动是一种极安全的运动，绝少有运动伤害的发生，即使跳跃失败或停顿，也不会有坠落、跌倒、冲突或被用具所伤的危险。况且跳绳者又能随自己的身体状况、体力及技术水平来自由调节跳绳的速度及次数。以下几点是大家练习跳绳时应注意的事项：

(一)选择适当的场地

跳绳对场地的要求不是很高,平整的泥土地,光滑的塑胶,木质地板等光滑有弹性的场地是首选。长期在硬质水泥地上做难度很大的跳绳动作会对关节造成一定的损伤。

(二)穿着适当的服装

跳绳时,最好穿运动服或轻便服装,穿软底布鞋或运动鞋,选择抗震能力强的,无横纹的轻质运动鞋是比较理想的,这样活动起来会使你感到轻松舒适,也不容易受伤。

(三)活动时间

跳绳的时间,一般不受任何限制,但要避免引起身体不适,饭前和饭后一小时内不要跳绳。学校学生可利用课间操、体育课或者课外活动的时间跳绳。每次跳绳的时间控制在半个小时到一个半小时之间,太少起不到健身的效果,多于两个小时的过度训练也会使身体极度疲劳。

(四)充分做好准备活动

跳绳是一项比较激烈的运动,练习前一定要做好身体各部位的准备活动,特别是脚腕、手腕、肩关节、肘关节一定要活动开。

(五)要循序渐进练习

开始练习跳绳时,动作要由慢到快,由易到难。先学跳绳的基本花样,然后再学较复杂的多摇跳、多人跳或车轮跳等动作。

第二节　跳绳方法

一、预备动作

并脚站立,两膝关节并拢,两脚踝稍错开;两手握绳柄,将绳置于身后,绳的中央位于脚踝处;两上臂贴紧身体两侧,前臂自然弯曲,前臂与上臂成约 120 度夹角;两眼直视前方约 5 米处。

二、基本摇绳方法

两手握绳,两臂自然屈肘,以肘关节为轴,用前臂和手腕协调用力,由后向前摇动绳子。熟练后可仅用手腕用力。

三、基本握绳方法

(一)有绳柄握法

大拇指与食指捏住绳柄后端,其余三指并拢后贴住绳柄,有正握和反握两种握法,正握比较常用,反握一般不常用,在交互绳速度跳的摇绳中可以使用反握。

(二)绕手握法

这种握法适合于没有绳柄的绳,将绳的两端分别绕在手上,用大拇指和食指捏住绳子。这种握绳方法,便于调整绳子的长度,但长时间练习,容易磨伤手指。

四、基本跳跃方法

双脚跳起落地时，一定要用前脚掌着地，压地后自然弹起，切勿用脚后跟着地，避免力量直接传至大脑。

第三节　跳绳基本技术

一、跳绳的个人花样

个人花样指跳绳者运用个人绳，按照跳绳运动的基本规律，合理运用身体姿势的变化或人绳之间的配合，而做出的各种各样的花样动作，全面展示个人绳项目的技巧性和艺术性。个人绳技巧包括基本花样、朋友跳、车轮跳等。

（一）基本花样

个人花样中的基本花样指双手打开于腰间位置的所有两弹单摇跳或单摇跳花样，包括脚不过绳的缠绕花样（绕手或绕身体其他部分）。其中后摇绳花样跟前摇绳花样动作方法相同，方向相反（以前摇绳为例）。单摇跳步伐花样指在跳起一次，绳子过脚一次的单摇跳绳中结合步伐变化而组合成的各种花样动作。

1. 并步跳

并步跳

俗称单摇、单飞、单直摇。两手握住绳子绳柄，绳置于身后，由前向后摇动绳子，当绳子摇至脚前瞬间，并脚跳过绳子。

2. 速度跳

速度跳

俗称踏步跳。在基本摇绳姿势的基础上，两脚做依次交替抬起、落地的踏步动作，理论上踏步跳是单摇类跳绳中速度最快的一种跳法，因此世界跳绳比赛规则中规定 30 秒速度单摇跳，3 分钟耐力单摇跳等单摇跳速度比赛中必须使用踏步跳。

3. 跑步跳

跑步跳

在基本摇绳姿势的基础上，两脚依次向后抬，做跑步动作，跑步跳可原地也可行进间进行。

4. 滑雪跳

滑雪跳

在基本摇绳姿势的基础上，摇绳过脚后两脚在空中向左方并脚落地为左，反之为右，左右连续交替跳动即为左右跳，左右跳连贯时如滑雪动作，称为“滑雪跳”。

5. 钟摆跳

钟摆跳

动作方法类似于“滑雪跳”，摇绳过脚后右脚留在身体中间，左脚向左侧摆动，紧接着跳跃过绳，左脚摆动回身体中间落地，右脚向右侧摆动，两腿交替摆动，犹如钟表摆动。

6. 脚跟跳

在基本摇绳姿势的前提下，摇绳过脚后一脚直接落地，另一脚向前伸出，脚跟着地，再次跳跃过绳后，两脚并拢，两脚交替进行练习。

7. 开合跳

在基本摇绳姿势的基础上，绳子过脚的同时，两脚在空中左右分开，落地为开，反之为合，开合连续交替跳动即为开合跳。

8. 弓步跳

俗称剪刀跳。在基本摇绳姿势的基础上，摇绳过脚后两脚在空中前后分开，落地后成弓步姿势，下一次跳跃落地可两脚并拢，也可连续左右弓步交替。

提膝跳

9. 提膝跳

在基本摇绳姿势的基础上，摇绳过脚同时一脚做提膝动作，支撑腿跳起后伸直，再次跳跃过绳后，两脚并步落地，两脚交替进行练习。

前转后

10. 前转后

从前摇绳基本跳开始，两手握住绳子两端绳柄，绳置于身后，由前向后摇动绳子，当绳子运行至头顶时，一手从身前并向另一侧手，两手控制绳子从一侧身体打地并顺势转身180°，然后两手打开，绳子经头顶向后通过脚底，成后摇跳动作。

后转前

11. 后转前

在绳子反摇过脚后，绳子摇到面前时两手向一侧带动绳子，并顺势转体180°，绳子经额前上方下落过脚，成前摇绳动作。

侧打舞花

12. 侧打舞花

由基本姿势开始，绳子置于身后，由后向前摇动绳子，当绳子摇至头顶，双手并向右侧（左侧），在右侧侧打地两次，第一次侧打地为逆势打地，第二次侧打地为顺势侧打；紧接着双手摆绳至另外一侧，侧打地两次，第一次侧打地为顺势侧打，第二次侧打地为顺势侧打，重复练习。

前后打

13. 前后打

前后打即绳子不过脚在身体前后打地的动作。双脚开立，与肩同宽，双手握绳柄从右向左荡绳至左脚斜前方45°时双手往身体右斜后方摇绳，绳子经头顶到达身后，绳子于背后打地同时转动身体，绳子从右往左荡绳，荡至左脚斜后方，双手往身体右斜前方摇绳，这样就完成了一次向右前后打绳过程。另一侧动作方法相同，方向相反。

敬礼打

14. 敬礼打

两手握住绳子两端绳柄，绳子置于身后，由前向后摇动绳子，当绳子摇至头顶上方时，两手同时向左侧（右侧）摆动，绳子在左侧（右侧）打地同时，左手（右手）内旋90°后背于身后，绳柄朝右（左）；右手（左手）贴于腹前。绳柄朝左侧（右侧），两手分别贴于身体腹前、背后；绳子顺势在身体右侧（左侧）空打地，右手（左手）顺势回到原位，两侧可交替重复进行。

缠手腕

15. 缠手腕

由基本姿势开始，绳子置于身后，由前向后摇动绳子，当绳子摇至头顶后，双手并向右侧，在右侧做顺势侧打地一次后绳子缠腕一周，紧接着双手摆绳至另外一侧，侧打地两次解开绳子，然后做左侧缠腕动作，两侧可交替重复练习。

体前开合交叉跳

(二)交叉花样

1. 体前开合交叉跳

俗称间隔交叉单摇、活花。两手握住绳子两端绳柄，绳置于身后，由前向后摇动绳子，当绳子摇至头前上方时，两手交叉于腹前，双脚或单脚跳过绳子，绳通过脚下后立即打开，做一个直摇动作，直摇与交叉间隔练习。

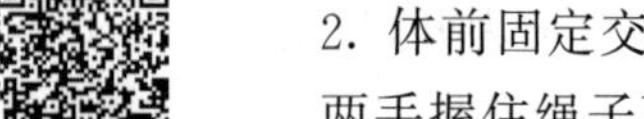

体前固定交叉跳

2. 体前固定交叉跳

两手握住绳子两端，绳置于身后，由前向后摇动绳子，当绳子摇至头前上方时，两手交叉于腹前，双脚或单脚跳过绳子，手部交叉姿势不变，连续固定交叉练习。

3. 敬礼跳

敬礼跳

俗称单侧凤花。两手握住绳子两端，绳置于身后，由前向后摇动绳子，绳子摇至头顶上方时，两手同时向左侧（右侧）摆动，绳子在左侧（右侧）打地同时，左手（右手）内旋 90°后背于身后，绳柄朝右（左）；右手（左）贴于腹前，绳柄朝左侧（右侧）；两手分别贴于身体腹前、背后，同时向前摇动绳子，双脚或单脚跳过绳子，可连续跳跃。因跳跃时身体像“敬礼”姿势，故叫敬礼跳。

4. 侧摆直摇跳

侧摆直摇跳

俗称油条大饼。由基本姿势开始，绳子置于身后，由前向后摇动绳子，当绳子摇至头顶后，双手并向右侧，在右侧做逆式侧摆绳动作，紧接着双手摆绳至头顶，做一次前摇单摇跳动作，绳经脚下至头顶后，双手并向左侧，在左侧做逆势侧打地动作，两侧可交替进行。

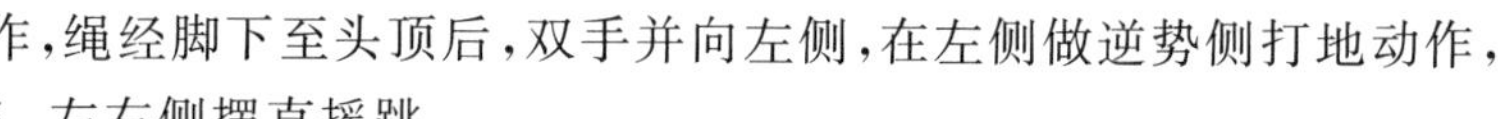

5. 左右侧摆直摇跳

左右侧摆直摇跳

由基本姿势开始，绳子置于身后，由后向前摇动绳子，绳子摇至头顶后，双手并向右侧，在右侧做一次侧摆绳动作，紧接着双手摆绳经头顶至身体左侧，做一次逆式侧摆绳动作，然后两手摆绳至头顶，做一次单直摇动作。具体注意点见侧摆直摇跳。

6. 侧摆体前交叉跳

侧摆体前交叉跳

由基本姿势开始，绳子置于身后，由后向前摇动绳子，绳子摇至头顶后，双手并向右侧，在右侧顺势做侧打地动作，紧接着双手摇绳至头顶，做一次前摇挽花跳，绳经脚下至头顶后，双手并向左侧，在左侧顺势做侧打地动作，两侧可交替进行。

7. 单手胯下交叉跳

单手胯下交叉跳

两手握住绳柄，绳置于身后，由后向前摇动绳子，当绳子经头顶摇至体前，手臂做前交叉动作，贴近身体的对侧脚抬起，内侧手臂伸入抬起脚膝下，绳柄朝外，单脚跳过绳，另一侧动作相同，方向相反。

（三）多摇跳花样

1. 双直摇

双直摇

俗称双摇、双飞。两手握住绳子两端绳柄，绳子置于身后，由前向后摇动绳子，跳起一次，绳越过头顶通过脚下绕身体两周（720 度），两周都为直摇。

2. 开合交叉双摇跳

开合交叉双摇跳

俗称快花。两手握住绳子两端绳柄，绳置于身后，由后向前摇动绳子，跳起一次，绳子过脚两周，第一周直摇过脚，第二周前交叉过脚。

3. 三直摇

俗称三摇、三飞。两手握住绳子两端，绳置于身后，由后向前摇动绳子，跳起一次，绳越过头顶通过脚下绕身体三周（1080 度），三周都为直摇。

4. 其他的多摇跳花样

为便于理解和方便命名，以一次跳起后的双手对应放于身体两侧的直摇为“开”，体前交叉为“合”，体型固定交叉为“合合”，体前交替交叉为“合　合”，双摇跳花样、三摇跳花样等多摇跳花样大多以“开”“合”“合　合”为基本元素，通过不同元素的组合而变化出不同的动作。

（四）抛接绳花样

体前抛接绳

抛接绳花样来源于艺术体操中的抛接绳动作，具有较高的观赏性，表演效果非常好。抛接绳花样大大丰富了跳绳技术，让人们从原来传统跳绳的闭塞空间中跳出来，为跳绳成为一个成熟、独立的运动项目创造条件，这也是跳绳在技术上的一大飞跃。

体后抛接绳

二、跳绳的朋友跳花样

在跳绳运动中，两人以任何方式协同跳一根绳子，称为朋友跳，又叫作两人一绳花样跳。朋友跳动作多样，极具娱乐性和互动性，特别适合同事、同学、朋友等跳绳爱好者共同学习。

三、跳绳的车轮跳花样

车轮跳，又名中国轮，是跳绳花样动作的一大特色项目，它是一种两人或两人以上相互配合轮流进行跳绳的新型跳绳方法。由于是轮流跳绳，从侧面看就像车轮在转动，故得此名。

车轮跳花样繁多、难度系数较低、难学易练，它打破了传统跳绳的单一性，跳起来活泼有趣，极具观赏性。按照跳绳运动的基本规律，合理运用身体姿势的变化及人绳之间的配合，充分挖掘练习者的想象力和创造力将各种车轮跳技术动作组合在一起，配以合适的音乐，能全面展示车轮跳的技巧性和艺术性。

(一)基本车轮跳

两人并排站立，相近绳柄交叉相握，绳置于身后，一绳先向前摇动，当摇至最高点时另一绳开始向前摇动，两人依次跳跃过绳，两绳始终间隔 180 度，一上一下，一前一后，看上去像“车轮”在转动。

(二)车轮跳复合花样

在车轮跳运动中，跳绳者把转身、换位、挽花、胯下和双摇等动作按照合理的顺序相互融合而形成元素多样的复杂动作，称为车轮跳复合花样。

四、跳绳的交互绳花样

俗称双绳跳。两名摇绳者分别握住两根绳子的末端，两根绳子向相同或相反方向依次打地，同时跳绳者在绳子中做出各种技巧，摇绳者也可以随之做出各种摇绳花样。

(一)双绳交互单摇跳

两名摇绳者相对站立，左右手各持一绳(绳长相等)，双人依次交替向内摇绳，跳绳者在绳内，采用单侧跳的动作连续跳绳。

(二)交互绳花样跳

在花样跳绳中是最为常见也最精彩的项目之一，种类繁多，动作难度相对较大，要求摇跳配合默契，选手在交互绳花样跳中常见的技术主要包括摇绳花样技术和跳绳花样技术。

五、跳绳的长绳花样

长绳是跳绳运动中所需人数最多的动作类别，是一根或多根短绳与一根或多根长绳的组合，绳中有绳，变化万千，精彩纷呈，也是表演赛中最精彩的部分。长绳花样属于集体项目，要求参加者动作协调统一，齐心协力，能够培养跳绳者之间的协作精神。跳长绳对摇绳者的技术要求较高，如果摇绳者技术水平高，跳绳者会比较轻松。因此要求摇绳人注意力集中，注意摇绳的速度、节奏，主动配合跳绳者。长绳花样可以分为单长绳花样，多长绳花样、长短绳花样。

（一）长绳单人跳

两名摇绳者持绳相对站立，跳绳者站在摇绳者任意一侧，做好进绳准备，当绳摇起后，进绳，连续跳绳。

（二）长绳"8"字跳

绕"8"字跳长绳是一项常见的跳长绳比赛项目，普及面非常广，一般要求在3分钟时间内，2名运动员站在间距不小于3.6米的地方同步摇单长绳，其他8名运动员依次以"8"字路线绕过摇绳队员，并尽可能多地完成跑跳进出绳，这种跳绳方法称为长绳绕"8"字。

（三）长绳"十"字跳

四名摇绳者两两相对成"十"字型站立，相对两人持一绳，跳绳者跳起一次，越过成"十"字交叉的绳子。

（四）长绳三角跳

最少需要4人（3名摇绳者，1名跳绳者），也可多人同时参与。所需绳具为至少3根4～7米长绳。3名摇绳者两手各持一绳柄，站在三角形的顶点上，同时向内或向外摇绳，一名或多名跳绳者在一根或多根长绳中完成各种跳绳动作。

（五）乘风破浪

同时摇起3根以上单长绳，所有绳子要排成一竖排，动作一致，节奏稍缓，跳绳者在绳子中间一侧站成一竖排，依次跳过所有长绳，从另一侧冲出，有"一路冲杀、披荆斩刺、乘风破浪"的感觉。

第四节　跳绳运动竞赛规则

一、场地、器材、服饰

（一）比赛场地

（1）个人赛场地：4米×4米（计时计数赛）、9米×9米（花样赛）；团体赛场地：5米×5米（计时计数赛）、12米×12米（花样赛、表演赛）。比赛场地四周至少有3米宽的无障碍区；比赛区上空的无障碍空间，从地面至少高4米。

（2）比赛场地地面平整，无影响比赛的隐患。

（3）比赛场地的界线宽为5厘米，线宽不包括在场地内，应与场地有明显区别的颜色。

（4）裁判席设在裁判区内。裁判区为比赛场地周围3米区域，离观众席至少2米。

（5）在队员比赛的同时，教练员和替补队员在替补席。

（二）比赛器材

（1）比赛用跳绳及其他设施须经组委会审定。

（2）绳的长短、粗细、结构和重量不限，应有与服装和地板明显反差的颜色，不得使用金属材料制作的绳具（手柄除外）。

(4)手柄的长短、粗细、颜色、形状、结构、材料和重量不限,也可使用不带手柄的绳具。

(5)比赛用绳不得有安全隐患和影响裁判员判断的饰物。

(三)比赛服装

(1)比赛服装(袖子和领子除外)的主要颜色应与比赛用绳有明显区别。

(2)比赛服上衣背部的中间位置应佩戴组织者指定的用于标明运动员参赛的号码布,号码布规格为不大于24(高)厘米×20(宽)厘米的矩形。比赛服上可标有队名、赞助商标志,标志最大面积为30平方厘米(6厘米×5厘米)。

(3)服装上不得带有不文雅及与本项运动或其他运动项目相悖的设计或字样。

(4)同队运动员参赛应穿着统一的比赛服装(鞋袜除外,鞋子颜色应与跳绳明显区别)。

(5)不得佩戴妨碍比赛安全的任何饰物、挂件。

二、竞赛通则

(一)竞赛分组

(1)按性别分为男子组、女子组和男女混合组。

(2)按年龄分为儿童组、青少年组、成人组。

(二)竞赛年龄分组

(1)儿童组:不满12周岁;

(2)青少年组:12～17周岁;

(3)成人组:18周岁(含)以上。

(三)竞赛项目

1. 计时计数赛

(1)个人赛

①30秒速度单摇跳;

②30秒间隔交叉单摇跳;

③30秒速度双摇跳;

④3分钟速度耐力单摇跳;

⑤连续三摇跳。

(2)团体赛

①30秒混双单摇跳;

②4×30秒单摇跳(接力);

③4×30秒双摇跳(接力);

④4×45秒双绳交互摇速度单摇跳(接力);

⑤10～12人长绳“8”字跳(3分钟)。

2. 花样赛

(1)个人赛

花样跳绳(45～75秒)。

(2)团体赛

①2人花样跳绳(45～75秒,每人一绳);

②4 人花样跳绳(45～75 秒,每人一绳);

③双绳交互摇三人跳绳(45～75 秒);

④双绳交互摇四人跳绳(45～75 秒)。

3. 表演赛

表演赛时长为 3～6 分钟。

三、竞赛办法与相关规定

(一)竞赛办法

1. 比赛开始与结束

比赛开始与结束均以口令或鸣哨为信号。计时员发出“选手准备”指令后,所有参赛运动员就位;发出指令“预备”后,所有参赛运动员做好跳绳准备,单绳项目的选手双手持绳于身后,双绳、长绳“8”字跳项目的选手持绳站好。

2. 计时计数赛

(1)单摇跳:运动员跳起一次,双手摇绳,绳跃过头顶通过脚下绕身体一周(360 度),称作单摇跳,记次数 1 次,在规定时间内累积计数。

(2)双摇跳:运动员跳起一次,双手摇绳,绳跃过头顶通过脚下绕过身体两周(720 度)称作双摇跳,记次数 1 次,在规定时间内累积计数。

(3)三摇跳:运动员跳起一次,双手摇绳,绳跃过头顶通过脚下绕过身体三周(1080 度),称作三摇跳,记次数 1 次,在规定时间内累积计数。

(4)间隔交叉单摇跳:运动员单摇跳起一次,双手体前交叉摇绳,绳跃过头顶通过脚下绕身体一周(360 度),再跳起一次,依次一摇一变化交叉跳称作间隔交叉单摇跳,记次数 1 次,在规定时间内累积进行。

(5)混双单摇跳:男女运动员各一共两名(1 名运动员持绳并摇绳)同时跳起 1 次,绳跃过两人头顶通过脚下绕身体一周(360 度),计次数 1 次,在规定时间内累积计数。

(6)接力赛:4×30 秒单摇跳、4×30 秒双摇跳、4×45 秒双绳交互摇速度单摇跳,须以 30 秒或 45 秒口令为信号进行接力跳。

(7)长绳“8”字跳:2 名运动员(男女不限)持绳站好,间距不小于 3.6 米。在口令或鸣哨后将绳同方向 360 度摇起,运动员无论采用何种方式须依次以“8”字路线跑入绳中跳跃、长绳过双脚一次、再跑出长绳,则计次数 1 次,在规定时间内累积计数。

3. 花样赛

(1)花样跳绳必须遵守跳绳运动的基本规律进行动作与套路的编排。

(2)花样赛:个人或 2、4 人自行编排动作及套路在规定时间内进行跳绳比赛。

(3)双绳交互摇三人跳绳和双绳交互摇四人跳绳:在 45～75 秒内 3 或 4 人按自行所编动作及套路轮流进行跳绳比赛。

4. 表演赛

由 4～14 名运动员以配乐进行表演,表演内容为自编花样。

四、犯规及罚则

(一)抢跳

在“开始”口令未下达前出现摇绳或抢跳,裁判员须重新开始比赛,并提出警告,对于两次抢跳的运动员取消本场比赛资格。

(二)踩线或出界犯规

(1)单摇、双摇速度赛:如运动员踩线或出界,裁判员须暂停比赛,让其回到原位后继续比赛,计数从运动员回到原位后继续开始比赛。

(2)三摇跳运动员失误、踩线、出界或出现其他犯规行为,比赛即告结束。

(3)花样赛与表演赛:踩线或出界犯规由裁判长判定。

(三)转换犯规

(1)转换犯规是指在接力赛中"转换"口令未下达之前运动员开始转换。

(2)如出现转换犯规,比赛继续,记犯规 1 次。

(四)时间犯规

(1)花样跳绳比赛时间不足 45 秒或超过 75 秒,视为犯规。

(2)三摇跳:运动员在听到开始比赛信号后 10 秒之内未能开始三摇跳,视为犯规。

(五)双绳交互摇花样跳

所有运动员须在比赛中以跳绳运动员身份完成至少 3 个技术动作,比赛即为有效。

(六)判罚执行

判罚犯规由裁判长执行。

常用术语中英文对照

1. 跳绳:Rope skipping
2. 侧身斜跳:Side oblique jump
3. 单脚屈膝跳:Single leg knee hop
4. 分腿合腿跳:Split combined leg jump
5. 双臂交叉跳:Arms crossed jump
6. 双人跳绳:Double rope skipping
7. 绕旋跳:Winding jump
8. 侧脚跳:Lateral foot jump

附件1

国家学生体质健康标准(2014年修订)

一、说明

1.《国家学生体质健康标准》(以下简称《标准》)是国家学校教育工作的基础性指导文件和教育质量基本标准,是评价学生综合素质、评估学校工作和衡量各地教育发展的重要依据,是《国家体育锻炼标准》在学校的具体实施,适用于全日制普通小学、初中、普通高中、中等职业学校、普通高等学校的学生。

2. 本标准的修订坚持健康第一,落实《国家中长期教育改革和发展规划纲要(2010—2020年)》、《国务院办公厅转发教育部等部门关于进一步加强学校体育工作若干意见的通知》(国办发〔2012〕53号)和《教育部关于印发〈学生体质健康监测评价办法〉等三个文件的通知》(教体艺〔2014〕3号)有关要求,着重提高《标准》应用的信度、效度和区分度,着重强化其教育激励、反馈调整和引导锻炼的功能,着重提高其教育监测和绩效评价的支撑能力。

3. 本标准从身体形态、身体机能和身体素质等方面综合评定学生的体质健康水平,是促进学生体质健康发展、激励学生积极进行身体锻炼的教育手段,是国家学生发展核心素养体系和学业质量标准的重要组成部分,是学生体质健康的个体评价标准。

4. 本标准将适用对象划分为以下组别:小学、初中、高中按每个年级为一组,其中小学为6组、初中为3组、高中为3组。大学一、二年级为一组,三、四年级为一组。

5. 小学、初中、高中、大学各组别的测试指标均为必测指标。其中,身体形态类中的身高、体重,身体机能类中的肺活量,以及身体素质类中的50米跑、坐位体前屈为各年级学生共性指标。

6. 本标准的学年总分由标准分与附加分之和构成,满分为120分。标准分由各单项指标得分与权重乘积之和组成,满分为100分。附加分根据实测成绩确定,即对成绩超过100分的加分指标进行加分,满分为20分;小学的加分指标为1分钟跳绳,加分幅度为20分;初中、高中和大学的加分指标为男生引体向上和1000米跑,女生1分钟仰卧起坐和800米跑,各指标加分幅度均为10分。

7. 根据学生学年总分评定等级:90.0分及以上为优秀,80.0~89.9分为良好,60.0~79.9分为及格,59.9分及以下为不及格。

8. 每个学生每学年评定一次,记入《〈国家学生体质健康标准〉登记卡》(附表1~6)。特殊学制的学校,在填写登记卡时可以按规定和需求相应地增减栏目。学生毕业时的成绩和等级,按毕业当年学年总分的50%与其他学年总分平均得分的50%之和进行评定。

9. 学生测试成绩评定达到良好及以上者,方可参加评优与评奖;成绩达到优秀者,方可获体育奖学分。测试成绩评定不及格者,在本学年度准予补测一次,补测仍不及格,则学年成绩评定为不及格。普通高中、中等职业学校和普通高等学校学生毕业时,《标准》测试的成绩达不到50分者按结业或肄业处理。

10. 学生因病或残疾可向学校提交暂缓或免予执行《标准》的申请,经医疗单位证明,体育教学部门核准，可暂缓或免予执行《标准》，并填写《免予执行〈国家学生体质健康标准〉申请表》（附表7），存入学生档案。确实丧失运动能力、被免予执行《标准》的残疾学生，仍可参加评优与评奖，毕业时《标准》成绩需注明免测。

11. 各学校每学年开展覆盖本校各年级学生的《标准》测试工作，《标准》测试数据经当地教育行政部门按要求审核后，通过“中国学生体质健康网”上传至“国家学生体质健康标准数据管理系统”。测试和数据上传时间由教育行政部门确定。

12. 本标准由教育部负责解释。

二、单项指标与权重

单项指标与权重

测试对象	单项指标	权重（%）
小学一年级至大学四年级	体重指数（BMI）	15
	肺活量	15
初中、高中、大学各年级	50米跑	20
	坐位体前屈	10
	立定跳远	10
	引体向上（男）/1分钟仰卧起坐（女）	10
	1000米跑（男）/800米跑（女）	20

注：体重指数（BMI）＝体重（千克）/身高^2（米^2）。

三、体重指数（BMI）单项评分表

体重指数（BMI）单项评分表（单位：千克/米^2）

等级	单项得分	男生				女生			
		高一	高二	高三	大学	高一	高二	高三	大学
正常	100	16.5～23.2	16.8～23.7	17.3～23.8	17.9～23.9	16.5～22.7	16.9～23.2	17.1～23.3	17.2～23.9
低体重	80	≤16.4	≤16.7	≤17.2	≤17.8	≤16.4	≤16.8	≤17.0	≤17.1
超重		23.3～26.3	23.8～26.5	23.9～27.3	24.0～27.9	22.8～25.2	23.3～25.4	23.4～25.7	24.0～27.9
肥胖	60	≥26.4	≥26.6	≥27.4	≥28.0	≥25.3	≥25.5	≥25.8	≥28.0

四、登记卡

《国家学生体质健康标准》登记卡(大学样表)

学　校 ________

姓　名		性　别		学　号	
院(系)		民　族		出生日期	

单项指标	大一			大二			大三			大四			毕业成绩	
	成绩	得分	等级	成绩	得分	等级	成绩	得分	等级	成绩	得分	等级	得分	等级
体重指数(BMI)(千克/米^2)														
肺活量(毫升)														
50米跑(秒)														
坐位体前屈(厘米)														
立定跳远(厘米)														
引体向上(男)/ 1分钟仰卧起坐(女)(次)														
1000米跑(男)/ 800米跑(女)(分·秒)														
标准分														
加分指标	成绩	附加分		成绩	附加分		成绩	附加分		成绩	附加分			
引体向上(男)/ 1分钟仰卧起坐(女)(次)														
1000米跑(男)/ 800米跑(女)(分·秒)														
学年总分														
等级评定														
体育教师签字														
辅导员签字														

注:高等职业学校、高等专科学校参照本样表执行。

学校签章:　　　年　　月　　日

五、免于执行申请表

免予执行《国家学生体质健康标准》申请表(样表)

<table>
<tr><td>姓　　名</td><td></td><td>性　　别</td><td></td><td>学　　号</td><td></td></tr>
<tr><td>班级/
院(系)</td><td></td><td>民　　族</td><td></td><td>出生日期</td><td></td></tr>
<tr><td>原因</td><td colspan="5">申请人：
年　　月　　日</td></tr>
<tr><td colspan="2">体育教师签字</td><td colspan="2"></td><td>家长签字</td><td></td></tr>
<tr><td>学校体育部门意见</td><td colspan="5">学校签章：
年　　月　　日</td></tr>
</table>

注：中等职业学校及普通高等学校的学生，“家长签字”由学生本人签字。

附件 2

大学生男子体质测试标准

大学生男子体质测试标准

等级	单项得分	肺活量		50 米		体前屈		立定跳远		引体向上		1000 米	
		大一大二	大三大四	大一大二	大三大四	大一大二	大三大四	大一大二	大三大四	大一大二	大三大四	大一大二	大三大四
优秀	100	5040	5140	6.7	6.6	24.9	25.1	273	275	19	20	3′17″	3′15″
	95	4920	5020	6.8	6.7	23.1	23.3	268	270	18	19	3′22″	3′20″
	90	4800	4900	6.9	6.8	21.3	21.5	263	265	17	18	3′27″	3′25″
良好	85	4550	4650	7.0	6.9	19.5	19.9	256	258	16	17	3′34″	3′32″
	80	4300	4400	7.1	7.0	17.7	18.2	248	250	15	16	3′42″	3′40″
及格	78	4180	4280	7.3	7.2	16.3	16.8	244	246			3′47″	3′45″
	76	4060	4160	7.5	7.4	14.9	15.4	240	242	14	15	3′52″	3′50″
	74	3940	4040	7.7	7.6	13.5	14.0	236	238			3′57″	3′55″
	72	3820	3920	7.9	7.8	12.1	12.6	232	234	13	14	4′02″	4′00″
	70	3700	3800	8.1	8.0	10.7	11.2	228	230			4′07″	4′05″
	68	3580	3680	8.3	8.2	9.3	9.8	224	226	12	13	4′12″	4′10″
	66	3460	3560	8.5	8.4	7.9	8.4	220	222			4′17″	4′15″
	64	3340	3440	8.7	8.6	6.5	7.0	216	218	11	12	4′22″	4′20″
	62	3220	3320	8.9	8.8	5.1	5.6	212	214			4′27″	4′25″
	60	3100	3200	9.1	9.0	3.7	4.2	208	210	10	11	4′32″	4′30″
不及格	50	2940	3030	9.3	9.2	2.7	3.2	203	205	9	10	4′52″	4′50″
	40	2780	2860	9.5	9.4	1.7	2.2	198	200	8	9	5′12″	5′10″
	30	2620	2690	9.7	9.6	0.7	1.2	193	195	7	8	5′32″	5′30″
	20	2460	2520	9.9	9.8	−0.3	0.2	188	190	6	7	5′52″	5′50″
	10	2300	2350	10.1	10.0	−1.3	−0.8	183	185	5	6	6′12″	6′10″

附件 3

大学生女子体质测试标准

大学生女子体质测试标准

等级	单项得分	肺活量		50 米		体前屈		立定跳远		仰卧起坐		800 米	
		大一大二	大三大四	大一大二	大三大四	大一大二	大三大四	大一大二	大三大四	大一大二	大三大四	大一大二	大三大四
优秀	100	3400	3450	7.5	7.4	25.8	26.3	207	208	56	57	3′18″	3′16″
	95	3350	3400	7.6	7.5	24.0	24.4	201	202	54	55	3′24″	3′22″
	90	3300	3350	7.7	7.6	22.2	22.4	195	196	52	53	3′30″	3′28″
良好	85	3150	3200	8.0	7.9	20.6	21.0	188	189	49	50	3′37″	3′35″
	80	3000	3050	8.3	8.2	19.0	19.5	181	182	46	47	3′44″	3′42″
及格	78	2900	2950	8.5	8.4	17.7	18.2	178	179	44	45	3′49″	3′47″
	76	2800	2850	8.7	8.6	16.4	16.9	175	176	42	43	3′54″	3′52″
	74	2700	2750	8.9	8.8	15.1	15.6	172	173	40	41	3′59″	3′57″
	72	2600	2650	9.1	9.0	13.8	14.3	169	170	38	39	4′04″	4′02″
	70	2500	2550	9.3	9.2	12.5	13.0	166	167	36	37	4′09″	4′07″
	68	2400	2450	9.5	9.4	11.2	11.7	163	164	34	35	4′14″	4′12″
	66	2300	2350	9.7	9.6	9.9	10.4	160	161	32	33	4′19″	4′17″
	64	2200	2250	9.9	9.8	8.6	9.1	157	158	30	31	4′24″	4′22″
	62	2100	2150	10.1	10.0	7.3	7.8	154	155	28	29	4′29″	4′27″
	60	2000	2050	10.3	10.2	6.0	6.5	151	152	26	27	4′34″	4′32″
不及格	50	1960	2010	10.5	10.4	5.2	5.7	146	147	24	25	4′44″	4′42″
	40	1920	1970	10.7	10.6	4.4	4.9	141	142	22	23	4′54″	4′52″
	30	1880	1930	10.9	10.8	3.6	4.1	136	137	20	21	5′04″	5′02″
	20	1840	1890	11.1	11.0	2.8	3.3	131	132	18	19	5′14″	5′12″
	10	1800	1850	11.3	11.2	2.0	2.5	126	127	16	17	5′24″	5′22″

信息导航

1. 国家体育总局网站

http://www.sport.gov.cn/

2. 中国学生体育网

http://www.sports.edu.cn/

3. 中国大学生体育协会职业教育学校体育工作委员会网站

http://tyxh.bgy.org.cn/

4. 中国田径协会官方网站

http://www.athletics.org.cn/athletics/index.html

5. 中国足球协会官方网站

http://www.fa.org.cn/

6. NBA 中国官方网站

http://china.nba.com/

7. 中国篮协官方网站

http://www.cba.gov.cn/

8. 中国大学生篮球联赛网站

http://www.cuba.edu.cn/

9. 中国足球协会官方网站

http://www.fa.org.cn/

10. 特步中国大学生足球联赛网站

http://sports.qq.com/zt2013/cufl/

11. 中国排球协会官方网站

http://www.volleyball.org.cn/

12. 中国大学生排球协会官方网站

http://www.cuva.com.cn/

13. 中国乒乓球协会官方网站

http://tabletennis.sport.org.cn/

14. 中国大学生乒乓球协会网站

http://www.cutta.cn/

15. 中国羽毛球协会官方网站

http://www.cba.org.cn/

16. 中国大学生体育协会羽毛球分会网站

http://www.bfusc.org.cn/

17. 中国网球协会官方网站

http://www.tennis.org.cn/

18. 中国健美操协会官方网站

http://www.caa.net.cn/

19. 中国武术协会网站

http://wushu.sport.org.cn/wslp/

20. 中国游泳协会官方网站

http://swimming.sport.org.cn/

21. 中国跳绳官方网站

http://www.rspc.net.cn/

参考文献

[1]教育部.全国普通高等学校体育课程教学指导纲要.2002.

[2]《大学体育与健康教程》编写组.大学体育与健康教程[M].北京:人民体育出版社,2002.

[3]姚鸿恩,郑隆榆,黄叔怀.体育保健学[M].北京:高等教育出版社,2002.

[4]曾宪刚.体育美学[M].北京:人民体育出版社,2000.

[5]文超.田径运动高级教程[M].北京:人民体育出版社,2002.

[6]袁作生.现代田径运动科学训练法[M].北京:人民体育出版社,1997.

[7]何志林.现代足球[M].北京:人民体育出版社,2000.

[8]孙民治.篮球[M].北京:人民教育出版社,1995.

[9]虞重干.排球运动[M].北京:人民教育出版社,1999.

[10]蔡继玲.乒乓球[M].北京:北京体育大学出版社,1999.

[11]彭美丽.羽毛球[M].北京:北京体育大学出版社,1998.

[12]陶志翔.网球运动教程[M].北京:高等教育出版社,2003.

[13]肖光来.健美操运动[M].北京:人民体育出版社,2003.

[14]温力.中国武术概论[M].北京:人民体育出版社,2005.

[15]何金华.跳绳的价值与跳绳方法体系探讨[D].北京:首都体育学院,2006.

[16]陈志伟,林志诚,林顺英.大学体育与健康教程[M].厦门:厦门大学出版社,2019.

参考文献